Principles of Instructional Design

(Revision of 5th Edition)

教学设计原理

（第五版修订本）

［美］R·M·加 涅
［美］W·W·韦 杰
［美］K·C·戈勒斯
［美］J·M·凯 勒
著

王小明　庞维国
陈保华　汪亚利
译

皮连生
审校

华东师范大学出版社
·上海·

图书在版编目 (CIP) 数据

　　教学设计原理：第五版：修订本/（美）加涅等著；
王小明等译. —上海：华东师范大学出版社，2018
　　ISBN 978 - 7 - 5675 - 7747 - 3

　　Ⅰ.①教… Ⅱ.①加… ②王… Ⅲ.①教学设计
Ⅳ.① G42

　　中国版本图书馆 CIP 数据核字（2018）第 113715 号

教学设计原理(第五版修订本)

著　　者	［美］R·M·加涅 等
译　　者	王小明 等
审　　校	皮连生
责任编辑	王冰如
责任校对	时东明
装帧设计	刘怡霖

出版发行　华东师范大学出版社
社　　址　上海市中山北路 3663 号　邮编 200062
网　　址　www. ecnupress. com. cn
电　　话　021 - 60821666　行政传真 021 - 62572105
客服电话　021 - 62865537　门市(邮购)电话 021 - 62869887
地　　址　上海市中山北路 3663 号华东师范大学校内先锋路口
网　　店　http://hdsdcbs. tmall. com/

印 刷 者　浙江临安曙光印务有限公司
开　　本　787 毫米×1092 毫米　1/16
印　　张　24.25
字　　数　403 千字
版　　次　2018 年 8 月第 2 版
印　　次　2024 年 12 月第 12 次
书　　号　ISBN 978 - 7 - 5675 - 7747 - 3/G · 11133
定　　价　68.00 元

出 版 人　王 焰

Principles of Instructional Design, Fifth Edition

Robert M. Gagne, Walter W. Wager, Katharine C. Golas and John M. Keller

978 - 7 - 5675 - 7747 - 3/ G. 11133

Cengage Learning Asia Pte. Ltd.

151 Lorong Chuan, ♯02 - 08 New Tech Park, Singapore 556741

上海市版权局著作权合同登记 图字: 09 - 2005 - 282 号

谨以本版《教学设计原理》献给 R·M·加涅和 L·J·布里格斯,以纪念他们对教育心理学和教学系统设计的诸多贡献。

——W·W·韦杰、K·C·戈勒斯、J·M·凯勒

目录

第二部分　学习和教学的基本过程

第三部分　设计教学

目　录

 第四部分　教学传输系统

前　言

　　罗伯特·M·加涅博士(Robert M. Gagné,1916～2002)在教学系统设计领域是一位真正的巨匠。他的学习条件的理论以及源于信息加工理论的原理今天仍被各种设计模型所采用。许多教育工作者将加涅划为行为主义者,因为他早年受过动物心理学的培训,而且在其早期的许多著作中提及了他与斯金纳(Burrhus F. Skinner)的工作。但是,加涅是早期的认知心理学家之一。他认识到了行为主义心理学在解释人类行为上的缺陷,并突破了严格的行为主义原则的限制,转而考虑大脑内部发生的情况。在当时,学习的信息加工理论是盛行的研究课题。从这些早期的研究中,大量的概念如短时记忆、工作记忆、认知负荷容量、编码、提取与图式成为这一领域中常见的专业术语。加涅对12年级以下的学校学习十分感兴趣,尤其是阅读,他参与了许多课程开发项目。因为他在模拟设计方面的知识与经验,军方也对他十分看重。罗伯特·M·加涅及其同事莱斯里·布里格斯(Leslie Briggs)在本书的第一版中开辟了当代教学系统设计的方向,这样说并不为过。

　　本书的最近几版在信息加工模型与学习的条件模型如何构筑了理解学习环境与设计学习材料的基础方面做了拓展。例如,盛行的迪克和凯里的教学设计模型就源于加涅和布里格斯早期的工作。韦杰开发了教学课程图的技术以将智慧技能与不同领域的支持性目标整合起来。布里格斯扩展了以预期教学功能为基础的媒体的处方。

　　本版在探讨与教学设计有关的原理方面向前迈进了一步。两名新的作者,凯瑟琳·戈勒斯(Katharine C. Golas)和约翰·M·凯勒(John M. Keller),将他们的知识、经验与观点添加到其中。戈勒斯是加涅的学生,是西南研究所培训、模拟与表现改进部门的副主任。她于1982年在佛罗里达大学获博士学位,自1977年以来一直从事教学领域的工作。她在西南研究所的工作包括为美国空军开发一个新的教学设计模型。她有新兴技术方面的经验,包括多感觉虚拟现实及分布式使命培训。她与当代许多教学设计的教员一起工作过,包括梅里尔(David Merrill)、坦尼森(Robert Tennyson)和斯佩克特(Michael Spector)。戈勒斯博士在技术与军事培训方面的经验为本书增加了一个新的方面。

凯勒开发了动机设计的注意、相关、自信与满意模型。第六章中,他在学习者的性质及其如何影响教学设计方面添加了自己的认识。凯勒博士是佛罗里达大学教学系统与教育心理学教授,是大规模的教学设计及电子表现设计项目方面著名的咨询员,花旗银行和联邦航空协会也成为了他的新近客户。凯勒还是设计模型和评价模型方面的专家。他完全重写了本书的两个章节,他在动机设计方面的专业知识对于如何使教学更有效将带来新的认识。

沃尔特·韦杰(Walter W. Wager)是本书早期的合作者之一,是莱斯里·布里格斯和罗伯特·加涅的同事,他现在是佛罗里达大学教学开发与服务机构的协调人。韦杰与教师广泛合作,以将技术整合进教学、促进主动的学习、开发有效的教程。他通常采用本书的原理来帮助教师界定教程的结果与评价。

本版的新颖处

作者们重写了本书的大部分内容以使写作风格更易为读者接受。我们还增加了来自军事与培训领域的新例子,并提出了与建构主义者的哲学与实践相联系的问题。本书各章都有所更新,大都做了或多或少的修改,其中四个章节做了完全修改。第二章设计教学系统,论述了系统设计与教学设计模型的差异。第六章讨论了美国心理学会以学习者为中心的原则及其如何与教学设计相联系的问题。第十一章完全重写以反映新兴技术及其对学习的影响。第十五章"在线学习"是一个新章,替代了旧版中的"个别化教学"一章。但是,学习的条件与信息加工模型,正如它们与教学设计紧密联系的那样,仍是本书的基础。

致 谢

我们要感谢登普西(John Dempsey)、阿普尔菲尔德(James Applefield)与厄尔(Rodney Earle)博士对"教学设计原理的学习者指南"的贡献。"学习者指南"不再印刷,但本书的读者可以访问由登普西博士及其学生在南阿拉巴马大学开发的在线学习者指南。该站点的链接是:http://www. southalabama. edu/coe/idbook。我们还要感谢许多允许我们使用他们出版物中和网站上的图表的出版商和作者。

我们还要感谢第五版修订计划的以下评论者,感谢他们有创见的指导和建设性的批评:

金(Frederick B. King),哈特福德大学;

克鲁克斯(Steven Crooks),得克萨斯理工大学;

巴索普-莫约(Temba C. Bassoppo-Moyo),伊利诺斯州立大学;

布兰奇(Robert C. Branch),佐治亚大学。

/第一部分/

教学系统导论

第一章　教学设计导论

教学的目的是帮助人们学习。没有教学，学习也会发生吗？当然会。我们不断遇到并解释我们所处的环境及其中的事件。学习是一个自然的过程，它可以导致我们所知道的、我们所能做的以及我们的行为方式发生变化。但是，教育系统的功能之一就是促进有目的的学习，以便达成许多在没有教学的情况下可能需要更长时间才能达成的目标。即使学生对于学校所教授的知识与技能没有直接的个人兴趣，或者不会在学校之外的环境中自然地遇到这些知识技能，但社会认为这些知识技能是值得教授的。为了帮助雇员在不断变化的工作情境中获得获取成功所需要的技能与学习，联邦政府与商业部门为其提供了入门技能培训和持续的进修培训。通过培训这条途径，军事部门可使自身能更好地准备美国各军种的军力以进行联合作战。本书的目的是描述学习原理如何指导针对有目的学习的有效教学的设计。

我们把教学定义为嵌入有目的活动中的促进学习的一系列事件。通常我们认为这些事件是外在于学习者的，如体现在印刷页面的呈现、教员的讲解或一组学生的活动中的事件。但也存在着内部的心理事件，如指引注意、复述、反思与监控进展情况。教育心理学家假设了这些事件的性质，从那些研究中导出了关于学习过程的原理。教学设计者运用这些原理来设计我们称之为教学的外部事件。例如，一个得到普遍接受的原理是短时记忆的容量是有限的。记住了这一原理就会发现，将信息分块或分类组织能促进学习。

为什么讨论教学(instruction)而不是教授(teaching)呢？因为教授仅仅是教学的一部分。教(teach)一词指的是一个人向学习者讲授或者演示某些东西。但是，教师或培训者的角色包括多种不同的任务，如选择材料、判断学生的学习准备情况、管理课堂时间、监控教学活动，最终起到内容资源与学习促进者的作用。于是更广泛的术语"教学"将强调的重点放在了教师用来使学生参与到学习活动中去的完整的活动范围。

具有教学设计原理知识的教员在采用什么措施来帮助学生学习方面有更加广阔的视野,如什么时候对学生进行分组有益于学生,什么时候练习与反馈最有效以及问题解决与高级学习技能的先决条件是什么。

还有谁能够从教学设计原理的运用中获益呢? 我们认为,从事教学材料生产事业的任何一个人,如教科书的编写者、课程材料的开发者、网络教程设计者,甚至知识管理系统的设计者都能够从这些原理中获益。

总之,如果对教学进行计划以使学生参与到那些促进学习的事件和活动中,那么教学更可能有效。运用教学设计的原理,教师或培训者可以选择、设计或开发活动以更好地帮助学生学习。

教学设计的基本假设

那种认为存在一种唯一的最佳教学设计模型的想法是不正确的。事实上,有多少设计者与设计情境,就有多少设计模型。每一个设计者都将自己对影响学习的原理与事件的理解以及如何最佳地安排教学结构的理解带到了设计过程中。但仍有一些我们可以带到设计过程中的基本的共同假设。

我们采纳如下假设:首先,教学设计必须以帮助学习过程而不是教学过程为目的。教学设计也是以有目的的学习而不是"偶然"学习为目的。这意味着最终的目标与预期的学习结果指导着学习活动的设计与选择。有意义的学习结果是大多数设计过程的起点和终点,因为对设计有效性的评价是针对目标的达成来进行的。我们认为,不管预期的结果是信息学习还是问题解决技能,这一点都是正确的,因为所选择的学习活动取决于预期的结果类型。

其次,我们认识到,学习是一个受许多变量影响的复杂的过程。卡罗尔(Carroll,1963)在他的"学校学习模式"中至少界定了五个影响学生所能达到的学习程度的主要变量:(1) 学生的毅力;(2) 允许学习的时间;(3) 教学质量;(4) 学生的能力倾向(aptitude);(5) 学生的学习能力。但是这些变量不是无关的,一个有效的教学设计模式不能仅关注这些变量中的一个。例如,如果不考虑学习者的动机及其在特定任务上的能力倾向,则高质量的教学不可能是有效的。

第三,教学设计模型可以在多种水平上运用。对于为一天的活动计划一节课的教师或培训者,对于要准备三天工作坊的培训者,或者对于设计一门研究教程的课程开发者来说,教学设计原理具有直接的价值。教学设计可以是单个人的努力,或者在另一个水平上,可以包括设计者、学科专家、评价专家以及生产人员在大规模项目中组成的团队。虽然具体的教学设计模型不同,但教学设计的基本原理保持极好的同一性。

我们的第四个假设是,设计是一个反复的过程。考虑到我们当前对人如何学习的理解,不将学习者包括在设计过程中就不能设计教学。必须利用学习者来对教学材料与活动进行检验,以便决定什么可行、什么不可行。考虑这一点的一种方式是,设计者并不设计完美的教学;他们只是使教学设计趋于完美。可以预先对设计与开发进行精心策划,或者作为一个持续的过程加以发展,正如在快速原型化中那样(在"使用会导致改变"这一思想指导下快速开发一种教学处理的过程)。但两种过程都利用来自学习群体的反馈来修改教学并使其更有效。

第五个假设是,教学设计本身是一个过程,由一些可识别的相关子过程组成。在最简单的水平上,教学设计将预期的结果、教学方法、学生的评价联系起来。更细致的过程模型包括如下一些过程:确定预期的结果、开发一些将学习者置于真实任务中的活动,设计备用的练习形式、评价与反馈。

我们的第六个也是最后一个假设是,不同类型的学习结果需要不同类型的教学,这一点将在第二章详细阐述并贯穿全书。没有一种教授所有事物的最佳方式,适合于我们预期的结果类型的学习条件将影响我们对学习活动与材料设计的思考。例如,不让学习者参与到问题解决过程中就不可能形成问题解决技能。像贾斯珀(Jasper)(温特比尔特认知与技术小组,1993)这样的学习材料,提供了所需的外部事件(包括合作学习小组活动),能使学生参与到这些活动中。

关于学习原理

对于我们是如何学习的这一问题,我们都有自己的认识。这些认识来自个人的经验、自我反思、对他人的观察并体验了尽力教会或说服他人采用我们的思维方式的经验。从动物与人类学习的研究中,也收集到了大量的关于学习的知识与理论。从这些认识与研究中可以得出一些原理与规则,我们可以将其运用到教学材料与学习活动的设计中。

学习,正如罗伯特·加涅(Gagné,1985)所定义的,是一个导致学习者的倾向与性能发生变化的过程,这一变化可以反映在行为上。作为人类,我们在清醒的每一时刻知觉和加工信息。其中一些信息被过滤掉,另一些则与我们所知、所记的内容整合在一起。性能方面的这些变化就是我们所谓的学习情境的结果。

学习情境由两部分组成——一部分外在于学习者,另一部分在学习者之内。学习情境的内部方面看来来源于学习者的记忆存储及其目的。一个人可能面对着这样的陈述:美国总统选举在11月的第一个星期一后的第一个星期二这天举行。要习得这一事实,显然必须存在特定的内部条件,这些内部条件是先前学习的记忆所提供的。学习者必须能从先前记忆中回忆出如下知识:(1)星期一、星期二和11月这三个时间名称的含义;(2)总统选举作为一个事件的含义;(3)理解英语句子的基本技能。具有这些内部性能(和其他将在后面提及的性能)的人,当以口头或书面方式向他呈现有关总统选举的陈述时,他就处在一种学习情境中并有可能从中进行学习。但是,如果不具备包括学习欲望在内的内部条件,那么外在的信息不可能是有意义的,这个人也不可能从中进行学习。

用科学方法研究学习过程已有很长的一段历史了。作为科学家的学习研究者的主要兴趣在于解释学习是如何发生的。换言之,他们的兴趣是将学习情境的内外两方面与被称为学习的行为变化过程相联系。他们已经发现与将要发现的情境和行为变化之间的关系可以被适当地称为"学习的条件"(Gagné,1985)。这些学习的内部和外部条件使得学习得以发生。如果有人希望像在教学设计中那样,使学习得以发生,他就必须仔细安排学习的这些内部与外部条件。理解文化与活动在学习过程中的作用变得越来越重要。学习受到社会文化期望、价值观与公众知识的影响。学习者不是孤立的,学习发生的情境与学习的内容、学习的过程存在着相互作用。

在探索有关学习如何发生的知识的过程中,产生了多种理论,它们论及能够影响学习的结构和事件(一般认为存在于中枢神经系统之内)。特殊事件对学习的影响也许且通常能在多种条件下一再经受检验。通过这种方式,现已收集了许多有关学习的知识和在广泛的情境中已证实正确的原理。对教学重要的学习理论的诸方面是与受控制的事件和条件有关的方面。如果考虑教学设计,以便使学习有效地发生,我们就必须寻找学习理论的这些能够被教师操作的成分。

若干学习原理

源于学习理论和学习研究的哪些原理与教学设计有关呢？首先，我们要提及多年来我们已熟知并能很好地应用于教学设计的某些原理。

接 近

接近原理指的是刺激情境必须与预期的反应同时呈现。例如，假设一个士兵的目标是在没有帮助的情况下重新装配自己的武器。没有经验的教师可能一开始就向他提供一张被拆散的武器图，然后要求他应用这张图来进行武器重装练习。但是目标要求在没有帮助的情况下完成任务，所以刺激应该是"重装你的武器"，反应则应该是"不参照图解而重装武器"。虽然图解可能有助于学习，但是在刺激与反应之间建立接近关系之前应当移去。第二个学校中的接近的实例是给学生一项对概念的例证进行分类的任务。例如，当看到一张有各种动物的图片并要求指出鸭子时，学生指出了鸭子，然后受到了肯定的反馈。在这一案例中，教学的目标是学生识别出鸭子的图片。

重 复

重复原理指的是，要想使学习得到进步并可靠地保持，刺激和它的反应需要重复或练习。有许多明显需要重复的情境。例如，倘若某人要学会读出一个新的法语单词如 varieté 的读音，重复练习肯定能使他越来越接近正确的读音。然而，现代学习论对重复通过"加强习得的联结"而起作用的观点提出了许多质疑。而且，也有许多进行了重复但新观念的学习和保持却没有改进的情况（参见 Ausubel，Novak，& Hanesian，1978；Gagné，1985）。也许最好的办法是不把重复看成学习的一个基本条件，而是只把它看成一种练习方法，练习对于确保学习的其他条件的出现是必要的。

强 化

在历史上，强化原理曾被陈述如下：一个新的行为，倘若在它出现时有一个令人满意的事态（即奖励）伴随其后，则这一新行为的学习将得到增强（Thorndike，1913），这种观点仍然是一个活跃的理论争论问题，而且有许多支持它的证据。然而为了教学的目的，人们倾向于依赖另一个强化概念。强化可以是外部的，也可以是内在的。例如，一个学生在完成了家庭作业后可能报告说感觉很好。强化的社会文化观可能把这种感觉与社会期望及学生实现这些期望的愿望联系起来。由于成就通常是由文化中的他人加以承认的，于是强化就加以内化了。我们可以将那些把强化内化了的学习者称之为"自我激励"。

学习的社会文化原理

大多数早期的教育心理学家都是在不考虑学生的社会文化环境的情况下研究个体怎样从教学中学习的。像教学节奏的快慢、举例说明的运用、呈现方式等这些变量被分离出来,以确定它们在导致学习情境差异方面的作用。然而,最近的研究认为,学习的社会文化情境可能是和教学设计者所关注的更离散的成分一样重要的因素。再次反观卡罗尔(Carroll, 1963)的模型,我们可以想见学生的坚持性是有意学习发生时必须存在的内部条件之一。在试图分离出诸如内容顺序之类的个别变量对学生学习的影响效应时,我们可能忽视其他相关的因素,如学生对内容适切性的知觉,这使得我们的教学没有达到它应有的效果。下面是一些源自社会文化模型的原理的例子。

协商的意义　学习是一个建构意义的社会过程。在运用这一原则时,要求一定的情境,在这种情境中,学生与其他学生或者其他知识丰富的人一起学习以确定信息的意义。这意味着合作学习环境可以促进这一过程。在这一学习环境中,其他许多练习、反馈与强化的原理仍然适用,但并不仅限于简单地运用有效的学习材料。所呈现的是一种社会文化对信息的重要性的影响以及信息如何适应于更宽广的、群体支持的学习情境。

情境认知　习得的性能是在特定的情境中获得的,而且所觉察到的对该情境的利用对随后的提取和使用有一定意义。与之相关的一个概念是"惰性知识"(Whitehead, 1929)。在怀特海看来,惰性知识是由一些思想观念表征的,这些观念通过零散的片段习得,而且没有考虑到它们应用的情境。怀特海写道:"理论观念总是应当在学生的课程中找到重要的应用之处。这不是一个容易应用的教条,而是一个非常难以应用的教条。它本身包含着保持知识的鲜活、防止知识的惰化这样的问题,而这一问题也正是所有教育的中心问题"(p. 17)。从中得出的指导原则是,发生在可有意义应用的真实情境中的学习,在需要时更有可能被回忆起来。

我们看到,社会文化原理包括在了教学设计中,在设计模型的开发中是作为一个完全逻辑化的步骤,关注学习的多维性,而且肯定与学习的条件相一致。这些条件在本质上要比具体学习类型的条件更加普遍。例如,对时事的小组讨论可以增加与这些事件相关的学科知识、技能的相关性。这样,这些原则可以指导大量学习情境中的实践。

活动理论　活动理论认为,学习是作为活动的结果而发生的。所有的活动都是有

目的的，通过参与活动，学习得以发生。布朗、科林斯与杜吉德（Brown，Collins，& Duguid，1989）提出的一个假设是：在真实的活动（这种活动是某一文化的工作的一部分）中，学习能最佳地发生。学习是一个传递某一文化的知识与习俗的过程。虽然这是对一系列复杂命题与活动理论框架的过度简化，但活动学习的原理对于教学设计者来说是十分重要的，特别是在他们选择学习结果、设计学习活动时。

学 习 的 条 件

看来，教学必须考虑学习者之内与之外的一整套因素，这些因素统称为学习的条件（Gagné，1985）。外部因素如学习的环境、该环境中的资源以及学习活动的管理与诸如学习者带到学习任务中的心理状态、先前习得的性能、个别学习者的个人目标之类的内部条件存在着相互作用。这些内部的性能看来是影响学习的一套非常重要的因素。

学习过程

为考虑学习的内部与外部条件，我们必须从学习行为涉及的过程的框架或模型入手。基于现代认知（信息加工）学习论的学习与记忆的精细模型[1]就是一个被当代研究者广泛认可的模型，它融合了当代学习理论主要的观点。这一阶段理论模型最初是由阿特金森与谢夫林（Atkinson & Shiffrin，1968）提出来的，把学习设想为由知觉与记忆之间的一系列阶段构成的信息加工。虽然也有其他的信息加工模型，如平行—分布加工模型、联结主义模型（McClelland & Rumelhart，1986），但它们基本上是对阶段模型的扩展而不是取代。莱多克斯（LeDoux，1996）及其他人所做的脑研究也许在未来会给我们提供一些关于情绪如何影响认知的认识。可以有把握地说，我们真的不知道大脑到底是怎样工作的，但是关于怎样设计教学以促进学习，阶段理论模型已给我们提供了一些见识，本书的许多原理都是建立在这一框架之上的。

在这一阶段信息加工模型中，感觉接受器把来自环境的信息传输到中枢神经系

---

[1] 具体模型请参见 R. M. Gagné & M. P. Driscoll. *Essentials of Learning for Instruction* (2nd ed.). Copyright © 1988 by Pearson Education.

统。信息在感觉登记器中暂时登记，然后转换成可识别的模式，进入短时记忆。在这一阶段出现的信息转换被称为选择性知觉或特征知觉。以视觉方式呈现的书本上的符号，当它们被储存在短时记忆中时，便成了 a、b 等。一组特殊的角、拐角、水平线和垂线便成了矩形。

短时记忆中储存的信息保持时间相对短暂，如果没有复述，保持时间不超过 20 秒。记忆电话号码是大家熟悉的例子，拨 7 位数字就足够长了。一旦拨号完毕，号码便从短时记忆中消失。如果要保持更长时间，则必须进行复述。短时记忆对于学习的一个重要的方面是其有限的容量。人们一次只能在"内心"保持很少的几个孤立的项目，也许只有 4～7 个项目。由于短时储存是学习的一个阶段，因而其容量的限制能强烈地影响学习任务的难度。例如，心算 29×3，要求两个中间运算（$30 \times 3, 90-3$）在短时记忆中进行。这使得这一任务的学习显著难于 40×3 之类的只要求一次中间运算的任务。

所记忆的信息被所谓的语义编码过程再一次转换，于是信息进入长时记忆。当长时记忆中经过编码的信息有意义时，其中的多数以命题形式保存；命题是具有类似主语和谓语的言语实体。以这样的形式储存的信息可以保持很长时间。通过提取，信息又可以回到短时记忆，而且这些被提取出来的项目也可以与其他项目相联合而导致新的学习类型。当出现这样的功能时，短时记忆通常也被称为工作记忆。

在提取阶段，信息既可来自工作记忆，也可来自长时记忆。信息传送到反应生成器转化为行为。这种信息激活效应器（肌肉），便生成了在学习者的环境中可以观察到的行为。这种行为使外部观察者能够指出：原先的刺激已经产生了预期的效果。这种信息已经过所有上述方式加工，而学习者已经实际习得这些信息。

控制过程

基于现代认知（信息加工）学习论的学习与记忆的精细模型中有两个重要结构，即执行控制和预期。这两个过程激活和调节学习时的信息流。例如，学习者对他们的学习完成以后将能做什么有一定预期，这一预期又会影响外部情境如何被知觉，如何被编码到记忆中，如何被转化为行为。执行控制结构支配认知策略的运用，后者又决定进入长时记忆的信息怎样编码，或提取过程怎样进行等（详见第四章）。

这一精细模型介绍了基于现代学习论的结构并蕴含着许多可能借以实现的过程。所有这些过程便构成了在一次学习活动中出现的事件。总之，内部过程可以描述如下：

1. 通过感觉接受器接受刺激；

2. 通过感觉登记器登记信息；

3. 选择性知觉信息，以便在短时记忆中储存；

4. 通过复述在短时记忆中保持信息；

5. 为了在长时记忆中保存而对信息进行语义编码；

6. 将长时记忆中的信息提取到工作记忆中；

7. 反应生成并进入效应器；

8. 学习结果表现于学习者的环境中；

9. 通过执行策略对过程实行控制。

安排学习环境可以影响学习过程，尤其是第 3～6 步的过程。例如，对某一植物特征的选择性知觉可通过在挂图中予以强调来加以促进。如果一篇文章以一个主题标题开头，那么对该文的语义编码便易于进行。

教学与学习过程

当教学支持内部的信息加工事件时，就会促进学习。然后，这些被我们称作教学的外部事件与内部事件相结合，支持信息加工的各个阶段的进行。因此，可以把教学看成是经过有意识安排的、旨在支持内部学习过程的一套外部事件。在本书的有些地方我们称之为教学事件(Gagné, 1985)。它们的目的是引起导致有效学习的种种内部过程。

教学事件包括下列各种活动，其大致顺序如下并与上述学习过程相关：

1. 引起注意，确保刺激被接受；

2. 告知学习目标，建立适当的预期；

3. 提示学习者从长时记忆中提取先前习得的内容；

4. 以清晰和富有特色的方式呈现材料，确保选择性知觉；

5. 以适当的语义编码指导学习；

6. 引出行为表现，包括反应生成；

7. 提供关于行为表现的反馈；

8. 测量行为表现，包括额外的反应反馈机会；

9. 安排多种练习以促进将来的提取和迁移。

在第十章将要更加充分和更加精确地描述这些事件。此处的描述仅就它们与学习过程的关系给读者留下一般印象。

记忆的作用

除教学的外部事件之外,学习条件还包括工作记忆中某些特定的记忆内容。如上所述,这些都是在学习阶段从长时记忆中提取出来的。教学可以通过提示学习者(或请他回忆)先前习得的内容来促进这一提取。例如,要求正在学习有关 2000 年总统选举新知识的学习者回忆有关选举的原有一般知识——选举何时进行,其中包括哪些事件等。正在学习正确造句技能的学生会被要求回忆出他们先前习得的拼读、词序和应用标点符号的技能。

学习的种类

长时记忆中的内容,当它们被提取出来进入工作记忆以后,便成为学习新材料的内部条件的必要部分。可以把习得的性能划分为五种主要的性能类型。现将本书将要讨论的 5 种习得的性能列举如下:

1. 智慧技能:可允许学习者使用辨别、概念、规则和问题解决技能来执行符号控制程序;

2. 认知策略:学习者据以对自身的学习过程实施监控的手段;

3. 言语信息:储存在学习者记忆中的事实和有组织的关于"世界的知识";

4. 态度:影响学习者个人作出行为选择的内部状态;

5. 动作技能:有组织地完成有目的的行为的骨骼肌运动。

有趣的是,习得的性能的不同类型如何促进其他类型的学习。显然,先前习得的性能与将要习得的性能,都可以划分到这几种类型中。本书的第三、四、五章详细介绍了这 5 种习得的性能及其习得的条件。

把教学集中于任何一种性能或两种性能的组合上是不足取的。言语信息本身并不自行代表一种非常适当的教学目标。学习智慧技能导致实际的胜任能力,然而在学习这些技能的时候,这些技能的教学依赖于言语信息。而且,智慧技能的学习并不意味着以认知策略武装学习者,使之成为独立的自学者。离开言语信息和技能也无法学习认知策略并使之逐渐改进——也就是说,认知策略必须有一些"可以调控的事物"。态度与动作技能也需要必要的信息与智慧技能的支持。总之,必须认识到有多重教学目的。学习者需要获得几种习得的性能。

作为教学基础的智慧技能

智慧技能是构建大多数课程的重要基础。它们包括概念学习、原理与规则、问题解决行为。它们是大多数人称作的高级学习技能，因为它们需要的不仅仅是记忆。智慧技能不可能通过听别人描述就能简单地习得。它的习得必须经过练习与运用。然而，如果学习者具备适当的先决知识，是可以相对快地习得智慧技能的。大多数学科的内容是用智慧技能来刻画的，其形式是概念、原理与过程。问题解决是一种高级的智慧技能。一名学生要想在某一学科领域被看作是有胜任能力的，就必须掌握许多智慧技能。作为例子，我们来看看两位数乘法的智慧技能。当学习者具备这一技能时，他们能够迅速进行乘法运算而不必每次都查找运算的规则。他们的表现表明，他们可以回忆起这些规则，并能立即运用这些规则。同时，乘法的学习可以在相对短的时间内完成。把智慧技能作为教学和教学设计的主要框架还有另一个优点。这样的技能彼此密切相关并形成累积的内部智慧结构（Gagné, 1985）。学习一种智慧技能有助于另一高级技能的学习。假定某人学会了用数值代入下面等式中的字母的技能：

$$A^2 + B^2 = C^2$$

这一技能有助于多种高级技能的学习，并不只限于数学，在科学和社会学科的许多领域也是如此。智慧技能具有丰富的迁移效果，可导致形成复杂程度不断增加的智慧能力的结构。

把智慧技能作为教学的主要成分的另一个优点，是其可以相对容易而又可靠地被观察到。当学生学会了一种智慧技能如"用图表示数值"时，可以相对容易地显示学生确实已习得了这一技能。可以提供一些数值，要求学生画图来表示这些数值。一项智慧技能总是可以用操作术语来定义；也就是说，总是可以把它与成功的学习者所能做的某事联系起来。

选择智慧技能作为教学设计的主要参照点，主要是基于实践的考虑。智慧技能与言语信息不同，它们不能通过简单查阅的方式获得，也不能通过别人"告诉"的方法而加以利用，它们必须是习得的。智慧技能同认知策略不同，它们一般能在相对短的时期内习得，并不需要经过数年或数月的锤炼。以累积的方式建立起来的彼此联系的智慧技能形成复杂程度不断增加的智慧结构。通过学习的迁移机制，它们使学生有可能形成更加广阔的智慧能力。而且这样的技能容易被观察到，以至于人们容易作出智慧技能已被习得的判断。

教学设计的理论基础

我们主张，教学设计必须适当注意学习发生的条件——包括学习者自身的条件和外部的条件。反过来，这些条件又依赖于预期的学习结果的类型。

以系统方式安排教学，同时注意每一设计阶段技术知识的一致性与相容性，这样的计划被称为"系统取向"。这类教学设计在每一个计划阶段采用多种信息、数据和理论原则作为输入。而且每一阶段的预期结果需要对照整个系统的管理者可能采用的任何目的进行检验。就是在这种系统的框架内，我们力图将有关人类学习的条件的知识应用于教学设计。系统安排教学以实现学习，可用如下过程刻画：陈述目标，选择或开发教学干预措施，运用来自学习者的反馈改进教学。

一个教学系统的导出

从我们关于教学设计的假设以及将学习的条件作为设计教学的框架这一愿望中，我们可以开发出一个教学设计模型。但是，正如前面提到的那样，模型在其将要运用的情境中服务于一定的目的。例如，休伊特（Huitt，2003）的系统模型①绘制了教育系统的许多成分及其关系，而教学只是该系统的成分之一，设计必须考虑该系统的其他部分以及它们如何影响与学生表现有关的变量。

运用教学设计原理设计一节课的教师或培训者，可能只需要一个安排课的简单模型。如果预期的目标已经明确，课程材料已经开发，教师可能只需要：① 管理学生对材料的使用；② 对其活动提供指导；③ 评价学习并给予矫正性反馈。但是，更大的课程项目，像开发一个40小时的教授空中交通控制程序的教程，会需要更细致的模型。对细致模型的理性步骤，将在下一章作更完整的介绍，这里只是简要地描述一下。

1. 确定教学目的。第一步是调查教学的需要。这些需要由一个负责的群体仔细考虑，最终形成对教学目的的一致认识。对于可以用来满足这些目的的资源以及对教

---

① 具体模型请参见 Huitt（2003）. http://Chiron. Valdosta. edu/whuitt/materials/tchlrnmd. html.

学的安排施加限制的那些环境,也必须加以仔细地权衡。限制方面的一个例子是用于教学的时间。

2. 可以将教学目的转化成一种课程及包括在其中的个别教程的框架。类似地,个别教程的目的反映了在第一步中确定的教学意图。这一步的结果是教程目标与教程描述。

3. 接下来分析教程目标,确定教学的主要单元。单元目标来源于教程目的,要注意这些目标如何支持在教程水平上表征的学习结果类型。

4. 要习得的能力类型的确定及其必需的学习条件的推断,使得计划课的顺序成为可能。这些顺序能够促进累积性的学习。

5. 课进一步被分解成教学事件和(或)学习活动。此时的注意要集中在能最有效地产生预期学习结果的外部条件的安排上。还必须考虑学习者的特征,因为这些特征会决定分组中涉及的许多内部条件。安排教学的条件还涉及以有意义的方式整合各种技术。

6. 完成教学设计需要的另一个成分是一套评价学生已习得什么的程序。从概念上讲,这是教学目标确定之后的一个自然的步骤。教学目标描述了选择测验项目的领域。设计评价程序与工具的目的是为学习结果提供标准参照测量(Popham,1981)。

7. 课、教程以及与之相伴的评价学习结果的技术的设计,使得对整个系统的计划成为可能。教学系统的目的是要在学校和教育计划的各个水平上达成全面的目的。必须寻找一种方式以适应管理系统的各个成分,这种方式有时被称为教学传输系统。教师或教员在该系统的运转中自然起关键作用。有一类特殊教学系统关注在学校或者课堂以外的情境中的学习,如远程学习或电子学习。尽管如此,也必须考虑这些受众的学习的条件。

8. 最后,必须注意对教学努力的评价。评价首先被应用于设计本身。要收集证据用于修改教学,以改进教学并使教学更为精致(形成性评价)。在后续阶段,进行总结性评价,以便收集教学设计所产生的学习效果的证据。

本书内容简介

本书共 16 章,描述了教学设计、教学设计程序赖以产生的知识背景以及执行这些

程序的各种方式,各章安排如下:

第一部分:教学系统导论

第一章,绪论,概述了关于教学的一般观点,描述了作为教学设计基础的人类学习的若干原理。

第二章,向读者介绍了教学系统和教学设计的系统观。这里描述的教学设计的阶段,在后面几章中将详细介绍。本章在学习的社会文化模型和有预设结果的封闭系统基础上,还介绍了一些与开放系统设计有关的问题。由于大多数教育系统都是社会机构,所以我们简要探讨了政治因素对设计决策的影响。最后还将论述教学设计在改善工效这一更加广泛的情境中的作用。

第二部分:学习和教学的基本过程

第三章,向读者介绍了5种主要的教学结果类型——在教学帮助下习得的人类性能。描述并区分了因这些性能而出现的人类行为表现的多种形式。

第四章,深入描述两类学习结果——智慧技能和认知策略的特征和学习条件。

第五章,对其他3种习得的性能——言语信息、态度和动作技能作进一步描述,提供定义和实例。在高级学习情境中探讨言语信息与态度的重要性。

第六章,描述了与人类学习者相联系的一些原则以及这些原则如何影响设计决策。这里介绍了凯勒(Keller,1987)的动机设计模型及其对学习活动设计的意义。

第三部分:设计教学

第七章,讨论了具体教学目标(表现性目标)的导出和描述。它们一方面与先前定义的目标类别有关,另一方面与作为教学重点的习得的特殊性能有关。

第八章,从教学宗旨和目的的考虑入手,描述了学习任务分析的程序。分析的目的是对目标进行分类以便应用于对教学的计划中。此外还鉴别出了各种学习结果的先决条件。

第九章,描述在组织更大的教学单元如主题、模块与教程中构建课的顺序的程序。

第十章,介绍如何安排"教学事件"以促进学习。

第十一章,探讨技术的作用及其提供思考教学的新方式的潜力。

第十二章,描述单课与学习活动的设计,其中包括安排课的组成部分的顺序,有效学习条件的安排以及方法和(或)技术的选择。

第十三章,讨论作为教学结果的学生表现的测量方法,描述了标准参照测验和常模参照测验的适当使用。

第四部分：教学传输系统

第十四章,探讨了个别与集体学习环境及其对教学"支架"与学习活动的含义。

第十五章,探讨了在线学习及其教学设计含义。

第十六章,描述了评价设计的产物和程序的基本逻辑,从单课到整个系统以及与全面评价教学设计有关的问题。

总　　结

进行教学设计的目的是支持学习过程。在本书中,我们描述了面向人类学习者的教学设计的方法。我们认为,有计划的教学在影响人的发展方面有短期的和长期的目的。

教学设计以人类学习的某些原理,尤其是学习赖以产生的条件为基础。若干源自教育研究的原理揭示了某些外在于学习者的条件可以融入教学中。学习的信息加工模型鉴别了若干以现代学习论为基础的内部过程。由这些过程便产生了信息在进入长时记忆之前的几个连续转化阶段。教学的目的就是安排外部事件以支持这些内部学习过程。另外,设计者还必须考虑与学习的社会文化方面相联系的原理及其如何影响教育结果的选择与学习活动的设计。

从学习者的记忆中提取出来的先前习得的材料在很大程度上影响学习的行为。在言语信息、智慧技能、认知策略、态度和动作技能的学习中都可以看到先前的学习对新的学习的影响。这些习得的性能及其学习的条件便构成了教学设计的基础。从这些原理所推导出来的是一套教学设计的实际步骤的理论基础。

使用本书的学生在通过进一步研究每一章末尾的参考文献时将会发现,他们可以深入思考源于有关人类学习研究的观点。

参考文献

Atkinson, R. , & Shiffrin, R. (1968). Human memory: A proposed system and its control processes. In K. Spence & J. Spence (Eds.), *The psychology of learning and motivation: Advances in research and theory* (Vol. 2). New York: Academic Press.

Ausubel, D. P., Novak, J. D., & Hanesian, H. (1978). *Educational psychology: A cognitive view* (2nd ed.). New York: Holt, Rinehart and Winston.

Brown, J. S., Collins, A., & Duguid, P. (1989). Situated cognition and the culture of learning. *Educational Researcher*, *18*, 32–42.

Carroll, J. (1963). A model of school learning. *Teachers College Record*, *64*, 723–733.

Cognition and Technology Group at Vanderbilt (1993). Anchored instruction and situated cognition revisited. *Educational Technology*, *3*, 52–70.

Gagné, R. M. (1985). *The conditions of learning* (4th ed.). New York: Holt, Rinehart and Winston.

Huitt, W. (2003). Model of the teaching learning process. Retrieved on 10/1/2002 from: http://chiron. valdosta. edu/whuitt/materials/tchlrnmd. html.

Keller, J. M., (1987). The systematic process of motivational design. *Performance and Instruction*, *26*(9), 1–8.

LeDoux, J. E. (1996). *The emotional brain*. New York: Simon and Schuster.

McClelland, J., & Rumelhart, D. (1986). *Parallel distributed processing*. Cambridge, MA: MIT Press.

Popham, W. J. (1981). *Modern educational measurement*. Englewood Cliffs, NJ: Educational Technology Publications.

Thorndike, E. L. (1913). *The psychology of learning. Educational psychology* (Vol. 2). New York: Teachers College Press.

Whitehead, A. N. (1929). *The aims of education and other essays*. New York: Free Press.

第二章 设计教学系统

可以把教学系统定义为对用于促进学习的资源和程序的安排。教学系统有多种形式，从覆盖面狭窄的技术培训课程到结构松散的以学生为中心的学习环境，事实上存在于任何以促进人的能力发展为目的的机构中。这些机构包括公立学校、大学、军事组织、工商部门、公共服务部门与非营利组织。在所有这些情境中，当机构的目的主要集中在技能发展上时，教学系统有时又称作培训系统，当机构的目的更多集中于一般智力发展与个人胜任力上时，教学系统又被称为教育系统。教学系统的另一特征是它们能够存在于多种传输系统或其组合中，如面对面的课堂、基于网络的虚拟课堂与自我指导的学习环境，可以在基于印刷和基于技术之间变化。此外，教学系统可以与其他的人类工效改进系统如知识管理系统、激励系统、组织发展系统与人员选拔系统协调起作用。

教学系统设计是创建教学系统的过程。这一过程既是系统的也是科学的，因为在其一般应用中是可验证的、可重复的，而且能够产生可预测的结果。然而，在发现与解决教学问题方面，它仍需要创造。教学系统设计包括分析、设计、开发、实施与评价几个阶段，而且可用设计这一上位概念来刻画。需要注意"设计"一词在两个水平上出现：在更概括的水平上，是指教学系统设计全过程的中心概念，在更具体的水平上，是指该过程的一个阶段；这似乎是不可避免的，但由于使用的情境不同，所以通常并不构成问题。教学系统设计包括系统理论和问题解决的方法论，这又构成其描述与产生培训和教育的学习环境的基本范式。教学系统设计还包括了来自学习科学和教学心理学的学习与教学原理的知识，这些知识会使学习环境和学习者的成就最优化以实现系统的目的。

教学系统设计可以在多种不同应用水平而且实际上在所有文化中进行。在学校环境中，微观水平的运用包括为有特殊需要的学生准备个人成就计划。在宏观水平上,教学系统设计可以用来为整个国家规划主要的教育系统——如印度尼西亚的教育部门就采用教学系统设计对其开放初中和大学的教育课程进行系统规划。像美国国际商业机器公司(IBM)、美国国家航空航天局(NASA)、美国联邦航空管理局(FAA)与韩国三星公司这样的大型组织,也在宏观水平上将教学系统设计用于其培训与教育系统。自本书的第一版出版以来,专门对人进行教学系统设计培训的大学计划已呈几何级数增长。

　　贯穿所有这些应用的一条共同线索是设计,从定义上看,设计意味着是与尝试错误或随机组合不同的一个系统过程。系统方法在许多学科中都得到了应用,如医学、建筑学、园林设计与心理治疗。本质上,设计是一个根据事物本来的面貌与我们所要求的面貌之间的距离,或者根据希望达到或产生某些新东西的愿望来确定目标的过程。正如科伯格和巴格纳尔(Koberg & Bagnall, 1981)所说的:"设计是一个使梦想变成现实的过程。"

　　系统设计过程始于一个目的,经历了一系列相互联系的阶段,这些阶段又是借助于一系列的输入、加工与输出而彼此依存地形成的。一个阶段的输入与其他相关的信息与产物一起输入到其他阶段。这些阶段以详略不同的程度包括了分析、设计、开发、实施与评价。通常以如下顺序来执行这些阶段:确定某一具体问题或目的,分析解决该问题的要求,提出解决方法的构想,然后开发、实施与评价该解决方法。然而,设计过程可以从任何一个阶段开始,如在修改某门课程时。这里,设计者从评价学生的工具入手,看看这些工具是否能反映出学习活动存在具体问题,是否建议作出修改。但是,值得指出的是,即使设计者始于设计的修改,最终还要重新经历教学系统设计的所有阶段,以确保修改与目标一致,与确定的需要相匹配。

　　虽然教学系统设计可在如此之多的不同水平上应用,但教学设计者并不总是有机会设计大规模的全面的项目,即使这一过程的所有阶段也不可能都经历。他们一般设计较小的教学系统,如教程、教程内的单元或个别的课。虽然在大小和范围上有差异,但设计教学系统的过程在课程的所有水平上存在共同特征。较小成分的教学系统设计只被称作教学设计,因为设计的焦点是教学本身的片段而不是整个教学系统。

　　虽然有许多具体的教学设计过程的表征或模型,但实际上所有这些都具有一些基本的特点。本章的大部分内容介绍的是一个一般模型以及每一阶段的主要成分。这一章最后还介绍了两个模型,以说明一般模型的具体变化类型。但是首先我们需要考虑三个重要的假设。

若 干 假 设

教学系统也可被称为学习环境,因为这两个术语都是指一套在促进、支持学习活动的过程中相互作用的因素。可能有人会争辩说教学系统更带有说教主义者(instructivist)的色彩;即其更加关注告诉学习者需要知道的内容,而学习环境更加关注学习者,其具体方式正如建构主义者与人本主义的教法参考框架所指出的那样,为学习者提供探索的机会,开发他们的潜能。但是,本书所持的立场是,不管是说教主义者的还是建构主义者的学习环境,都是教学系统,因为不管关注的焦点是学习者习得预先设定的目标,还是更倾向于学习者的自我发现与智慧发展,这两者都是被组织起来以引发和支持学习的。

本书的另一个假设是教学系统设计并不暗含一种具体的教学法或学习论。有些批评教学系统设计的人(Cordon & Zemke, 2000)把教学系统设计与行为主义心理学的教学取向等同起来,但是这在教学系统设计实践的观念基础或历史中是没有根据的。在程序教学的全盛时期,教学系统设计的某些应用是在采用行为主义心理学的刺激、反应与奖励原理的背景下进行的(Markle, 1969;Skinner, 1968),这一点近来似乎被一些人看成了教学系统设计的历史。但这一观点如果不是忽视全部也至少是忽视了大部分历史发展情况(Saettler, 1968)以及当前的教学系统设计实践。行为目标是教学系统设计中的一个重要成分,通常与行为主义取向相联系。但对行为目标的不断关注,实际上是定义结果、安排刺激与后果以达到那些结果这一经验主义取向的中心成分。例如,加涅构造了教学层级来支持行为目标(Gagné, 1977)。然而,以可观察的行为这一形式体现的操作性的学习者的结果这一观念的发展,是先于并独立于其在任务分析情境中的发展的。拉尔夫·泰勒(Ralph Tyler)是最先强调用可观察的行为与内容来操作性地界定学习者结果的重要性的人之一(Smith & Tyler, 1942;Tyler, 1950)。布卢姆(Bloom, 1956)、克拉斯沃尔(Krathwohl, Bloom, & Masia, 1964)及其他人在认知与情感领域开发了教育目标分类,这主要是在心理计量与测验发展的推动下形成的。我们的观点是,各种学习理论与教育哲学,都可以融合到教学系统中。这包括对学习类型(Gagné, 1985;Merrill, 1994)、接受学习策略(Ausubel, 1963)、发现学习法（Bruner，1967）与建构主义原理（Duffy，Lowyck，& Jonassen，1993）的关注。教学系统为这些环境的开发过程提供了框架。

第三个假设是，教学系统设计是另一个更大过程的特例，这一过程被称作人类工效技术（human performance technology，HPT）。从结构上看，这两个过程在其完整的分析、设计、开发、实施与评价阶段上几乎是相同的。在两个过程的分析阶段，设计者都尽力确定出相对于预期结果的行为表现上的差距、导致差距的原因以及有可能弥补差距的解决方法的类型。在这一过程中，可以发现人类行为表现问题的几种原因与解决方法类型。例如，行为表现上的差距可以归为知识与技能的缺乏、动机的缺失、完成任务所要求的资源不足、较差的工作条件或过度的工作负荷，这里列举的仅仅是一部分原因。当差距的原因是因为知识或技能的缺乏时，可以采用教学系统设计，而人类工效技术则利用一整套解决方法来尽力解决所有问题（Stolovitch & Keeps，1999）。但本书关注的是教学，因而我们的讨论将在教学设计领域内进行。

基本过程：ADDIE 模型

大多数设计的系统模型都具有类似的成分，但在阶段的具体数目及其图形表征上可有较大变化。教学系统设计过程的最基本模型包括五个阶段或成分（见图2-1）。在这一特定表征中，取图2-1描绘的模型的五个构成成分的首字母而将其称为教学设计的 ADDIE 模型。这五个阶段都包含了一些子步骤，而且在教学系统设计过程的其他模型中受到或多或少的重视。例如，有些模型具有五个以上的阶段，增加的阶段主要是确定出设计或评价阶段一种以上的类型，或

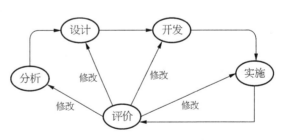

图 2-1　教学设计的 ADDIE 模型

者对诸如"开始"、"教程维护"和/或修改这样的事情也作为独立的阶段。在本书介绍的模型中，我们将采用 ADDIE 模型作为组织框架，虽然我们认识到对每个成分有不同解释。

图2-1说明了每一个主要成分是怎样跟其他成分相互联系在一起的。实线表示

从分析到评价的流程,虚线表示反馈路径。[①] 评价活动可以揭示出在其他四种成分中的何处需要修改。整个模型以系统的问题解决模型为基础,但问题解决活动可发生在每个成分中,而且整个过程也不是以严格的线性方式进行,理解这些也非常重要。图2-1说明的是逻辑上的联系而不一定是程序上的联系。这是因为有许多活动发生在各个主要成分之内(见表2.1),教学设计过程也并不总是从"空白的表格"的"起始"阶段开始的。例如,设计过程可能是从重新设计现有的教程或课程这一要求开始的。教学设计者使用评价资料来确定现有设计与内容的哪一部分是令人满意的,哪一部分是需要修改的,从而以此在设计成分中开始设计的过程。在这些差距的基础上,教学设计者会回到分析阶段重新检查以前收集到的资料以便确定学习者的特点或工作要求是否已发生变化。然后,设计者会返回到设计阶段,准备对目标、内容与学习活动进行一系列的修改。这样,除了要满足整个过程的要求外,教学设计者还必须在过程的给定成分中进行问题解决的活动。

表 2.1　ADDIE 模型构成成分与子成分

1. 分析(analysis)
   (1) 首先确定需要,即要利用教学来解决问题。
   (2) 进行教学分析以确定教程的认知、情感与动作技能方面的目的。
   (3) 确定期望初学者需要具备的技能以及哪些技能会影响对教程的学习。
   (4) 分析可利用的时间以及在这段时间内可以实现多少目的。有些学者还建议进行情境或资源分析。
2. 设计(design)
   (1) 把教程的目的转换成表现性的结果与主要的教程目标(单元目标)。
   (2) 确定所涵盖的教学主题或单元以及用于每一个主题或单元上的时间。
   (3) 依据教程目标安排单元顺序。
   (4) 充实教学单元,确定每一个单元所要达到的主要目标。
   (5) 确定每一个单元的课与学习活动。
   (6) 开发出评价学生已习得内容的具体标准。
3. 开发(development)
   (1) 确定学习活动与材料的类型。
   (2) 起草学习材料或者学习活动。
   (3) 在目的受众中进行材料与活动的试用。
   (4) 修改、精练、生产材料与活动。
   (5) 开发教师培训或附加材料。

---

① 原图和原文如此,疑误。可能"评价"指向"分析"、"设计"、"开发"、"实施"的箭头应当是虚线的。——译者注

续　表

---

4. 实施(implementation)
　　(1) 购买材料以便为教师或学生采用。
　　(2) 在必要的时候提供帮助与支持。
5. 评价(evaluation)
　　(1) 实施学生评价计划。
　　(2) 实施教学评价计划。
　　(3) 实施教程维护与修改计划。

各主要成分中的步骤或子成分会随模型所应用的情境而变化。在表2.1中,每个成分中的步骤说明有点像程序流程,从教学要求的确定,经过创设目标、开发测验和教学材料所涉的各种步骤,到对材料的试验与评价。图2-1描绘了该模型的教学设计应用,因为它针对的是教学材料。大规模的教学系统开发还需要许多额外的步骤,这些步骤隶属于课程开发、教程排序与传输系统的选择。

分　析

在教学设计中,提出"对于什么样的问题,教学才是解决的办法"这一问题很重要。但这一问题又常被忽视或被认为不重要。例如,在大学的言语病理学课程中,要求学生修习解剖学教程。对于医学院预科生与运动心理学学生,也要求他们修习该教程。为什么要这样做呢? 因为主修领域不同的这些学生必须理解人体的各组成部分的知识。这里应该问的问题是"每一种不同的职业需要知道人体的哪些组成部分"以及"应当怎样建构解剖学教程以便每类学生学完教程后能够知道和记住他们将来从事自己所选职业时所需知道的知识"。

在教学系统中,这种类型的分析是与需要评价的一般观念相联系的。考夫曼(Kaufman,1996)与罗塞特(Rossett,1988)等人把需要定义为事件的预期状态与当前状态的差异,或者更正式地讲,是结果上的差距(Kaufman,1996)。还是上面的例子,如果能够命名或识别导致言语生成的每一块肌肉这一任务对言语病理学学生来说十分重要,但他们不能命名或识别,那么,他们的行为表现上就存在缺失。解决这一缺失的一种可能办法是教学促进下的学习。在这一分析过程中,设计者必须问一些有关结果的问题,如:"为什么学习与言语相联系的肌肉或者其他组成部分对于言语病理学家是很重要的?"回答可能是治疗者要在病历中描述治疗的技术细节,能够阅读有关言语机制的技术文献,能够与其他言语病理学家就有关问题进行准确的交流。显然,言语病理学家几乎不需要知道脚上的骨骼、肠道的神经或者手掌上的血管的名称,但这些对医学院预科生来说很重要。

并非所有的行为表现上的缺失或需要都是教学问题,指出这一点非常重要。例如,最近对从某州的学校系统收集来的学校安全资料的回顾表明,这些资料存在混乱不一的状况。资料看来不可信,而且还决定通过开发教学来对资料录入员进行培训。但是,对情境的分析却发现了以下信息:(1) 提交了极少安全违规报告的学校系统被认为是安全学校,并以额外的资金进行奖励;(2) 提交了更多安全违规报告的学校系统被认为是不安全的,受到了申斥,并被告知进行整改,而且还不予提供额外资金;(3) 由于安全违规没有统一的定义,因而每个学区都有自己的界定,并且也学会了最好少报告一些违规的案例。分析表明,有许多因素影响着对安全情况的报告以及资料的可信度,简单地训练操作员录入资料是不能解决这一问题的,因为学校系统为其错误的报告反而受到了奖励。解决这些问题需要全面应用人类工效技术的过程,而不仅仅是教学设计。这样,分析的目的是准确地描述事件的实际状态与预期状态,并检查有可能影响达到预期状态的场景的成分。在教学情境中,场景包括可利用的资源、管理上的要求与学习者的初始技能等成分。

支持教学设计的分析可以在几种不同水平上进行。

1. 首先决定需要用教学来解决问题。决定这些需要涉及回答如下一些问题:

(1) 该教程在学生的教育中起什么目的? 这是通识教育教程还是职业技能教程? 从学习活动的类型与学生评价的角度看,这意味着什么?

(2) 该教程对学生在职场上的成功有多重要(或者说哪些职业行为要求该教程教授的知识与技能)? 这一问题的一部分与该教程适合或看起来适合。适切性(relevance)是动机(Keller,1987a,1999)以及学生在教程中将付出多大努力的一个成分。

(3) 该教程的社会需要是什么? 提出像文化多元主义、多样性、诚信、性骚扰、反道德行为之类的社会问题是重要的吗? 今天最复杂和重要的某些问题可能是情感或社会问题,教程开发者必须面对这些问题。

(4) 该教程如何有助于学生个人的发展? 该教程能够使学生成为更好的人吗? 怎样培养呢?

（5）该教程建立在哪些教程基础之上？期望在其他教程中习得的技能也是该教程需要的吗？为了向学生解释这些先决条件，你要做些什么？

（6）其他哪些教程依赖于该教程中所习得的技能？学生将在其他教程中应用从你的教程中获得的哪些东西？你的目标与下一水平的教程有关联吗？学生清楚这些关联吗？

（7）开发这一教程需要多少时间？教程开发需要时间与精力。你有可以利用的现有材料吗？

（8）何处适合进行学生自我指导的学习？通过把你的教程与现实应用情境联系起来，哪种学习活动可以使这种真实性最大化？

2. 在识别出了以教程及一些情境因素来满足的需要之后，进行教学分析以确定教程预期的认知、情感与动作技能方面的目的。

（1）学生学完该教程后应该掌握哪些知识、技能与态度？根据学生能做什么（而不是他们应该学习的内容）来界定这些知识、技能与态度是很重要的。例如，对于修习休闲学科的学生，期望他能列出进行公园规划的主要原则（知识），并能提出新问题的解决方案，如为了满足当地社区的要求而对一个公园进行规划（技能）。这完全不同于说学生"理解"公园规划，因为这一表述完成的不过是确定教程中包括的内容领域。

（2）对该教程（从其他来源）而言，有一些必须满足的标准或者期望吗？在教程结束时期望学生通过一个标准测验吗？有一些职业标准需要测验吗？在这一教程中，什么是下一教程所需的起点知识或技能？

（3）教学分析的一个重要结果是任务分类。任务分类就是把学习结果归入某个学习类型或其亚类之中（如 Bloom，1956；Gagné，1985；Merrill，1994）。任务分类可以多种方式辅助教学设计的进行。对预期目标进行分类以后，便有可能检查某一教学单元的任何预期目的是否被忽视。布里格斯与韦杰（Briggs & Wager，1981）曾举例说明了如何对预期目标进行分类，以及如何以教学课程图的形式把这些目标组织成教程单元。最终的教学课程图可用于回顾对照，以便检查必要的言语信息、态度和智慧技能是否包括在教学单元中。学习结果分类还提供了不同类型学习结果的最有效的条件。

3. 接下来，确定学生的起点技能和动机特征。

(1) 在学习该教程前,你期望学生具有哪些相关技能? 关于学生在一堂课中将学会什么的最有预测性的变量,是他们在掌握给定学科领域的先决条件和相关知识技能上的成功。许多学生在某一教程的学习中不能取得成功或者学习缓慢,是因为他们不具备支持新学习所需的必要的先决胜任能力。

(2) 什么激励着这些学生? 他们是自我激励者、有责任心的学习者还是大学新生? 他们的需要是什么? 凯勒的 ARCS 模型(Keller,1987b)包括了一个过程,用于识别出关于学习者在某一具体情境中学习欲望的具体的动机特征与要求。

4. 最后,关注的第四块领域是条件和限制。分析可利用的时间、可以合理完成的量以及情境(资源与限制条件)。

(1) 对该教程,你需要什么资源? 你的教程的结果需要特别的设备或学习经验吗? 例如,你的教程是电影制作,那么学生需要会拍摄与编辑影片。你具有所需要的资源吗? 学生必须得共享这些资源吗? 这将如何影响你期望他们学习的内容? 学生是远程学习者吗? 如果是,他们需要什么样的支持? 影片是昂贵的;同样的技能可不可以通过使用相对便宜的摄像机来学习? 如果可以,将会产生哪些迁移问题? 怎样预防这些问题的发生?

(2) 你能合理地期望学生在 16 周内(或者不管教程有多长)学到什么吗? 学习需要时间,一般的学生需要将时间分配到一些其他教程或活动上。根据你的目的,什么才是对时间的最佳利用?

总之,分析阶段为下一个设计阶段中的决策提供了重要的支持性信息。如果我们要设计一所住宅,我们就必须考虑住宅的用途、居住者的性质及其需要、预算、时间限制与必须利用的资源。这些事情与我们在教学设计中所做的本质上是一样的。

设 计

教学系统设计过程的设计成分的产物是用于指导教学开发的计划或蓝图。就像建筑设计师在知晓需要和目的之后能设计出建造大楼的蓝图一样,教学设计者也根据学习要求而建构出教学计划来。根据问题范围的不同,设计可以由单个人或者设计小组来完成。在设计过程中,教学设计者一般与一名学科专家合作,以便确定将要教的技能以及教这些技能的策略。但有的时候教学设计者也是学科专家,如自己设计教程的教师或教授。要认识到的重要一点是,教学设计的专业知识与学科胜任力是不同的,即使对某个人来说有可能同时具备这两方面的知识,但也没有必要为了让教学设计者更有效地与内容专家合作而让其成为内容方面的专家。同样,内容知识并不意味着有效教学设计的知识。

设计的产物是开发者在生成教学支持材料中需要遵照的一套细目或计划。他们在设计中所遵照的指导原则或所确定的细节的多寡,大大依赖于情境与项目的范围。再以建筑为例,如果我需要建造一座存放一台老式拖拉机的建筑物,那么这要比建造一个公共图书馆所进行的规划与考虑少得多。设计一节关于技术学科的单一的课或教学活动,要比设计融合了像问题解决和自我调节学习之类的高级学习结果的完整教程简单许多。

如果设计者工作迅速,并且开发者一直是设计小组的成员,那么设计者就可以在过程的最初阶段开始开发材料的原型。这一快速原型化(rapid prototyping)的过程给客户提供了早期的反馈机会,客户可以对教学的功能、可行性与表现形式提出意见。如果设计与开发是由同一个人或者同一小组来完成的,那么也可以采用快速原型化的技术。这是一种十分有用的方法,因为对原型的早期认可降低了最终的产品在形成性评价阶段偏离预期目标而不能满足教学目的的风险。在相对小的项目中,通常最好准备一份完整的草案,因为整体的一小部分不能提供充分的表征。有关方法的最终决策部分依赖于风险分析。偏离预期目标的可能性越小,从中断设计过程再来开发早期原型中所获的收益就越少。

不论哪一种情况,设计都是动态的、创造的过程,对同一个问题,两名设计者不会提出完全一样的解决方案。我们在本书介绍的具体设计程序运用了自上而下的方法,将教程目的转换成教程水平的表现性目标(学习者在学完教程后能够做什么)。这是通过确定出支持教程目标达成的从属知识与技能来实现的。

教学系统设计过程的设计阶段的各个步骤总结如下。

1. *把教程目的转换成主要的教程目标。* 需要回答的问题是,期望学生在教程结束时能做哪些他们在学习教程之前不会做的事情。

第一步的目的是定义教程的最高水平的学习结果。这些结果一般可以归为如下四类中的一种:智慧技能、认知(学习)策略、态度与动作技能。

2. *确定教学的主要单元或主题,每一单元的主要结果以及花在每一单元上的时*

间。这些单元目标应该都能导致更广泛的教程目标的达成。例如,如果休闲教程的一个目标是"学生将规划一个满足当地居民需要的公园",那么其中的一个教程单元可能是"确定各种娱乐需求"。与这一单元相联系的学习目标可能是"学生将能够编制与实施一种调查工具来确定当地居民的娱乐需求"。该教程的另一单元可能是"建设造价低的运动设施",与之相联系的学习目标可能是"学生将能够用铁链和旧轮胎建造秋千和用于攀爬的金字塔"。

几乎在所有情况下,用于该教程教或学的时间是有限的,因此必须决定应该把什么包括在内,把什么排除在外。现在就是一个很好的时机来提出一个每周的教程日程以明确将要分配给每一教程单元的时间量。一个常犯的错误是在一个教程中包括的广度有余而深度不足。通常广度有余意味着教程关注信息的覆盖面而不是发展技能。这是学科专家必须做出的决策,但是大多数时候教师期望他们的学生能掌握新技能。深度意味着必须留出充分的时间用于能促进高级技能学习的活动与反馈。

3. *通过明确每一单元的学习结果来充实单元目标*。这可能由一系列重要的概念、原理与规则构成,或者可能涉及定义期望学生能够解决的问题类型。但是,它产生了一系列学习结果或目标,这些结果或目标随后又以图表或教学课程图的形式相互联系起来。教学课程图是设计者对教程框架的粗略描绘,就像建筑设计师勾画的建筑物的三维透视草图一样。

确定将要习得的性能的类型以及教学设计者对学生学习这些性能所必需的学习条件的推论,使得安排教学的顺序成为可能。这是因为掌握一个新的学习目标需要回忆与利用先前习得的信息与技能。这样就暗示了教学顺序,因为不同类型的学习结果需要回忆不同类型的信息。例如,问题解决技能与规则使用技能要求以概念学习为先决条件,因此必须安排教学的顺序以确保学生在学习高水平结果前具备这些概念。使用教学课程图来图解这些关系的过程有助于揭示教学中必要的联系、看到差距所在并确定可能必需的其他技能。

4. *把单元分解为课或学习活动*。课的概念暗含着教学的起点与终点。课时计划是关于在教学期间将发生什么样的学习活动的一套细目,包括课外活动、教师将做些什么、学生将做些什么。正如在本书后面看到的那样,我们建议根据能促进目标达成的具体教学事件来设计课。

学习活动是课时计划的构成成分，由一件具体的事件或一些过程构成，在这些事件或过程中，学习者在学习中进行主动反应与建构。一节课可能包括一种或多种学习活动。例如，写出一段阅读材料的摘要是一种类型的学习活动。活动目的可能是使学习者成为更具有批判性的读者。但活动本身并不构成一节课，除非它还包括其他成分如导入、某些直接教学、例子与评价。单元目标的达成通常需要许多节课及嵌入其中的学习活动。

教学单元由范围更小的课与学习活动构成，因而比整个教程更为详细，其设计需要把相关的单元目标组织成单元和课时图。这又一次运用了画课程图的方法来将学习结果与其先决技能之间的关系进行视觉化表示。

5. *开发课与学习活动的细目*。课与学习活动的设计集中于开发能最有效地创设预期的学习条件的外部事件。学习者的特点也要考虑，因为其特点会决定学习中涉及的许多内部条件。计划学习条件还涉及考虑将要采用的媒体与传输系统。

加涅与布里格斯（Gagné & Briggs, 1977）界定了九种教学的外部事件，见表 2.2。这些外部事件与学习者信息加工期间出现的内部过程有关联。他们认为围绕这些外部事件安排的教学能够促进构成学习的内部事件。我们把这些外部事件视作开发课或学习活动的框架。教学设计者不必总是提供所有这些事件，因为优秀的学习者会以学习策略的形式为自己提供许多这些事件。但不管怎样，现已证实这些事件或其组合能支持所有学习者的学习过程。实际上，我们把教学定义为"有目的地安排外部事件以促进学习过程"。就这一目的来说，它们在课的设计中起着非常重要的功能。

表 2.2　教学的外部事件

事　　件	目　　的
1. 引起注意，激发动机	建立一个学习定势，把学习者的注意力引导到教学目的或与教学相关的方向上。
2. 呈现学习目标	建立对预期行为表现的期望。
3. 回忆先决条件或相关知识	为新的学习提供固着点，把将要学习的与学生已知的内容联系起来。
4. 呈现新的内容	呈现将要学习的新信息、程序、过程或问题解决任务。这通常是演讲与书面文本关注的焦点。把这些与先前习得的知识联系起来，可有助于将其编码到长时记忆中。

事　件	目　的
5. 为学习者提供指导	对事件 4 中呈现的内容进行精加工。可以例子、故事、描述、讨论或其他任何形式来使内容更容易记忆。这一步促进了编码和丰富知识结构的建立。
6. 提供练习	引出学习者的反应。这与根据线索提取所习得的内容有关。其目的更多的不是为了评价,而是为了发现不确定性与误解。
7. 提供反馈	为学习者提供其理解正确性的信息。
8. 测量行为表现	检验习得的知识或技能的延迟保持情况。
9. 提供保持与"迁移"	通过间隔练习强化所学内容。"迁移"意味着能将所学的内容应用于不同的情境。

6. *设计出用于评价学生习得内容的细目。* 这称作制定评价计划(assessment planning)。从概念上讲,这一成分在逻辑上是在教学目标的内容之后的。期望这些评价能够可靠而有效地评价学习者习得的内容(这些内容是在具体目标上进行教学的结果)。这类评价或测验,有时称作目标参照评价。

在这一情境中,我们把评价(assessment)定义为收集与处理资料以便做出决策。有两种类型的学习者评价:标准参照评价与常模参照评价,它们都宣称是目标参照的。这二者之间的区别是行为表现的标准是怎样设定的。在常模参照测量中,是根据常模或群体的平均表现来设定比较的标准,而且通常指称为"在分布曲线上评定等级"。常模的标准是在群体的表现出现之后确定的,并且是参照群体的表现来确定成功的标准。例如,前 10% 的学习者会获得最高的等级,依此类推。在这一系统中,某一测验分数在某一班级中相当于"A",但在该班级下一学期的测验中,如果出现了更多更高的分数,则该分数可能只相当于"C"。相反,标准参照评价预先确定了一个标准用于评价个体的行为表现。这一标准是在群体表现之前设定的,通常是觉察到的表现性目标重要性的函数。达到了同一预定水平的学生将得到同样的等级。这两种不同的评价服务于不同的决策类型,指出这一点很重要。第一种评价关心的是与其他学生相比较,某一学生的表现如何;第二种评价表示的是学生对学习目标的掌握程度。

大多数教学设计模型关注标准参照测量,因为设计的目标是为了改进教学以便大多数学生达到教程的目的。即使在标准参照测验中也确实有常模决策的成分,因为预定的标准是参照目标学习者群体在给定学科领域中行为表现的可能范围来设定的。但标准一旦确定,该标准就是成就的参照水平,而不会根据其他学习者的表现而上下浮动。设定标准是一个有争议的、比较困难的问题,随后会详细讨论。

开　发

开发指准备那些用于学习环境的材料。这是教学设计中富有挑战性的一个阶段,因为根据教学目标、为开发提供输入的设计文件的详细程度、已有材料的特征与适合性以及传输系统之间的关系,可以从几个不同的方向来进行开发。在许多情境中,已经有一些教程或课程,但由于课程许可过程或尽可能追求成本效益的需要,能够或必须尽可能充分地对其加以利用。在另一些情境中,没有一些与教学目标直接相关的现成材料,这意味着必须准备新的材料。还有些情境中,有一些现成的材料或部分现成的材料,但要将其与新材料融合起来,或许还要对其进行修改以适应不同的传输系统。

一般而言,有四种开发情境:

1. *在现有的课程内工作(扩充已有的材料)*。这是学校中的典型情境,教师利用学校系统已采纳和购买的课程、教科书及补充材料进行工作。教师一般在课程材料提供的目标与内容的基础上建构课时计划。这与教学系统设计的实践是不相同的,后者强调在设计与开发教学之前确定目的与目标的重要性。但是,由于开发过程能够针对给定的学校情境产生有意义的和合适的目的与内容,因而所提供的课程也可以是开发过程的产物。在这种情况下,教师会开发出一些能够体现自己的教学风格的课时计划,甚至会用自己开发的目标创造出工作单元以补充课程。在任何情况下,在这种情境中,即使满足学生的需要是非常重要的,原始材料的开发量也是相对小的。

2. *改变已有材料的目的(修改某些目的或内容,采用新的传输系统)*。这一情境通常存在于雇员教育的开发中,也可以发生在学校中。案例之一是修改现有的计划以适应某一特定情境,如修改或补充一般的研讨会以满足某一具体组织的要求。一个很好的例子是管理人员的培训。市场上有许多培训材料、工作坊与培训咨询师,可以为新任命的管理者提供培训计划。这些培训材料可能有用,因为开发这样一个计划是很昂贵的,特别是对规模较小的组织来说。但是,这些计划通常是非常一般的,可能不能充分地满足某一组织的要求。有时某一组织可以对这些计划进行修改以更好地满足自己的需要,而不必去进行主要的培训开发。卖主认识到了这一点,并经常给修改过程提供帮助。教学设计者的任务是在组织内进行分析并确定需要和目标,然后研究已有的材料以确定需要做出哪些必需的修改和补充才能满足其要求。

另一种重新确定目的的情况发生在试图将教程从一种传输系统转移到另一种传输系统中。把教程从课堂转移到基于网络的环境中是十分常见的。为了正确地完成这一转移,需要进行细致的设计过程以检查教程的现有特征与内容以及新的传输系统的具体特点,然后创设一份设计文件,为开发者提供修改的细目。在大多数情况下,网络教程不过是一系列从原始的基于印刷的或录像带环境中扫描得来的资料,然后编辑到网络环境中。这要求教学设计专家准备内容组织、交互性教学活动的融入以及测验的细目,以便指导在这一情境中的开发。

3. *把现有材料的元素纳入新教程中*。在这种情况下,要求进行大量的新开发工作,但也有可能吸收不同程度的现有材料以减少开发的时间与成本。这一情境可以发生在学校里,尤其是当开发的新教程不是"传统的"数学、语言艺术或科学课程的一部分时。本书的一名作者曾促进了一所中学第七期(seventh-period)教程的开发,这是一个跨学科教程,教师想让这一教程具有一套复杂的认知学习目标。在完成了分析与目标设定过程之后,教程设计要求开发大量的新材料,但是也允许采用或修改某些现有的材料。当需要为新的系统重新设计教程而又可以吸收现有教程的成分时,这一情境也经常出现在雇员学习情境中。

4. *建构一个全新的课程*。这是培训大多数教学设计者的主要情境。在大多数学习与工作坊教程中,教学设计者将进行整个教学系统的设计过程,并将开发一个初创的课或模块。教学设计的这一综合水平可以发生在学校环境中,但更经常地发生在雇员教育环境中。

在教学系统设计的开发阶段,有几条与以上情境相联系的原则。

(1) *良好确立的目标*:目标确立得越好,材料的内容就越能更精确地确定,适用的材料就越可能在市场上出售。有可能的是,可利用的材料能够提供某些所需要的教学。在这种情况下,可以设计一个模块以充分利用现有材料,而且可用其他材料补充该模块以提供缺失的目标。材料的生成过程是很昂贵的,最好尽可能地利用现有的材料。

(2) *富有创新性的目标*:目标越具有创新性,越有可能开发更大部分的材料,因为它们不大可能在市场上购得。在教学系统设计过程的早期阶段,会很自然地设想某一主题的有创新的新方法。在实际做时,要特别记住,可能不具备开发这样一个创新计划所需的时间与财力资源。但这不应当成为威胁。如果为某一"理想"情境创设了一套目的与一个设计,那就有可能比预想的更加接近这一理想,如果不去设想理想,预期的理想当然不会实现。

(3) *团体方法*:一般而言,最好在开发中采用团体方法,而教学设计者在其中起着引导促进的作用。生成一套具有吸引力的有效的教学材料,需要许多天赋。教学设计者可能具有出色的分析与设计技能,却可能缺乏优异的写作与媒体制作技能。这需要为具体的受众进行有效写作的特殊天赋,而且媒体设计和制作还要求许多专业技能。此外,在拥有最新的、技术上准确的内容方面,学科专家可以提供帮助。

(4) *教学设计还是媒体制作*:教学设计的标准应先于媒体制作。不要让媒体制作的标准凌驾于设计标准之上。例如,许多用技术传输的教程,有很好的产品质量和创新性的、交互性的导航,但缺乏实质性的教学与动机特性。

(5) *制作还是购买*:在进行整个新材料的开发之前要经常思考"制作"还是"购买"这一问题。选择现有材料并将其整合进能涵盖所有预期的教学目标的模块中,有可能节省开发费用。类似地,在利用现有材料时,保留它们的原有传输形式,若要对其进行改变,则必须有充分的逻辑上或教学方面的原因。为某一具体传输系统开发材料几乎总是比从现有材料中做出选择昂贵。

实 施

在 ADDIE 模型中,实施作为一个阶段可有两种类型,而且在这一阶段也很难确定究竟发生的是哪一种类型。第一种类型主要指教程仍在创设和评价时发生的实施活动,通常称为试点测试(pilot testing)或现场测试。第二种类型更多地指在开发完成之后把教程投入使用。将实施置于评价阶段之前则更加重了这种混淆,因为宽泛地讲,评价阶段也有两种类型:在教程仍处于创设时发生的评价以及在教程完全投入使用之后的评价。在本书中,我们讨论教学设计者的实施计划要求,是为成功地使用教程作准备的。在教学系统设计过程中发生的实施活动被纳入随后的评价阶段中。

适用于安排实施的五条原则是在如下领域中:学习管理系统、学生指导、变革管理、传输环境条件与教程维护计划。

1. *开发一个充分满足情境要求的学习管理系统*。这些系统可以是很简单的,如教师的评定手册;也可以是很复杂的,如一个包括如下内容的信息系统:每个学生学习要求的个别记录、在每一个已完成的学习事件中所习得的具体能力、已完成的学习事件的时间与日期以及未来事件的日程安排。

2. *为学生提供指导与支持*。在几乎太多的情境中,学生并不清楚对他们的期望是什么,不清楚将要发生的事件日程,或者不知道如何准备才能在学习任务上取得成功。在个别化的教学系统中,包括在远程教育中,为学生提供学习管理的指导同样重要。英国开放大学开发的材料除了教学读物与活动外,还包括学生学习指导(包括时间管理信息)与评价指导。他们发现给学生提供的这类支持能够降低学生的辍学率,改善学生的学习质量。

3. *为变革制定计划*。变革管理,也可以称作"扩充与采用",是实施的一个传统上十分重要的成分,包括训练教员的方式以及给他们提供成为有效的促进者所必需的支持。附属材料通过突出如何将教学事件包括在课堂活动中而帮助教师更有效地使用教学材料。教科书的出版商通常提供一些材料来支持教员,但教学设计者可能需要对这些材料进行修改,或者开发出比所提供的材料更能支持学习目标的原创的实施手册。在雇员教育中,教学设计者通常要开发教员指南来支持促进者对教程的传输。

4. *安排传输环境*。传输环境的方方面面会影响教程的实施,包括技术要求、分布式学习的局部支持、班级可接受的时间表、有无合适的教员以及学习者时间表中潜在冲突的要求,教学设计者应该为此进行检查和做好准备。例如,学校管理人员与教育管理者对分布式学习系统(如与面对面的环境形成鲜明对比的基于网络的教程)持积极态度。他们把这看作一次既能接受更多学习者而又无须为教员和居住设施支付费用的机会。但是,他们可能没有充分考虑成功的分布式学习的环境要求。在美国东北部巨大的银行组织中,部门经理支持开发分布在工作场所的培训模块。这样雇员在工作日中合适的时间就能进行学习,而无须耽误工作去培训中心接受培训。但这一举措的实施很难进行。因为雇员工作期间没有足够的"空余"时间进行学习,也没有足够安静的、不被打扰的地方学习,而且有些管理者看到雇员坐在那里阅读而不是"在生产某些东西"会感到很不愉快。这样,在进行实施计划的制定时,教学设计者必须考虑传输环境的各个方面。

5. *安排系统的维护*。教学设计者可能还须制定教程维护计划。这包括有可能进行的各类教程评价的时间表、评价结果的收集与利用、监控教程内容的正确性与合时宜性、与课程的其他成分的持续联系、教程与组织的目的以及学习要求的适合性。

评　价

评价是 ADDIE 模型的最后一个阶段。这样放置反映了其作为节点的逻辑功能，在这一节点上，你能确定你提出的问题解决方案是否成功。但在教学系统设计过程中，评价实际上出现在几个节点上，甚至可以包含在设计过程的所有阶段中，包括产品实施之后的后开发阶段。在进行评价时，区分评价的类型与所做决策的类型是有用的。一般而言，有五种类型的评价，在每一种评价中又有两种可能的决策类型。

1. *材料评价*：第一种评价对于所有的教学设计者来说都是最为熟悉的。它包括在教学产品创设与验证过程中进行的检验。材料评价通常始于设计文件的学科专家的检查，包括学习目标与教学材料的初稿。接下来，要求少量具有目标受众典型特征的学生（即使他们不是实际的目标受众中的成员）阅读材料并对所有学习活动作出反应，包括自我检查与测验。通常，这种评价活动一次只用一名学习者，教学设计者则记下学习者理解材料的情况、学习者在多大程度上对材料感兴趣、学习者在测验中的表现。这被称作"开发性试验"或者"一对一的评价"（Dick & Carey,1996）。在完成材料的最后草稿后，教学设计者进行试点测试或小组试验。同样，参加者要具有目标受众的典型特征而不是目标受众的实际成员。这是因为在材料的最终版本准备用于现场测试（这是该类评价的最后一种类型）之前，设计者不想使用目标受众成员。现场测试是由目标受众的实际成员在实际的课堂条件下或针对教学确定出的任何学习环境中进行的。试点测试与现场测试的区别只是程度上的不同。和现场测试相比，在试点测试中，材料更多地处于开发阶段，而且要进行更多的观察和评价性的测量。换句话说，试点测试是在更具有"实验室"性质的环境中进行的，而现场测试应当使学习者看来是"正常的"学习环境。在实践中，因为实施所有这些评价需要一定的支出，因此试点测试与现场测试通常结合在一起，试点测试评价成了给目标受众实际提供的第一节课的一部分。

2. *过程评价*：这类评价集中于教学系统设计过程本身。它由教学系统设计过程每一阶段的执行情况的质量检查构成。在每一阶段结束时，项目组成员或组外的评价者可以检查文件并回答如下一些问题：工作阶段执行的效果与效率如何，是否存在可以做出改进的地方。这类评价与全面质量管理以及不断改进的理念相一致。应当承认，不存在一种最佳的教学系统设计的方式。任何给定的设计过程的模型都必须根据任务、功能与程序作出修改以满足教学设计要求与任何指定组织的人员结构。这样，检查设计者对设计过程的应用以及如何对其进行改进是大有裨益的。即使某一组织对设计过程的应用是十分有效的，但人员、技术、客户或预算的改变也会要求对设计过程作出修改，以便其能持续地有效率、有效果。

3. *学习者的反应*：这是柯克帕特里克（Kirkpatrick，1959）所描述的四种结果评价中的第一种，可以在教程实施之后进行。其他的三类结果评价是学习者的成就、教学的成果（学习的迁移）与组织的收益（或者结果），对于这四类评价，有许多格式或者设计（Keller，1996）。学习者的反应评价是目前最为常用的，一般由教程模块结束后进行的自我报告调查构成。这一调查向学习者询问教学的清晰性、各个部分的逻辑联系、教学策略的质量、教员的有效性（如果这是一门促进性的教程）以及环境的舒适性。一个典型的需要学习者回答的题目是："我感觉到教学的目标是明确的。"对于这一题目，学习者可以通过打钩来做出反应：（　）非常同意；（　）同意；（　）无所谓；（　）不同意；（　）非常不同意。

4. *学习者的成就*：这是结果评价的第二个水平，而且利用了在设计与开发阶段开发并验证过的测验。这些测验被用于确定学习者达到教程目标的情况，也可用于获得教程有效性的反馈以及决定个别学习者是否通过测试。即使是没有对学习者进行等级评定，这些测验还可被用于给学习者提供其行为表现的反馈。

5. *教学的成果*：有如下一些结果评价：（1）把训练迁移到工作或其他应用环境中，（2）能否从所教学的教程中获得可测量的组织收益。柯克帕特里克（Kirkpatrick，1959）的模型对这一类型划分了两种水平。我们把它们结合在了一起，因为它们更多地与教学系统的实施而不是设计有关。第三种水平是教学的迁移，指的是人们应用所习得内容的情况。他们的迁移能力部分取决于他们为迁移做准备的情况，其具体方式是通过诸如真实的学习经验而实现的，这些学习经验具有复杂认知技能发展的不同水平，并与工作环境要求相匹配。但是迁移也取决于环境条件，例如，迁移可能因如下一些因素而受到限制甚至抑制：资源的缺乏、与培训相矛盾的管理哲学和实践、无效的诱因以及不适当的工作要求。在迁移评价研究设计中的一个挑战是能够识别、测量并估计所有这些因素的影响。

在组织收益评价中,评价者试图确定在组织作业表现的指标上是否存在可测量的改进,这些指标如更高的产量、错误率的降低、利润的增加、学区标准测验分数的提高、高中毕业生大学入学率的提高等等。这种研究可以知觉性的资料为基础,如访谈、作业表现提高的测量、基于财政数据的成本利润比率等。在后一种情况中,评价者必须估计设计、开发与实施教育计划的总成本,然后测量实施该计划所产生的经济收益。例如,如果可以测量出次品减少了,那么就可以估计出节省的资金。用成本除以收益,就可以确定是否得到了积极的结果。

不管评价的类型是什么,都有两种决策类型,叫做形成性的与总结性的,评价者可以根据结果和进行评价的目的来作出。在形成性决策中,评价的结果为如何改进教学材料或改进设计与开发教学材料的程序提供指导。总结性评价可以作出有关产品或活动价值的决策。形成性评价通常在材料与过程的评价中进行,而总结性评价在结果评价中更常见,但这两种决策类型可以根据任何一种评价类型作出。例如,测量学习者的反应可以确定出可以改进教程实施的地方,或者可被用于确定是否留用、提拔或解雇某一教员。这在私人企业培训中确实如此,在高等教育中也更为常见。

其 他 模 型

ADDIE 模型已成为经常参照的教学系统设计过程的一般模型。它的各个阶段反映了系统性问题解决模型中的主要步骤,该模型始于问题及其原因的识别(分析),然后提出问题解决方案(设计),准备解决方案(开发),试验(实施)以及确定解决方案是否成功(评价)。这一模型对于传达教学系统设计的一般特征是有用的,但作为满足特定教学系统设计理论或者环境需要的具体模型,并不总是有用。于是,许多模型便发表在教学设计文献中,并由美国和其他国家的组织加以开发。有两大类的模型,分别是一般化的模型与情境化的模型。

一般化的模型

这些模型体现了作者对教学系统设计应如何进行的认识,或者体现了一种可以广泛用于多种情境、传输系统或教学系统设计环境的方法。古斯塔夫森和布兰奇(Gustafson & Branch,1997)把这些模型收集起来并依据其定向把它们分成三大类别。

这三种定向是课堂、产品与系统。课堂模型包括那些为学校环境中的教学系统设计提供指导的模型，它们倾向于具有完整的课程和有限的创新资源。产品模型如伯格曼和穆尔(Bergman & Moore, 1990)的应用于具体传输系统的交互式视频或多媒体项目的生产和管理的指导原则。系统模型可以是为大型系统开发的综合方法(Branson, 1977)，也可以是更细致准确的方法，如迪克和凯里(Dick & Carey, 1996)所提出的模型，主要集中在课的设计上，并强调严格界定、可测量的目标。

在所有教学设计模型中最著名的或许是迪克和凯里(Dick & Carey, 1996)的模型[①]。表面看来该模型与 ADDIE 模型完全不同，但它不同程度地融合了 ADDIE 模型的所有方面。模型左侧的三个成分属于分析，包括进行教学分析、识别教学目的、识别起点行为和学生特点。设计包括接下来的三个成分，分别是写出表现性目标、开发标准参照测验与开发教学策略。材料的实际开发或选择发生在下一步，紧随其后的是各种评价步骤。实施并未作为一个独立的步骤。在教程的设计与开发期间进行的实施融合在评价步骤中。它们包括试点测试和现场测试。

情境化的模型

这是那些某一组织专门为指导与控制其教学系统设计过程而开发的模型。通常它们没有公开发表，因为它们是私人拥有的或专门针对组织的要求，而且不像公开发表的模型一样具有适应性。这些模型不仅描绘了在具体场景中要遵循的教学系统设计过程，而且还提供了项目规划、责任的分配、工作记录与绩效责任的基础。图 2-2 表述的是一家大型跨国银行组织的一个部门所利用的模型。

与 ADDIE 模型相比，该模型包括了清晰表述的分析、设计与开发阶段。在实施阶段，区分了试点测试和实施的正式阶段，前者发生在开发过程中，后者指教程的实际使用。该模型中没有叫作"评价"的阶段，因为评价活动贯穿于整个过程之中。该模型中有一个启动阶段，在这一阶段，设计者收集与情境有关的所有输入信息并准备一个商业案例以预测项目的收益是否有可能足以证明项目的合理性。指出设计的两个阶段也很有趣。设计的第一阶段，高水平的设计，包含了源于 IBM 的类似项目的理想。这

---

① 具体模型请参见 W. Dick, L. Carey, & J. Carey. *The Systematic Design of Instruction* (5th ed.). Copyright © 2001 by Allyn & Bacon.

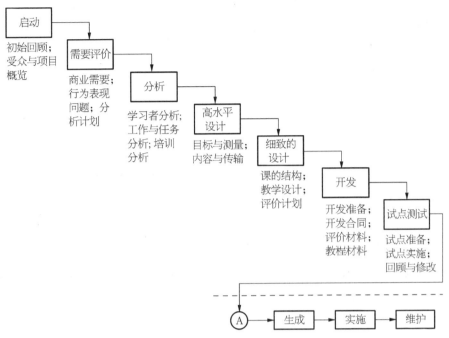

图2-2 情境化教学系统设计的模型的一个案例

一阶段由准备学习目标与测验细目、内容的可用性、选择合适的传输系统或传输系统的组合构成。在确定传输系统之后,设计者可以继续进行细致的设计并遵照适于该传输系统的方法。

教学系统设计过程及其表征

正如在遵循复杂认知过程的其他领域一样,教学设计中也存在一个问题,就是在试图区分过程本身与对过程的表征上存在的问题。教学系统设计过程是由输入之间的逻辑联系来界定的,这些输入如需要、工作表现要求或当前工作表现质量上的缺陷以及剩下的设计、开发、实施与评价阶段。大多数过程"模型"倾向于以顺序表征的形式来描绘各部分间的逻辑联系,如图2-1、图2-2与迪克和凯里的教学设计模型所示的。但这些表征并不能充分说明教学系统设计过程的动态性,正如本章前面指出的,教学系统设计过程不一定是线性的,实际上可从过程的任一阶段开始,而且在整个过程中还有重复的和并行的活动。

对设计过程还有其他表征,如螺旋模型与曲线模型(Gustafson & Branch,1997),这是由某些理论家(如 Kemp,Morrison,& Ross,1994)与组织(如控制数据公司在 20 世纪 80 年代与韩国三星公司在 20 世纪 90 年代)在以前提出来的。这些模型尽力更多地去说明教学系统设计过程的动态性,如西南研究所提出的以螺旋模型图形式表示的教学系统设计[1]就是其中一种。这一表征描绘了过程的每一阶段如何依赖于其他阶段。教学系统设计的螺旋模型表示的是一个持续的过程,教学开发者或设计群体可以根据开发或修改活动的性质与范围,进入或重新进入过程的各个阶段。

与图 2-2 所示的"瀑布式"线性推进的模型不一样,螺旋模型的优势是强调教学设计与开发中的重复出现的成分,在这一模型中,来自五个主要阶段的任务代表了贯穿于培训计划始终的持续不断的活动。一旦实施培训计划,其他阶段并不只是终点;它们在常规的基础上不断重复,以便确定是否要作出进一步的改进。

如西南研究所的教学系统设计螺旋模型,随着螺旋圈数的增加,所产出的教学系统设计产品也渐趋成熟。该图说明了如何对教学系统设计过程进行裁剪以适应所开发的任何教学产品类型。它还说明了专家如何通过在任何阶段或成熟水平进入设计过程而最大效率地使用教学系统设计过程。在工业与政府部门,切入点通常是由项目的发起人确定并取决于先前的工作努力与限制,如时间与金钱。不管教学系统设计的任务或进入过程的指定切入点是什么,教学设计者或培训开发者的工作是在生成一个完整全面的培训方法这一目标指引下推进这一任务。

总之,教学系统设计过程是非常复杂的,不可能简化为单一的结构性、逻辑性或动态性的表征,认识到这一点很重要。教学系统设计过程的大多数描述点出了它融合线性的、平行的、重复的方面的事实。另外,从有助于整个过程的交流这一点来讲,每一类表征都有优点。但毫无疑问的是,某些表征要比其他表征更有效。为充分有效,每一种表征必须与教学系统设计专家在给定组织中所执行的术语、作用与任务联系在一起。在某些场合中,教学系统设计过程是一个线性的、程序性的过程,因为这可以最好地满足教学系统设计的要求。在另一些场合中,教学系统设计过程又是非常复杂的,

---

① 具体模型请参见 Southwest Research Institute Proposal no. 07-37413. Copyright © 2003 by SWRI.

如在 4C/ID 方法中(van Merriënboer,1997),该方法将复杂的认知技能教学与建构主义学习目标融合在了一起。教学设计者面临的一个挑战是,如何在给定场合中建构与应用设计过程;另一个挑战是如何以图示表征的方式交流这一过程。但是,不应当将过程的表征看作是过程本身所有复杂性的充分的"模型"。

总　　结

教学系统设计模型体现了以系统方式进行教学设计的观念。在该观念的任何理论或抽象意义上讲,不存在一个最佳的、正确的或错误的模型。当所创造的模型在具体情境中具有可操作性并且有效时,教学系统设计过程可以任何方式表征。但不管这些模型是如何标志或划分阶段的,如果它们要实现教学系统设计过程的目的,就必须包括某些成分。这就是 ADDIE 模型为什么成为教学系统设计过程典型代表的原因。对于在各阶段都有更高理论指导水平的模型而言,它说明了这些模型的基本成分。这些指导包括用于教学策略设计阶段的教学心理学原理,或者是一种更高水平的程序性指导,适用于不同人对具体任务负有责任的具体情境。

参考文献

Ausubel, D. P. (1963). *The psychology of meaningful verbal learning*. New York: Grune & Stratton.

Bloom, B. S. (Ed.) (1956). *Taxonomy of educational objectives: The classification of educational goals. Handbook 1: Cognitive domain*. New York: McKay.

Bergman, R., & Moore, T. (1990). *Managing interactive video/multimedia projects*. Englewood Cliffs, NJ: Educational Technology Publications.

Branson, R. K. (1977). Military and industrial training. In L. J. Briggs (Ed.), *Instructional design: Principles and applications*. Englewood Cliffs, NJ: Educational Technology Publications.

Briggs, L. J. (Ed.) (1977). *Instructional design: Principles and applications*. Englewood Cliffs, NJ: Educational Technology Publications.

Briggs, L. J., & Wager, W. W. (1981). *Handbook of procedures for the design of instruction*. Englewood Cliffs, NJ: Educational Technology Publications.

Bruner, J. , Goodnow, J. J. , & Austin, G. A. (1967). *A study of thinking*. New York: Science Editions.

Dick, W. , & Carey, L. (1996). *The systematic design of instruction* (4th ed.). New York: Harper Collins College Publishers.

Duffy, T. M. , Lowyck, J. , & Jonassen, D. H. (1993). *Designing environments for constructive learning*. New York: Springer-Verlag.

Gagné, R. M. (1977). Analysis of objectives. In L. J. Briggs (Ed.), *Instructional design: Principles and applications*. Englewood Cliffs, NJ: Educational Technology Publications.

Gagné, R. M. (1985). *The conditions of learning* (4th ed.). New York: Holt, Rinehart and Winston.

Gordon, J. , & Zemke, R. (2000, April). The attack on ISD. *Training*, 43 - 53.

Gustafson, K. L. , & Branch, R. M. (1997). *Survey of instructional development models* (3rd ed.). Syracuse, NY: ERIC Clearinghouse on Information & Technology.

Kaufman, R. A. (1996). *Strategic thinking: A guide to identifying and solving problems*. Alexandria, VA: American Society of Training and Development.

Keller, J. M. (1987a). Development and use of the ARCS model of motivational design. *Journal of Instructional Development*, 10(3), 2 - 10.

Keller, J. M. (1987b). The systematic process of motivational design. *Performance & Instruction*, 26(9), 1 - 8.

Keller, J. M. , in collaboration with Young, A. , & Riley, M. (1996). *Evaluating diversity training: 17 ready-to-use tools*. San Diego: Pfeiffer.

Keller, J. M. (1999). Motivation in cyber learning environments. *International Journal of Educational Technology*, 1(1), 7 - 30.

Kemp, J. E. , Morrison, G. R. , & Ross, S. M. (1994). *Designing effective instruction*. New York: Merrill.

Kirkpatrick, D. L. (1959). Techniques for evaluating training programs. *Journal of the American Society of Training Directors*, 13, 3 - 9, 21 - 26.

Koberg, D. , & Bagnall, J. (1981). *The All New Universal Traveler*. Los Altos, CA: William Kaufmann.

Krathwohl, D. R. , Bloom, B. S. , & Masia, B. B. (1964). *Taxonomy of educational objectives: The classification of educational goals. Handbook 2: Affective domain*. New York: McKay.

Markle, S. (1969). *Good frames and bad: A grammar of frame writing* (2nd ed.). New York: John Wiley.

Merrill, M. D. (1994). *Research support for component display theory*. In M. D. Merrill (Ed.), *Instructional design theory*. Englewood Cliffs, NJ: Educational Technology Publications.

Rossett, A. (1988). *Training needs assessment*. Englewood Cliffs, NJ: Educational Technology Publications.

Saettler, P. (1968). *A history of instructional technology*. New York: McGraw-Hill.

Skinner, B. F. (1968). *The technology of teaching*. New York: Appleton-Century-Crofts.

Smith, E. R., & Tyler, R. W. (1942). *Appraising and recording student progress*. (Adventure in American Education Ser., Vol. 3). New York: Harper.

Stolovitch, H. D., & Keeps, E. J. (Eds.) (1999). *Handbook of human performance technology* (2nd ed.). San Francisco: Jossey-Bass; Englewood Cliffs, NJ: Educational Technology Publications.

Tyler. R. W. (1950). *Basic principles of curriculum and instruction*. Chicago: University of Chicago Press.

van Merriënboer, J. J. G. (1997). *Training complex cognitive skills: A four-component instructional design model for technical training*. Englewood Cliffs, NJ: Educational Technology Publications.

/ 第 二 部 分 /

学习和教学的基本过程

第三章　教学的结果

教学设计是一种有目的的活动,也就是说它是达到终点的一种方式。这些终点通常被描述为教学的目的或目标。在不同的情境中,这些术语具有不同的含义,但是目的一般被理解成是对预期结果的宽泛的陈述,而目标则更具体。这里根据贯穿本书且又作为教学设计框架的五大类别来介绍和界定教学结果。

目的、目标与教学

设计教学的根本原因是为了使一套教育或培训目的的达成成为可能。我们所生活的社会需发挥某些功能以满足人们的需要。许多功能——事实上是这些功能中的大部分——都依赖人们学习到的活动。因而,社会的功能之一就是确保这些学习的产生。为了执行社会存在所必需的各种功能,每一个社会都会通过这种或那种方法来为人们的教育与培训提供条件。"教育与培训的目的"就是指那些有助于社会发挥功能(包括社会中个体的功能)并能通过学习获得的人类活动。

公立学校

为公立学校设置教育目的是一件严肃的事情,社会根据其他学校或者其他文化中学生的行为表现来判断自己学校的适宜性。例如,在美国,目的设置可在许多不同水平上进行。1988 年,美国国会成立了一个由 26 人组成的国家评价指导委员会,负责制定国家教育进展评价方面的政策,通常被称作"国家报告卡"(Nation Report Card)。国家评价指导委员会针对不同学科领域制定了目的与框架,进而围绕这些目的和框架开发了测验。而后又对样本学校进行定期评价,以便找出什么是学生所知道的和所能做的。根据这一信息,政策制定者设定了目的并开发了计划,如联邦政府的"不让一掉队"(NCLB，2001)计划。通常，这些统计报告委员会直接影响公立学校的课程，因为资助紧随其后。

工业与联邦政府

"从历史上看，私立与公立的组织都承认，人是最宝贵的资源。这些组织认识到，为他们的职员提供不断的学习机会而承担义务并进行投资是一项有意义的商业策略。"(OHRM Report，2003a)

在美国的公司中，目的通常是针对如下方面而设立的：培训起点水平的雇员；提供持续不断的教育以提高所有雇员的熟练水平；在更高水平上的培训。在更高的水平上，当组织采用了新的或新兴的过程、技术或功能的时候，培训才有可能进行。大多数工业培训计划的根本目的是改善员工的作业表现，鼓励并支持他们发挥自身的全部潜能，以便为组织作出有价值的贡献。

为了帮助联邦政府有关部门应对人力资本的挑战，也就是在开发和培训其劳动力方面进行策略性计划和投资，管理与预算局发出了 A－11 号通告，要求所有机构自2002 财政年度开始，每年开发培训目标与测验（OHRM Report，2003b）。为了贯彻这一指示，美国人事管理部编写了一本《策略性地计划培训与测量结果指南》。编写这一指南的目的是为了帮助机构的人力资源开发部门的专业人员与计划制定者将训练目标整合进与使命要求相一致的策略性表现计划中，以便实现机构的目的。

军事部门

军事培训的全部目的是为在冲突情境中执行任务而准备军人。到目前为止，军事部门是世界上要求最高的职业之一，每一名士兵所接受的严格训练是为了培养有强烈动机的个体，他们能为自己设定较高的目的。正如军队所讲的，士兵必须努力做到"尽力而为"。军事培训灌输的一种心理定势要求服兵役者不管面临的挑战有多困难，都要做到不达目的决不放弃。竞争性的军事环境需要的是胜利者（Vet Jobs，1999）。

作为教育结果的目的

社会需要在教育与培训目的中的反映典型地表述在描述人类活动类型的陈述中。

更适当地讲,目的不是用一个词(如"阅读")来陈述的,而是用短语(句)来陈述的,如"能足够流畅地阅读并能集中于所阅读内容的意义",或者"具有积极的阅读习惯与态度"(国家评价指导委员会,1993)。目的是我们教育与培训系统的预期的结果。需要回答的问题是,在其教育与培训发展的某些阶段,学生应该具备哪些技能、知识和(或)态度?

为了对教师或培训者有用,必须根据"性能"对这些教育和培训目的进行分析,而这些"性能"会使目的中所表述的活动成为可能。也正是这些性能代表了教学的最近目的。例如,流畅阅读的一个最近目的是,学习者能够"解释某一段文章的主要意思"。为了参与维持阅读所需的活动,学生必须具备某些类型的性能(知识、技能与态度)。例如,在学生能够解释段落大意之前,他们必须能够找出段落大意在文章中的哪个地方并推断作者的意图。在大多数情况下,这些技能是通过有意识设计的教学活动习得的。例如,像阅读理解这样的性能在支持其他学习类型上显然服务于多种目的。

作为培训结果的目的

教育与培训的区别是什么?通常是预期结果的目的或具体性。教育发展的是潜在的性能与倾向,而有效的培训依赖于所教任务的可接受的表现水平。但主要关注技能发展的培训组织在其组织情境中也具有更广泛的目的。军事培训中的一个目的可能是降低战场上伤亡的风险,或者是培训出高效强大的步兵团。这些目的必须分解成个别的性能与态度,如士兵能在黑暗中凭感觉组装武器,耗时不超过 5 分钟。相关的态度是士兵在使用武器时选择阅读安全规则。

教程及其目标

上一章指出,设计项目的范围可以在大型系统与个别的课之间变化。但通常是为单个教程设计教学而不是为整个课程中的许多较大单元设计教学。限定教程长度或者对其涵盖的范围制定固定的标准是没有必要的。有许多因素可能影响教程内容范围与持续时间的选择。通常,在一个学期或者学年内可利用的时间长短是主要的决定因素。在军事部门,教程持续的时间可能是一周,每天 8 小时。

在任何情况下,教程通常是界定的而不是在特定组织机构的局部环境中通过名称而主观地理解的,如"美国历史"、"法语入门"、"大学新生英语"、"勘测"、"空中交通控制"、"数据库设计"等等。从这些名称上看,教程含义的含糊不清是显而易见的。某人认为6年级的"美国历史"与12年级的"美国历史"是不相同的,但教程的名称没有给出任何线索。"大学新生英语"涉及的是作文还是文学,抑或二者皆有?"数据库设计"是创建数据报表、样式与报告,还是解决现实世界的信息管理问题?这些决不是毫无意义的问题,因为它们代表了学生疑惑的来源,特别是在他们制定学习计划的时候。

当用教程目标来描述教程时,可以很容易地避免有名称或主题的教程在含义上的模糊(Mager,1975;Popham & Baker,1970)。布卢姆、黑斯廷斯和马道斯(Bloom,Hastings,& Madaus,1971)描述了在许多学科领域中的教程目标实例。这样,如果"大学新生英语"的教程目标是学生能够"在一个小时之内,以可接受的英语表达方式根据命题写一篇作文",那么任何人都完全清楚这教程的一部分讲授什么。这教程不会以任何直接的方式帮助学生"识别出现代诗歌中的形象化的描述"或者"分析小说中的冲突"。但是,如果教学取得成功,它将教会学生写作的基本技能。类似地,如果"数据库设计"的一个目标是学生能够"为一明确的行为问题提出一种数据库解决方案",那么学习要求就相当清楚。它将不会与如下陈述的目标相混淆:学生能"解释数据库的工作原理"。

大多数教程具有几个高水平的教程目标。例如,一门社会学科的教程可能想让学生能够:(1) 描述(特定)历史事件的背景(信息或概念);(2) 评价历史文献的来源(分析与问题解决);(3) 表现出对历史研究的积极爱好(态度)。而一门科学教程可能期望学生形成这些能力:提出与验证假设(问题解决)、参与科学问题解决(规则运用)与尊重科学家的活动(态度)。在单个的教程中,每一个目标也许被认为是具有同等价值的。要点是每个目标代表了不同的有效学习要求或预期的结果。教学必须对这些目标如何相互联系、哪些教学活动最有可能促进目标达成做出敏感反应。

不同类型的学习结果

习得的性能有不同类型,这一点我们已知晓多年了。军事部门谈论的是知识、技能与态度;布卢姆等人识别出了三大领域(动作、认知与情感)。加涅相信,通过把学习目标归入五种主要的类型可以大大简化教学计划的制定(Gagné,1985)。每一种类别代表了一种不同的人类表现类型,正如后面将看到的那样,每一类型的有效学习还要求一套不同的教学条件。下一章还会介绍,这五种类型中的某些类型还可以再划分出亚类,这些亚类对教学计划的制定十分有用。但现在,在相当一般地看待教学计划上,五大类型提供了一种全面的视角。

五类学习结果

表 3.1 描述了五类学习结果,在以下各节中将对每一类别给出简略的定义和讨论。这些结果是通过性能的习得而产生的,性能的习得被认为是学习者的记忆存储发生了变化。教学条件促进这些变化的产生,在第四、第五章将全面描述每类学习。

表 3.1　五类习得的性能

性　　能	行　为　样　例
智慧技能	识别出一个矩形的对角线 演示在介词后使用人称代词的宾格形式
认知策略	运用表象连接来学习与英文单词相对应的外文单词 运用逆推法重组口头陈述的问题
言语信息	陈述美国宪法第四修正案条款 列举教学事件
态　　度	选择阅读科幻小说 选择跑步作为锻炼的常见形式
动作技能	跳绳 书写字母 E

智慧技能

对智慧技能最好的描述是我们利用符号做事,例如把事物划分成不同的类别、应用规则与原理以及问题解决。这些技能使个体能应用符号或概念与他们的环境相互作用。智慧技能的学习适于基本的读、写、算技能的学习,而进行到哪一水平都是与个体的兴趣和智力相一致的。智慧技能构成了正规教育的最基本的和最广泛的结构,从造句这样最基本的语言技能到工程与经济这样的高级技术性技能。后一种智慧技能的例子有:求出桥梁的负重或预测货币贬值的影响。

学习智慧技能意味着获得做某事的性能。一般说来,这类学习被称为程序性知识(Anderson,1985)。这种学习与学习某事物存在或某事物有某种特征是不同的,后者被称作言语信息或陈述性知识。学习如何通过其押韵规律识别出一首十四行诗是一种智慧技能,而学习十四行诗讲述的是什么则是一种言语信息。当然学习者也能学会这两者,并且他们常这样做。但一个人也有可能学会了如何做第一件事(识别十四行诗)而不会做第二件事(陈述某首十四行诗的内容)。同样,正如教师十分清楚的,学生可能学会第二件事却不会做第一件事。由于这些原因,区别"知道如何做"和"知道什么"是重要的,即使认识到某教学单元也允许把这两者都作为预期的学习结果。

这里给出另一个智慧技能的例子:一名学英语的学生在他的学习中的某一个阶段学习什么是暗喻。如果教学充分的话,他要学习用暗喻来以叙述的方式传达意义(在第四章中,我们将把这类智慧技能的亚类称为"规则应用")。也就是说,学生必须学会应用或迁移暗喻的知识,这种知识能提高交流思想的能力。接下来,这一技能就成了进一步学习的成分,而且现在可以帮助学习造说明性句子、描写景致和事件以及写短文等更复杂的智慧技能。

如果某人想知道学生是否习得了这种智慧技能,他就必须观察"行为表现",通常这可通过要求学生用一个或几个特例"表明什么是暗喻"来达到。在这种情况下,可能要求学生使用暗喻来描述:(1) 猫的活动;(2) 多云的天气;(3) 月亮表面。

认知策略

认知策略是一种特别的和非常重要的技能,它们是支配个体自身的学习、记忆和思维行为的性能。例如,当个体抱着学习的目的并采用"找到问题核心"的内部方法阅读时,就对自己的行为进行了控制。"认知策略"这一术语的使用通常归根于布鲁纳(Bruner,Goodnow, & Austin,1956)。罗斯科夫(Rothkopf,1971)称这些认知策略为"萌发行为"。斯金纳(Skinner,1968)称之为"自我管理行为"。人们期待个体能经过较长时间的越来越多的研究、学习和思维来改善这类技能。如表3.1所示的例子就是运用表象作为中介连接环节学习外语词汇的认知策略(Atkinson,1975)。范·迈瑞波尔等人(Jeroen van Merriënboer et al.,2003)将复杂学习任务中使用的认知策略界定为问题解决策略。为发展这些策略,他指出"支持性的信息"是有用的。支持性信息可能由模型、案例、问题及其解决办法的例子构成,它们有助于学习者形成复杂行为过程成分的心理模型。

看来大多数认知策略是"专门领域的"。例如,有帮助解决算术文字题的策略,有帮助造出正确句子的策略,还有其他许多策略集中于具体的学习任务领域,通常不能迁移到其他领域。但是有些认知策略是较一般的,像可用于多种不同学习类型的策略,如阅读课文的预览、提问、阅读、复述与回顾(SQ3R)策略。

但是学习诸如 SQ3R 这样的认知策略显然不能在单一场合完成。相反,这些性能的发展要经过相当长的时间。有可能的是,为使策略变得可靠有用,学习者必须具备一些在多种不同情境中进行归纳的经验。

认知策略通常是从经验发展而来的。派特森、邓拉普和菲德尔(Pejtersen, Dunlap, & Fidel,1999)把学生所使用的从网络上获取信息的策略划分为五种类别:浏览、分析性的、经验性的、已知站点与相似性。虽然教师或者图书馆管理员已经教给了学生一些网络搜索策略,但作为个体,学生仍然以不同的方式来完成搜索任务。派特森等人总结说,如果学生的方法成功了,也就是说这一方法满足了情境的要求,那么它变成了在相似情境中的一种行为模式。

元认知是一种特殊的认知策略。元认知是"认知的认知"或对认知过程的自我监控。像反思与自我调节的策略就是元认知过程,例如,当考虑远程学习者将如何监控他们在某一教程学习上的进展情况时,这些策略就十分重要。对元认知过程的支持可能包括教学材料中的反思性问题,这些问题有助于学生关注学习任务的成分。如:"这次作业的目标你清楚吗?""你能向其他人描述一下你读过的一章的内容要点吗?"但这些问题类型支持元认知过程的程度还未得到很好研究。

言语信息

言语信息是一种我们能够"陈述"的知识,它是"知道什么"或"陈述性知识"。我们所有人都习得了大量的言语信息或言语知识。我们可轻易地从我们的记忆中回忆出许多经常使用的信息项目,如月份名称、一周中各天的名称、字母、数字、城镇名、城市名、州名、国名等等。我们还具有大量高度组织化的信息,例如,我们国家的许多历史事件、政府的构成、科学技术的主要成就及经济成分。我们在学校中学习的言语信息一部分是"仅为教程"服务的,一部分是作为成人期望能随时回忆起的知识。

学习者通常从正规教学中获得大量的信息,许多信息也可以通过偶然的方式习得。这些信息贮存在学习者的记忆中,但它不要求以一字不变地背诵的方式来"记忆"。有时它像长篇文章的"概要"那样贮存在记忆中,在需要时回忆出来。表 3.1 所举例子是指回忆出宪法修正案第四条款的内容的能力与从记忆中回忆出教学事件的能力。例如,学习科学的学生也学习许多言语信息。他们学习材料、物体、生物的特性。这些科学事实只是较低水平的学习,但是从记忆中回忆出这些事实的能力却有助于高级智慧技能的学习。

例如学生可能学习"水的沸点是100℃"。这种信息的一个主要功能是为学习者进一步学习指明方向。因此,在学习物质从液态向气态转变时,学习者也许会获得把气压与蒸发相联系的智慧技能(即一条规则)。在运用这种关系时,也许会要求学生应用这一规则来描述在海拔9 000英尺的高度沸水的温度。这时为了应用规则,上例中给出的"信息"就必须被回忆出来。可能有人想说这种信息不是特别重要,学习智慧技能才是重要的。在这点上没有不同的意见。但是信息对于这些事件是"必要的"。学习者必须具有这样可以利用的信息,才能学习某些具体的应用。

惰性观念

怀特海最先提出了"惰性观念"或"惰性知识"一词(Whitehead,1929)。惰性观念是"接收并贮存在大脑中但未被利用、测验或形成新颖组合的观念"。很清楚的是,没有得到使用或练习的言语信息会很快被遗忘,因为没有与之相联系的有意义的场景。我们同意怀特海的观点。当信息与某些刺激一块使用时,信息便能够被编码和提取,这样对信息的记忆也更好。

信息对于学习从一种情境迁移到另一种情境十分重要。例如,一名学习政治的学生可能偶然想到如下思想:官僚作风的发展与人身上脓肿的生长有些类似。如果他具有某些有关脓肿的信息,那么这一类比就有可能使他想到与官僚作风有关的因果关系,如果没有这些信息,就不可能想到。这时学生可能使用多种与该问题有关的认知策略与智慧技能,新的知识也由此产生。在这个例子中,最初的迁移是通过"观念的联想"而成为可能,换句话说,是通过拥有与使用某些类型的信息而成为可能的。

查明学生是否习得了某些具体事实或某些具体的有组织的信息项目,就需要观察他们是否能够传达这些知识。当然,最简单的方式是要求口头或书面陈述这些信息。这是教师在评价已习得何种信息时通常采用的基本方法。在低年级,评价儿童所能进行的交流可能要使用简单的口头提问,也可以利用儿童能够指认与操纵的图片和物体。

动作技能

我们期望人们学习的另一种性能是动作技能(Fitts & Posner,1967;Singer,

1980)。个体学习溜冰、骑自行车、开汽车、使用起子、跳绳。也有一些作为正规学校教学而学习的动作技能，如书写（表3.1）、画直线或调整刻度盘上的指针。尽管学校教学在很大程度上关心的是智慧技能，但我们并不期望一个受过良好教育的成人缺乏日常使用的某些动作技能（如书写）。动作技能是最明显的人类性能之一。儿童要学习用铅笔在纸上写出每一个字母的动作技能。作为一种性能，这种技能的功能只是使动作表现成为可能。当然，这些动作表现本身也可以导致进一步的学习。例如，当儿童学习拼写单词和造句时，他们要运用书写字母的技能。

当学生能在各种情境中使用某一动作，就有理由推断他们获得了动作技能。这样，如果年幼儿童已获得了书写字母E的技能，他们就应该能在任何光滑的表面用钢笔、铅笔、蜡笔写出大小不同的这个字母。显然，我们不想根据在某张特殊的纸上书写出的单个字母E就得出儿童已经习得这种技能的结论。但在若干情境中所写的几个字母E都与字母F或H显著不同，这就提供了这种性能已习得的有力证据。

态　度

现在转到通常所讲的"情感领域"（Krathwohl，Bloom，& Masia，1964），我们识别出了一类称之为"态度"的性能。我们都对各种事物、人和情境具有许多种态度。态度的作用是放大个人对某些人、事物或情况的积极的或消极的反应。人对某项目的态度强度可以通过他们在各种情况下选择或回避此项目的次数而显示出来。这样，具有助人为乐态度的人会在许多情况下选择提供帮助，而助人态度较弱的人则倾向于在较少的情境中提供较少的帮助。人们通常希望学校建立如尊重他人、合作、个人责任感等社会赞许的态度和爱好知识、学习的积极态度与自我效能感等态度。

学生学会喜欢各种活动、更喜欢某些人、更爱好某些事物等。根据一系列这样的观察可以推断出学生对某些物体、人或事件的态度，这些态度影响学生对它们的行动过程的选择。自然，许多这样的态度是在校外获得的，并且也有许多态度学校不能恰当地认为与其教学功能有关。但学校教学也有可能具有如下目标：树立对所学科目的积极态度（如Mager，1968）。学校学习也经常能成功地改变学生对待提供审美享受的活动的态度。表3.1中的一个例子是选择阅读某种小说。

作为一种人类性能，态度是预先安排个体行为选择的一种持续状态。对健康的积极态度会使学生倾向于选择尽可能经常地进行体育锻炼。当然，这并不意味着他或她总是进行体育锻炼,而是意味着选择锻炼的可能性明显偏高。如果能在较长时间内观察学生,就会注意到学生对这一活动的选择是相对频繁的。从这样的观察中可以得出学生对体育锻炼有积极态度的结论。

当然,在现实中就一个学生做一系列这样的观察太耗费时间了,因而代价也是昂贵的,更不要说对一个班级进行观察了。结果,对具有某种态度的推论通常是建立在"自我报告"基础上的。这是通过问卷调查方式而获得的,一般是询问学生在各种情况下他们将做出(或在某种情况下已做出)怎样的行为选择。当然,在将自我报告用于态度评价时也有一些技术问题。由于这些问题的意图是较明显的,学生易于做出一些并不反映真实情况的自我报告。但是,当采取了适当的预防措施如匿名做答时,这种报告有可能推断出学生已习得某一态度或在某一方向上做了改变。

这样,态度所影响的行为表现是"个人行为进程的选择"。对某类物体、人、事件作出这一选择的倾向,在一个学生身上可能更强些,在另一个学生身上可能较弱些。态度的改变可以通过学生选择某种活动进程的可能性的变化而显示出来。还以上例说明,当过了一段时间或经过教学后,选择体育锻炼的可能性可能会改变。对这种变化的观察会得出学生对体育锻炼的态度发生了改变这一推论,也就是说,学生在积极的方向上变得"更强烈"了。

军事领域的态度培养

态度与核心价值观的教学是军事培训最重要的任务。忠诚、负责、尊重、国家利益至上、荣誉、正直、个人勇气这些价值观作为美国军人的标志已有 223 年了(美国军队状况报告,2000)。服役者必须学会满足军队这一职业的要求和使命,即使是在面临危险的时候也应如此。他们必须学会根据军队与国家的最大利益做出决策而不计个人后果。他们必须学会服从命令;必须学会关心人们的安全,关心人们职业的、个人的与精神上的幸福;必须学会不考虑种族、宗教或性别而尊重所有人(美国海军核心价值观,2003)。

多年以来,为了反映服役者对待职业、家庭与生活方式的态度上的代际差异,军方已经改变了态度与核心价值观培养的教学方法与策略。军方培训职业驱动的、"在二战后的生育高峰出生的服役者"(1943~1960)的方式不同于培训家庭或个人生活定向的"生育高峰之后出生的服役者"(1961~1980)的方式,而后者又不同于培训有牢固社区与技术观念的"新世纪服役者"(1980 年后出生)的方式。1980 年后出生的一代中较大的成员现在正好开始服兵役,他们对于兵役、家庭生活与社区价值观持有各种各样的态度和义务。此外,数字技术的发展以及更大文化中迅速发生的其他技术与社会变革,造就了一种学习方式。新世纪服役者所持有的态度、义务以及这种学习方式,要求军方的领导者重新思考核心价值观与态度培训的教学方法与策略。应当强调的是,要支持工作与家庭生活时间的平衡,当然要在与军人的职业准备相容的程度上进行(司令部简报资源,2000)。

在传输核心价值观教学上,军方一直严重依赖角色示范这种方法。负责基本培训的教员示范出正确的行为,并不断地介绍兵役哲学,即在任何单位,核心价值观与对职业的奉献是建立相互的义务、尊重与信任的共同标准。近年来,军方引入了真实的模拟练习与交互性的战争游戏来强化核心价值观和态度。例如,专门设计的海军"战斗站"就是为了激励士兵的牺牲、奉献、团队精神与坚忍等基本特征。陆军正在开发"赤色风暴",这是一个第一人称射手游戏,其目的是为了说明非法的成瘾药物对作战士兵的消极影响。

作为教程目的的人类性能

单个教学教程有属于几种人类性能类别的目标。贯穿教程"内容"的主要类别就是我们已描述过的五类性能。从教学的预期结果看,区分这五类的主要原因是它们有可能导致人类行为表现的不同类型。例如初级自然科学的教程可以预期下列学习结果为一般目标:(1)解决关于速度、时间、加速度之间关系的问题;(2)设计实验来对某一假设进行科学检验;(3)尊重科学活动。第一项显然是"智慧技能",意指学生能够显示出与智慧操作有关的一些行为表现。第二项属于"问题解决"的运用,因为它表明学生需在新颖情境中生成这一复杂的行为表现,而且在选择和使用以前习得的规则和概念上几乎得不到任何指导。第三项与一种或一系列态度有关,它是在针对科学活动的行为选择中表现出来的。

这五种人类性能也在另一个很重要的方面上互不相同。要有效地学习它们需要不同的学习条件。有效学习这些性能所必备的条件和这些条件之间的差异是下面两章的主题。届时我们将论述适用于每类性能习得的学习条件,先从智慧技能和认知策略开始,然后论述其余三类。

运用人的性能设计教学

本章所提出的观点是，设计教学应符合已经为人们所接受的教育或培训目的。当目的与社会需要相符合时，就具备了规划全面教育计划的理想条件。要是着手进行这种工作，作为第一步，结果将是一系列的活动，每一种活动都将伴有对它在满足社会需要上的作用的估价。

需要分析

确定需要的过程就叫做"需要分析"。根据考夫曼、赫尔曼和沃特斯（Kaufman, Herman, & Watters, 2002）的观点，区分欲求（wants）与需要（needs）是很重要的。考夫曼等人认为需要是事件预期状态与当前状态之间的差距。例如，期望所有三年级学生的阅读能力都达到该年级所要求的水平，但是只有80％的学生真正达到了这一水平，这样就在预期情境与当前状态之间存在差距。需要分析是一个重要的概念，因为它不仅识别出了预期的目的，还尽力将当前状态加以量化，以便测量满足目的的进程。

当源于社会需要的人类活动被紧接着进行分析时，它们就产生出了一套"人类的性能"。这些性能描述了成人在某一特定社会中应该"知道什么"，特别是他们应该"知道如何去做"。这套性能也许与学校课程中的传统学科类别不是很相似。当然，在人类性能与课程的科目之间是有关系的，但可能不是简单的对应关系。

如同目前进行的教学设计一样，大多数的教学设计都以"教程"计划和设计为中心。我们将在本书中使用这一框架，但我们将继续保持朝向教学目标的定向。看来，学习结果并不能总是通过教程的名称而充分地识别出来。我们可以将学习结果视作有可能导致不同人类行为表现的各种习得的性能。因此，本章介绍了这五类性能，它们将作为教学设计的基本框架而贯穿全书。

除了动作技能之外，所有这些类别可能都包括于任何教程计划之中。不可能有不包括信息或不在一定程度上影响态度的教程。最重要的是不可能有不包括智慧技能的教程。

有两个原因可以说明为什么智慧技能是设计学习教程结构的中心。首先，它们是决定学生能做什么的性能，因而与根据学习结果对教程的描述关系密切。其次，智慧技能有"累积"的性质,它们以可预测的方式而相互建立。因此,它们为安排教程结构提供了最有用的模式。在下一章,我们将深入探讨智慧技能有什么类型,如何习得以及如何知道它们已被习得。

总　　结

这一章表明了定义教育与培训的目的是一个复杂的问题,其原因一部分是由于人们对教育有如此多的期望。一些人想用教育来强调了解人类历史的重要性,另一些人想用教育来永久保存现有文化和现有学术性学科;一些人强调教育需要帮助儿童和青少年适应快速变化的社会,而另一些人希望教育把学生培养成能改善自身及其所生活的社会的主体。

造成定义教育目的复杂性的一个原因是需要把笼统的目的转化成逐渐具体的目标。要确保课程中每个单元实际上都使学生进一步地靠近长远的目的,就需要划分这些目的层次。也许不可能对所有课程都进行这样的划分。这样在一般目的和课程中教程的特定目标之间就有很大的距离,因而存在的主要问题是:需要在最一般的目的与特定教程目标之间缺乏完整的联系网络的情况下确定教程目标。

尽管这个问题很棘手,但还是有办法将教程目标分类,继而就有可能考察教程所试图发展的各种人类性能范围。这种分类系统(行为类别的集合)的目的之一就是要完整地评价目标本身。在本章中呈现的分类包括以下习得的性能类型:

1. 智慧技能;

2. 认知策略;

3. 言语信息;

4. 动作技能;

5. 态度。

我们已经讨论过学习上述每一种性能的用途,在后面几章中将会更加详细地予以说明。

这一分类系统的用途除了用来评价教程要在学习者身上产生的各种性能外,还包括以下几点:

1. 该分类系统有助于将相似性质的特定目标组织在一起,从而减少设计整个教学策略所需的工作；

2. 将目标进行分组有助于确定学习教程片段的顺序；

3. 将目标按性能类别分组后就能利用这些性能类型来计划成功学习所需的内部和外部条件。

教程的每一个表现性目标都确定了唯一的作为教学结果的行为表现。通过将目标归入上述的五种性能,在利用同一类别的各个目标的学习条件是相同的这一事实的同时,还可以评价每一类别所包括的范围是否周全。

识别出学习各种人类性能所需的条件是下面两章的主题。

参考文献

Anderson，J. R. (1985). *Cognitive psychology and its implications* (2nd ed.). San Francisco：Freeman.

Atkinson，R. C. (1975). Mnemotechnics in second language learning. *American Psychologist*，*30*，821 - 828.

Bloom，B. S.，Hastings，J. T.，& Madaus，G. F. (1971). *Handbook on formative and summative evaluation of student learning*. New York：McGraw-Hill.

Bruner，J. S.，Goodnow，J. J.，& Austin，G. A. (1956). *A study of thinking*. New York：Wiley.

Command Briefing Resources (2000). Retrieved from：http://mfrc. calib. com/healthyparenting/cornell/generational/gn00. cfm.

Fitts，P. M.，& Posner，M. I. (1967). *Human performance*. Belmont，CA：Brooks/Cole.

Gagné，R. M. (1985). *The conditions of learning* (4th ed.). New York：Holt，Rinehart and Winston.

Kaufman，R.，Herman，J.，& Watters，K. (2002). *Educational planning: Strategic，tactical，and operational*. Landham，MD：Scarecrow Press.

Krathwohl，D. R.，Bloom，B. S.，& Masia，B. B. (1964). *Taxonomy of educational objectives. Handbook II: Affective domain*. New York：McKay.

Mager，R. F. (1968). *Developing attitude toward learning*. Belmont，CA：Fearon.

Mager，R. F. (1975). *Preparing objectives for instruction* (2nd ed.). Belmont，CA：Fearon.

National Assessment Governing Board (1993). The National Education Goals Report. Retrieved on 12/12/2003 from：http://www. ed. gov/pubs/goals/report/goalsrpt. txt.

OHRM Report (2003a). A Commitment to Learning：Planning Training Strategically. Retrieved on 12/12/03 from：http://ohrm. doc. gov/employees/training/resources/smtms. htm.

OHRM Report（2003b）. A guide for strategically planning training and measuring results. Retrieved on 12/12/03 from: http://tri. army. mil/LC/LCB/Bp/BPT/website/spguide. pdf.

Pejtersen, A. M. , Dunlap, M. , & Fidel, R. (1999). A Use Centered Approach to Evaluation of the Web. Paper presented at the ACM SIGIR Workshop on "Evaluation of Web Document Retrieval" at Berkeley, August 14 - 18, 1999, 8.

Popham, W. J. , & Baker, E. L. (1970). *Establishing instructional goals*. Englewood Cliffs, NJ: Prentice Hall.

Rothkopf, E. Z. (1971). Experiments on mathemagenic behavior and the technology of written instruction. In E. Z. Rothkopf & P. E. Johnson (Eds.), *Verbal learning research and the technology of written instruction*. New York: Teachers College.

Singer, R. N. (1980). *Motor learning and human performance* (3rd ed.). New York: Macmillan.

Skinner, B. F. (1968). *The technology of teaching*. New York: Appleton.

U. S. Army Posture Statement. (2003). Retrieved on 10/1/2003 from: http://www. army. mil/aps/2003/index. html.

U. S. Navy Core Values. (2003). Retrieved on 10/1/2003 from: http://www. chinfo. navy. mil/navpalib/traditions/html/corvalu. html.

van Merriënboer, J. J. G. , Clark, R. E. , & de Croock, M. B. M. (2002). Blueprints for Complex Learning, The 4C/ID — Model. ETR&D, Vol. 50, No. 2, 39 - 64.

Vet Jobs. (1999). Retrieved on 10/1/2003 from: http://66. 45. 115. 142/emphire2. htm.

Whitehead, A. N. (1929). *The aims of education*. New York: Macmillan.

第四章　学习的类型——智慧技能与策略

当开始考虑学习原理在教学上的应用时，没有比问"要习得的是什么"这一问题更好的指导了。我们已经知道，在任何情况下这一问题的答案是将习得的内容归为以下类别中的一类：（1）智慧技能；（2）认知策略；（3）言语信息；（4）动作技能；（5）态度。本章我们将探讨影响智慧技能学习的条件。智慧技能在学校学习中占核心地位，此外还为教学设计提供了最好的结构模型。接下来自然过渡到对认知策略的探讨，这是一种特殊的智慧技能，值得单独列出。在第五章，我们将探讨另外三种人类性能的学习条件。

对学习结果进行分类的必要性

大多数教育工作者都很熟悉本杰明·布卢姆的三个学习领域的分类（Bloom et al. ,1956）：认知领域、情感领域与心因动作领域。认知领域被进一步分为六种学习类型：知识、理解、应用、分析、综合与评价。布卢姆认为这一分类是有层级性的，知识是这一层级中最简单的目标类型，评价是最复杂的目标类型。层级中下面的三级是知识、理解与应用，有时又被称为低级的学习技能；上面三级则被称为高级的学习技能。布卢姆的分类与加涅的分类框架略有差别。首先，加涅把言语信息作为一个独立的学习领域而不是技能层级的一部分。其次，理解、应用、分析、综合与评价在加涅的智慧技能领域不是以相似的方式得到反映的。加涅可能把理解、应用、分析、综合与评价作为演示学习的过程，而不是习得性能的类型。表 4.1 试着对布卢姆的认知领域类别与加涅（1995）的学习分类框架进行比较。该表表明，理解、应用、分析与综合跨越了加涅的多种学习领域。

表 4.1 布卢姆的分类与加涅的学习类型的比较(限于认知领域)

布卢姆	加 涅	布卢姆	加 涅
评 价	认知策略、问题解决、规则应用	应 用	规则应用
综 合	问题解决	理 解	定义性概念、具体概念与辨别
分 析	规则应用	知 识	言语信息

为什么要对学习进行分类呢？目的之一是阐明我们的思考并改进陈述预期结果的过程。我们仅仅说学生将理解多位数除法是不够的。我们所说的"理解"指的是什么水平上的理解呢？如果我们希望学生能够应用规则,而不是仅仅回忆规则,那么我们应该有一种陈述学习目标的方式,以便任何人阅读到这一目标时都能清楚地理解目标的意图。还将清楚的是,应用不可能通过要求学生"列举进行多位数除法的步骤"来检验。即使学生必须首先知道规则,这一知识也不是应用它们的充分条件。正如布卢姆所说的那样,提出目标分类学的目的是"帮助课程开发者计划学习经验并准备评价工具;阐明学习目标的意义(试图达到哪一水平的"理解");根据回忆、思维与问题解决提供一个研究教学与学习的框架"(Bloom et al. ,1956,pp. 2~3)。

在加涅开发学习结果领域并采纳信息加工理论为学习理论之前,布卢姆的工作就已在进行。与布卢姆提出的类别不同的是,加涅更多地考虑了知识的结构。加涅区分了陈述性知识(回忆)与程序性知识(规则运用)。他没有把陈述性知识看作是层级结构的一部分,虽然它是一种明显不同的学习类型,而且对促进智慧技能的获得十分重要。但他确实认为程序性知识可以最佳地解释为与规则的层次相联系的信息,他称之为"智慧技能"。

习得的性能层次的性质

加涅所讲的技能层次是指,层次中低水平技能的行为表现是高水平技能行为表现的先决条件。因为问题解决涉及规则的运用,因而在成功的问题解决之前必须先习得规则。虽然这对教学顺序的安排有启示,但并不意味着在学生不具备解决问题的先决条件之前,不能首先向他们呈现问题要其解决——这将是一种教学策略。但这确实意味着在问题解决的过程中学生将能形成新的规则,而且如果他们成功的话,这些规则还将能迁移到相似的问题上。

在教育领域，加涅(Gagné，1985)的分类不如布卢姆等人(Bloom，Krathwohl，et al.，1956)的分类有名。但是正如我们将说明的那样，加涅的分类对教学设计者有诸多优点。

智慧技能是一种习得的性能，它使得个体有可能通过语言、数字之类的符号来对环境做出反应与描述。字词"代表"客体、行动以及客体之间的关系(如"上面"、"后面"和"在……之内"等)。同样，数字代表了数量，符号(如＋、＝、x^2)被用来表示这些数量间的关系。其他符号如直线、箭头、圆圈等则经常用来表示空间关系。个体使用这些符号与他人交流自身各个方面的经验。人们记忆和思考他们所生活的世界的主要方法之一就是应用符号。

智慧技能的类型

个体在学校中习得的智慧技能是非常多的，实际上数以千计。只要想一下语言技能这个领域，就能接受这一事实。像阅读、表情朗读、造句、组成段落、会话和辩论等教学主题都包括许多必须习得的具体智慧技能。在各种数学领域的技能也是如此。许多时间和空间模式的技能是几何、物理等科目的一部分。要了解智慧技能，必须了解人类智慧运作的"微观"结构。

无论智慧技能出现在哪个学科内容领域，都能按其复杂程度进行分类。例如，假使向学习者呈现两个相似但不同的图像并教会他如何区分。随后，当图像再次呈现时，学习者应能指出二者的差异。这并不需要非常复杂的心理加工。可以推测出，在这一情境中所习得的以及随后能回忆起的内容是"辨别"。

下例中智慧技能的复杂程度就极为不同：教学后，学生能根据词尾加 lich 的构词法(如 Gemüt — gemütlich)来理解德语中他从未见过的形容词的意思。这种行为表现通常被称为是"规则支配"的，因为它所要求的心理加工是"应用规则"。学习者并不一定要能陈述出这一规则，但他的行为方式应能表明他已经习得了一种叫作"规则"的内部性能，这种性能使他的行为受规则支配。显然，这一过程比上述的辨别过程更复杂。

因此，根据心理加工的不同复杂程度有可能对智慧技能进行分类。这些类别是跨学科的，并且它们独立于学科内容。能(或需要)区分出智慧加工的几种复杂性水平吗？对大多数教学目的而言，图 4 - 1 中列出了智慧技能的有用分类。

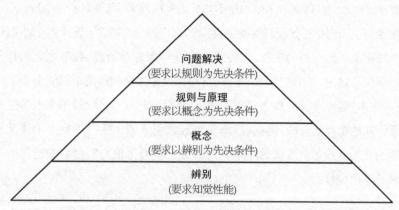

图4-1 智慧技能的复杂性水平

学习以图中所指的方式影响个体的智慧发展。在问题解决(教学已为学习者提供了这方面的基础)中,学习者要获得一些"高级规则"(即复杂规则)。问题解决要求他们回忆一些较简单的、先前习得的规则和定义性概念。为了获得这些规则,学生必须先习得一些具体概念,而为了学习这些概念,他们又必须能提取一些先前习得的辨别。例如,学生面临着这样一个问题:读出一个不熟悉的单词。要解决这一问题,他必须运用一些先前习得的规则(解码技能),而这些规则的学习又要以识别出称为"音素"的单词成分(定义性概念)和印刷体(具体概念)为前提。学习识别印刷体字母"E"的儿童必须能看到(辨别)字母"E"与"F"甚至与"L"的不同。字母"E"是一个符号,同时也是一个具体概念。在一系列字母中,它独特的物理特征使它与其他字母区别开来。不要期望一个不能区别字母"E"与"D"的差异的儿童能够区别其他字母之间的差异。

辨 别

辨别是在一个或更多的物理或感觉维度上觉察出刺激差异的性能,最简单的例子是人们指出两个刺激是相同还是不同。在中等教育或成人教育中,也包括辨别的例子,人们要辨别艺术、音乐、外语和自然科学中的刺激。工业上的例子包括辨别木材、金属、纺织品、纸张、印刷形式及其他方面的不同。

对低年级儿童来说,辨别通常是其学习的常备部分。辨别任务的另一种变化形式是与样例进行匹配。可以要求儿童从一堆各色积木中"选出与这块积木颜色相同的一块"。在初学音乐时,可以要求儿童学习辨别两个连续的音调在音高上是相同还是有差异。

　　辨别是一种非常基本的智慧技能。有意识地进行辨别练习通常适用于年幼的儿童。对于大多数的学校学习而言,通常都假定相关的辨别已经在生命的早年习得了。但偶然也会惊奇地发现,某些基本的辨别并没有习得,也不能假定其已习得。学习法语的学生真的能够听出 r 的小舌音和舌前音的区别吗(也就是说,它已经作为一种辨别习得了)? 学习使用显微镜的学生真的能看出明、暗部分的边界(这在以后会被识别为细胞壁)吗? 一个没有受过专门训练的成人能辨别出樱桃木和枫木之间的纹理的不同吗?

　　在描述辨别以及下述其他智慧技能的特征时,我们需要说明学习情境的三种成分:

　　1. 获得或将要获得的行为表现。在学习后,学生将能做出哪些在这之前他不能做出的行为?

　　2. 产生学习必须具备的内部条件。这包括能从学生记忆中回忆出的性能,这些性能将与新习得的性能融为一体。

　　3. 给学习者提供刺激的外部条件。它们可以是真实呈现的客体、符号、图像、声音或有意义的言语交流。

　　辨别的学习条件见表 4.2。

表 4.2　辨别的学习条件

行为表现	必须有一种反应来表明学习者能区分在一个或多个物理维度上不同的刺激,通常是指出"相同"或"不同"。
内部条件	在感觉方面,物理上的差异必须能引起大脑活动的不同模式。此外,个体必须具有所需的反应来表明差异是可以觉察出的,如说出"相同"或"不同"。其他可能的反应包括指出、打钩或在物体图片上画圈。不能学会辨别可能表明某种能力上的缺陷,如色盲或音盲。
外部条件	为了教授辨别,教学必须训练学生去看、闻、尝、听或感觉刺激之间的差异。教学应该包括以下方面: (1) 告知学生将要学习的内容,如"今天我们将学习品尝调味品之间的差异"。 (2) 呈现刺激,要求学生判断这些刺激是相同还是不同。 (3) 通过指出细微的差异来帮助辨别,如"这一种调味品的味道跟上一种很相似,但要注意体会它更苦一点"。 (4) 让学生练习进行辨别并给予反馈或例子,要求他们匹配相似的调味品。

具体概念

概念是一种性能,它使个体有可能将某一刺激识别为具有一些共同特征的一类刺激的一员,尽管这些刺激彼此明显不同。具体概念识别出的是客体的特征或客体的属性(颜色、形状等)。这类概念之所以被称为具体概念是因为它们所要求的行为表现是"识别"出某一物理客体的属性。

客体属性的例子如圆形的、方形的、蓝色的、三个一组的、光滑的、弯曲的、扁平的等等。可通过要求个体用"指出"来识别属于同一类物体属性的两个或更多成员的办法来确定他是否习得了具体概念。例如,通过指出硬币、轮胎和满月是圆的来识别"圆"。"指出"这一操作在实际中可通过许多方式进行,可以是选出、打钩、画圈或拿出。通常"指出"一般是通过命名(说出名称)来进行。因此,只要能假定个体已知道如何做,他所做的具体反应并不重要。

一类重要的具体概念是"客体位置"。它之所以被认为是客体的一种属性,是因为能通过指出而识别它。但很清楚的是,客体的位置必须存在于与其他客体的关系之中。客体位置的例子如上面、下面、旁边、周围、左边、右边、中间、顶上、前面。显然,可以要求用某种或其他方式来"指出"这些位置特征。这样,"客体的位置"就属于具体概念。

辨别和具体概念之间的差异是很容易区分的:前者是"对差异做出反应";后者是通过命名或其他方法来识别出事物。一个人也许学会了区别画在纸上的三角形和矩形。这可被看作是通过选择、指出或其他不同的反应表明他能区分这些不同的图形。根据这一行为表现只能得出他能辨别这些具体图形的结论。但为了检验他是否习得了"三角形"这个具体概念,则需让他识别出具有这类特征的若干图形——这些图形在诸如大小、颜色、线的粗细等其他特征上是很不相同的。换句话说,获得具体概念就意味着个体能识别出客体属性的"类别"。

识别出具体概念的能力是较复杂的学习的基础。许多研究者都强调"具体学习"是"抽象观念学习"的先决条件。皮亚杰(Piaget,1950)将这一区分作为他的智慧发展理论中的关键思想。通过定义来获得概念(接下来讨论)要求学习者能够识别出定义中词语所指的事物。这样,要通过定义"圆形物体的边"的方法来获得"轮缘"的概念,学习者必须具有"边"、"圆"等具体概念作为前提,如果他不能识别出这些具体概念,就不可能正确或完整地"知道轮缘的含义"。具体概念的学习条件见表4.3。

表 4.3 具体概念的学习条件

行为表现	学生通过"指出"某个类别的两个或更多成员来识别出一类客体的属性(包括客体的位置)。"指出"可用多种方式(打钩、画圈等等)中的任何一种来完成,这些方式仅在出现了识别这一意义上是等价的。例如:(1) 呈现出一些不同类型的酒,要求识别出"不甜的酒";(2) 给出一句包含了多种字体且由 10 个单词组成的句子,圈出所有的字母"O"来。
内部条件	在获得具体概念时,必须回忆出辨别。另外,正在学习的概念的属性必须与欲归入的类别的相关属性进行比较。这样,学习"不甜的酒"这一概念的个体必须能够区别不同酒的味道,识别出"不甜的酒"的味道而且忽视酒的颜色。
外部条件	针对具体概念的教学包括: 1. 告知学生将要学习什么样的概念。 2. 呈现概念的正例,强调相关特征。 3. 呈现有可能导致混淆的反例,并解释它们为什么不是概念的正例。 4. 以识别正例的方式来让学生练习概念的应用。 5. 提供间隔练习以促进保持与迁移。

定义性概念

另一类概念不能根据其物理属性得到识别,如爱、母亲、家庭、嫉妒、移情、保守与民主这样的概念。你不能看到它们,或者通过"指出"识别它们。虽然我们能够把一些行为或语言的正例归入这些类别,但是它们更多地是依据定义而不是物理属性来归类的。

定义性概念的定义是对属性及属性间关系的言语陈述。例如,《韦氏新大学词典》(*Merriam-Webster's New Collegiate Dictionary*)的第十版把"保守派"定义为:"(1) 保守主义哲学的或与保守主义哲学相关的;(2) 组建一个奉行保守主义原则的政党。"该词典进一步把"保守主义"定义为:"(1) 一个保守的政党所持的原则与政策;(2) 维持现存状态的政治倾向;(3) 偏好现有或传统情境而不是变革的倾向。"

如果你想确定某人是否符合"保守派"的定义,你应该寻找哪些属性呢? 一种属性可能是一种相当于不管事物或者回到事物原来状态的哲学。第二种属性可能是他们是否偏好传统的情境而不是变革。第三种属性是他们是否属于偏好传统情境而非变革的某一政党(如共和党)。现在你可以看到,要"指出"一个"保守派"有多难,除非他们都共有某种物理特征(如所有的"保守派"都穿灰色大衣、打蓝色领带)。但是,通过了解个人的哲学观,我们可以把他们归为(符合上述定义)或不归为"保守派"。

另一个例子,考虑"外国人"即外国公民这一概念。已习得该概念的个体将能够根据这一定义,通过指出某人不是他目前所在国家的公民而是其他国家的公民来对该个体进行归类。这一行为表现可能涉及定义的言语指称,当假设个体知晓"公民"、"其他"、"国家"等词语的意思时,该行为表现是充分的。要是不能假设个体具备了这些知识,可能需要个体以其他术语来表现,如对言语情境的反应。意义的展示将这类心理加工与记忆言语信息(如"外国人是外国的公民"这一陈述)所涉及的心理加工区分开来。

某些定义性概念具有与之相应的具体概念,这些具体概念有与其相同的名称,而且共有一些特征。例如,许多年幼儿童将三角形的基本形状作为具体概念来学习。直到很晚的时候,在学习几何时,他们才遇到三角形的定义性概念:"由三条在三点相交的线段组成的封闭的平面图形。"三角形的具体意义与定义性意义并不完全相同,但是它们存在相当大的共同之处。

另一个概念性定义的例子是"分界线"。它的定义可陈述为"标志地域的终结处"。必须将这一概念演示给外在的观察者,这样才能知道该概念是否被习得。学习者所进行的演示必须包括:(1)通过指出一块地或一幅地图,或者在纸上画出一块地域而识别出地域;(2)指出该地域界限的"线";(3)通过说明运动物体的轨迹在这条线上终止来演示出"终结"的意义。

为什么不能只问"什么是分界线"这一问题?为什么描述这么详细的程序?正如前面所论述的,只有确保个体能识别单词所指的对象,才能确信定义性概念的含义已被习得。当然,在实践中常用的程序是获得对问题的言语反应。但这一程序总是容易导致混淆,学习者可能只是重复言语词句而根本不知道概念的含义。正因为这个原因,我们使用"给出……的一个例子"这一短语而不是采用像"陈述……的定义"之类的更简单的任务。我们想表明学习者具有应用定义性概念的能力而不仅仅是回忆言语信息。定义性概念的学习条件见表4.4。

表4.4 定义性概念的学习条件

行为表现	学习者通过对概念的正例与反例进行分类来应用定义性概念。例如,可以用如下方式来要求学生演示他或她对"保守派"的理解:在报纸上找一篇代表保守主义者观点的文章,并将其与代表了自由主义者观点的文章进行对照。 认识到对概念的应用超越了对其定义的回忆这一点非常重要。显然,学生能够学会陈述这样的定义:"质量是决定某一特定的力施加给物体时所产生的加速度大小的性质",但并不理解这一概念。

续 表

内部条件	为了通过定义获得概念，学生必须提取包含在定义中的所有组成的概念，包括代表它们之间关系的概念（如在"分界线"一例中的"终结"）。
外部条件	教学应尽可能地遵循包括以下内容的模式： 1. 确定将要学习的概念。 2. 呈现概念的定义。 3. 呈现符合定义的正例和不符合定义的反例。 4. 提供练习，让学习者对概念的正例与反例进行分类，并给以矫正性反馈。 5. 提供间隔练习以促进保持与迁移。

规则或原理

规则是概念间关系的陈述。例如拼读规则："当 i 发与字母 a 相同的音时，除了在 c 之前外，i 都在 e 之后，像在'neighbor'与'weigh'中一样。"这一规则描述了字母之间的一系列关系，而且包括如下一些成分概念："在……之前"、"除……之外"、"在……之后"、"当……时候"、"像……一样"。当学习者能够在多种具体情境中以一致的方式应用某条规则或原理时，他就习得了这一规则或原理。换句话说，学习者证实了他能对各类客体和事件中的某一类关系做出反应。

规则支配的行为有许多常见的例子。事实上，人类大多数行为都属于此类别。当我们用给定的单词如"girl"（女孩）造句时，如"The girl rode a bicycle"（这个女孩骑一辆自行车），我们就使用了若干规则。例如，我们用"The"开头，而不是"girl"，这就应用了定冠词使用的规则。句子主语后面跟一个动词或谓语来表明主语做什么——这就是说，我们讲"The girl rode"（这个女孩骑）而不是"Rode the girl"（骑这个女孩）。动词后面跟着宾语"bicycle"（自行车），这也是按照某规则以一定顺序排列的，而且按另一规则，（在此例中）宾语前面要加不定冠词"a"。最后，我们完成了这一句子，而这一句子的书写形式又涉及一条使用句点的规则。由于已获得这些规则中的每一条规则，我们就可以同样的结构，用任何给定单词作主语和宾语来造句。

在科学教程中习得的原理还被学习者展示成使用规则的行为。例如，我们预期已学过欧姆定律 $E = I \times R$ 的学生能运用此公式中体现的规则。可以提问如下的一个问题："假设一个电路的电阻为 12 欧姆，电压是 120 伏，那么所产生的电流是多少安培？"

显然，能够应用规则并不依赖于能够陈述规则。例如，儿童在学习语法规则之前早已能够进行口头造句了。相反,能够陈述规则不一定意味着学习者能够应用规则。一个学生可能会陈述"电压等于电流乘以电阻",但是不一定能够在特定问题中应用这一规则。

既然我们已指出规则是什么,那么我们就可以承认,上文论及的定义性概念在形式上与规则并无不同,而且是以相同的方式习得的。换句话说,定义性概念是一种特殊规则,其目的是将客体和事件分类,它是分类的规则。但规则还包括除了分类之外的其他类别,它们处理像"相等"、"相似"、"大于"、"小于"、"之前"、"之后"之类的关系。规则学习的条件见表4.5。

表4.5　规则的学习条件

行为表现	规则是通过其运用于一个或多个具体例证而得以展示的。例如:(1)电阻与导体横截面积之间关系的规则可通过选用更大直径的导线连接电路时电阻的降低而演示出来;(2)支配介词之后代词属格的规则可通过正确选择代词完成如下句子而得到演示:"The secret was strictly between (she)(her) and (I)(me)";(3)分数乘法的规则可通过将其应用于像 $5/e×2/a$ 这样的例子而演示出来。
内部条件	在学习规则时,学习者必须提取出构成规则的每一个成分概念,包括表示关系的概念。教员需要假定这些概念事先已被习得并能很容易地回忆出来。在导线电阻的例子中,学习者必须能提取出如下概念:"横截"、"面积"、"导体"和"降低"。
外部条件	规则的教学条件如下: 1. 概括陈述将要学习的内容(学习者将能够做什么)。 2. 以言语陈述或一系列程序(很像我们这里所做的)的形式呈现将要习得的规则。 3. 通过演示规则或程序的应用来提供学习指导。 4. 练习应用规则(或者规则的组成部分)并接受反馈。 5. 提供在多种情境中应用规则的机会(间隔练习)以促进迁移。

高级规则:问题解决

问题解决是教学结果还是导致教学结果的过程?当针对一种情境的解决方案不是立即明朗时,我们就遇到了问题。例如,有人想买我一支价值50美分的钢笔。买主给我1美元,我找给他50美分。我是在解决问题吗?不,我是在运用规则,因为我已经知道如何为1美元找零。现在假设买主给我1欧元,我应当以美国货币找给他多少零钱?我不知道,因为我没有足够的信息来计算出应找多少零钱。如果我要完成这一交易,我将不得不进行一些问题解决活动。在解决问题过程中,我将学到一些东西。

有时,我们学习的规则是简单规则的复杂组合。而且,通常的情况是,创造这些更复杂的规则或"高级规则"的目的是为了解决某一实际问题或一类问题。

问题解决这一性能自然是教育过程的主要目的。大多数的教育者都同意学校应优先考虑教学生"如何清楚地思维"。当学生解决了一个代表真实事件的问题时,他们从事的就是思维行为。当然问题有多种,而且某些问题有多种可能的解决办法。在获得问题的有效解决办法时,学生也获得了一种新的性能。他们学习到能推广于其他类似问题的东西。这意味着他们已生成一种或一套新规则。可以说他们已"建构了"知识。但学习的证据是这一新规则能够在将来的相似情境中得到回忆和应用。

假设在一堵低矮的砖墙旁停了一辆小汽车,汽车的一只前轮爆胎了。没有千斤顶,只有一根 10 英尺长的圆木和一根很结实的绳子。能将车子的前部抬起来吗? 在这一情境中,一个可能的解决办法是用圆木作杠杆,墙作杠杆的支点,当抬高汽车时,用绳子固定杠杆的一端。提出这一解决办法是为了满足特殊的问题情境。显然,该办法代表了一些规则的"组合",而这种组合也许没被问题解决者运用于先前相似的情境中。其中一条规则是从汽车下方用力来抬起汽车;另一条规则是用墙作支点,第三条规则是用圆木作杠杆。为了能在问题解决中加以运用,所有这些规则必须由个体组合起来,这意味着必须事先习得它们(请再次注意,问题解决者不需要陈述这些规则,也不一定要在物理课上习得它们)。

复杂规则的创建可用一个数学问题来说明。假设一名学生已学过了 $2x$ 和 $5x$,$3x^2$ 和 $4x^2$,$2x^3$ 和 $6x^3$ 等单项式的加法,现在给他呈现一套多项式,如:

$$2x + 3x^2 + 1$$

$$2 + 3x + 4x^2$$

问学生:"你认为这两个式子之和是多少?"这个问题要求解答新问题,这一问题(我们假定)学生先前并没有遇到过。学生可能开始会出现错误,这些错误以后能纠正。但先前习得的下位规则使他有可能想出问题的答案(例如,变量 a 加上变量 a^2 将产生和 $a + a^2$ 这一规则以及单项式加法的规则,如 $2a^2 + 3a^2 = 5a^2$)。因此,这个学生可能不难推导出以下复杂规则:将同指数的变量相加;将各项用符号"+"连接起来表示和。在此例中,问题解决者回忆起了一些简单规则并将其"合并"成更复杂的规则来解决问题。

一种类型的问题解决涉及发现学习,即给学生一个问题然后让他们或多或少地自己来解决。虽然发现学习是自然发生的,但旨在帮助学生学会解决问题的教学可以通过让学生在解决过程中寻找规则并将其解决办法言语化的方式来帮助学生(Gagné & Smith,1962)。用于问题解决的另一种技术是有指导的发现。有指导的发现在学生需要的时候给他们以提示。通常用迁移问题来检测问题解决技能。迁移问题与原始问题相类似(它们需要同样的规则),但学生以前没有遇到过。研究表明,有指导的发现不仅可以比教规则和例证的方法能更快地教会问题解决,而且还导致更好的迁移(Gagné & Brown,1961)。

问题解决是通过让学习者解决问题来教的。问题是,作为教学设计者,我们如何创设出可以促进这些技能习得的情境。一种方法是设计认知学徒制。历史上,学徒制是学习者在一名经验丰富的个体旁边工作的学习情境。其教学技术包括观察、指导、练习以及给学习者提供反馈。"正如我们所设想的那样,认知学徒制与传统学徒制的不同在于,所选择的任务与问题是为了说明某些方法与技术的效力;为了给学生提供在不同情境中应用这些方法的练习;为了逐渐增加任务的复杂性,这样可以整合成分技能与模型。"(Collins, Brown, & Newman, 1989, p. 459)

建构主义设计者提出将教学集中于现实的或"真实的"问题上。他们通常以为真实的情境能促进迁移。我们同意这一立场,但还想补充一点,那就是迁移甚至记住所习得的内容都需要学生练习并以具体行为表现出他们新习得的知识。这类学习在群体中(如合作学习活动中)更加有效,因为学习是一个社会文化过程(Coleman, Perry, & Schwen,1997)。我们也同意这一立场,因为群体活动可以促进有关正解决着的问题的对话。问题解决的群体工作提供了社会支持和解决问题所必需的知识的集合(子规则)。群体通常比个体能够更快更好地解决问题。但是,在迁移情境中要将学生作为个体来进行检测以确定他们是否形成了问题解决技能,这一点十分重要。

总之,合作学习环境能够促进问题解决,因而也能促进知识建构。更批判性地看待群体活动中的机制,将会提供一些这些活动如何支持问题解决过程的信息。表4.6呈现了问题解决技能的学习条件。

表 4.6　问题解决技能的学习条件

行为表现	行为表现要求创造和使用复杂规则来形成解决新颖问题的办法。当已生成高级规则时,学习者还有可能在其他物理上不同但形式上类似的情境中演示其应用。
内部条件	在解决问题时,学习者必须提取相关的下位规则和相关的信息。通常假定这些性能以前已经习得。
外部条件	问题解决技能的教学要求学生: 1. 接受他人呈现的新颖问题,而且具有解决该问题所需的子规则。 2. 应用问题解决策略,因为教学情境缺乏直接教学(否则所习得的性能可能是规则应用)。教员应当观察学生正监控着他们的问题解决过程,正识别出某一解决办法行不通以及从已习得的规则中选择出相关的规则。教员通过观察与指导的过程,帮助学习者逐渐达成目标技能。这里,维果茨基的最近发展区思想与之有关。最近发展区表示的是学生的现有水平与在知识丰富的成人在场或与更有能力的同伴合作的情况下所能达到的水平之间的差距(Dixon-Krauss,1996)。换句话说,所呈现的问题的水平应考虑学生带到任务中的技能,以便让学生获得成功。 3. 接受反馈,其具体形式是前面提到的过程中的鼓励,或者是对过程的细小修改。 4. 在受到鼓励的情况下反思他们已经完成的工作并描述他们怎样完成这些工作。这将促进新生成的规则或程序的保持。 5. 在相似问题上进行练习以促进迁移。 6. 参与问题解决,由此学习解决问题,这可以通过合作性的群体工作来促进。

认 知 策 略

一种对学习和思维极为重要的智慧技能是认知策略。在现代学习理论中,认知策略是一种控制过程,是学生用以选择和调整其注意、学习、记忆与思维方式的内部过程(Gagné,1985)。布鲁纳的几篇著述(Bruner, 1961,1971)描述了认知策略在问题解决中的运作机制和作用。现已识别出与学习者整个认知过程相关的多种不同策略(O'Neil & Spielberger,1979)。

学习者使用的策略种类

尽管学生可能会用某些具体策略来处理一切想到的学习任务类型,但是将它们分成表示其控制功能的若干类别是很方便的。温斯坦和梅耶(Weinstein & Mayer,

1986)提出了如下类别:

复述策略

通过此策略,学习者对所学材料自己进行练习。在练习中最简单的形式是按顺序自我复述一系列项目的名称(如美国历届总统或各州的名字)。在更复杂的学习任务中,如学习一篇文章的主要观点,复述可通过划出主要观点或摘抄文章片段的方法来完成。

精加工策略

在使用精加工技术时,学习者精心地将要学习的项目与其他轻易能提取的材料联系起来。例如,在学习外语词汇时,可将外语单词与一个英语单词的心理表象相联系,从而与具有正确含义的单词形成"听觉联系"(Atikinson,1975;Levin,1981)。当运用于学习文章时,精加工活动包括释义、概括、做笔记和自问自答等方法。

组织策略

这类策略的基本技术是将要学的材料形成有组织的结构。对一系列要记忆的单词,学习者可以将其分入有意义的类别中。对事实之间的关系,可以将其组织成表格,从而有可能利用空间排列线索来回忆材料。另一种方法是划出文章中的主要观点并对其进行重新组织。学习者也能获得一些把文章段落组织成几种特殊观点间关系类型的策略,如"对比"、"收集"和"描述"(Meyer,1981)。

理解监控策略

这些策略有时被称为"元认知策略"(Brown,1978),与学生采用如下几种性能相关:设置学习目的、估量成功实现目的的可能性、选择其他策略来达到目的。这些策略具有监控功能,在阅读理解中,这些策略很突出(Golinkoff,1976)。有人教学生提出自己的观点和问题以便用来引导和控制他们在课文理解中的行为表现(Meichenbaum & Asarnow,1979)。

情感策略

这是学习者用以集中和维持注意、控制焦虑、有效使用时间的策略。这些策略是可以教的,方法是使学生意识到这些策略的运作及提供让他们练习使用策略的方式(Dansereau,1985;McCombs,1982)。

其他的组织系统

韦斯特、法默和沃尔夫(West,Farmer,& Wolff,1991)将认知策略组织成若干族系,其中包括组块的、空间的、连接的和多重目的的。这些大类中的每一类都包括有认知策略的亚类。例如,在多重目的的类别中就有复述和记忆术策略。接下来,每一亚类又包含一个或多个具体策略。例如,记忆术策略包括关键词法、连锁法和位置法。作者总共识别出和归类了超过 28 种不同策略,这些策略已经成为研究的主题。

可以推论,认知策略在信息加工过程中具有特殊功能。表 4.7 的左列列出了第一章所提出的信息加工模型的各阶段,而右列列出了支持每一阶段的策略。例如,言语学习的选择性知觉就可通过划出或突出重点词语的方法来促进。而对智慧技能任务的选择性知觉则通过创设一种对学习任务结果的预期而加以促进。这种预期又可以通过列提纲、附加问题或先行组织者来实现。

表 4.7　认知策略对信息加工阶段的支持功能

学 习 过 程	支 持 策 略	学 习 过 程	支 持 策 略
选择性知觉	突出 划线 先行组织者 附加问题 列提纲	语义编码	概念地图 分类学方法 类比法 规则/产生式 图式
复　　述	释义 做笔记 表象 列提纲 组块	提　　取 执行控制	记忆术 表象 元认知策略(参见 第九章的"目的图 式")

策略也可支持信息加工的其他阶段,例如,我们知道,除非复述信息,否则它将从短时记忆中丢失。我们也知道短时记忆容量是有限的,大约是七个独立项目。这样表象策略或释义策略似乎是起了复述功能。列提纲策略可同时服务于选择性知觉和复述。也可运用组块策略将独立项目组织成更概括的类别,从而降低在短时记忆中保持的独立项目数。

语义编码是将信息从短时记忆转到长时记忆中去的过程。该过程涉及将信息与先前习得的信息结构(图式)相联系或建立新结构而使信息有意义。概念地图的运用似乎有利于形成这种联系,因为学生借此能够了解学习材料的结构。当现存的结构是松散的或未具有结构时,概念地图也许特别有用。另一方面,类比法仅能通过将新信息与现存的结构相连而起作用。另一种帮助编码的策略是以故事形式体现的图式,它为要学习的新信息提供了一个详细的框架结构。提取是将信息从长时记忆转移到短时记忆中去的过程。在短时记忆中它可与新接受的信息结合而产生新学习。接下来可对信息进行操作或进行再编码而将其送回长时记忆。记忆术和表象可能支持提取过程。

执行控制过程包括元认知策略。它们是激活和调节学习中信息流的过程。这些策略也许支配着学习者在没有结构的学习环境中选择认知策略。出声思维的资料已被用来确定学生在解决问题的过程中做了什么。学生在问题解决过程中做什么依赖于他们的预期或目的,依赖于他们过去所使用的达成目的的策略。所选择出来的特殊策略受目的图式的支配(Gagné & Merrill,1990)。例如,如果学生为了测验而进行学习(以测验为目的),那么他所使用的策略可能会不同于他准备去教授技能(以教为目的)所使用的策略。第九章将更加完整地讨论目的图式及综合目的。

我们认为认知策略是习得的性能,是教学的结果。也许有人认为认知策略是用来设计教学,特别是给学习者呈现刺激材料的教学技术。正如前面所说,有许多不同的策略,它们可能或多或少适用于教学过程的不同阶段。将这些策略嵌入教学材料中不同于教授这些策略。镶嵌的策略起到某种具体功能,但习得的策略可使学生自己拥有这种功能。但为了学习这些策略,有必要让学生在一定的内容领域应用它们。例如,让我们看一下列提纲这种认知策略。列提纲可能起到提供选择性注意和安排文章主次关系的功能。必须自己列出文章提纲的学生与使用准备好的提纲学习课文的学生相比,学习的内容可能不同。但他们学习的是什么? 什么样的测验能显示出所获得的差异? 自己列提纲的学生是否变得更擅长列提纲? 他们更能区分高层次和低层次的概念吗? 他们是否将这一技能作为习得的策略而跨学科地运用? 这些问题及相似的问题需要经验研究来回答。

设计者也许认为在材料中运用认知策略对学生是有帮助的,因为它们对学习过程的某些阶段起到了补充性的或冗余性的功能。但如果目的是教给学生认知策略(认知策略作为结果),设计者就必须考虑学习这些技能所必需的条件,这一点和其他学习结果类型一样。

学习认知策略

认知策略是一种选择和指导包含在学习和思维中的内部过程的认知技能。请注意,正是技能的对象使认知策略不同于其他的智慧技能。概念和规则指向的是环境中的客体和事件,如句子、图表或数学公式。相反,认知策略是以学习者自己的认知过程为对象。毫无疑问,个体认知策略的效能对信息加工的质量有重要作用。例如,学生的认知策略可以决定他们学习的难易程度,决定他们如何有效回忆和使用所学知识,决定他们思维的流畅性。

教育目的的陈述通常最优先考虑认知策略。许多学校学习目的的陈述都重视"教会学生如何思维"。虽然很难找出对这一目的重要性的不同意见,但用一些有关达成这一目的的可行性的事实来降低人们的热情看来是明智的。首先应认识到,不受教育影响的遗传因素在决定创造性思维方面可能起重要作用(参阅 Tyler,1965,Ausubel,Novak, & Hanesian,1978)。换句话说,人与人之间在智慧潜能上肯定存在极大的差异,这些差异从来不能通过像教育之类的环境影响而完全消除。其次,认知策略的内部组织性意味着教学条件仅能对其获得和改善起间接作用。对其他类型的智慧技能来说,可以安排一个学习事件的顺序来增加某些内部事件发生的可能性;这些内部事件接下来又决定了认知策略的学习。因此,认知策略的教学设计必须根据"有利条件"来进行。一般而言,有利条件是为认知策略的发展和使用提供机会的条件。换句话说,为了"学会思维",需要给学生思维的机会。

德里和墨菲(Derry & Murphy,1986)描述了一个学习策略训练系统,该系统以诸如理解监控、问题解决和情感控制之类的策略的直接教学为起点。在最初训练后,学生在各种学习情境中、在后续的时间内练习这些策略,对练习中的每一个例子,都用区别性的线索提示学生适用的策略。这种方法综合了间隔练习和变式练习的思想,这些思想被认为是适合这些高级策略的学习的。促进认知策略学习的条件见表 4.8。

表 4.8 认知策略的学习条件

行为表现	认知策略的行为表现不能直接观察到,但必须通过需要运用其他智慧技能的行为表现推断出来。研究者通常让学习者在学习、记忆或解决问题时"出声思维"来发现策略(Ericsson & Simon,1980)。但是,关于阅读理解质量的推断可以揭示理解策略的使用;关于三角学新规则学习质量的推断可以揭示组织策略的使用;关于问题解决质量的推断可以揭示思维策略的使用。
内部条件	与要学习或思考的学科内容相关的原有知识(即智慧技能和言语信息)必须能被提取,这一点正如其他智慧技能一样。但需要指出的是,认知策略通常内在地具有一种简单结构(如"划出主要观点"、"将问题分成几部分")。

外部条件	认知策略的教学包括以下步骤：
	1. 向学生解释策略是什么以及学习策略的目的。
	2. 认知策略通常被描述为一系列步骤或者最初是以一系列步骤而习得的，而且以言语交流提示学习者或者以简单形式演示给他们看。例如，即使是年幼的儿童也能对使用组织策略的提示做出恰当的反应，如"把相似的东西归为一组"。
	3. 如果策略是学习者自己发现的，那么它们更有可能被采用。
	4. 可靠的策略使用取决于令人满意的结果。
	5. 策略使用的自动化取决于练习的机会。

元 认 知

　　使用认知策略来监控其他学习和记忆过程的内部过程一般被称为"元认知"（Flavell，1979）。在面临要解决的问题时，学生能选择和调节相关的智慧技能的运用，并使针对任务的认知策略发挥作用。这种支配其他策略运用的元认知策略又被称为"执行的"或"高级的"策略。学习者也能意识到这些策略并描述它们，在这种情况下，称他们具有了元认知知识（Lohman，1986）。在学习技能和一般问题解决的许多计划中都包括直接训练元认知知识的计划模型。

　　一般来说，对元认知策略的起源有两种不同的观点（Derry & Murphy，1986）。一种观点认为，学习者是通过元认知知识的交流（这就是说，通过言语信息）并练习其用法而获得元认知策略。如鲁宾斯坦（Rubinstein，1975）所描述的问题解决策略教程就例示了这一做法。第二种观点认为，元认知策略源于许多具体任务定向的策略的概括，通常是在学习者已有了许多解决问题的经验之后出现的。后一种观点看来得到了证据的支持（Derry & Murphy，1986），因此我们就采纳第二种观点。

问题解决的策略

　　在教学设计中特别感兴趣的认知策略是当学生界定和解答非常新颖的问题时需要运用的那些认知策略。虽然教育计划通常对这些策略很有兴趣，但对于如何保证对它们的学习我们知道得很少（Gagné，1980；Polson & Jeffries，1985）。维克尔格林（Wickelgren，1974）描述了成人用于解决以言语陈述的问题的许多策略。这些策略包括：（1）推断出"给定条件"的转化观念；（2）对行动序列进行分类而不是随机选择它们；（3）针对任何给定的问题状态选出能接近目的的行动（爬山法）；（4）识别出能证明目的不能从给定条件中达到的矛盾；（5）将问题分解成几部分；（6）从目标陈述开始进行逆推。类似这样的策略显然适用于"费脑筋"的代数或几何难题。

波尔森和杰弗里斯（Polson & Jeffries, 1985）批判性地回顾了教授问题解决策略的许多方案。他们指出，现存的三种问题解决模型基于不同的假设，并且它们相互矛盾。模型1假设一般问题解决技能（正如前面所述）能直接教会并能概括到其他情境。模型2则坚持一般问题解决技能可以教，但不能直接教授。一般策略最可能从针对具体任务的认知策略中进行概括而间接发展。当然，有可靠的证据表明，后边几类策略（如解决机械问题的策略或几何证明策略）可以很容易地获得。模型3认为，对一般问题解决策略的直接教学只能有效地建立弱策略，而弱策略对问题解决只有极少的帮助，即使它们具有广泛的概括性（例如将问题分解成几部分）。因此，虽然模型3认为策略是可教的，但它们不是非常有用的。

为了评价一般问题解决策略对教学方案的价值，应考虑对各领域中专家和新手性能比较的研究结果（Gagné & Glaser, 1986）。一般而言，这些研究显示，专家不一定比新手使用更好的问题解决策略，但专家是用更大的、更好组织的知识基础来解决问题的。专家的有组织的知识包括言语信息和智慧技能。

学科中的智慧技能类型

称为智慧技能的人类性能包括辨别、具体概念、定义性概念、规则和通常在问题解决中获得的高级规则。另一类内部组织起来的技能是认知策略。它支配学习者学习和思维中的行为，并且决定它的质量和效率。这些学习类型可以从以下几方面进行区分：（1）它们可能产生的行为表现；（2）导致它们出现所需要的内部条件和外部条件；（3）它们在个体记忆中产生的内部过程的复杂程度。

任何学校学科可能在此时或彼时涉及这些习得的性能类型中的任何一类。但每个学科中遇到它们的频率是很不相同的。如在拼写字母和识乐谱这样的初级学科中可以发现辨别的例子。相反，在历史教程中就少有这种例子，而多的是定义性概念。但在九年级进行的初级外语学习中也会出现相当多的辨别的例子。在同样的年级，写作文经常涉及定义性概念和规则,但似乎并不要求学习辨别和具体概念。在这种情况下,对这些简单技能的必要学习已在几年前就完成了。

对学校的任何学科都可以通过分析来揭示所有这些学习类型的相关性。但实际上并不总是这样做,因为在某一年级开设某门学科时也许就假定更简单的学习类型已完成。这样,辨别—/—和——肯定与代数的学习有关系。但不是从这些辨别学习开始来学习代数,因为可以假定在这一水平的学生已具备了这些技能。但医科学校的学生,如果想对皮肤癌的类型进行分类的话,可能得学习对皮肤伤的颜色和形状进行细致辨别。

在技术和职业学科中的成人教育,有时呈现的目标是代表有限范围的智慧技能,有时代表全部的智慧技能。例如,在木材和木制品加工的培训中,在关于各种木材的特点和用途的教学达到高级阶段之前,要先从辨别木材纹理开始,然后学习木材纹理的具体概念。

那么,在课程的每一个学科中是否存在一种智慧技能的结构,它代表了"最大学习效率的途径"?理论上讲是有这样的结构。我们知道这个结构是什么吗?至今只有模糊的认识。毕竟教师、课程专家和教材编写者试图在他们的课和课程计划中表现结构。然而,大多数的教学顺序代表的只是许多可能路径中的一种。教学,如教科书中呈现的教学,是非常不完整的。本书的目的就是为了解决这一问题才描述一种系统方法。运用所描述的方法可以描述出一门学科的"学习结构"。这种结构可以表示为在从教程中的某一点向终点目标靠近时所覆盖的地形图。

绘制学习结构的地图暗含了一种层次技能的教学顺序,但有多种可能的起点。一张路线图可以指出到达目的地的唯一路径,而绘制学习结构的地图却不再导致学习过程的"定型化"或"机械化"。地图表明了起点、目的地和两者之间的可供选择的路径;但它并不指出如何旅行。要使"学习旅行"成行,则要求每一个体有一套不同的内部事件。从根本上说,有多少个体就有多少种学习"路径"。学习结构仅简单地描述了可接受的目的或学习结果以及在实现目的的过程中的从属步骤。

总　　结

第三章从需要识别出作为教育系统预期结果的目的开始,提出为了设计特定教程、单元和课,需要将表现性目标分成几大类:智慧技能、认知策略、言语信息、动作技能和态度。这样做有利于(1)考虑目标的充分性;(2)决定教学顺序;(3)计划成功的教学所需要的学习条件。本章从智慧技能和认知策略开始,说明暗含在五类习得性能中的表现性性能的本质。对于这两个领域,本章分别(1)描述了不同学科中习得的行为表现的例子;(2)介绍了获得新性能所需的内部学习条件;(3)提出了促进学习的外部教学条件。

对智慧技能,划分出了它的几个亚类:辨别、具体概念和定义性概念、规则和通常通过问题解决而习得的高级规则。每一个类别代表不同类型的行为表现,而且由不同的内部和外部学习条件所支持。认知策略没有像智慧技能一样被分成几个亚类。今后的研究也许会说明这是能做到的,并且是应该这样做的。

本章在特定知识领域(如几何或诗歌)的认知策略与更一般的认知策略之间作了重要的区分。后者有时被称为执行性的或元认知策略,因为它们的功能是支配其他策略的使用,并且它们独立于特定知识领域,普遍运用于信息加工过程。也许元认知策略能被直接教授;但更可能的是,它们是学习者从其使用多种具体的、任务定向策略的经验中概括出来的。

第五章将对另外三种习得性能即信息、态度和动作技能进行相应的论述。第四、五章的目的是更具体地阐明一套指导原则,这套原则将学习的条件应用于针对一节课、一个单元、一门教程或一个完整教学系统的实际的教学设计。这些原则指出了如何进行两方面的教学设计:(1)如何考虑原有学习(这被认为是学习者进行新学习之前所必需的);(2)如何根据为获得每类学习结果所需要的恰当外部条件来计划新学习。

参考文献

Atkinson, R. C. (1975). Mnemotechnics in second language learning. *American Psychologist*, *30*, 821-828.

Ausubel, D. P., Novak, J. D., & Hanesian, H. (1978). *Educational psychology: A cognitive view* (2nd ed.). New York: Holt, Rinehart and Winston.

Bloom, B., Krathwohl, D., et al. (1956). *Taxonomy of educational objectives. Hand-book 1:*

Cognitive domain. New York: McKay.

Brown, A. L. (1978). Metacognitive development and reading. In R. J. Spiro, B. C. Bruce, & G. W. F. Brewer (Eds.), *Theoretical issues in reading comprehension.* Hillsdale, NJ: Erlbanm.

Bruner, J. S. (1961). The act of discovery. *Harvard Educational Review*, *31*, 21-32.

Bruner, J. S. (1971). *The relevance of education.* New York: Norton.

Coleman, S. D., Perry, J. D., & Schwen, T. M. (1997) Constructivist instructional development: Reflecting on practice from an alternative paradigm. In C. Dills & A. Bomisowski (Eds.), *Instructional development paradigms.* Englewood Cliffs, NJ: Educational Technology Publications.

Collins, A., Brown, J. S., & Newman, S. E. (1989). Cognitive apprenticeship: Teaching the crafts of reading, writing, and mathematics. In L. B. Resnick (Ed.), *Knowing, learning, and instruction: Essays in honor of Robert Glazer* (pp. 453-494). Hillsdale, NJ: Erlbaum.

Dansereau, D. F. (1985). Learning strategy research. In J. Segal, S. Chipman, & R. Glaser (Eds.), *Thinking and learning skills* (Vol. 1). Hillsdale, NJ: Erlbaum.

Derry, S. J., & Murphy, D. A. (1986). Designing systems that train learning ability: From theory to practice. *Review of Educational Research*, *56*, 1-39.

Flavell, J. H. (1979). Metacognition and cognitive monitoring: A new area of psychological inquiry. *American Psychologist*, *34*, 906-911.

Gagné, R. M., & Brown, L. T (1961). Some factors in the programming of conceptual learning. *Journal of Experimental Psychology*, *62*, 313-321.

Gagné, R. M., & Smith, E. C. (1962). A study of the effects of verbalization on problem solving. *Journal of Experimental Psychology*, *63*, 12-18.

Gagné, R. M. (1980). Learnable aspects of problem solving. *Educational Psychologist*, *15* (2), 84-92.

Gagné, R. M. (1985). *The conditions of learning* (4th ed.). New York: Holt, Rinehart and Winston.

Gagné, R. M., & Glaser, R. (1986). Foundations in research and theory. In R. M. Gagné (Ed.), *Instructional technology: Foundations.* Hillsdale, NJ: Erlbaum.

Gagné, R. M., & Merrill, M. D. (1990). Integrative goals for instructional design. *Educational Technology Research and Development*, *38*(1), 23-30.

Golinkoff, R. A. (1976). A comparison of reading comprehension processes in good and poor comprehenders. *Reading Research Quarterly*, *11*, 623-659.

Levin, J. R. (1981). The mnemonic '80s: Key words in the classroom. *Educational Psychologist*, *16*(2), 65-82.

Lohman, D. F. (1986). Predicting mathemathanic effects in the teaching of higherorder thinking skills. *Educational Psychologist*, *21*, 191-208.

Merriam-Webster's Collegiate Dictionary, 10th ed., s. v. "conservative."

McCombs, B. L. (1982). Transitioning learning strategies research into practice: Focus on the student in technical training. *Journal of Instructional Development*, 5(2), 10 - 17.

Meichenbaum, D. , & Asarnow, J. (1979). Cognitive-behavior modification and metacognitive development: Implications for the classroom. In P. C. Kendall & S. D. Hollon (Eds.), *Cognitive-behavioral intervention: Theory, research and procedures*. New York: Academic Press.

Meyer, B. J. F. (1981). Basic research on prose comprehension: A critical review. In D. F. Fisher & C. W. Peters (Eds.), *Comprehension and the competent reader*. New York: Praeger.

O'Neil, H. G. , Jr. , & Spielberger, C. D. (Eds.) (1979). *Cognitive and affective learning strategies*. New York: Academic Press.

Piaget, J. (1950). *The psychology of intelligence*. New York: Harcourt, Brace & Jovanovich.

Polson, P. G. , & Jeffries, R. (1985). Instruction in general problem-solving skills: An analysis of four approaches, In J. Segal, S. Chipman, & R. Glaser (Eds.), *Thinking and learning skills* (Vol. 1). Hillsdale, NJ: Erlbaum.

Rubinstein, M. F. (1975). *Patterns of problem solving*. Englewood Cliffs, NJ, Prentice Hall.

Tyler, L. E. (1965). *The psychology of human differences* (3rd ed.). New York: Appleton.

Weinstein, C. E. , & Mayer R. E. (1986). The teaching of learning strategies. In M. C. Wittrock (Ed.), *Handbook of research on teaching* (3rd ed.). New York: Macmillan.

West, E. K. , Farmer, J. A. , & Wolff, P. M. (1991) *Instructional design implications from cognitive science*. Englewood Cliffs, NJ: Prentice Hall.

Wickelgren, W. A. (1974). *How to solve problems*. San Francisco: Freeman.

第五章 学习的类型——信息、态度和动作技能

正如上一章所述,教程和课并非总是以培养智慧技能和认知策略为目的的。一个主题、研究教程甚至一节课通常要教多种学习结果。本章我们论述适用于言语信息学习、态度的建立或改变以及动作技能获得的条件。依据不同的教学内容,这些学习结果具有不同的重要性。对每种学习结果,我们将考虑学习情境的三个重要方面,即:

1. 作为学习结果而获得的行为表现;

2. 学习发生所需要的内部条件;

3. 使必要的刺激作用于学习者的外部条件。

言语信息(知识)

按照理论,言语信息是以符合语言规则的命题网络形式存储的(Anderson,1985;E. D. Gagné,1985)。言语信息的另一个名称叫做"陈述性知识",其目的是为了强调表现性的性能。言语信息的主要功能是为学习者建构其他技能提供一种结构或基础。可将此叫做"在学习基础上建构学习"。例如,在词汇领域,简单的单词在其被用于句子前必须习得。

区分数据、信息与知识

在知识的研究中,已形成了一些关于数据、信息与知识之间关系的描述。

数据是像数字一样的刺激或者实体。例如,温度计上的读数是 40 华氏度——这是数据。这一数据必须在一使用情境中进行加工才能成为信息。例如,数据是室外温度 40 华氏度,信息是冰点为 32 华氏度或者更低,这两者将推出如下命题:室外没有结冰。所记住的言语信息使得不必将一系列反应作为事实来记忆。也就是说,学生不

必记住 33、34、35、36 等华氏度不是结冰的温度这些独立的事实。结冰发生在温度降到 32 华氏度时这一陈述性知识使得个体能够应用规则（也作为命题习得），即任何高于 32 华氏度的温度不会造成结冰。

当个体能够应用言语信息时，我们通常将其看作是知识丰富的人。知识是信息的扩展。与信息不一样，知识是信息在情境、经验、见识与价值观中的动态融合（Brooks，2000）。知识，见于布卢姆分类学的底部，是其他学习类型的基础。在加涅（R. M. Gagné，1985）的学习的条件理论中知识同样是非常重要的，因为这些命题构成了概念、规则与问题解决技能所依赖的知识结构。

在数字时代将信息转换成知识

在今天的数字世界，许多人把寻找信息与使用信息混淆起来。例如，人们可以通过互联网，在学校、工作单位和家中快捷地获取大量的信息。但大多数人不能通过搜寻、创设、编辑、管理、分析、评判、分类与相互参照信息而把信息转化为可利用的知识。有人相信，知识与信息的区别在当前对信息技术的使用中是最为普遍的误解。信息如果不经常在有意义的情境中使用，就会很快遗忘，而转化为知识的信息则可以更好地保持，这一观点已深入人心。

使用技术来搜索信息为教师和学习活动（这些活动涉及学习者使用言语信息）的设计者提供了一些有力的工具。在线报纸很好地说明了数字或电子提取策略如何帮助学习者把大量的信息转化为有意义的知识。容量无限的空间与及时更新信息的能力使得新闻记者扩展了新闻的范围。虽然在线报纸与它们的"印刷前辈"传输的信息基本一致，但电子媒体的性能使得读者能够重新将信息组织成对他们有用和有意义的情境（Letham，2003）。大多数在线报纸允许读者以一种超越简单的信息收集的方式处理新闻。在这样做时，信息就变成了有意义的知识，也就是说，变成了与读者的个人需要和兴趣相关的知识。读者从多种来源中获得的信息越多，他们对情境的控制就越强，在某一故事与其他事件或社会上的信念如何联系上，他们能获得更完整的图景。大多数在线论文提供了提取工具和其他交互性的技术，可使读者浏览限制之外的信息。例如：

◇ 在搜索引擎中，读者输入关键词就可搜索到与这一主题相关的所有文献，不管它们是属于政治的、商业的、时尚的还是地铁部门的。

◇ 指向外部站点的链接使得读者能通过另一名作者的视角来看待新闻,并能用补充信息填补故事中缺失的内容(Letham,2003)。这一结构类型挑战读者不仅要与内容相互作用,而且还要在新闻记者描绘的情境之外评价新闻,这样做时,就是用新的眼光来看新闻了。

◇ 指向过去问题的链接有助于读者参照以前发生的事件来更好地理解当前的问题。

◇ 分析工具有助于读者看到人们而不是作者如何看待新闻。分析提供了不同的观点并将信息置于一个可以选择的情境中(Letham,2003)。

◇ 论坛可允许读者在网站上发表自己的观点。这项服务在媒体中给非主流观点提供了发言权,读者可以接触到不同于自己的思想、价值观与信念系统(Letham,2003)。即使读者没有选择接受其他观点,这也会迫使他们重新评价自己的信念系统以及新闻如何适合于这些信念。

学校教学与言语信息

虽然大量信息是作为正规学校教学的一种结果习得的并被储存在记忆中,但是仍有大量的信息是在校外由搜索互联网、阅读书籍以及通过广播、电视而获得的。因此,要使大量的学习出现,并不需要提供特殊的转播信息的方式。如果很多人具有解释信息的基本智慧技能,那么各种媒体提供的交流就会在他们身上产生学习。

在学校学习中,有许多这样的情境,即教师或培训者想确定信息已被习得。虽然有学识的人或经验丰富的学习者能从访问网站中获得这一信息,但依据个人的兴趣和过去经验,他们所获得的信息量可能存在巨大差异。相反,在学校场景中传输的、经过正式设计的教程将更有可能向所有学生传输一些对进一步学习该学科十分重要的信息。学校学科中的有计划的教学对确保信息传输给每一名学生并被其理解是十分必要的。

之所以要确保每个学生要学到某些信息,主要有两个原因。首先,学生需要学习特定的信息才能继续学习某一主题或学科。虽然某些必要的信息可以在互联网上或书中查到,但在学生从事某一学科的学习时,需要多次回忆和使用大量信息。一旦习得并保持了一些基本的信息,那么以后的学习将更为有效。在这种意义上讲,有一些信息是基本的。

学习某些信息的第二个原因是许多信息可能对个体是终身有用的。为了能进行有效的交流，所有人都需要知道字母、数字和常见物体的名称，以及有关他们自身和环境的大量事实。大量的事实性信息是在无任何正式计划的条件下获得的。此外，个体可能会在一个或多个特别感兴趣的方面获得异常多的事实性信息。设计学校课程常碰到的一个问题是区分更为重要的信息和不大重要的信息。某些信息个体可能终身使用，另一些信息可能是个体感兴趣的，但不是必要的。似乎没有理由限制人们想学习的信息，因为他们都有特殊的兴趣和欲望。因此，在教师和培训者尽力确保每个人都学到重要信息时，前一个原因给他们提出了问题。

专门化的知识与一般化的知识

如前所述，当信息被组织成有意义的、相互联系的事实和概括化的内容时，通常被称为"知识"。显然，个体在他们自己的工作或学习领域中所具有的信息常被组织成知识体系。例如，我们期望一名化学家习得并储存了关于单位和测量的专门化的知识体系；与之类似，我们期望一名做橱柜的工匠具有有关木材、接头和工具的知识体系。考虑到这一专门化的知识，获得一般化的知识是否有价值这一问题依旧存在。大多数的社会都相信，将社会所积累的知识传递给下一代十分重要。关于社会、部落或国家的起源的信息，关于社会、部落或国家的发展、它的目的和价值观以及它在世界上的地位的信息，通常被认为是每个人所受教育中应该包含的知识体系。

过去在我们的社会中非常认同的是，有一些一般化的知识，但这是"受教育阶级"（那些上大学的人）应该学习的。这种知识由关于西方文化的历史信息（一直上溯到早期的希腊文明）以及与文学和艺术相关的信息构成。随着大众教育逐步取代精英教育，要求所有学生必须学习的一般化知识的量也相应减少。20世纪90年代初的"回归基础"运动又复兴了对有益于社会稳定的一般文化信息进行教学的兴趣。

一般化的文化知识对个体生活有什么作用？显然，这些知识服务于交流目的，特别是在公民政治生活方面。知晓社区、州、国家的事实和它们提供的服务以及对它们应承担的责任，可以使个体作为公民参与其中。文化和历史知识也有助于个体在与他们所属社会的血统的关系中获得和维持其血统的"身份"或自我意识感。

还可以提出一般化知识的一个更重要的作用，虽然有关的证据还不完整，即知识是思维和问题解决的"载体"这一观念。在第四章我们看到，问题解决意义上的思维要求一定的智慧技能和认知策略作为前提。这些是个体具有的、能使个体清楚和准确地思维的工具。个体如何广泛地思维？例如，科学家如何能思考老年人的孤独这一社会问题？诗人如何用字词来捕捉住年轻人的反抗和疏远中的本质冲突？要解决这些问题，这些个体需要具有一些其他许多人同样具有的知识体系。所进行的思维是由这些知识体系中的语言的联想、隐喻和类比而"承载"的。许多作者讨论了"知识背景"对创造性思维的重要性，其中包括波拉尼（Polanyi，1958）和格拉泽（Glaser，1984）。

总之，很明显的是，可以找出学习信息的一些重要原因，不管这些信息是被看作事实、概括化知识还是经过组织的有意义的知识体系。在学习某一学科或科目中的逐渐复杂的智慧技能时，需要事实性信息。这些信息也许部分可以查阅到，但储存在记忆中一般更方便。某些种类和类型的事实性信息必须习得，因为日常生活中的交流离不开它们。信息通常是以有组织的知识体系的形式习得和记忆的。这类专门化的知识可以在个体从事某个领域的学习或工作过程中得到积累。一般化的知识，特别是那些反映文化传统的知识，对人们在社会中的交流和活动是必要和值得的。此外，一般化的知识体系看来可能是反省思维和问题解决的基础。

言语信息的学习

言语信息能以各种形式呈现给学习者。可以通过口头交流传输到他们的耳朵，或以印刷的文字和图解传输到他们的眼睛。有许多关于交流媒体有效性的有趣的研究问题（Bertz，1971；Clack & Salomon，1986），其中一些对教学设计的意义将在下一章讨论。现在我们把注意力转向涵盖各种交流媒体的言语信息学习的一些方面。

言语信息可能在数量上和组织上不同。在这些维度上的一些变化似乎比其他变化对教学设计更重要。三种言语学习情境是：（1）"名称"或"符号"的学习；（2）孤立或单个事实的学习，它可能是也可能不是较大的有意义交流的组成部分；（3）有组织的信息的学习。后两种知识通常被称为陈述性知识。

名称的学习

名称的学习不过是指获得以命名方式对客体或客体类别做出一致性言语反应的性能。这种言语反应本身几乎是任意的反应变化，例如"x-Ⅰ"、"矮牵牛花"、"袖珍字典"或"分光光度计"。这种形式的信息仅是简短的言语连锁。在许多文献中都可找到大量的言语配对联想学习的实质性研究（如 Hulse, Egeth, & Deese, 1980; Kausler, 1974）。

学习命名或"标志"事物与学习名称的意义大不相同。后者意味着获得了"概念"，这在前面已作过说明。教师和培训者也很熟悉"知道某物的名称"和"知道该名称的含义是什么"之间的差异。如果学生仅能说出某一具体事物的名字，他就知道了名称。而作为概念来知道某一物体（即知道其意义），学生必须能识别出定义和界定该类别的正反例。

实际上，概念名称的习得通常与习得概念本身同时发生或略早一些。虽然同时学习一个或两个物体名称通常很容易，但必须一次学习几个物体的几个不同名称或许多物体的许多名称时，难度就增加了。在学校学习中这种情况常常出现，如要求学生记住一系列物体名称（如国会成员的名字），此时学生可能只记住了名字，但这没有什么不好。有些学生还喜欢这样做。在任何情况下，名称学习是非常有用的活动。名称学习的其他用途之一就是建立了学生与教师或学生与另一个信息源之间交流的基础。

使用"记忆术"有助于大量名称的记忆。这些"记忆术"的大部分在许多年前就已为人所知。在词语配对联想（如"狗—汽车"）时，学习者可能会造出"狗追汽车"这样的句子。这种策略通常能明显改善配对联想学习（Rohwer,1970）。学习外语单词是很好利用记忆术的另一个例子（Pressley, Levin, & Delaney, 1987）。其中所用的策略叫做"关键词法"，即利用学习者生成的表象作为线索来帮助提取外语单词所对应的英语单词。如要学习西班牙语中的单词"carta"（信件），可用关键词"cart"（手推车）作为表象的一部分产生联想："The cart was used to deliver the letter."（手推车是用来送信的）。

事实的学习

事实是表示两个或多个有名字的客体或事件之间关系的言语陈述。例如："这本书有蓝色封面。"在正常的交流中，事实表示的关系被假定存在于自然界，即构成事实的词语在学习者的环境中有"对应物"。词语表示客体和它们之间的关系。如上例中，客体是"书"和"蓝色封面"，关系是"有"。应当指出，这里谈到的事实是指"言语陈述"，而不是指"对应物"或它所指称的对应物。（很容易发现，像"事实"这种常用词在其他语境中有其他意义）。

学生学习的大量事实与学校学习有关。某些事实与其他事实或信息体系没有联系，从这个意义上说，它们是孤立的。而其他的信息则是以各种方式相互联系而成为一个集合中的一部分。例如，儿童可能学习"镇上警报在中午响起"这一事实，尽管它与其他信息没有直接联系，儿童也能很深刻地记住这一孤立事实。习得和记住孤立的事实可以不需要什么明显的理由。例如，在学习历史时，学生可能习得和记住了查尔斯·G·道斯是喀尔文·柯立芝政府的副总统，同时也可能学习了其他曾做过美国副总统的人的名字。但具体事实通常是与完整系统中的或较大信息体系中的其他内容相联系的。例如，一名学生可能学习了关于墨西哥的大量事实，它们涉及墨西哥的地理、经济或文化等方面。这些事实也与更大的信息体系相联系，包括其他国家（含该生自己的国家）的文化、经济和地理方面的事实。

无论是孤立习得的还是与更大信息体系相联系，已获得的事实对学生明显有价值，主要原因有二：第一，它们对日常生活十分必要。例如，许多商店和银行在星期天关门，或蜜糖是黏稠的，或学生的生日是 2 月 10 日等这些事实就属于此类。第二个更明显的原因是，这些习得的事实将被用于进一步的学习中。例如，要求出圆的周长，学生要知道 π 值。为了配平化学方程式，学生需要知道某些元素的化合价。

当学生需要事实以便学习某些技能或额外信息时，可以在互联网上、参考书和表格中查找到这些事实，这时技能和额外信息已准备好供学习用了。在很多时候，查找事实是合适的和值得的。对于学生来说，另外一种方法是学习事实并将它们贮存在自己的记忆中，这样可在需要时随时提取。因其方便和有效，这种方法常被选用。被反复使用的事实，不妨也贮存在记忆中，因为一直查找它们是令人讨厌的。但教学设计者需要确定给定教程的大量事实中哪些是：① 不常用的，最好查阅；② 经常参考的，学习它们将是高效的；③ 基本的和重要的，应始终牢记。言语信息的学习条件见表5.1。

表 5.1　言语信息学习的条件

行为表现	表明事实已习得的行为表现是口头或书面陈述具有句子句法形式的各种关系。
内部条件	为了获得和贮存事实,陈述性知识的有组织的网络需要能从记忆中提取出来,并且新获得的事实必须与该网络相联系(E. D. Gagné, 1985)。例如,要学习和记住惠特尼山是美国大陆的最高峰,需要一个有组织的命题网络(对每个学习者来说这一网络可能各不相同)被提取出来。该网络也许还包括对山峰和山脉的分类,美国山脉的多种类型以及包括惠特尼山在内的山脉的信息。学习者可将新事实与这一较大网络中的许多其他事实联系起来。
外部条件	要外在地提供言语交流、图片或其他线索,以便提醒学习者把新事实与较大的、经过组织的知识网络联系起来。然后通常用言语陈述的方式呈现新事实。言语交流也能说明将习得的联系,例如表达"惠特尼山是内华达山脉中的最高山峰"这一观念时,就说明了惠特尼山与内华达山脉的联系。关于这个山峰的"表象"及其名字能有助于学习者保存这一事实。通过呈现与惠特尼山峰或山脉有关的其他事实来对新事实进行精加工是有益的。让学习者以间隔复习的方式来复述新事实也是有益的。间隔复习让学习者有在各种情境中使用新习得信息的机会。

有组织的知识的学习

由相互联系的事实构成的更大知识体系,如属于历史事件或属于艺术、科学或文学范畴的知识,也要学习和记忆。正如学习单个事实一样,构成新知识的命题网络要与已存在于记忆中的更大命题网络相连。

记忆知识体系的关键似乎在于以一种能容易提取的方法组织它们。组织言语信息需要生成新观念来与已贮存在记忆中的信息体系相联系。当在学习过程中进行这样的组织时,由于提供了提取的情感线索,因而将有助于以后的信息提取(E. D. Gagné, 1985)。如化学元素周期表,除了可以作为理论基础外,还可以帮助学化学的学生记忆大量元素的名称和性质。同样,学习美国历史的学生也可以获得一种历史年代的框架,可以将许多个别事实嵌入其中来进行学习和记忆。这些先前获得的信息组织程度越高,学习者就越容易获得和保持能与这一组织结构相联系的新事实。有组织的知识的学习条件见表 5.2。

表 5.2　有组织的知识的学习条件

行为表现	段落或较长的文章的主旨似乎是以保持"意义"的方式习得和保存的,而不必学习和保存包含在其中的细节(Reynolds & Flagg, 1977)。对较概括的观点似乎比更具体的观点回忆得更好(Mayer, 1979),而细节通常是由学习者按照表示故事或文章要旨的概括图式(Spiro, 1977)"建构"出来的。

续 表

内部条件	和对单个事实的学习一样,对较大的有组织的言语信息单元的学习和贮存发生在相互联系的有组织的命题网络这一情境中,而这一网络是在以前习得的并存储于学习者的记忆中。新习得的知识也许被"类属于"更大的有意义的结构中(Ausubel,Novak,& Hanesian,1978),或是新信息与学习者记忆中已有的命题网络"相联系"(E. D. Gagné,1985)。
外部条件	有利于有组织的言语信息的学习和保持的外部条件,主要是提供"线索"。这些线索使学习者能在以后成功地搜索并提取信息。

为了避免与已贮存的其他命题的干扰,线索需要尽可能地具有可区分性。通过在所学习的材料中引入容易记忆的刺激(如韵律),可以使线索具有区分性。将有关观点列成表或作空间排列是增加线索可区分性的另一种技术(Holley & Dansereau,1984)。"精加工"是另一种促进提取的技术。通过在要学的新信息上增加相关的信息,就添加了更多的提取线索。线索可以在学习者的环境中;如用房间的各部分来帮助学生回忆一篇演讲中的观点的顺序。但更经常的是,线索是从学习者的记忆中提取出来的单词、短语或表象。

在有意义文章的保存中起作用的另一个外部条件是学习者所采用的注意策略。在学习开始前向学习者建议"看什么"或"记什么",具有激活学习的认知策略的效果。插在文章中的问题也可直接或间接地起到提示作用(Frase,1970),或者使用"先行组织者"(Ausubel,Novak,& Hanesian,1978;Mayer,1979)来给予提示,即在所学文章之前给出一段简要的文字。这有助于指引学生在随后的文章中需要记什么。

长期以来,人们已知道重复对记忆信息有显著的效果。不管是处理孤立的事实还是更大的信息体系,都是如此。当学习者使用间隔复习来回忆信息时,重复最有效。学习者用于从记忆中提取信息的心理过程极大地影响着所记住的内容。

态度的学习

态度是一种非常与众不同的学习结果,因为它更多地与情绪、行为而不是与知识相联系。态度源自信念并伴随着一定的情绪反应,它直接影响个体的行为选择。态度的一个正式定义是"一种影响个体对人、对物、对事的行为选择的内部状态"(R. M. Gagné,1985)。态度是影响对人、对物、对事的行为的复杂的人类状态。许多研究者做过研究并将态度称作信念系统(Festinger,1957)。这些观点支持了态度的"认知"方面。其他作者则指出了态度的情感成分——态度所引起的或伴随的感受，如喜欢和不喜欢这样的感情。克拉斯沃尔（Krathwohl, D. R.）、布卢姆和马西亚（Masia, B. B.）（1964）描述了"情感领域"的学习结果。

有几种关于态度的本质和起源的理论。马丁和布里格斯（Martin & Briggs, 1986）全面回顾了态度的主要理论及其教学含义。他们描述了综合情感和认知目标的教学设计程序。

态度是从个体行为的观察中（或通常是从报告中）推论出来的；态度是行为的倾向而不是行为本身，记住这一点十分重要。例如，如果观察到一个人将口香糖纸丢到废纸篓中去，就不能仅仅从这一个例子推论出，这个人对处理生活垃圾有正确态度，或对污染有消极态度，当然也不是对口香糖纸的态度。但是，需要在许多不同情境中观察这一一般类别行为的大量例子才能对一个人的态度做出推断。所做的推断就是，某些事先就有的内部倾向影响了一整类的具体事例，在这些事例中个体要做出选择。

态度的测量

态度可以通过不引人注意地观察个体的行为而得以最好的测量。在某些情况下，这种测量可通过在一段时间内观察行为选择的频率来完成。例如，在基本训练期间，军事教员可在一周的时间内观察一名新兵，记录下他帮助其他新兵的次数，但教员并不介入他们的活动。这些观察记录有助于测量新兵"帮助他人的态度"。但是，像这样的行为选择的直接指标并不是总能获得。例如，对新兵的"对家庭生活的态度"或"对老年公民的态度"，就难以获得行为测量，因为这些方面的行为选择是在基本训练环境之外做出的。因此，态度的测量经常是建立在对问卷描述的情境中个体做何种选择的自我报告之上的。问新兵的典型问题是："当你周末有空时，你会选择花多少时间与家人待在一起?"特里安蒂斯（Triandis, 1964）的书中描述了这种强调行为选择的态度测量方法。

学校学习

在学校学习中怎么强调态度的重要性都不过分。学生对上学的态度，对与教师和同学合作的态度，对注意听老师讲解的态度以及对学习本身的态度，都极大地影响着学习的过程。

第二大类态度是组织机构（如学校）试图作为教学结果而欲建立的。对他人宽容和礼貌的态度常被作为正规教育的目的而提出。对学习新知识技能的积极态度被高度看重。对各种教学学科如科学、文学、推销学或劳工协商的具体兴趣也被高度看重。最后,人们希望通过学校和其他社会机构建立和影响的更广泛的态度,叫做"价值观"。价值观是属于像"公正"、"诚实"、"仁慈"及更一般的术语"品德"这类社会行为的态度(参见 R. M. Gagné,1985,pp. 226 - 228)。

尽管这些态度类型在内容上有很大差异,但它们在形式属性上都彼此类似。这就是说,不管态度的特定内容是什么,它的功能是影响"趋"或"避"的行为。在这样做时,态度影响大量具体的行为。有一些一般的学习原理适用于态度的获得和改变。

军事培训

正如第三章所提到的那样,态度和核心价值观的教学是军事培训的最高目标。美国军人必须具有并表现出来的态度和价值观必须是无可非议的。我们的各军种要努力培养出能把忠诚、责任、尊重、无私奉献、荣誉、正直与个人勇气理想化的领导者。因为军队官员领导我们国家的人民来为赢得战争的胜利而战,因此,服役者如果想有战斗的勇气并在战场上取得胜利,他们就必须绝对地信任他们的长官。

纪律是军队核心价值观一个必不可少的组成部分。军事纪律是这样定义的:"心理态度和培训状态的一种外部表现,能在任何时候、任何条件下本能地表现出服从和正确的行为。"(U. S. Army,2003)虽然军事纪律最容易在军事培训中表现出来,但军队生活的每一方面都受其影响。从外表和行动的机敏,从着装、装备与营房的干净整洁,从对长官的尊重,从对合法命令的迅速执行中,可以看出一名士兵或一个单位的军事纪律。在每一军种中的纪律训练计划都依赖于直接方法(如正负强化与榜样)来使陆海空三军官兵的身心能迅速执行命令并在指挥下级行动的能力方面建立自信。

态度学习

有利于态度学习的条件和态度改变的方法是相当复杂的。马丁和布里格斯(Martin & Briggs, 1986)回顾了大量关于改变态度的方法有效性的截然不同的观点。用于建立预期态度的教学方法与适用于智慧技能和言语信息的教学方法是很不相同的(R. M. Gagné,1985)。

个体如何获得或改变某些态度或价值观? 大量证据说明仅凭言语说教是不起作

用的(McGuire,1969)。大多数成人都认识到重复使用"对他人友善"、"学会欣赏美妙的音乐"或"小心驾驶"这样的格言没有效果。即使是动之以情、晓之以理的更细致的言语说教通常也有同样差的效果。需要用比这更复杂的方法来改变态度。

直接法

建立和改变态度的直接法有时是自然出现而不需要事先计划的。这种直接法偶尔也能通过精心设计来应用。

经典条件反应(参见 R. M. Gagné,1985,pp. 24 - 29)可以建立指向某些特定类型的物体、事件或人的态度。许多年以前,华生和雷诺(Watson & Rayner,1920)就演示了一名儿童能对一只他先前接受和喜欢的白鼠形成"恐惧"条件反应(即躲开白鼠)。对其他有毛的小动物也产生了这种反应。使这种儿童行为产生显著改变的无条件刺激是在动物(条件刺激)出现时,在儿童的头后面突然发出一尖锐的响声。尽管这一研究结果可能没有具体的教学用途,但重要的是使我们认识到,态度能以这种方式建立,而且学生入学时所具有的一些态度可能依赖于早期的条件性经验。例如,害怕小鸟、蜘蛛或蛇的倾向可能就是源于以往的条件作用而形成的态度。在理论上,几乎所有的态度都可用这种方法建立。

在学校情境中有用的一种态度学习的直接法是建立在安排"强化的相依关系"这一思想上的(Skinner,1968)。根据斯金纳的观点,建立最初的学习可在新的技能或知识之后伴随奖励来进行。在学习期间,开始喜欢奖励(叫做强化物)的学生,也将开始喜欢新的技能或知识。根据这一原理,可以将新兵喜欢的活动(如参加到与长官的谈话中)相依于谈话前正确地向长官敬礼的行为。在各种不同的情境中不断进行这样的练习,就有可能使新兵形成在与长官谈话时总是先敬礼的行为。新兵也将喜欢上这一新习得的与长官交谈的方式,因为他们从正确地这样做中体验到了成功。换句话说,对长官敬礼的态度将发生积极转变。

把这种强化相依性的学习原理进行推广,就可认识到,在学习某项活动上获得的成功似乎将会导致对该项活动的积极态度。当新兵开始能熟练地使用小武器时,他们通常很快就获得了使用和维护小武器的积极态度。当认识到他们能识别出战友会受到伤害的条件时,新兵就会形成对安全的积极态度。

一种重要的间接方法

建立或改变态度的一种非常重要的和广泛使用的方法是"榜样作用"(Bandura,

1969,1977)。榜样可以是真实的,也可以是想象的。这种方法之所以被看作是间接的,是因为它的学习过程要比直接法更长。

学生能从许多类人物榜样中观察和学习态度。在儿童很小的时候,父母一方或双方起到可接受行为的角色榜样作用。年长的兄弟姐妹或其他家庭成员也可起到同样的作用。在从幼儿园到研究生院的学习时间内,教师成了行为的榜样。但各种人物榜样并不限于学校中。公众人物也可作为榜样,如杰出的运动员、著名的科学家或艺术家。作为榜样的人不需要被个体亲自见过或认识,可以在电视、电影或互联网上看到他们,甚至可以在书中读到他们。互联网上的文学作品和信息具有建立态度和价值观的巨大潜能。

当然,榜样必须是受学习者"尊重"的人,或如一些作者所说的,是他们能"认同"的人。此外,榜样的理想特征必须使学习者认为是"值得信任的"或"有影响力的"(R. M. Gagné,1985)。个体必须观察榜样做出合乎要求的个人行为选择,如表现出仁慈、拒绝毒品或清除垃圾等。教师在对学生进行表扬时应前后一致,不偏袒任何人。在观察过这种活动后,无论它是什么,学习者还必须看到榜样从这一行为中体验到了愉快。班杜拉(Bandura,1969)称其为"替代强化"。运动员在打破记录后会得奖或显得高兴;科学家在发现新的东西或甚至是接近这种发现时显得很兴奋;教师在帮助学习迟钝学生获得一种新技能时会显得很快乐。

态度的本质特征、态度学习(运用人物榜样来学习)的条件见表5.3。即使不能直接观察到人物榜样,如当学习者在看电视、看书或者浏览网站时,态度学习的必要条件也必须呈现。

表5.3　态度的学习条件

行为表现	如前所述,态度是通过个人的行为选择表现出来的。这些行为可被分为表现对物体、事件或人的积极倾向或消极倾向。
内部条件	学习者必须尊重或认同榜样。如果没做到这一点,则需要建立对榜样的尊重或认同。此外,为了模仿榜样行为,学习者需要具有与行为有关的先决智慧技能和知识。例如,要形成拒绝毒品的态度,人们需要知道毒品的一般名称及有可能得到它们的情境。但要注意,先决性的知识本身并不能产生态度。
外部条件	外部条件可描述为以下步骤: 1. 以令人喜欢和可信任的方式呈现榜样; 2. 学习者回忆适当的先决性知识(选项和可能的结果); 3. 榜样交流或演示所要求的个人行为选择; 4. 榜样展示对其行为结果的愉快或满意,导致对目标行为的替代强化。

榜样作用的一种形式是"角色扮演",在角色扮演中,扮演者模仿想象中的而不是真实的人的行为。例如,学生可能扮演一名公正的监工并做出想象中的监工会做出的行为选择。在关于社会和个人问题的"课堂讨论"中也会产生榜样作用。在这些情境中,态度可能受到不止一种的预期的个人行为选择观点的影响。

因为一个人的态度会随时间而变,因而学生多年接触到的榜样对于决定社会所要求的态度和"道德行为"的发展负重大责任(R. M. Gagné,1985,pp. 226 - 227)。教师应当认真体会他们作为人物榜样的重要作用,因为学生的大部分时间是和他们在一起度过的。那些后来被学生作为"好教师"记住的教师是那些示范了积极态度的教师。

改变态度的若干指导原则

在设计态度目标的教学时,应考虑以下指导原则:

1. 向学习者提供关于多种选择的信息。态度改变中的问题之一就是学习者可能不知道有哪些选择。例如,如果你试图说服管理人员选择使用参与性管理原则,他们首先需要知道这些原则。

2. 向学习者提供做出所要求行为的正反方面的理由。大多数行为的发生都有悖于习惯,学习者需要知道所要求行为的后果,特别是在后果有长期性的情况下。关于代价与长期收益的信息可以言语信息的形式呈现出来,而且可以设计模拟情境来向学习者展示长期的后果。

3. 提供与所要求的行为相关的榜样。"按我所说的做"并不如"像我这样做"有效,广告公司让体育明星来推销他们产品的原因就在于人物榜样构成了所选行为的非常重要的一部分。对学习者来说,人物榜样越突出,学习者采纳行为的可能性也越大。

4. 确保环境支持所要求的行为。例如,如果一名雇主要让雇员选择在下班前给所有顾客回电话这一行为,就必须在当日留出时间来完成它。如果环境冲突看来是不能改变的,那么个体就不可能采纳所要求的行为。

5. 如果可能,将所要求的行为纳入更大的价值观框架中去。态度是价值观的反映。例如,如果个体将自己视作组织的重要部分,他们做出的选择将不同于认为自己对组织不重要时的选择。比方说,一名雇员可能会选择加班来赶不寻常的期限,并将此看作是他所认同的"工作职责"这一总价值观的一部分。

6. 识别和教授那些使所要求的行为成为可能的技能。如果人们不能识别出什么食品含有胆固醇,他们就不能选择食用低胆固醇的食品。

7. 当表现出所要求的行为时,要认可并对其进行奖励。如果教师希望学生"选择自我指导",他们就必须认可并奖励这种行为。

8. 不要粗心大意地惩罚合乎要求的行为。这是根据前面的指导原则所作的推论。例如,雇主应避免用做更多工作来"奖励"业绩好的雇员,因为这样做会不可避免地导致不满。

9. 应提供强化使雇员愿意更多地工作并变得更具建设性。

10. 让学习者根据所要求的行为自己设置目标。获得有效的行为有若干不同的阶段,包括"意识"、"接受"和"珍视"。此外,行为是相对难于改变的而且改变倾向于非常缓慢。允许学习者设置自己的目标,报告自己的进展,并周期性地重新评价自己的目标,这将有助于他们在形成所要求的行为过程中增加信心。

11. 使用像模仿、角色扮演、合作过程或其他交互性经验的教学策略,使所要求的行为的益处变得明显。这类经验能补充榜样作用的经验。

12. 不要不经意地将你想要改变的行为与不相干的行为匹配。例如,对抽烟的态度和对节食的态度没有直接关系。由于习惯和其他态度会在人们身上形成"行为复合体",因此对最重要的行为应当识别出并优先考虑。

动作技能的学习

单个动作反应的系列通常被合成更为复杂的行为表现,被称为"动作技能"。有时它们也被称为"知觉—动作技能"或"心因动作技能",意味着动作技能的行为表现涉及感觉、大脑和肌肉。

动作技能的特征

动作技能是一种习得的性能,以它为基础的行为表现反映在身体的运动速度、精确度、力量和连续性上。在学校中,这些技能相互交织,贯穿在各年龄组的课程中,这些技能包括如下的多种活动:使用铅笔和钢笔,用粉笔书写,画图,绘画,使用各种测量仪器,当然也包括参与各种游戏和运动。像在纸上写数字这样的基本动作技能在小时候就已习得,而且可以认为在以后还能出现。相反,像打一个单套结这样的动作技能不可能在年龄小时习得,可以想象,它将在年龄较大时构成教学的合理目标。

随着动作技能练习的进行,它们似乎在中枢形成了有组织的"动作程序",控制着熟练的运动而不需来自感觉的反馈(Keele,1973)。但事实不完全是这样。亚当斯(Adams,1977)认为,通过练习所形成的动作技能的流畅和有条不紊依赖于内部与外部的反馈。内部反馈表现为来自肌肉和关节的刺激,它们构成了一种"知觉痕迹",即一种起到参照作用的动作表象,学习者借此可以知道在连续的尝试练习中他们是否犯了错误。外部反馈通常是由"结果的知识"来提供的,它是学习者错误程度的外部指标。例如,当人们在学习打高尔夫球时,他们通常能借助保持头低下和眼睛注视球的方式来判断他们是否正确地挥动着球棒。如果他们挥动了球棒但没打中,那么外部条件(球依然在球座上)会反映这一问题。随着练习的进行,技能的改进也日益依赖于内部的反馈,不大依赖于外部提供的结果的知识。

通常,动作技能可分解为构成整个行为表现的一系列步骤或"部分技能",从某种意义上讲,这些部分技能是同时出现或以时间顺序出现的。例如,自由式游泳包括用脚蹬水和用手划水的部分技能(这两者同时进行),还包括抬头呼吸的技能,它紧随用手划水的动作之后。这样,整个游泳动作是具有高度组织性和时间精确性的活动。学习游泳要求综合各种不同复杂程度的部分技能。部分技能的综合以及这些部分技能自身都必须予以学习。

学会将先前习得的技能综合起来,已被研究者看作是所要求的完整学习的一个非常重要的方面。费茨和波斯纳(Fitts & Posner,1967)用"执行性子程序"这一计算机类比来表达其组织功能。假设正在学开车的某个人已经掌握了倒车、转动方向盘控制车的移动、以最小速度向前驾驶等技能。为了在笔直的双车道上掉转车头,他仍需要学习什么?他需要学习将这些部分技能以恰当的顺序组合起来,以便通过两三个向后或向前的动作,再加上恰当的转弯,使汽车驶向另一个方向。

这个富有启发性的汽车转弯的例子反映出动作技能中智慧成分的重要。显然,执行性子程序本身根本不是"动作"技能而是一种"程序",它符合第四章描述的程序性"规则"的性质。动作技能行为表现的规则支配方面在于什么控制着行动的顺序——先执行哪一运动,其次执行哪一运动等等(R. M. Gagné,1985,pp. 202 - 213)。

游泳提供了有趣的对照。游泳也具有关于什么时候蹬脚,什么时候手臂动作,什么时候抬头呼吸等执行性子程序。但在游泳中,通常在执行性子程序得到练习的同时,部分技能流畅的行为表现也通过练习得到提高。研究者已开展了许多研究来找出先练习各种动作技能的部分技能是否优于一开始就练习整个技能(包括执行性子程序)(Naylor & Briggs,1963)。从这些研究中得到的答案并不明确。最多能讲的是它依赖于动作技能的类型。我们确实知道的是,执行性子程序和部分技能都必须习得。现已一致地证实,只练习其中一个而不对另一个进行练习对整个技能的学习是无效的。

动作技能的学习

动作技能的学习是通过重复练习而完成的。要改善动作技能的准确性、速度和流畅性,除了练习之外,没有更简易的方法。有趣的是,在经过很长的时间后,练习仍会导致动作技能的改进(Fitts & Posner,1976;Singer,1980),运动员、音乐家和体操表演者都清楚地意识到这一点。表5.4呈现了动作技能学习的条件。

表5.4 动作技能的学习条件

行为表现	动作技能的行为表现体现了构成肌肉活动的运动顺序的智慧技能(步骤)。当作为动作技能被观察时,该活动要满足速度、准确性、力量和执行流畅性等标准(或者是具体化的,或者是隐含的)。
内部条件	支配动作技能步骤的执行性子程序必须从已有的学习中提取出来或必须作为初始步骤而习得。例如,"倒车"和"转弯"的部分技能必须事先获得,并被提取出来合并入"在马路上将汽车掉头"的技能中去。就构成整体技能的部分技能而言,它们将依赖于对单个反应或单个动作技能链的提取。
外部条件	为学习"执行性子程序",教员应从几种不同的交流中选择一种提供给学习者。

有时候可使用言语指导:"屈膝,并将重心移到左脚。"事实上,旨在对操作程序进行编码(见第四章)的任何言语交流的类型都可使用。可以呈现一张核查表,列出所要求的运动的顺序,期望将它作为练习的一部分而习得。通常用图片或示意图来说明所要求的顺序。为了提高部分技能(及整体技能)的准确性、速度和质量,学习者必须练习和重复所要求的运动以产生预期的结果。通过伴随有信息性反馈的持续练习能改善技能(Singer,1980)。

简短的例子:

给一根跳绳,学生将能执行跳绳动作,达到连续跳100次的标准。

部分技能:

1. 上下跳动而两膝微弯；

2. 手臂靠近身体，手腕靠在腰边，用手腕挥转绳子；

3. 迅速跳动以使绳子不碰脚。

执行性子程序：

挥转绳子，当它靠近鼻子时，跳起约一英寸。这可以韵律的形式习得：

挥转绳子；

使它转成圆形；

当它经过你的鼻子时；

跳起一英寸。

总　　结

本章描述了三种不同类型的学习：言语信息、态度和动作技能。尽管它们有一些共同特征，但事实上它们是各不相同的。首先，在它们有可能导致的行为表现的类型上不同。

1. 言语信息：能用言语陈述的事实、概括性知识和有组织的知识。

2. 态度：选择个人行为的方向。

3. 动作技能：执行身体运动的行为表现。

其次，正如我们对学习条件的分析所表明的，这三种学习在有效获得它们所必需的条件上互不相同。对于言语信息，关键条件是提供外部线索使新信息与源于先前学习的有组织的知识网络相联系。对于态度，必须确保对个人行为选择进行直接强化，或者依赖人物榜样对学习者进行替代性强化。对于动作技能，除了先学习执行性子程序和提供部分技能的综合外，重要的条件是"练习"，并要经常给学习者提供反馈。

虽然与这些性能相联系的行为表现的类型及其学习的条件不同于智慧技能和认知策略的，但这些并非不重要。言语信息的储存和易提取性，特别是有组织的知识形式，是在正规和非正规的教育与培训情境中合法的和合乎要求的教学目标。人们公认，形成态度是很多领域的非常重要的目标，特别是在军事领域，这一点已得到广泛承认。尽管动作技能似乎常与学校学习的认知取向不同，但它个别地作为基本技能的基本成分,作为艺术、音乐、科学、体育运动的基本成分是有其合理性的。

再次,与那些智慧技能相比较,这些习得性能的特征在必须假定的内部条件上,在为有效教学所必须安排的外部条件上存在差异。这些差异还包括多种智慧技能彼此之间具有"使能性的先决条件"关系,而原有学习对言语信息、态度和动作技能仅有"支持性"效应(R. M. Gagné,1985,pp. 272 - 286)。正如在下一章看到的,这一特征对安排"教学顺序"有特殊含义。

在本书中所发展起来的教学设计系统建议对智慧技能优先考虑,把它作为教学设计的核心计划成分。也就是说,教学的基本结构是根据学习完成时,学习者"能够做"什么来设计的,而且这一性能又与先前习得的性能有关。这种教学设计策略一般以识别智慧技能作为第一步,然后是分析和识别它们的先决条件。在恰当的时候,可以在这一基本顺序中添加使那些基本技能成为可能的认知策略。在其他情况下,教学的主要目标可能是特定的言语信息体系、态度的改变或动作技能的掌握。这些情况也要求通过分析来揭示先前学习的支持性效应以及必须习得多重目标的典型情况。

以下几章将直接讨论设计教学的步骤。我们描述的技术大部分是从我们已详细论述过的各种学习结果的知识中衍生出来的,并体现了这些知识的直接应用。

参考文献

Adams, J. A. (1977). Motor learning and retention. In M. H. Marx & M. E. Bunch (Eds.), *Fundamentals and applications of learning*. New York: Macmillan.

Ausubel, D. P., Novak, J. D., & Hanesian, H. (1978). *Educational psychology: A cognitive view* (2nd ed.). New York: Holt, Rinehart and Winston.

Bandura, A. (1969). *Principles of behavior modification*. New York: Holt, Rinehart and Winston.

Bandura, A. (1977). *Social learning theory*. Englewood Cliffs, NJ: Prentice Hall.

Bretz, R. (1971). *A taxonomy of communication media*. Englewood Cliffs, NJ: Educational Technology Publications.

Brooks, C. C., (2000). Knowledge management and the intelligence community. *Defense Intelligence Journal*, 9(1): 15 - 24.

Clark, R. E., & Salomon, G. (1986). Media in teaching. In M. C. Wittrock (Ed.),

Handbook of research on teaching (3rd ed.). New York: Macmillan.

Festinger, L. (1957). *A theory of cognitive dissonance.* New York: Harper & Row.

Fitts, P. M., & Posner, M. 1. (1967). *Human performance.* Monterey, CA: Brooks/Cole.

Frase, L. T. (1970). Boundary conditions for mathemagenic behavior. *Review of Educational Research*, 40, 337 - 347.

Gagné, E. D. (1985). *The cognitive psychology of school learning.* Boston: Little, Brown.

Gagné, R. M. (1985). *The conditions of learning* (4th ed.). New York: Holt, Rinehart and Winston.

Glaser, R. (1984). Education and thinking: The role of knowledge. *American Psychologist*, 39, 93 - 104.

Holley, C. B., & Dansereau, D. F. (1984). *Spatial learning strategies: Techniques, applications, and related issues.* New York: Academic Press.

Hulse, S. H., Egeth, H., & Deese, J. (1980). *The psychology of learning* (5th ed.). New York: McGraw-Hill.

Kausler, D. H. (1974). *Psychology of verbal learning and memory.* New York: McGraw-Hill.

Keele, S. W. (1973). *Attention and human performance.* Pacific Palisades, CA: Goodyear.

Krathwohl, D. R., Bloom, B. S., & Masia, B. B. (1964). *Taxonomy of educational objectives. Handbook 11: Affective domain.* New York: McKay.

Letham, D. (2003). Exploring online journalism. Retrieved on 10/1/03 from: http://www.georgetown. edu/faculty/bassr/511/projects/letham/sitetxt. htm.

Mager, R. F. (1968). *Developing attitude toward learning.* Belmont, CA: Fearon.

Martin, B. L., & Briggs, L. J. (1986). *The affective and cognitive domains: Integration for instruction and research.* Englewood Cliffs, NJ: Educational Technology Publications.

Mayer, R. E. (1979). Can advance organizers influence meaningful learning? *Review of Educational Research*, 49, 371 - 383.

McGuire, W. J. (1969). The nature of attitudes and attitude change. In G. Lindzey & E. Aronson (Eds.), *Handbook of social psychology* (Vol. 3, 2nd ed.). Reading, MA: Addison-Wesley.

Naylor, J. C., & Briggs, G. E. (1963). Effects of task complexity and task organization on the relative efficiency of part and whole training methods. *Journal of Experimental Psychology*, 65, 217 - 224.

Polanyi, M. (1958). *Personal knowledge.* Chicago: University of Chicago Press.

Pressley, M., Levin, J. R., & Delaney, H. D. (1982). The mnemonic keyword method. *Review of Educational Research*, 52, 61 - 91.

Rohwer, W. D., Jr. (1970). Images and pictures in children's learning: Research results and educational implications. *Psychological Bulletin*, 73, 393 - 403.

Singer, R. N. (1980). *Motor learning and human performance* (3rd ed.). New York: Macmillan.

Skinner, B. F. (1968). *The technology of teaching*. New York: Appleton.

Triandis, H. C. (1964). Exploratory factor analyses of the behavioral component of social attitudes. *Journal of Abnormal and Social Psychology*, *68*, 420 – 430.

U. S. Army (2003). Retrieved on 10/01/03 from: http://wwwfac. wmdc. edu/ROTC/Main. html.

Watson, J. R., & Rayner, R. (1920). Conditioned emotional reactions. *Journal of Experimental Psychology*, *3*, 1 – 14.

第六章　学习者

不论学习的是什么,都可以将其识别为前两章所描述的某种性能或性能的某些组合。例如,可以期望学习者学习一组包括数学运算的智慧技能及使用这些运算的积极态度。或者可能要求学习者习得一些关于拉链历史的有组织的言语信息以及如何装上一个拉链的智慧技能。第一次遇到拉链问题的年幼的学习者毫无疑问需要学习使用拉链的动作技能。

学习任务的这一范围是由学习者来承担的,在其先天的能力、背景知识和经验以及学习动机方面,他们在范围和细节上存在着巨大的差异。接受新的学习任务的学习者们在其作为学习者的特征上是非常不同的。面对这么多的个别差异,教学设计的步骤必须做到以下几点:

1. 寻找一条合理的途径,将个别学习者特征上的巨大差异缩小到足以确保教学计划可行的程度。

2. 鉴别出那些普通学习者的特征维度,这些维度有不同的教学含义并导致影响学习有效性的设计上的差异。

3. 一旦考虑了普通学习者的共同特征,就提供了一个适合那些学习者差异的设计,这一设计可导致学习结果的差异。

本章我们试图阐述这些问题,并由此传达将会在教学设计上导致合理决定的知识。我们的讨论将基于如下考虑:学习者的特征、影响学习的因素与怎样依据个别差异设计教学。在所有这些情境中,关注的重点是支持以学习者为中心的教学设计的心理学原理与环境原理。

学习者的特征

学习者具有与教学有关的某些品质——例如,他们能够听懂口头言语,能阅读书面信息,能决定是否想进行阅读。这些普通品质中的每一个都因不同的学习者而异——某个人可能会快速阅读书面的文章,而另一个人却阅读得很慢而且疙疙瘩瘩,第三个人甚至拒绝去尝试。这些差异可能被认为是能力与动机上的个别差异所致,但环境与发展因素也影响学习者的行为表现。一个由美国心理学会发起的特别工作小组(美国心理学会工作组,1997)回顾了许多心理学研究领域的文献,以便从研究中找出与学习者的特点和学习环境有关的主要成分,其目的是为了开发出一套以学习者为中心的心理学原理。他们由此得到了 14 个心理特征与原理,这些特征与原理被分成四种因素①:认知的与元认知的,动机的与情感的,发展性的与社会性的以及个别差异。

这些不同的因素和原理有助于确定教学设计者关心的学习者的内部品质,因为它们影响学习的整个信息加工链及学生的学习动机。这些品质可能是与感觉输入,与信息的内部加工、贮存、提取,与学习者反应的组织有关的品质。此外,还存在一系列影响学习内容的因素和原理。这些因素和原理包括动机性的、发展性的与社会性的以及个别差异变量。

学习者的先天品质

与学习相关的个体的某些品质是遗传决定的。例如,视觉敏锐度,尽管可以用人工晶体来帮助提高,但仍然是人的感觉系统所固有的基本性质,是无法通过学习改变的。在教学中应考虑到这一性质,但只是在适应学习者的知觉要求的情况下。

但学习者的其他品质可能在对教学计划更为重要的信息加工的关头影响学习。例如,工作记忆是纳入并加工要学习的材料以便进行记忆储存的地方,现已提出,工作记忆的容量是有先天的限制的。即时记忆广度为 7 ± 2,它表示了任一时刻能被"保持"的项目数。例如,我们可以要求个体尽快指出外形不同的每对字母是否匹配(如A,a 或 B,b),以测量提取和识别先前学习的概念的速度。因为外形不同,字母必须作为概念被提取以求匹配(Hunt,1978)。这个过程的速度与效率是另一个先天决定的个体品质。

对于这些和其他由遗传决定的学习者的特征,教学设计的目的不能是通过学习去

---

① 详情请参见美国心理学会(1997～　)发布的以学习者为中心的心理因素与原理。

改变这些特征,相反,应按照避免超越人类的潜能这样一种方式去设计教学。例如,在学习阅读的早期,当字母较多的单词出现时,一些解码任务可能超过儿童的工作记忆容量。对一般的读者来说,长句依赖于工作记忆,而且可能超出工作记忆的容量限制。在这种情况下使用的设计技术是运用工作记忆容量限制以内的单词、句子、图表或其他多种交流形式,从而避免超越工作记忆容量的限制。

习得的品质

天生的品质是学习所不能改变的,除此之外,还有许多习得的特征。它们中的许多对学习有重要影响。正是这些特征构成了前几章所描述的与每种学习类型相联系的内部条件。

智慧技能

规则这种典型的智慧技能被认为是以按照句法规则组织的一组概念来贮存的。具体地说,纽厄尔和西蒙(Newell & Simon,1972)认为规则具有称为产生式的功能形式。一个产生式的例子如下:

如果 目标是将 x 英寸换算成厘米,

那么 将 x 乘以 2.54。

类似地,概念可以用产生式来表达,如:

如果 二维的封闭图形各边相等,

那么 将该图形归入正多边形一类。

很明显,我们正在描述的是程序,这也是"程序性知识"这一术语常被用来指称已被存储的各种智慧技能的原因。同样正确的是,被认为是储存实体的产生式,也有命题所具有的句法的和语义的性质。作为典型的智慧技能的复杂规则是由简单的规则和概念组成的。后者通常是作为技能的先决条件习得的,而这里的技能又是终点教学目标。当从记忆中提取出来时,复杂技能很容易激活这些简单的先决技能,因为它们是其真正的组成成分。图6-1的例子说明的是已进入"读出多音节印刷体单词"这一终点技能学习中的子技能。

认知策略

策略是心理程序,所以它们是智慧技能的一种形式。相应地,可将它们视为产生式并以这种方式表征。例如,幼童可能获得一个能使他们对自己造的句子进行"自我

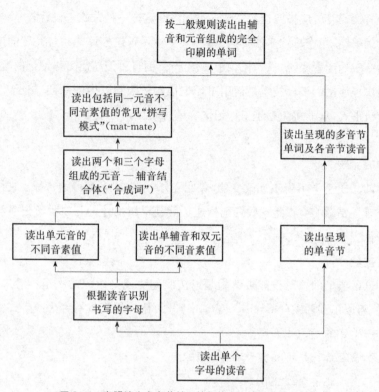

图 6-1 表明读出多音节单词技能的先决技能的学习层次

编辑"的认知策略,而且当他们这样做时,可以造出更为成熟的句子。如原先的一个句子是"约翰去商店",借助提问策略可将这一句扩展成"早上,约翰步行去小镇中心的五金店"。

此例中的产生式(策略)可表征如下:

如果 目的是修改句子以实现充分的交流,

那么 增加能回答"何时、何地、如何、为何"成分的短语。

认知策略的两个特征尤其值得注意。第一,它们是一些控制智慧技能的选择和运用的程序。这样,只有当造句和组词的智慧技能已经被知晓的时候,"自我编辑"的策略才能被使用。第二,认知策略可以在相对简单到复杂之间变化。在自我编辑例子中,策略结构本身并不复杂——只不过是问一些像"何时、何地、如何、为何"之类的具体问题。在其他情境中,如下棋或分析一个组织的系统动态性,认知策略变得更加复杂,而且给个人的认知加工容量提出了更大的挑战。这叫做"认知负荷"(Pass & van

Merriënboer,1994),而且现在,新近的教学设计取向关注如何创设能适应于复杂认知技能学习的教学(van Merriënboer,1997)。非常典型的是,认知策略有广泛的适用性。在自我编辑这一例子中,该策略实际上适合任何主题的任何句子。但认知策略还是专门领域化的——自我编辑策略是与句子编辑和修改有关的策略,对于评价一篇研究论文或者评论一部电影这样的活动,该策略一般是不充分的,这时需要一些更加全面和复杂的指导原则。

言语信息

言语或陈述性形式的知识可被贮存为单个命题(事实)或命题网络,而且围绕中心思想或一般概念而组织起来。如"火成岩非常硬是因为它遭受了高温和高压"这一事实与其他相互联系的命题组成的庞大网络相联系(E. D. Gagné,1985)。而且,这个复杂网络的各成分还在不同点与产生式(智慧技能)相联系[①]。

当记忆搜索到某个命题时,其他联接着的命题也会被想起。这一过程被看作"激活的扩散"(Anderson,1985),并被认为是从长时记忆存储中提取知识的基础。当学习者试图回忆单一观念时,最初的搜索不仅激活了这一观念,而且还激活了许多相关的观念。例如,在搜索"海伦"这个名字时,激活扩散会使人想到特洛伊、坡伊、希腊、罗马、克劳蒂斯国王、不列颠战斗以及其中的许多事情。激活扩散不仅解释了我们在自由联想中所觉察到的随意思维,而且是我们进行反思性思维时表现出明显的巨大灵活性的基础。

态 度

在记忆中的态度似乎更复杂一些,因此很难以图式的方式表征。对态度来说,在记忆中贮存的内容看来包括若干动机成分,既有认知成分,也有情绪成分,如:(1)由人物榜样展示的个人行为选择;(2)反映榜样标准的自身行为标准的表征;(3)如上一章所述的来自所选行为的强化或替代强化的满意感。这些被贮存的记忆之上覆盖的可能是源自给定情境的情绪倾向,如当个人体验到抵抗相反观念或不一致信念的内部倾向时。

态度也很可能嵌入一个相互关联的命题的合成体中。我们经常可以观察到,影响

[①] 相关示意图请参见 E. D. Gagné. *The cognitive psychology of school learning*. Copyright © 1985 by Little，Brown.

个体行为选择的内部状态受情境因素的强烈影响。因此,或许可以假设,态度是在由情境所组织的命题网络中发生的。例如,一个人可能有爱干净的态度,这一态度适用于存放厨具的情境,却不适用于工作台上文件的保管。当有关情境的记忆恢复时,客体和事件的提取经常也随之带来了态度的恢复。数字"911"是这一提取和情境特定性的最佳例证。几乎所有的美国人都会以"9.11"或"9.1.1"来表征这一数字。多年来,人们只会想起第二种表征,而且这一数字将唤起安全感以及马上就可以得到援助,因为它或多或少地与一个通用的急救电话号码联系在一起,至少在美国是这样。但自从2001年9月11日世贸中心遭袭击后,人们同样可能把这一数字视为"9.11",它唤起了害怕、恐惧与愤怒,成了与数字原来的联想相对的一极。现在,某一给定情境的其他成分将影响这一数字唤起的态度和情绪。

对一个人表征一套给定的态度极其重要的,是与起到人物榜样作用的某个人相联系的特殊记忆。这一人物榜样是参照个人行为选择而被记住的,而且又是作为一个既可信又有力量的令人崇拜的人(R. M. Gagné,1985)。记忆存储也包括了榜样的行为选择:榜样可能被记成是反对毒品、喜欢跑步或爱听经典音乐的。当这些记忆随着相应的情境因素一起被提取时,就为表明态度的个人行为选择创造了条件。

动作技能

动作技能的核心记忆似乎是由一个高度组织的并且处于中枢的动作程序组成的(Keele,1968)。这样一个程序是通过练习建立的并达到自动化,变得只是偶尔对外部刺激和动觉反馈中的变化作出反应,如汽车驾驶员在发觉汽车偏离了正确的道路后不假思考地打方向盘。另外,像智慧技能一样,动作技能也有一些先决条件。动作技能的更简单的一套成分可能是它的部分技能——有时这些成分容易识别,有时难以识别。例如穿针时可以识别出的部分技能是:(1)平稳地拿着针,(2)将线穿入针眼里,(3)穿入后,捏住线的另一端。

动作技能存储的一个更为重要的方面是它的程序或执行性子程序,通常是作为动作技能的最初成分习得的(Fitts & Posner,1967)。尚未达到流畅、迅速的基本运动序列具有智慧技能(程序性的规则)的特征。这样一个程序可能作为动作技能的先决条件而获得或在练习的早期习得。当某一动作技能多年未用时,即使其行为表现已变得犹豫和不精确,但其执行性子程序有可能保存完好。一个人会记得如何用手指弹奏单簧管,虽然其演奏的音乐质量表明他已多年未用了。

学习某一技能直至达到自动化水平这一事实有助于解释为什么像骑自行车这样的技能在多年未用后也不会完全忘记。但即使达到自动化水平后，某一技能仍会继续发展，达到非常高的专业水平，这又做何解释？埃里克森在这一主题上的广泛研究和文献回顾（例如 Ericsson, Krampe, & Tesch-Roemer, 1993; Ericsson, 1998）表明，与同一领域中技能执行水平较低的人相比，大多数专家水平的技能执行者在更小的年龄开始练习，更早地寻求教师和指导，或许最重要的是，全心投入到有意练习的更高水平中。

影响学习的品质

存在许多影响学习数量与质量的品质。某些品质如内部动机、发展性因素、性能的个别差异，是学习者的内部特征。其他的如在激励与注意上的环境效应、社会规范与价值观以及标准与评价是学习者的外部特征。为了与美国心理学会工作组（1997）的分类一致，我们将这些因素分为如下三类：动机与情感因素、发展性与社会性因素及个别差异因素。

动机因素

在设计教学时需要考虑的一个特点是学习者的动机。古德与布罗菲（Good & Brophy, 1990）将动机定义为"用来解释目标导向行为的引发、方向、强度与坚持性的一种假设的构念"(p. 360)。换言之，有一些力量推动学习者投入到学习行为中、将注意集中于特定的学习目标或者为完成作业而加班工作。动机不能直接测量，但我们可以通过观察学生的行为而推测出动机来。

动机的原因可分为外在于学习者的和内在于学习者的。一种类型的内部动机是好奇心。另一种十分不同的内部动机是成就需要。通过理解何种内部因素激发着学习者，我们可以设计具有激发动机作用的教学。我们可以通过设置问题来激发好奇心，或者就成就需要而言，可以增加一些设置个人目标和竞争的机会。像教学的外部事件一样，外部的条件能够引发动机过程或状态。但并非所有个体都由同一事物而被激发动机。这就是说，因为先前的学习、经验或期望的不同，一个特定的情境可能激发某一个体的动机，但并不能激发另一个体的动机。尽管如此，动机研究者描述了许多原理或条件，它们看来有足够普遍性，保证了在教学材料的设计中考虑它们。凯勒（Keller, 1987,

1999)开发了一个称作"ARCS"的动机设计模型,"ARCS"是下述动机条件类别的首字母缩写词:注意(attention)、适切性(relevance)、信心(confidence)与满意(satisfaction)。该模型有两个主要部分。第一部分综合了从多种不同动机理论中得出的命题和指导原则。第二部分是动机设计过程,将各种动机因素融合进一个过程中,这一过程在分析学生动机条件基础上,提出适当的动机策略。正如表6.1所示,每一种ARCS类别暗含了设计者在关注学习者动机问题时可能提出的某些问题。例如,在注意这一类别下,教师或设计者可能通过向学生呈现卡通或彩图来引起学生的兴趣。为使课与学生高度适切,可让学习者对所要学习的主题设置自己的目标。为树立学习者的信心,需要提供具有高成功率的练习机会;为让学习者获得满意感,教学应为良好的表现提供奖励。这些只是从应用凯勒模型中导出的一些具体建议。ARCS模型的目标是使动机领域的理论与研究能更容易地应用到实际的教学中。而在教学设计中关注动机的目标,是为了让学生付出必需的时间和一定程度的努力,以便学会所要求的知识和技能。

表6.1 ARCS模型的动机类别

类别与子类别	过　程　问　题
注意	
A. 1. 知觉唤醒	为吸引他们的兴趣,我能做什么?
A. 2. 探究唤醒	我怎样才能激起一种探究的态度?
A. 3. 变化	我怎样才能维持他们的注意?
适切性	
R. 1. 目标定向	我怎样才能最佳地满足我的学生的需要?(我知道他们的需要吗?)
R. 2. 动机匹配	我怎样、何时才能为我的学生提供合适的选择、责任或影响?
R. 3. 熟悉性	我怎样才能把教学与学习者的经验联系起来?
信心	
C. 1. 学习要求	在建立一种对成功的积极期望时我怎样才能提供帮助?
C. 2. 成功机会	学习经验怎样支持或提高学生对自己胜任能力的信念?
C. 3. 个人控制	学习者怎样清楚地知道他们的成功是基于自己的努力和能力的?
满意	
S. 1. 自然后果	我怎样才能为学习者提供运用其新习得知识技能的有意义的机会?
S. 2. 积极的后果	为学习者的成功提供何种强化?
S. 3. 平等	我怎样才能帮助学生对自己的成就形成一种积极的情感?

发展性与社会性因素

在儿童的认知发展以及在教学设计中怎样适应他们的学习模式方面，发展心理学提出了一些见解。皮亚杰(Piaget，1963)识别出了从婴儿到十五六岁之间的四个明显不同的发展阶段。第一阶段是感知运动阶段，儿童开始学习客体永久性(当物体不在视线之内时依然存在)和目的性行为(系统的动作产生可预测的结果，如怎样从一个容器中取出积木)。在大约两岁时，儿童进入前运算阶段。在这一阶段，他们形成了语言概念，即语言是用来表征客体或动作的符号；但是他们还未获得皮亚杰称为的"运算"。运算是一个人能够在心理上执行的动作，而且还可以相反顺序重新建构，而不必以物理的、动手做的方式实际执行这些动作。下一阶段是运算阶段，大致是从 7 岁到 11 岁。这是儿童获得众所周知的"守恒"原则的时候。尽管两个圆柱体容器中盛的液体一样多，但前运算阶段的儿童可能会说又高又细的圆柱体容器比又低又粗的圆柱体容器盛的液体多。运算阶段的儿童在情境变化时能够保持对数量的知觉，即使对数量的表征不同也是如此。最后一个阶段是形式运算阶段，产生在 11 岁之后。这一阶段包括以逻辑方式解决抽象问题的能力以及更关心社会问题并能以"去自我中心"的观点参与的能力。如果考虑学习者的发展特征，那么在这些早期阶段进行的教学是最成功的。

与皮亚杰形成鲜明对比的是维果茨基(Vygotsky，1978)，他的发展与学习理论更多的是社会取向的，而且他的工作对当前盛行的建构主义学习理论有重大影响。皮亚杰认为，发展过程主要是内在于学习者的，在认知发展的早期，儿童主要关注自己。而维果茨基却认为，儿童动作的语言化与认知策略的发展直接受到他们与文化中更有能力成员的相互作用的影响。在发展的任何节点上，有一些任务和认知过程非常适合于儿童，但也有一些领域处在儿童准备水平的外缘。在他人的帮助和鼓励下，或者在学习环境中有补偿性支持的条件下，儿童可以在这些具有挑战性的领域中做出一定的行为表现并得到发展。维果茨基把这些外缘领域称作"最近发展区"。在这些区域，设计良好的教学尤为有效，因为它们处在儿童潜在可达到的范围之内。这类促进儿童发展的帮助被布鲁纳称为"提供支架"(scaffolding)(Wood，Bruner，& Ross，1976)。"提供支架"特指在最近发展区内帮助儿童提高认知能力和技能。现在这一术语被宽泛地用来指称任何能帮助人学习的线索、提示、解释、工作辅助或其他传统的技巧。

个别差异因素

美国心理学会工作组提出的学习者中心的心理学原理的列表,包括了许多对所习得内容有影响的个体和环境因素:遗传特征、学习方式的偏好、已获得的学习策略、社会文化的价值观与信念以及期望,这正如由外部界定的目的及学习环境中使用的评价工具表示的标准所定义的。许多这些个别差异因素被纳入到本书的各部分中,特别是在教学设计过程和策略部分。

至于评价,学习表现的自我评价也对学生的动机和表现有影响。教学设计者可以在他们的设计中采用自我评价技术。这要求学习者评价自己表现的质量,并保存他们自己所做判断的记录。看来,学生能正确合理地判断自己的行为(Rhode,Morgan,&Young,1983),而且当自我评价与目标设置、学习时间的自我记录结合起来时,自我评价对学习有积极影响(Morgan,1985)。但是,如果学生对获取成功过于担心,或者在成就方面有较差的自我概念,那么自我评价就有消极影响。

记 忆 的 组 织

习得并存储于长时记忆中的东西可以方便地设想为命题(陈述性的和程序性的)、表象和态度。这些东西被组织到相互联系的网络中去,学习者可以在其中搜寻并提取出来以服务于某些活动或未来的学习。

表征各类习得性能的网络通常采用一种叫做"图式"的形式,在图式中,思想观念是按照一般的主题或用途而组织的。正如这方面的作者们指出的(Rumelhart,1980;Schank & Abelson,1977),我们所具有的知识结构是按照诸如"去饭店"和"在超市购物"这样的普遍主题来组织的。

有关人类学习者所存储的性能的一个更为一般的观念是"能力"(ability)。心理测验又从很多领域的活动中抽取行为样品,进而可以测量能力。一些众所周知的能力领域是言语、数字、视觉和空间等。这些领域通常又被分化为更特殊的能力,如言语流畅性、数字推理、视觉形式的记忆、空间定位等(Cronbach,1970;Guilford,1967)。还有其他一些学习者的一般特征是属于情感和人格领域的。它们通常被称为"特质",并包括像焦虑和学习动机这样的品质(Tobias,1986)。能力和特质作为人类品质的重要性在于,因教学性质不同,它们可能对学习产生不同的影响。这样,有较强言语能力的学习者可能会对简洁书写的文本所构成的教学反应良好。非常焦虑的学习者可能从有高度组织结构的教学中学得最好。这些都是简单的例子,随后将进一步探讨。

图　式

图式是各种记忆成分(命题、表象和态度)的组织,表征的是属于某一一般概念的一大块有意义的信息(Anderson,1985)。一般概念可以是像房子、办公室、树、家具等客体的类别,或者是一个事件的类别,如"去饭店"或"看棒球赛"。不论什么主题,图式包括那个类别中的客体或事件所共有的某些特征。这样,"房子"的图式就包含了大家都知道的特征(如建筑材料、房间、墙壁、屋顶、窗户和住房的功能)的信息。这些特征被称作"空格",意指它们所取的值需要被"填充"(多少扇窗户,哪种屋顶等等)。

事件图式有类似的特征,包括"空格"。这样在"饭店"图式(Schank & Abelson,1977)中需要填充的空格包括如下行为:进饭店,决定坐在哪里,看菜单,向侍者点菜,进食,拿到账单,结账,给小费,离开饭店。因此,每一个对在饭店吃饭有充足经验的人在记忆中都具有一个类似这样的图式,其中包含着一些空格,适合来自新经验的新事实。显然,根据其经验,一个人的饭店图式将不同于另一个人的。图式可能在整体上或"空格"中储存的细节上是不同的。这些差异对计划与图式有关的内容的教学来说特别重要。

从新呈现的教学中进行学习时,学习者是带着他们记忆中已有的各种图式来面对学习任务的。例如,在开始学习一节有关罗斯福总统任期时的美国历史时,学习者很可能已经具有包含如下相互联系的概念的图式:大萧条、新交易和第二次世界大战。这些或其他特征随着新课的授予获得了更加精细的历史信息的补充。在学习解决算术文字题时,幼童可能通过参考"改变"、"合并"或"比较"的图式来解决某些问题(Riley,Greeno,& Heller,1983)。例如,"合并"图式适合于这样陈述的一类问题:"乔和查理共有 8 美分,乔有 5 美分,问:查理有几美分?"学习者关于空气污染的图式中,除了包含氧化硫、氮气及其可能来源的信息外,还可能包括一种态度,这一态度会影响个体在对这一主题的立法进行表决时的行为选择。

韦斯特、法默和沃尔夫(West,Farmer,& Wolff,1991)区分了知识(状态)图式和过程图式。韦斯特(West,1981)相信图式控制着知觉。也就是说,个人只有参照某一图式才能看见事件或刺激。图式将注意指向有关的刺激(或者更精确地说,使某一刺激成为相关刺激),并与已有知识相联系,它给事件赋予意义。这一观点意味着学习是一个高度个人化的行为。然而,图式是作为在一个或多或少同质社会中的成长经历的函数而习得的,从这个角度来说,我们可以预期,个体将拥有并激活类似的过程图式。例如,在美国,教师教我们一种退位减法的程序。但在澳大利亚,儿童学习一种不同的减法算法,它不需要退位。所以对于算术运算来说,"减法"这个词在美国会唤起某个过程图式,而在澳大利亚唤起的则是一个与之不同的过程图式。

教员应意识到,个体确实有不同的知识和过程图式。因此,对大多数学生显而易见的东西对另一个学生可能没有任何意义。对特殊个体的知识图式的仔细分析可能说明,其中缺失了重要的先决技能或知识,正是这种缺陷导致学生难以或不能理解当前刺激的意义。在这种情况下,教学的解决办法是要在主要的教学干预之前教授这些先决知识或技能。

能力和特质

长期以来显而易见的是,除了从特殊的学习和经验例证中获得的组织外,人类的行为表现在质上还受能力的影响,这是一种有更广泛影响的结构。经过多年以后,与怎样能出色地解决新问题有关的这些因素已经有别于评价一般能力这一最初的目的(Cronbach,1970)。一般来说,能通过心理测验来评价的能力通常是人类个体稳定的特征,能延续较长时间,不易被大量针对他们的教学或实践所改变。

人类个体表现出来的其他品质反映了人格,通常被称为特质。像能力一样,人类行为表现的这些方面也能持续相对长的一段时期,也不易受旨在改变它们的教学的影响。特质的例子如内向性格、谨慎、冲动性、自我满足。这么多特质已经用许多方法评价过,以致要跟上它们的发展是困难的,也许是无意义的。但有可能的是,在一个或多个特质上的差异将表现出对学习的影响,这使得教学方法适应于这些差异更为合意。例如,与适用于非焦虑学习者的教学所不同的教学或许能更好地满足焦虑学习者的需要。

差别能力

测量一般能力(或智力)方面的个别差异与测量大量差异性能力相比,这两者哪一个最有用? 这仍是一个无法回答的问题。后者的各种测验类型的分数表明它们相互之间呈正相关,而与一般能力测验(如斯坦福-比奈量表或韦克斯勒量表)所获得的智力测量则呈低到中等程度的相关。因此,这些能力并非真的彼此不同。那些赞同智力作为一般能力的人满意地注意到,各种不同能力的测量均包含一个 g 因素(一般智力)。差别能力的各种因素已被提出并加以调查。最有名的能力分类系统是瑟斯顿(Thurstone,1938)和吉尔福特(Guilford,1967)提出的。以下是一些最有名的差别能力以及相应的测量指标。

推理:完成无意义的演绎推理。

言语理解:理解书面文章。

数字熟练:加法、除法的速度测验。

空间定向:识别旋转的图形。

联想记忆:回忆配对的物体或数字。

记忆广度:即时回忆数字串。

大量涌现的商业化的测验被用来测量这些和其他能力。在阿纳斯塔西(Anastasi,1976)、克龙巴赫(Cronbach,1970)和桑代克及哈根(Thorndike & Hagen,1985)的书中可以找到能力测验的介绍。

特　质

人们以特有的方式对各种特殊情况进行反应的倾向引起了这样一个推论,即人们具有某些相对稳定的人格特质(Cronbach,1970;Corno & Snow,1986)。不同年龄和类型的学生的多种人格特质已被定义和研究。近几年,人们针对少数特质进行了大量的研究,这些特质似乎与学业成绩和人类的能力在概念上有很强的关系。其中一些最广为研究的这类特质是动机特点,如成就动机(McClelland,1965)、焦虑(Tobias,1979)、控制源(Rotter,1966)和自我效能感(Bandura,1982)。

与成就相关的特质的研究经常采取能力倾向与处理相互作用(ATI)的研究形式。研究的假设是,某些类型的教学(称之为处理)将对在某个特质上得分高的学生和得分低的学生产生不同的影响。与这个观点相一致,对上述几个特质的研究已证实了这种关系(Cronbach & Snow,1977;Snow,1977)。这样,当教学允许相当程度的学生控制时,高成就动机的学生比低成就动机的学生似乎成绩更好(Corno & Snow,1986)。另一个ATI的例子来自对焦虑特质的研究。如果建议让一些焦虑学生复习录像带教学,而对另一些焦虑学生不作此建议,只是让他们集体观看录像带教学,那么前者学得更多(Tobias,1986)。一些学生认为外部因素(如运气)对他们的学习结果负责,而另一些学生则将学习结果归因于他们自身的努力。这种人格差异被称作"控制源"(Rotter,1966)。可以预期具有内部归因的学生可能会更努力并具有积极的学习定向,这个假设能说明与这个特质有关的 ATI 的研究结果。

记忆组织的小结

学习并被储存在人类记忆中的东西可被设想为学习结果,并被称为习得的性能(R. M. Gagné,1985)。这些习得的性能是智慧技能、言语信息、认知策略、态度和动作技能。它们可在一段适当短的时间内通过学习获得,而且是合理设计的教学的结果。这些性能(如特殊的概念、规则或言语命题)是作为被称为图式的更大的复合体的一部分储存在记忆中的。

图式是通过命题互相联系并与一个起组织作用的一般概念相关联的记忆实体的网络。一般人的头脑中具有时间图式(在超市购物)、物体或地点图式(你的居室)、问题图式(时间流逝)及其他许多图式。所有图式都具有一些共同特征,有时称这些特征为空格,新习得的信息可填入这些空格中。例如,超市的图式可能包含诸如购物推车、农产品区、面包专柜、冰柜、收银台等空格。新获得的任何特殊购物经历的信息倾向于储存在这些空格中。

除了被图式表征的习得信息和技能的庞大的复合体之外,还有被心理测验所揭示的更一般的倾向,即能力与特质。人类行为表现的这些特性虽然长期受学习影响,但一般仍被认为是相对稳定的和不易被教学影响的。然而,像空间定向这样一种能力可能会影响个别学习者习得阅读地图技能的难易程度。同样,当面临有严格时间限制的任务时,焦虑的人格特质可能会影响某些学生的学习准备。这样的关系在能力倾向与处理相互作用的调查中得到了研究。从实践角度看,这类研究寻求的是,如何进行教学设计,使之适应能力和特质方面的个体差异。

正如在本章前面介绍的美国心理学会列举的以学习者为中心的心理学原理(美国心理学会工作组,1997)所描述的那样,为了使学生成为成功的学习者,他们必须具备一定的才能来建构有意义的和功能性的图式,从而使他们能进行策略性的思考和有意义的知识建构。换句话说,像智慧技能、言语信息、认知策略、态度以及动作技能这样的学习性能是形成复杂认知技能、支持图式发展和成功学习的基石。

学习者是教学的参与者

学习者是带着已有的特定行为倾向来面对学习环境和新的学习任务的。在最简单的情形中,学习者可能面对他们已知的学科或课题的教学。但更经常的是他们只是部分地了解新教材,知识之间的空缺需要填补。同样经常的是,学习者或许具有背景知识或学习新材料的先决知识。除了先前学习的储存效果与新学习之间的这些直接关系外,学习者或学习者群体中可能还存在着更多的一般能力差异,在教学设计中加以考虑是有益的。

针对学习者的差异设计教学

如同我们从前面的推论中可预期的,每一种学习者的特征蕴含有不同的教学设计含义。先前学习导致的记忆储存的最直接效应表现在智慧技能、言语信息、认知策略、态度和动作技能这些习得的性能上。提取这些学习者以前获得的各种记忆对新材料的学习有特定影响。对以图式形式呈现的有组织信息的回忆也能产生类似效果,这可以为完成新的学习任务提供直接支持。而学习者的能力和特质提供了更间接的影响。这些倾向不直接进入新学习,但它们可以极大地影响学习过程能否顺利进行。

学习者总是带着一些适当的记忆结构开始一项新的学习任务的,这些结构可被提取出来作为新的学习加工的一部分。先前已习得的性能所发挥的各种作用主要依赖于新学习的目标(R. M. Gagné,1980)。因此,毫无疑问我们应该依据新学习的预期结果来考虑它如何受先前学习的影响。下面我们将根据可能是新学习主要目标的学习结果来讨论这个问题。

新的智慧技能的学习

智慧技能的学习最明显地受作为先决条件的其他智慧技能的提取的影响。通常,这是些更简单的技能和概念,当对它们进行分析时,却发现它们是新学习技能的实际组成部分(R. M. Gagné,1985)。这种分析的结果可表示为"学习层次"①。对于从一张位置—时间图上计算速度的技能来说,从属框中的各种技能都是先决条件。正如怀特

---

① 以从位置与时间的直线图中计算速度为例,表明任务的先决技能关系的学习层次请参见 R. T. White & R. M. Gagné (1978). Formative evaluation applied to a learning hierarchy. *Contemporary Educational Psychology*,*3*,87 - 94.

(White,1973)的研究所证实的,提取这些先决技能对终点智慧技能的学习具有直接支持作用。事实上,从属框中的任何一项技能的缺失会显著增加学习与之相连的上级技能的困难。显然,对智慧技能来说,先前学习的最直接的影响是通过提取作为先决成分的其他智慧技能实现的。

先决技能必须被彻底地学习,也就是说,学到掌握水平才对新学习最为有效。也许,这种程度的学习使先决技能更容易回忆出来,因而也就更易为新学习所利用。影响提取的另一个条件是记忆搜索过程中可利用的线索的数量。图式的线索为记忆搜索提供了帮助。相应地,可以预期,在图式的组织网络中嵌入先决技能将有助于教学。

能力和特质的呈现如何影响智慧技能的学习? 这个问题值得另起一段来讨论,因为其答案不仅适用于智慧技能,而且普遍适用于其他学习结果。

能力和特质对新学习的影响

人类能力可能是通过提供加工学习任务及其材料的策略性技术来影响新学习的。例如,当具有高水平的被称作数字熟练的能力时,我们对数字材料的加工要比那些数字熟练程度较低的人更容易且更迅速。言语理解能力对以文章形式呈现的材料的加工也有类似的促进作用。一些学习任务中包括了以图形和空间排列形式呈现的信息,空间定向能力也有助于加工这类学习任务。在以上的每个例子中,能力通过使学习过程更容易而间接地促进学习。这种影响不同于习得的性能和图式对学习的影响,后两者是以实质性的方式直接进入新学习中的。

可以预期,特质也间接影响智慧技能(及其他学习结果)的学习。对焦虑的学习者,在他们练习新习得的技能时,通过给他们的行为表现经常提供反馈,可以使他们的焦虑程度有所降低,和不经常提供反馈的条件相比,他们的学习也相应地更容易。当受到发现学习的挑战时,有高水平成就动机的学习者可能学得很快,而低成就动机的学习者可能表现很差。

科尔诺和斯诺(Corno & Snow,1986,p. 618)在对教学中的能力和特质的描述里按以下方式设想了它们的作用。个体学习者所具有的能力和特质形成了一个在特定情境里的行为表现的能力倾向复合体。这个复合体产生了有目的的努力的态度。这一主导的态度与学习者的智慧能力一道影响学习的质量;"有目的的努力"与人格特质一起影响学习活动的数量("努力水平"和"坚持性")。这些数量和质量的总效将决定"学习者的投入程度",此投入程度反过来导致学习者取得的成就。很明显,科尔诺和斯诺认为能力和特质间接影响学习。也就是说,个体的这些品质虽然未进入学习的实质中,却影响个体如何进行学习。

在这种观点下,教学设计如何考虑能力和特质? 科尔诺和斯诺提出了两个选择:(1) 防止能力倾向的缺乏,(2) 发展能力倾向。第一条选择可简单地用如下教学设计来说明:对在言语理解上表现出缺乏能力倾向的学习者,使用容易阅读的文章和精心的学习指导。发展能力倾向是另一条途径,它涉及认知策略的教学和练习(O'Neil,1978;Snow,1982)。虽然这个领域的研究已取得许多进展,保守的观点是,适合特殊任务领域的认知策略容易学会,但一般化的策略可能需用许多年的时间才能形成。

新的认知策略的学习

同智慧技能一样,认知策略在其最初的学习中也需要先前习得的记忆。可以预期,可能存在一些很容易识别的先决技能,它们的提取将有助于新的认知策略的学习。例如,有这样一个策略:"通过将每一个名字依次与熟悉的房间里有固定位置的家具联系起来而记住一个名字列表"。提取某些先决技能会有助于该策略的学习吗? 当然,答案是肯定的,先决技能实际上确实支持了这个认知策略,但请注意一个事实,即这些先决技能通常很简单,并且是很熟悉的。这些先决技能仅仅是(1) 识别熟悉的家具,(2) 想象熟悉的家具,(3) 将名字和家具的发音配对(如 hair 和 chair)。事实上,似乎认知策略越一般,它的先决条件就越简单。例如,一个一般的问题解决策略是"从目标着手,按逆推步骤解决问题"。为了获得这个策略,学习者必须利用以下几种先前的技能:(1) 识别问题目标的能力,(2) 按逆推顺序排列一系列步骤的能力。

在新的认知策略的学习中,图式是否作为被回忆的实体而发挥作用? 同智慧技能学习的情况一样,图式可为策略及其先决技能的提取提供线索。在上述系列学习策略中,熟悉的房间本身就是一个图式,并且是有用的,因为它易于从记忆中提取。"逆推"策略或其他更具体的适应某任务的策略之所以能被提取,是因为它类似于在另一个不同问题中使用的策略。表征着先前遇到的问题的整个图式可被提取以揭示问题的相似之处。

至于能力和特质,可以认为它们按上一部分描述的方式起作用。它们在新的认知策略的学习中起着间接作用。一些研究者认为,认知策略的教学目的是要导致能力倾向的发展。如果这样,教学可以从某一任务入手,这一任务的完成要使用一种尚未完全发展的能力,通过教学可以进一步发展该能力。例如,原先估计某些特殊个体"心理旋转图形"的能力(空间视觉)可能发展得不好。通过主要由练习和反馈组成的教学,这种能力的发展是可能的。屈勒宁、朗曼和斯诺(Kyllonen，Lohman，& Snow，1981)在空间视觉方面进行了成功的训练。

新的言语信息的学习

新的言语信息的学习和贮存需要大量有关理解和应用语言的智慧技能。这些技能包括同义词和词的喻义的应用、句子结构中的句法规则以及在相关命题中观念的逻辑顺序。正是这些言语理解和应用的基本技能强烈地影响着学习者获得陈述性知识的难易，并最终影响着在他们长时记忆中可以利用的这类知识的数量。

先前习得的信息的提取强烈影响着新的言语信息的学习。要学习的信息所提供的线索激活了长时记忆中的概念，并扩散到命题网络中的其他项目上——这一过程叫激活扩散(Anderson，1985)。也许这些观念得到的精加工越多，知识的提取也就越容易。而且知识的精细程度越大——也就是说，从先前学习中提取的观念复合体越复杂、越庞大——新的言语信息越容易被学习和记住。

先前习得的言语信息复合体被提取出来以吸收新的信息，这最常以图式的形式发生。言语信息的这种形式携带着一个起组织作用的概念(如"乘飞机去旅行")的意义。图式包含吸收新信息的空格，这有助于确保随后的回忆。因此，言语信息的教学设计要求尽量判断预期的学生已经具有什么图式。例如，若要学习有关伊丽莎白一世女王的信息，最好是从一个容易提取的图式开始，该图式至少要包括先前习得的关于那个年代英国王位继承的信息。

正如你所预见的，影响新的言语信息学习的最重要的能力属于言语理解范畴。这类能力的测量看来评价了与语言的流畅理解和使用有关的认知策略。显然，言语理解的测量也部分评价了前面提到的语词应用、语义和句法的言语流畅这样的智慧技能。无需怀疑，许多研究已经表明，这种能力可预测获得新的言语知识的难易(Cronbach，1970)。如果有可能获得一组学生学习新的言语信息的单项能力测验分数，那么言语理解将是被选择的那一个。

新的态度的学习

当学习者获得新的态度时，提取某些相关的智慧技能和言语信息是必要的。如安全处理某些化学物质的态度可能需要估计这些物质浓度的智慧技能。遵守节食处方的态度可能要求应用先前习得的计算热量摄入量的智慧技能。基于多种原因，言语信息对态度改变的学习同样重要。如果用人物榜样来传递个人的行为选择(见第五章)，那么必须有先前习得的言语信息,即将榜样看作是熟悉的被尊敬的人并证明其可信性的信息。

在态度学习中,必要的言语信息的最典型的形式是图式。在这种情况下,图式具有表征态度所处情境的功能。例如,与不同种族的人交往的态度可通过在多种情境中作出的行为选择而表现出来(R. M. Gagné,1985)。交往可能是在一大群人中、在亲密的家庭中或是在工作中吗? 每一种可能性都是态度可能展示的不同情境。为了学习(或重新激活)新态度,我们记忆中必须具有表征每个情境的图式。情境图式的重要性可通过另一个例子——"拒绝酒后驾车"的态度来说明。使这个态度可能发生的社会情境应被表征为图式——朋友聚会、饭后的继续交流等等。如果学习时这些情境图式易于回忆出来,那么"拒绝开车"的态度将最有效。

是否存在使态度学习更容易或更迅速的能力和特质呢? 能力对态度学习的效果可能与它对其他习得的性能类型的效果没有差异。像言语理解这样的能力促进了对教学中使用的言语交流的学习和理解。至于特质,如爱交际和外控型这样的特质,有可能影响学习者从人物榜样身上获得态度的难易。但这种关系很少得到证实,而且并没有多大意义。不管怎样,这些影响是上述的间接影响。

新的动作技能的学习

在新的动作技能的学习中,两种先前的学习可能是重要的。一种由所学的整体技能的部分技能组成。自由泳中踢的动作可能已被单独习得,在自由泳整体技能的学习中,踢的技能被提取并用于与其他部分技能相联系。儿童学写字母时,画出曲线部分和直线部分可能已作为部分技能而先行习得。如果两者已经作为先前学习的结果而存在,那么它们可被提取并合并到整个书写字母的技能中。

对新的动作技能的学习非常必要的其他先前学习类型实际上是智慧技能——一种程序性规则(见第五章)。菲茨和波纳斯(Fitts & Posner,1967)将这一动作技能学习的方面称之为早期的认知学习阶段。例如,将标枪掷向目标的技能,需要提取以下程序:握着标枪,动作平衡,瞄准和投掷标枪。无论技能的练习达到什么水平,为了提高技能,必须总是遵循这一程序。虽然程序本身是一种智慧技能,但它仍可以作为图式的一部分出现和提取。例如,我们有理由把网球反手击球和高尔夫挥杆设想成图式。

在动作技能的学习中,能力有其一般功能。可以看到像"运动速度"和"动作协调"这样的能力有助于某些动作技能的学习。而且,动作技能的学习还常受像"视觉空间"和"位置关系"这样的空间能力的影响。通常发现,这些能力与动作技能的学习表现为中低程度的相关。

总　　结

影响新的教学材料学习的学习者特征表现为人类记忆中的几种组织。智慧技能、认知策略、言语信息、态度和动作技能这五种习得的性能直接影响这五种新的性能的学习。另一类记忆组织被表征为能力，可通过心理测验（如有关推理和数字熟练的测验）来测量。这些是对人类品质的测量，而人类的品质又能预测不同个体完成行为表现的某些一般类型的情况。人类学习者的其他特征可归为特质（如焦虑、控制源）。能力和特质以间接方式影响新的学习。

学习者的特征与学习难易和效果之间的关系对教学设计的实际任务有诸多启示。设计者需要考虑前几章描述的学习结果，并知晓怎样使不同的学习者获得不同的结果。毕竟教学中我们会遇到不同类型的学习者。他们可以是儿童或成人，由此在所体验过的原有学习的量上也有差异。他们可能有不同的习得的性能、不同的图式及不同的能力和特质。这些差异的主要启示归纳在表 6.2 中。

表 6.2　针对不同学习者特征的教学设计

学习者特征	针对新学习的设计程序
智慧技能	引发对如下内容的提取：（1）作为新技能成分的先决技能；（2）对认知策略具有重要作用的从属技能；（3）言语信息、态度和动作技能学习的基本技能。
认知策略	只要有可提取的东西就为提取提供条件。
言语信息	激起对可以引发新习得智慧技能提取的命题的回忆。为新的言语信息的学习提供一个有意义的情境（图式）。激起态度学习情境的提取。
态　　度	激发学习动机。
动作技能	回忆必要的部分技能。
图　　式	激活有助于新的智慧技能、认知策略、言语信息、态度和动作技能学习的由命题网络复合体构成的图式的提取。
能　　力	使教学尽可能适应能力差异。例如，让言语理解水平低的学习者使用易读的课本。
特　　质	使教学尽可能适应学习者的特质差异。例如，给焦虑水平高的学习者提供详细的学习指导和经常性的反馈。

　　从表中我们能看到,智慧技能和认知策略常有助于新的学习,因此在教学设计中,我们应激发对它们的提取。激起对言语信息的回忆提供了提取线索并激活了新信息能类属的有意义情境。先前获得的积极态度有助于学习动机的激发。部分动作技能应被提取出来作为新技能学习的组成成分。

　　许多先前习得的性能被合并到我们称之为图式的有意义复合体中。这些有意义的命题和概念网络对新的学习相当重要。教学设计程序包括提供措施以探测相关图式的存在,并通过提问、先行组织者或其他方式激活它们。

　　针对新学习的教学在可行的范围内可以适应学习者能力和特质的差异。当教学具有言语性质时,言语理解的容易性在教学设计中就特别重要。

参考文献

Anastasi, A. (1976). *Psychological testing* (4th ed.). New York: Macmillan.

Anderson, J. R. (1985). *Cognitive psychology and its implications* (2nd ed.). New York: Freeman.

APA Work Group of the Board of Educational Affairs (1997, November). *Learner-centered psychological principles: A framework for school reform and redesign*. Washington, DC: American Psychological Association.

Bandura, A. (1982). Self-efficacy mechanism in human agency. *American Psychologist*, 37, 122-148.

Corno, L. J., & Snow, R. E. (1986). Adapting teaching to individual differences among learners. In M. C. Wittrock (Ed.), *Handbook of research on teaching* (3rd ed.). New York: Macmillan.

Cronbach, L. J. (1970). *Essentials of psychological testing* (3rd ed.). New York: Harper & Row.

Cronbach, L. J., & Snow, R. E. (Eds.). (1977). *Aptitudes and instructional methods*. New York: Irvington.

Ericsson, K. A., Krampe, R. T., & Tesch-Roemer, C. (1993). The role of deliberate practice in the acquisition of expert performance. *Psychological Review*, 100(3), 363-406.

Ericsson, K. A. (1998). The scientific study of expert levels of performance: general implications for optimal learning and creativity. *High Ability Studies*, 9(1), 75-100.

Fitts, P. M., & Posner, M. I. (1967). *Human performance*. Monterey, CA: Brooks/Cole.

Gagné, E. D. (1985). *The cognitive psychology of school learning*. Boston: Little, Brown.

Gagné, R. M. (1980). Preparing the learner for new learning. *Theory into Practice*, *19*(1), 6 - 9.

Gagné, R. M. (1985). *The conditions of learning* (4th ed.). New York: Holt, Rinehart and Winston.

Good, T. L., & Brophy, J. E. (1990). Basic concepts of motivation. In T. L. Good & J. E. Brophy (Eds.), *Educational psychology: A realistic approach* (4th ed.). New York: Longman.

Guilford, J. P. (1967). *The nature of human intelligence*. New York: McGraw-Hill.

Hunt, E. B. (1978). Mechanics of verbal ability. *Psychological Review*, *85*, 271 - 283.

Keele, S. W. (1968). Movement control in skilled motor performance. *Psychological Bulletin*, *70*, 387 - 403.

Keller, J. M. (1987). Development and use of the ARCS model of motivational design. *Journal of Instructional Development*, *10*(3), 2 - 10.

Keller, J. M. (1999). Motivation in cyber learning environments. *International Journal of Educational Technology*, *1*(1), 7 - 30.

Kyllonen, P. C., Lohman, D. F., & Snow, R. E. (1981). *Effects of task facets and strategy training on spatial task performance* (Tech. Rep. No. 14). Stanford, CA: Stanford University, School of Education.

McClelland, D. C. (1965). Toward a theory of motive acquisition. *American Psychologist*, *20*, 321 - 333.

Morgan, M. (1985). Self-monitoring of attained subgoals in private study. *Journal of Educational Psychology*, *77*, 623 - 630.

Newell, A., & Simon, H. A. (1972). *Human problem solving*. Englewood Cliffs, NJ: Prentice Hall.

Pass. F. G., W. C., & van Merriënboer, J. J. G. (1994). Variability of worked examples and transfer of geometrical problem solving skills: A cognitive load approach. *Journal of Educational Psychology*, *86*, 122 - 133.

Piaget, J. (1963). *Origins of intelligence in children*. New York: Norton.

O'Neil, H. F., Jr. (1978). *Learning strategies*. New York: Academic Press.

Rhode, G., Morgan, D. P., & Young, K. R. (1983). Generalization and maintenance of treatment gains of behaviorally handicapped students from resource rooms to regular classrooms using self-evaluation procedures. *Journal of Applied Behavior Analysis*, *16*, 171 - 188.

Riley, M. S., Greeno, J. G., & Heller, J. I. (1983). Development of children's problemsolving ability in arithmetic. In H. P. Ginsburg (Ed.), *The development of mathematical thinking*. New York: Academic Press.

Rotter, J. B. (1966). General expectancies for internal versus external control of reinforcement. *Psychological Monographs*, *80* (*Whole No. 609*).

Rumelhart, D. E. (1980). Schemata: The building blocks of cognition. In R. J. Spiro, B. C.

Bruce, & W. F. Brewer (Eds.), *The theoretical issues in reading comprehension*. Hillsdale, NJ: Erlbaum.

Schank, R. C., & Abelson, R. P. (1977). *Scripts, plans, goals, and understanding*. Hillsdale, NJ: Erlbaum.

Snow, R. E. (1977). Individual differences and instructional theory. *Educational Researcher*, 6 (10), 11 - 15.

Snow, R. E. (1982). The training of intellectual aptitude. In D. K. Ketterman & R. J. Sternberg (Eds.). *How and how much can intelligence be increased*. Norwood, NJ: Ablex.

Thorndike, R. L., & Hagen, E. (1985). *Measurement and evaluation in psychology and education* (5th ed.). New York: Wiley.

Thurstone, L. L. (1938). Primary mental abilities. *Psychometric Monographs*, No. 1.

Tobias, S. (1979). Anxiety research in educational psychology. *Journal of Educational Psychology*, 71, 573 - 582.

Tobias, S. (1986). Learner characteristics. In R. M. Gagné (Ed.), *Instructional technology: Foundations*. Hillsdale, NJ: Erlbaum.

van Merriënboer, J. J. G. (1997). *Training complex cognitive skills: A four-component instructional design model for technical training*. Englewood Cliffs, NJ: Educational Technology Publications.

Vygotsky, L. S. (1978). *Mind in society: The development of higher mental process*. Cambridge, MA: Harvard University Press.

West, C. K. (1981). *The social and psychological distortion of information*. Chicago, IL: Nelson Hall.

West, C. K., Farmer, J. A., & Wolff, P. M. (1991). *Instructional design: Implications from cognitive science*. Englewood Cliffs, NJ: Prentice Hall.

White, R. T. (1973). Research into learning hierarchies. *Review of Educational Research*, 43, 361 - 375.

Wood, D., Bruner, J., & Ross, S. (1976). The role of tutoring in problem solving. *British Journal of Psychology*, 66, 181 - 191.

/第三部分/

设计教学

第七章 确定表现性目标

本章及下一章讨论的主题是表现性目标和任务分析。这两大主题,或者更确切地说它们传统上所代表的内容,是基于信息论的教学设计模型与建构主义设计模型之间争议的来源(参见 Wilson,1997)。本章我们将探讨确定目标的原因,同时还将考虑建构主义关注的问题。

如果教学是根据学生的行为表现来进行评价和改进的,那么考虑一下设计教学以引出何种行为表现就合乎逻辑了。依据这一思路,清晰明确地陈述所设计的教学的预期结果是非常重要的。此外,确定学习结果是课程开发过程中的一个重要步骤,因为它使学习教程的意图对于管理者、教师、父母和学生来说可视化,而且它还有助于识别关于学生获得成功需要具备的何种知识和技能的假设。

建构主义教学设计模型的倡导者反对预先确定学习目标,因为他们采取的立场是,目标只能部分地表征我们所知道的,因此把它们表示成教学内容可能会限制学习者尽力学习的内容。这一立场会影响对分析重要性的认识。威尔逊(Wilson,1997)讲道:

> 分析的作用是相当有限的。分析为教学提供了一个全面的框架,而且在某些棘手之处能提供额外的帮助,如识别出原有知识中可能存在的错误观念,这些错误观念会破坏学生理解内容的努力(pp.72-73)。

威尔逊进一步指出,设计者的作用是,"设计一系列的经验——交互或环境或产品——其目的是帮助学生有效地学习"(p.73)。这与我们对教学设计的定义完全一致,而且我们还感到它甚至提高了准确界定我们试图帮助学生学习何种内容的需要。

在建构主义学习环境中,学生通常是确定目标和学习方向上的参与者,这是一个稍作变化的过程。随着目标的逐渐发展,教学可以依学习者而作出调整,直到满足他们的需要。

在这一领域的一部分文献中存在某种程度的两极化,即将学习目的与环境刻画成建构主义者或教学主义者(instructivist)。许多传统的教学设计者排斥建构主义观点,许多建构主义者也反对教学主义者的方法。我们的立场是,这两种方法都是达到目的的手段,它们本身并不是目的。正如可以设计一个实现结构化知识更大程度增长的学习环境一样,一个人也可以设计一个与建构主义目的相一致的、旨在帮助学生建构知识与技能的学习环境。在本书中,我们关注的是有目的学习的设计,我们建议,在设计学习活动之前确定学习目标可以最佳地实现这一点。相应地,在本书我们继续将对分析与目标的严格考虑作为提高建构学习环境、实现预定学业结果可能性的基础。

这些结果以不同名称来指称:行为目标、学习目标或表现性目标。我们将表现性目标界定为对某种性能的准确陈述,这种性能如果为学习者所拥有,就可以通过其行为表现而观察到。设计者在开发任何教学或学习经验之前必须回答的问题是"经过教学之后学习者将能做哪些他们以前不会做的事"或者"教学之后学习者将会有何变化"。

表现性目标的一个目的是(向学生、管理者、教师和家长)传递教学目的并为开发教学活动与评价学习提供基础。虽然目标在陈述方式上可能不同,但它们都表达了同样的思想,那就是学习者应当知道、应当会做或应当体会到的东西。创设良好的有意义的目标有时是件困难的任务,因为设计者与内容专家必须不断地确定哪些目标是重要的。

正如常常建议的,克服教程目的陈述模糊性的程序(该程序可使目的陈述更准确)通常从教学目的的一般陈述开始,然后陈述反映这些目的的具体行为指标。现在的问题是,我们怎样才能知道这一目的何时已达到? 例如:

我们怎样才能知道学生"理解了'交换'这一概念"?

我们怎样才能知道学生"体会到了《仲夏夜之梦》的寓意"?

我们怎样才能确定学生"领会了法语口语"?

我们怎样才能知道学生"喜欢阅读短篇故事"?

有关教学目的的陈述在向其他教师传递一般目的时是非常成功的,但对设计教学来说通常不够精确。它们只是不能指出一个人如何能观察学生是否达到了目的。另一方面,对于那些想知道教学对他们的孩子有何期望的父母来说,具体的学习目标是他们所关心的。而且对于那些想知道自己的行为表现是否"上正轨"的学生来说,具体的学习目标也是他们所关心的。

使用目标传递期望

当目标向学生传递了在教学之后他们应该能做什么时，目标就是有用的。如果这些目标陈述模糊，那么它们就不大有用。请看下面的例子：

1. "意识到大多数植物的生长需要阳光。"这样一个陈述并未传递学生应该会做什么。它意味着学生应该能解释阳光在植物生长中的作用呢，还是仅仅知道阳光是必要的条件之一呢？

2. "通过解释光合作用的过程演示阳光如何影响植物生长。"这一陈述意味着教师必须观察学生能够解释光合作用过程以及阳光作用的例子。观察证实学生知道阳光和植物生长的关系。这一目标同样澄清了学生怎样显示他们已习得的内容——通过解释光合作用的过程。最重要的一点是它告诉我们需要何种类型的观察。

如何陈述能传递期望的目标

我们提出表现性目标具有五种成分：

1. 情境（习得的结果得以表现的情境）；

2. 所进行的学习的类型（"习得性能"的动词区分了学习类型）；

3. 行为表现的内容或对象；

4. 可观察的行为（行动动词）；

5. 适用于行为表现（可接受的行为表现）的工具、限制或特殊条件。

注意下面的例子是如何包纳所有五种成分的：

在计算机实验室情境中，给出一些数据表的简单说明[情境]，学生将通过输入[行动动词]计算机、使用合适的数据类型、选择合适的键[工具、限制或特殊条件]，在 Microsoft Access™ 中演示[习得性能的动词]数据库表格的创建。

目标是不是都得包括所有这五种成分呢？不，但目标包括的成分越多，所传递的期望就越准确。我们认为最重要的成分是习得性能的动词和对象；换句话说，上述目标可以陈述为"演示数据库表格的创建"，而且其他成分可以推断出来。在表现性目标陈述中常见的一个错误是把教学包括在情境中，如"在阅读这一章后学生能够……"。

预期的行为表现应当独立于教学。如果学生能够表现出预期的行为表现，那么他们就已经习得了这一技能。

目标的成分

清晰陈述的目标的一个目的是使设计者能决定教学材料中应包括哪些学习条件。五成分目标比其他作者（Mager，1975；Popham & Baker，1970）提出的对目标的界定更为详细。更详细的原因是为了传递更多的关于预期学习结果类型的信息。我们不能直接观察某人已形成了一种性能。我们只能通过观察学习者在需要应用该种性能的任务中的表现来推断出一种新的性能已被获得。学习者表现出的具体表现（行为）常常与性能相混淆。目标陈述的五成分法通过使用两个不同的动词来试图避免这种混淆：一个动词用来界定性能；另一个动词用来界定可观察的行动（见表7.1，动词的例子）。正如下面所描述的，五成分目标中的每个成分都能指向表达的目的。

情　境

学生所面临的情境是什么？例如，当要求学生"打一封信"时，是以普遍书写方法复件的形式将信的各部分呈现给学生吗？要打的信是根据听觉信息还是根据书面记录来进行？很明显，如果学生的行为表现大大依赖于情境，那么目标就必须明确情境的特征以便将其纳入教学的一部分。

有时，我们可能希望目标能包括对行为进行的环境条件的描述。例如，在上述"打一封信"的例子中，这一任务是在没有其他干扰的安静的房间内完成的吗？或者更可能的是，是在一个电话不断、常有人走过或有其他任务插进来的忙碌的办公室里完成的吗？对习得行为的许多类型来说，采取行为的环境可能不是特别重要。但对其他行为表现，如戴上防毒面具，环境可能非常关键。

习得性能的动词

使用行为目标时出现的一些问题，源自对所演示的行为实际代表的学习结果类型不明确。例如，下面的陈述就很模糊："利用 Microsoft Word，学生能在 15 分钟内打一封商务信件。"这一陈述可能是指"根据手写稿打一封信"（一种动作技能），也可能是指一种完全不同的性能，如"演示对 Microsoft Word 的使用"（一种规则运用技能）。甚至还可能是指对客户的询问作出回答（可能是一种问题解决技能）。通过在目标中纳入一个表明所演示的习得性能类型的动词就可以减轻这种模糊性。

表 7.1 列出了九种不同的习得性能的动词,它们分别属于前面几章描述的态度、认知策略、言语信息和动作技能以及智慧技能的五个亚类。这些动词可被用于区分九类学习结果。通过将这些动词中的一个包括在目标中,可以更清楚地传递预期的学习类型,也更可能应用适合该类学习结果类型的学习条件。

表 7.1　描述人类性能的标准动词和含有行动动词的短语的例子

性　　能	性　能　动　词	例子(划线的为行动动词)
智慧技能		
辨别	区　分	通过比较来区分法语中的 u 和 ou 的发音
具体概念	识　别	通过命名来识别代表性植物的根、茎、叶
定义性概念	分　类	通过写出定义来对概念族系进行分类
规则	演　示	通过写出解例题的所有步骤来演示正负数加法
高级规则 (问题解决)	生　成	以书面形式生成一份商业计划,包括对投资回报的估计
认知策略	采　用	通过解释所使用的策略,采用想象美国地图的策略来回忆各州州名
言语信息	陈　述	口头陈述 1932 年总统竞选的主要问题
动作技能	执　行	通过倒车执行将小轿车开进车行道的任务
态度	选　择	通过打高尔夫球证实选择打高尔夫球作为一项休闲活动

对　象

对象成分包含了将要习得的新内容。例如,如果所习得的性能是计算两个三位数的和的程序(规则),那么所习得的性能及其对象可陈述为:"演示(习得的性能动词)两个三位数的和的计算(对象)。"其他的例子呈现在后面的目标中。

行动动词

行动动词描述了行为是如何完成的:"通过打字执行一封商务信的打字任务",描述了可观察的行动(打字),从该行动中可以推测出打字的动作技能已经形成。对问题解决目标来说,"通过打一封回复客户询问的信来生成一封商务信",其可观察的行为也是打字,但除了动作技能外,我们真正感兴趣的是信的内容。行动动词有很多:比较、写出、说出、讨论、指出、选择、画出等等。表 7.1 说明了习得的性能动词和行动动词如何结合起来描述一项任务。我们很快就要描述陈述表现性目标的过程了,但请记住一条原则,"千万不要将九种习得性能的动词用作行动动词",这将避免以后按顺序排列目标时发生混淆。

工具、限制和特殊条件

在某些情境中,行为表现需要使用特殊工具,需要某些限制或其他特殊条件。例如,打商务信的例子中具体确定了用 Microsoft Word 来打字。注意目标并不是针对使用 Microsoft Word 的技能;相反,它只是施加于打信件这一行为表现上的一个特殊条件。限制条件的一个例子是行为表现的标准:一封信可能要求在规定时间内完成,其中的错误要少于三个。与情境的情况一样,任何特殊条件或工具的指示可能意味着在充分评价终点技能之前必须习得的其他先决技能。

生成五成分目标

建构一个五成分目标是 ·项问题解决任务。有许多规则需要运用。首先要解决的问题是决定教学旨在产生哪类学习结果。接下来将讨论如何写针对九类学习的五成分目标,先从智慧技能的五个亚类开始。

辨 别

辨别的行为表现总是涉及能看出、听出或察觉出刺激间的相同或不同之处。人们不能进行区分的原因很多;例如,色盲的人不能区分红色与蓝色。但即使是生理上无缺陷的人也必须学习重要的辨别。例如,有视力的人若要学习阅读就必须学会区分"b"和"d"。这类技能的目标如下(习得的性能动词缩写为 LCV):

〔情境〕给出三张图片,其中两张相同,一张不同,通过〔行动〕指出〔对象〕那张不同的图片以〔LCV〕区分出来。

另一个辨别的目标是:

〔情境〕给出字母 b 和如下口头指导语:要求从包含 d,p,b 和 q 的一系列字母中挑出看上去和 b 一样的字母,通过〔行动〕圈出〔对象〕b 以示能〔LCV〕区分它。

并非所有的辨别都是视觉的,它们还可以是听觉的、触觉的或嗅觉的。例如,某人可能适合成为厨师的一个辨别目标是:

〔情境〕以一块新鲜的牛肉为参照,通过〔行动〕指出气味相同与否,以〔LCV〕区分〔对象〕新鲜牛肉的气味与将要变坏的牛肉的气味。

对这一辨别的评价是看学习者是否能区分出不同牛肉气味间的差异。这是识别变坏了的牛肉(具体概念技能)的一种先决技能。

请注意，在上述目标中的情境并未包括对动作将要发生的环境的描述。这个具体规定是否很重要？可能在一个有多种备用食物气味的厨房里进行辨别要难于在一个隔离情境中进行的辨别。

另一个要点是辨别通常是概念的先决条件。例如，如果未来的厨师不能辨别变坏了的牛肉的气味，那么他也不可能通过气味学会识别变坏的牛肉。

具体概念

具体概念要求学生能依据物理属性识别出一类项目的一个或多个例证。例如，你怎么知道学生已经理解了"细胞壁"的概念？你可以请他们描述"细胞壁"，如果他们能描述出来，那么你可以推断出他们确实知道这一概念。但更好的办法是让他们在一幅示例图上标识出细胞壁，或者在通过显微镜观察时要他们指出细胞壁。在证实学生理解了"细胞壁"这一概念上，所有这些方法都是可接受的。

与具体概念连带运用的习得性能的动词是"识别"，当然，为了识别出任何事物，学生必须首先能辨别关键的物理属性。盲人如何获得"细胞壁"的概念呢？虽然他们可以把它作为一个定义性概念来学习，但因缺乏视觉辨别性能这一先决条件而没有办法识别出细胞的构成成分。

一个需要多重辨别的具体概念目标的例子是：

〔情境〕给予一套共 10 张的腹部 X 射线底片，通过〔行动〕用蜡笔圈出以〔LCV〕识别〔对象〕底片上的胆囊。

许多概念最初都是作为物理客体与其名称的联想而习得的。例如，我们看到一支铅笔，很快就知道这是一支铅笔。儿童通过针对图片的词语联想而学习动物，也就是说，在实际看到真正的大象很久之前他们就能识别出大象。但很多概念有多种物理形式。例如"椅子"这一概念。一个学习识别餐厅椅子的儿童能够把一张折叠式椅子识别为椅子吗？通常，物理项目与其功能的联系、与其物理特征的联系都差不多。我们可以把椅子的特征定义为用来给人坐的东西，连同相关的物理特征。当然，我们要区分椅子和凳子，后者具有相似的功能但有不同的物理特征。

定义性概念

定义性概念是由定义联系起来的一类客体或事件，其中的定义表示的是概念的特征及其功能之间的关系（Gagné，1985）。例如，社会学概念"核心家庭"是包括父母与孩子的一类对象，而且满足定义的标准——"一个只由父亲、母亲和孩子组成的家庭团体"(《韦氏大学词典》,第十版)。注意这一规则中包括了其他的定义性概念(家庭、团体、母亲、父亲、孩子与关系概念"只")。

与定义性概念相联系的习得的性能动词是"分类",因为学生必须做的是根据言语定义将一些例证归入一个或多个类别中,或者在给定情境中适当地运用概念。定义性概念构成了某一学科或研究领域的术语的很大一部分,在谈论某一学科时,期望学生能适当地习得这些概念。

边界是一个定义性概念的例子,它通常首先是作为具体概念而习得的,如"篱笆是我们的财产的边界"。但边界有一个更富技术性的定义:"指出或确定某一界限或范围的事物(点、线或面)。"(《韦氏大学词典》,第十版)边界概念的学习目标可能陈述如下:

〔情境〕当要求解释什么是边界时,〔行动〕通过言语描述或者视觉图示一个边界来对〔对象〕边界进行〔LCV〕分类。

陈述该目标的另一种方法是看学生是否能认出"边界"概念的特征,例子如下:

〔情境〕给出一些表示和不表示某一区域范围的线,通过〔行动〕挑选出那些符合定义的线以对〔对象〕边界进行〔LCV〕分类。

还有另一种方法可以观察到学生是否具有某一定义性概念,这就是让他们用该概念正确造句;例如,"湖的边界由湖岸线标志出来"。

规则运用:规则、原理与程序

规则运用是支配人的行为并使人能在一类情境中演示概念间关系的一种内部性能(Gagné,1985)。这种被推测出来的性能是指对具有既定关系的一组刺激情境作出适当反应的能力。例如,当学生遇到刺激$(236/4=n)$时他将运用一个规则;当刺激不同$(515/5=n)$时,同样的规则仍然适用。规则常被命名。此例中的规则可被命名为"短除法",有应用此规则能力的学生将能通过解决多种"短除法"问题来表明他们对该规则的掌握。

我们提出的规则的习得性能动词是"演示"。对规则这类学习结果来说,其目标的一个典型例子是:

〔情境〕给出10道需要短除法的算式(abc/d),通过〔行动〕写出答案以〔LCV〕演示〔对象〕除法程序,〔工具和限制〕在无特殊帮助情况下,达到90%的正确率。

这一目标是否代表了上述短除法的例子呢? 如果问题限于所呈现的类型,那么它还不够具体。更精确的目标陈述应该是:"一位数除三位数的短除法,没有余数。"除数是一位数且有余数的除法,或者当除数是多位数时,这些规则存在差异吗? 在这种程度上它们有差异,因此,目标最好具体一些,以便可以准确地描述任务的成分并能相应地设计适当的教学。

要学会这个规则,学生必须熟悉乘法与减法的运算规则。要进行乘法运算,学生必须熟悉加法的运算规则。长除法被归入复杂规则,因为它需要运用先前习得的概念和规则。

问题解决

加涅(Gagné, 1985)将问题解决定义为学习者在新情境中选择和运用规则以寻求解决的活动。在问题解决过程中,学习者建构的是新的高级规则。这一新规则综合了其他规则和概念,可被学习者用于解决同类型的其他问题。

在陈述与问题解决技能有关的学习结果上遇到的一个问题,是将问题解决的过程与该问题的具体解决办法相分离。一个问题可能有许多可接受的解决办法。预期的学习结果是在解决某一问题过程中习得的过程或规则,也就是说,学生必须生成这一高级规则并且还要运用它以解决一个新颖的问题。在陈述问题解决目标时,它有助于将注意集中在学习者所建构的内容上。

与问题解决相联系的动词是"生成"。问题解决目标的一个例子是:

〔情境〕给出一件考古发现的人造物品及其出土地的有关信息,学生将(行动)以书面形式〔LCV〕生成(对象)一个关于该物品的年代及制造它的文化的性质的假设,(特殊条件)包括支持该假设的基本原理。

问题解决目标并不总是容易陈述,这主要是因为问题解决技能通常未进行正式教学。相反,大多数教师呈现问题情境,然后检验学生是否具备问题解决技能。教学设计新手常遇到的一个混淆,可能在于对规则运用和问题解决目标的区分。通过问如下问题可以清楚地将二者区分开来:"我想让学习者运用我教给他们的一条规则还是生成一条解决某一问题的规则或程序?"答案如果是前者,那么目标就是规则运用;如果是后者,目标就是问题解决。

认知策略

认知策略是调节和控制其他学习过程的内部指向的控制过程。加涅(Gagné, 1985)描述了多种认知策略,包括那些控制注意、编码、提取和问题解决的策略。布鲁纳(Bruner, 1971)区分了问题解决技能和问题发现技能,后者是一个需要找出"不完全、反常、麻烦、不公平、矛盾"之处的认知策略(p.111)。同样重要的是,区分认知策略的产物和作为一种教学结果的、对策略本身的陈述。例如,如果给予足够的时间,大多数人都能记住一个包括 10 个项目的词表;但一些人能更快地记住这个词表并能保持更长时间。这可能是因为他们具有了更有效的编码策略的结果。已有研究证实(Rohwer,1975),促进学习的编码策略易被学生接受。

当学习者获得了一些新的方法来集中其注意力、对要学的材料进行编码,或提取先前习得的知识时,他们可能运用自己发现的新的认知策略。另外,可以通过直接向学生描述策略并随后进行练习而获得某些策略。一般来说,学生运用过去曾经起过作用的策略。对认知策略,我们使用的习得性能的动词是"采用"。也就是说,学生不仅要习得这一策略,而且还必须采用这一策略作为学习的一种方法:

〔情境〕给予有 10 个要被熟记的项目表,〔LCV〕采用〔对象〕关键词记忆术,不用其他机械帮助,在 30 秒内〔行动〕熟记该项目表,并且至少保持 49 小时。

请注意,这个目标并未向学生提供记忆术,而是暗含了学生会使用已知的技术而采用某一记忆术。学生真的能"创造"认知策略吗? 回答是肯定的。我们学会了许多自己没有意识到的认知策略,但如果我们像为学习技能教程设计教学那样,创设教学来教认知策略,那么学习目的应该是采用所教的策略。

言语信息

言语信息指能以多种形式回忆出来的信息(名称、事实、命题),又叫陈述性知识(Anderson,1985)。按加涅(Gagné,1985)的观点,应当区分言语连锁的学习和言语信息的学习。言语连锁是一种联想学习,在完整的连锁被重建之前,其中的各成分必须预先习得。个体可以学习极长的言语连锁并逐字逐句地回忆出来,但完全不理解这些词的意义。相反,言语信息学习的一个重要特征在于它是由语义上有意义的命题组成的。

与言语信息相联系的动词是"陈述"。我们将习得的性能的陈述与动作陈述区分开来,后者可用"写出"或者"口述"来表达。言语信息目标的一个例子是:

〔情境〕给予一个口头提问,〔限制〕在无参考材料的情况下通过〔行动〕"口述"或"写出",〔LCV〕陈述〔对象〕美国内战的三个起因。

学生有可能将美国内战的三个起因作为言语连锁来熟记,从而导致教师认为他们已掌握了上述目标吗? 答案是肯定的,而且许多学生这样做,因为教师没有要求他们按任何其他方式来呈现信息。但学生逐字逐句地回忆出一些事情这一事实并不一定说明这些事情是作为一套有意义的命题而储存在记忆中的。要修改这一目标,可以在原目标上加上"用你自己的话"这一条件。当要求学生以某些有意义的方式使用同样的信息时,我们便可证实学生进行的是有意义的学习。例如,学生可能学习过"仓鼠吃莴苣"。如果教师问:"仓鼠吃什么?"学生可能以记住的或机械的反应回答说"莴苣"。但如果换一个问题:"你拿什么喂仓鼠?"同样的回答却可以表明学生以有意义的方式获得了信息。

动作技能

一些行为要求以协调、精确的肌肉运动表现出来。这类行为表现的例子有后滚翻或屈体跳水这样的体育技能。而诸如散步或骑自行车这样的普通技能则较不明显。在纸上写字或使用钢笔也需要肌肉的协调运动,大多数教师发现,一些学生在此技能上比其他学生更熟练。与动作技能相联系的性能动词是"执行"。例如:

〔情境〕从一个游泳池的三米跳板上〔限制〕以流畅、连贯的动作〔行动〕跳水,〔限制〕垂直入水且溅的水花最小,以此来〔LCV〕执行屈体跳水。

注意动作的陈述"跳水"在这里是多余的,但只有一种方式可展示对跳水的执行。

研究下面的这个目标:"提供一个血压计,学生能执行给人测量血压的程序。"这是一个动作技能吗? 可能不是,因为学生已经具备所需的动作技能,在这里仅是运用一个程序而已(规则学习)。然而,"给一个皮下注射器,学生能执行一次静脉注射,找不到血管的概率不超过 5%"就是一个动作技能,因为这需要准确、及时及手眼协调。

态　度

态度被陈述为预期的选择行为。例如,一种行为的描述可以是:"如果机会出现,学生将作出投票的选择。"显然,"选择"的概念意味着,如果人们愿意,他们有权"不投票"。态度有包括情境在内的许多决定因素。比如,如果身体方便,一个人可能选择去投票;如果不方便,则选择不投票。作为一种学习结果,我们也许希望能确定出一种态度的改变来促进如下态度:"即使不方便也选择去投票"。

用以将态度目标归类的习得性能的动词是"选择"。可能成为教育计划关注焦点的一个典型的态度目标是:

〔情境〕当同伴在吸毒时,〔LCV〕选择〔行动〕拒绝〔对象〕别人提供的毒品。

马丁和布里格斯(Martin & Briggs, 1986)指出,许多认知行为都有情感成分。例如,数学运算是作为认知技能教授的,但我们希望学生作出如下选择,即感到数学知识很重要,是值得学习的(为某些原因而不是为了分数)。如果设计者们试图确定这种认知行为中的态度成分,他们将可能注意到认知技能呈现的情境,努力使新习得的技能对学生有意义(与学生有关),并尽可能多地在学习情境中安排强化。

目标陈述与行为表现的标准

陈述表现性目标的一些体系(Mager,1975)要求在目标中包含行为表现的标准。在五成分体系中,我们认为标准的陈述是具有选择性的,因为它需要在后面的整个评价计划中得到考虑(第十三章)。但是,如果给定任务的行为表现标准在陈述目标时就已经知晓,那么标准的陈述就可归入"工具、限制与特殊条件"这一类别中而成为目标的一部分。有一个如下的目标是完全可接受的:

给予 3 页手写稿,执行在 20 分钟内打完手写稿的任务,且错误少于 6 个。

目 标 举 例

刚开始学习目标陈述的五成分模式的学习者首先产生的一个问题是:"把五个成分都予以说明,真的可行吗?"我们的回答是:陈述目标的目的是为了清晰地表达意图。如果你不需五成分就能表达清楚,那就不必用五成分。例如,"陈述美国 50 个州及其首府的名称",这看似一个非常明确的陈述,所包括的只是习得的性能动词和对象。这一目标陈述并没有什么错误,但它留下了一些有多种解释的成分。以下的例子表明,如何将五成分模式运用于许多不同的学科领域以使模糊陈述的目标更明确。

科学教学中的例子

假设教学设计者以书面形式形成了一个教程要实现的目的。如果是科学课,那么可以考虑下面的目的。它们摘自"交叉科学课程研究"(Intermediate Science Curriculum Study,1973)为初中科学教学制定的一系列目标。

1. 理解电路的概念。

2. 知道"公制"在科学上的主要优点是其单位的 10 进关系。

3. 个人承担将设备放回其储藏地的责任。

第一个目标——电路的概念

目标1是一个相当直截了当的教学目的。教学设计者要问的第一个问题是："这里我所期待的是何种性能?"所谓"理解"某事物,是指"陈述电路是什么"吗? 不,这将难以令人信服,因为这仅仅表明学生已经获得一些他能重复的或许是用他自己的话陈述的言语信息。那我的意思是指"当给出两个或更多的例子时,能区分电路与非电路"吗? 不,在这种情况下我不能确定学生是否具备我所希望的理解,因为他也许只能从所呈现的例子中找到电线开口的线索,然后在此基础上作出反应。事实上我要学生做的是向我展示他能在一个或多个具体情境中"运用一个规则接通一个电路"。要学的规则必须与电流的流动有关——从电源开始,通过一系列连接的导体,然后回到电源。可以要求学生在一个或更多的情境中展示这种行为表现。上述推理产生了如下的集中了几个必要成分的目标陈述:

〔情境〕给予电池、灯泡和插座以及几根电线,〔行动〕用电线连接电池和插座,〔限制〕检测灯泡是否发亮,以此〔LVC〕演示〔对象〕电路的制作。

第二个目标——知道有关公制的含义

目标2中的目的陈述意味着要学习一些言语信息。同样,教学设计者要问的第一个问题是:"'知道'关于公制这个事实意味着什么? 什么将使我确信学生'知道'了?"在这个例子中,设计者可能容易得出这样的结论:"知道"意味着能陈述公制的特定事实。因此,将所需要的性能确定为言语信息是相当直接的。所以,最终的目标可陈述如下:

〔情境〕给出问题:"公制的单位对科学工作有哪些主要优点?"〔限制〕用自己的话〔行动〕写出以〔LVC〕陈述〔对象〕各单位间的十进关系。

第三个目标——承担爱护设备的责任

在考虑目标3的教学目的时,设计者会立刻意识到,它并非关注学生是否能将设备放回原处,而是关注他们是否在所有场合都倾向于这样去做。"责任"这个词表明学生的行为在任何时候都可能发生,并非是任何具体指令或要求的结果。设计者必须问:"什么能使我确信学生正在'担负这种责任'?"这个问题的答案表明该例中的目标与个体的行为选择有关,换句话说,就是与态度有关。因此,陈述该目标的标准方法如下:

〔情境〕给出实验室活动结束或终止的场合,通过〔行动〕将设备归还原处,以示〔LVC〕选择〔对象〕归还。

英文文学的例子

陈述目标的方法的第二个例子来自一个假设的英文文学教程。假定这样的一个教程中的一组课有以下目的：

1. 识别《哈姆雷特》中的主要角色；

2. 理解哈姆雷特的独白"to be, or not to be"（生存还是死亡）；

3. 能认识比喻手法。

第一个目标——识别《哈姆雷特》中的主要角色

按照我们的模式，目标1涉及使用定义来分类。在这个例子中要求学生将《哈姆雷特》中的各角色按他们在剧情中的作用来分类。我们设想在大多数情况下，通过言语陈述的方式来完成这个任务是令人信服的。比如，学生通过将克劳蒂斯解释为"丹麦的国王，哈姆雷特的叔叔，被哈姆雷特怀疑为杀父的凶手"，便回答了"谁是克劳蒂斯"这个问题。该目标可陈述如下：

> 〔情境〕给予有关《哈姆雷特》的角色的口头提问（如"谁是克劳蒂斯"），通过界定他们与情节的关系，将〔对象〕各角色〔LVC〕分类。

第二个目标——理解哈姆雷特的独白

目标2具有一个更有趣而且可能更重要的教学目的。教学设计者需要问："我怎样才能知道学生是否理解了这段独白？"在各种可能的情况下，这个问题的答案可能是："请学生用能简化或解释其意义的话表达这段独白的思想。"（例如，把"to be, or not to be"解释为"生存还是死亡"。）要完成这样一个任务，学生必须用大量智慧技能来解决一系列的问题，如使用同义字的规则、界定的规则以及比喻的概念。总之，要求学生生成"独白"的释义。因此，它是一个问题解决任务，或者更准确地说是一整套问题，其中必须运用下位规则来生成高级规则。当然，这些规则不能准确地予以界定，因为我们无法确切知道学生是如何解决每一个问题的。

作为分析的结果，目标可陈述如下：

> 〔情境〕提供指导语要求用简单的话解释哈姆雷特的独白"to be, or not to be"的含义，〔行动〕以书面形式〔LVC〕生成〔对象〕对独白的解释。

第三个目标——认识比喻的修辞手法

即使在目标3本身的表达中，我们也能看出它表示的目的多少不如目标2那么复杂。同样很明显，如果学生能生成对独白的解释，那么他们必须能觉察到如"螳臂挡车"这样的短语的喻义。因此,在这个较简单的目标中,教学设计者的问题是:"什么将使我确信学生能认识比喻的修辞手法?"显然,比喻是个概念,而且它不是某些可被指出的东西,所以它必然是一个定义性概念。所期待的学生的行为表现将是"按定义将比喻归类"。

最终的目标可以陈述如下:

〔情境〕给出一组短语,其中一些是比喻而另一些不是,通过〔行动〕挑选出那些符合定义的短语,丢弃不符合的短语,将〔对象〕比喻进行〔LVC〕分类。

这个教学目的的一个替代目标(可能是更好的)是:

〔情境〕给出一个包含了动词分词和客体的短语(如"抵制腐败"),〔行动〕选择一个符合定义的例子(如"建立反腐败的壁垒"),将〔对象〕比喻〔LVC〕分类。

社会学科的例子

初中社会学科的一门教程可能有以下目的:

1. 知道国会参众两院成员的任期;

2. 解释表明农产品增长的条形图;

3. 运用有关最高法院的"司法复审"过程的知识。

第一个目标——国会议员的任期

这个例子的预期结果是信息。当然,它是相当简单的信息。作为目标,此目的可陈述如下:

〔情境〕给出问题:"国会参众两院议员的任期有多长?"〔行动〕口头〔LVC〕陈述〔对象〕参众两院议员的任期。

第二个目标——解释条形图

社会学科的一类重要目标常常是智慧技能。例如,解释图表是一种"运用规则"的技能。我们可能要学习好几种这样逐渐复杂的技能。因此,要特别注意对情境的描述。较复杂的图表可能需要几种智慧技能或其组合。该目标可通过下面的例子来说明:

〔情境〕给出一张 1950～1960 年间棉花年产量的条形图,〔行动〕核对适当的条形,〔LVC〕演示〔对象〕找到的年平均产量。

第三个目标——运用"司法复审"的知识

这个目的的陈述有点模糊。最佳的解释可能是解决与最高司法复审有关的问题,并通过这样做来展示有关知识。这样一个目标可按下列方式陈述：

〔情境〕给出对杜撰的国会法案是否合乎宪法的问题的陈述，并参照有关的宪法原则，〔行动〕以书面形式〔LVC〕生成〔对象〕一个司法意见。

在教学设计中运用目标

当教学目标按这里所描述的方式来界定时，它们就揭示了教学过程的精细性质。这接下来又反映了所要学习的内容的精细特征。一个教程的单个课题可能有许多目标，每一节课也可能有好几个目标。教学设计者在开发课题、教程或课程时如何使用这些目标？教师又如何使用这些目标？作为单节课设计者的教师能利用冗长的目标列表吗？可以指出，所有年级的各类科目都有这样的目标列表可以利用。

目标与教学

教学设计者或设计团体都需要描述作为每一节课的一部分的目标。通常，一节课有好几个不同的目标。每个目标都可用来回答这样的问题："这个目标代表的是哪种学习结果类型？"所决定的学习结果类型与那些表示习得性能的主要动词相对应。也就是说，目标可以表示言语信息、智慧技能的一种亚类、认知策略、态度或者动作技能。如果确定了一节课的目标类型，设计者将能就以下问题作出决定：

1. 课的目的是否被充分地表达；

2. 是否适当地权衡过这节课的预期结果；

3. 怎样进行课的教学；

4. 怎样对学习进行评价。

目标的权衡

每节课确立的目标可能表达几种不同的学习结果类型。有可能确立一个主要目标——如果没有它，这节课似乎是不值得的。但肯定还有其他一些目标必须先于预期目标而被习得。这样，以智慧技能为主要目标的课可能需要其他几类目标如认知策略、信息或态度的支持。比如，一节课的主要目标是如下的智慧技能："演示金属氧化反应的化学方程式"，但我们还期望应包括如下一些目标：有关常见金属氧化物的信息以及对化学的喜好态度。在课的设计中如何反映这些目标是后面几章的主题。但首先要看到的是,已实现了预期结果的合理权衡。

设计教学

显然,对构成课题或教程的课进行系统设计将导致开发出庞大的目标陈述的集合。这个集合会随着课的开发及被组合成课题而扩大。通过参考这些较大的教学单元,我们可以确定这些课题或教程的最初意图与这些目标的一致性,还可以对它们的权重作出判断。就单节课来说,将目标归入习得的各类性能可使这些决定成为可能。

教师对单节课的设计也要利用个别目标的陈述及其代表的性能类型。教师可以利用的教材(课本、手册等)可能直接鉴别了课的目标。对教师来说,更经常要做的是:(1) 推论目标是什么;(2) 设计单节课,使课本上表达的目标得到其他目标的补充。为了能有效地设计教学,需要确定预期学习结果的类型,这对教师和设计团体来说同样重要。为了第二天的课,教师需要决定如何最有效地上好这节课以及如何将这节课与先前的学习联系起来。

目标和评价

很幸运,按系统设计发展而来的个别目标的系列还有第二种用途。正如我们已经说过的,目标描述必须能使我们通过观察证实预期的学习已经发生。因此,目标的陈述对评价学生的学习有直接启示(见第十三章)。教师可以利用目标陈述来设计一些情境以观察学生的行为表现。这样做可以证实特定的学习结果确实已经发生。请看下面的目标:"给出一张美国地形图及关于盛行风的信息,通过在相应位置上画出阴影来演示高降雨量区的位置"(应用规则),这个陈述多少直接描述了教师能用来证实预期的学习已经发生的情境。我们可以给一个或一组学生提供地形图及盛行风的信息,然后请他们完成这个任务。其行为表现的最终记录将用于评价他们对有关规则的学习。

同样,目标陈述也可以作为教师开发自编测验的基础。只要教师认为合适,这些测验接下来又可以被正式地用于评价学生的学业成绩。此外,当学生单独学习或自学时,可将这些测验用于自测。

本章所描述的各类目标构成了一个分类系统,它可用来设计多种测评工具和测验。这与布卢姆(Bloom，1956)的著作及克拉斯沃尔、布卢姆和马西亚(Krathwhol，Bloom，& Masia，1964)的著作中描述的目标分类系统并不是不相容的，但多少有些不同。将后一种分类系统应用于测验和其他评价技术的设计，布卢姆、黑斯廷斯和马道斯(Bloom，Hastings，& Madaus，1971)在他们编写的书中，结合许多学科领域的例子作了说明。这本著作详细描述了针对学校大部分课程设计评价的方法。至于建立在本章学习结果类型基础上的测验及测验项目的开发，我们将在第十三章作进一步探讨。

总　　结

表现性目标的鉴别和界定是教学设计中很重要的一个步骤，目标能指导我们开发教学，并且有助于设计出各种对学生的行为表现进行测量的工具从而确定是否实现了教程的目标。

最初，教学的宗旨常被表示为教程的一套目的。通过界定表现性目标的过程，这些目的被进一步精确化并转化为可操作的术语。它们描述了预期的教学结果，并成为按预期结果评价教学成功与否的基础。当然，我们承认，后来观察时常会出现一些我们没有预期到的结果，这些结果可以是我们想要的，也可以是我们不想要的。

本章对表现性目标的陈述提出了一个五成分的指导。这五个成分是：

1. 情境；
2. 习得的性能；
3. 对象；
4. 行动；
5. 工具和限制。

我们用例子说明了在不同的学科中如何应用这些成分使目标陈述明确化。所选用的例子还说明了各类习得性能的目标。

为了描述由可观察的行为推论出来的习得的性能，同时为了描述行为表现本身的性质，我们在选择适当的行动动词时要非常小心。表 7.1 呈现了习得的性能动词和行动动词样例的一览表。

按不同类型的习得性能描述的各种表现性目标在本书提出的教学设计方法中起

着重要作用。每类目标的精确表述为学习结果的明确表达提供了技术基础。教师、学生和家长可能都需要在不同形式的目标交流中传达大致共同的意义。同时，如我们在第十三章指出的，清晰界定的目标将共同的意义与编制评价学生表现的测验联系了起来。

参考文献

Anderson, J. R. (1985). *Cognitive psychology and its implications* (2nd ed.). New York: Freeman.

Bloom, B. S. (Ed.) (1956). *Taxonomy of educational objectives. Handbook 1: Cognitive domain*. New York: McKay.

Bloom, B. S., Hastings, J. T., & Madaus, G. F. (Eds.). (1971). *Handbook of formative and summative evaluation of student learning*. New York: McGraw-Hill.

Bruner, J. S. (1971). *The relevance of education*. New York: Norton.

Gagné, R. M. (1985). *The conditions of learning* (4th ed.). New York: Holt, Rinehart and Winston.

Intermediate Science Curriculum Study (1973). *Individualizing objective testing*. Tallahassee, FL: ISCS, Florida State University.

Krathwhol D. R., Bloom, B. S., & Masia, B. B. (1964). *Taxonomy of educational objectives*. Handbook Ⅱ: Affective domain. New York: McKay.

Mager, R. F. (1975). *Preparing objectives for instruction* (2nd ed.). Belmont CA: Fearon.

Martin, B., & Briggs, L. J. (1986). *The affective and cognitive domains: Integration for instruction and research*. Englewood Cliffs, NJ: Educational Technology Publications.

Popham, W. J., & Baker, E. L. (1970). *Establishing instructional goals*. Englewood Cliffs, NJ: Prentice Hall.

Rohwer, W. D., Jr. (1975). Elaboration and learning in childhood and adolescence. In H. W. Reese (Ed.), *Advances in child development and behavior* (Vol. 8). New York: Academic Press.

Wilson, B. (1997). Reflections on constructivism and instructional design. In C. R. Dills & A. J. Romiszowski (Eds.), *Instructional design paradigms*. Englewood Cliffs, NJ: Educational Technology Publications.

第八章　学习任务分析

教学设计通常始于教程目的的识别与学习目标的任务分析。教学设计者最初提出的问题并非是"学生要学什么",而是"学生学完后将知道什么或会做什么"。本章讨论两种分析程序:(1)信息加工分析;(2)学习任务分析,这两种分析能产生设计和确定教学的条件所需的系统信息。两种分析都始于对教程目的的调查以及学习目标的开发。

本章我们描述教学设计中包括的两类目标:(1)在教程的学习结束时达到的目标(终点目标);(2)在教程的学习过程中达到的目标(使能目标)。使能目标可以是终点目标的先决条件,也可以是终点目标的支持性条件(促进其他目标的学习)。我们首先描述怎样确定终点目标,然后描述一个确定使能目标的"自上而下"的程序。

本章最后讨论了加涅与梅里尔(Gagné & Merrill,1990)共同提出的教学设计的要求,这一要求指出,在课与教程中出现的多种整合的目标基础上来确定学习目的。加涅与梅里尔认为,可以从人们所从事的更全面的活动(称作事业)角度来看待多种目标的整合。

任务分析的范围

在进行教学任务分析时应考虑任务的范围。任务分析是与教程(一般涵盖许多技能)有关,还是与单课(一般集中于某一特定技能)有关? 虽然这两者的任务分析过程一样,但分析的范围和步骤的数量明显不同。

分析一个教程,开始时必须确定该教程的目的。在这一阶段,没有必要列出具体的五成分目标;但许多同样的原则却适用:

1. 根据教学后学生是什么样而不是在教程中学生将做什么来陈述教程的目的。例如,"给学习者提供运用化学仪器进行滴定的经验"这一陈述描述的是学生在教程中将做什么,而非他将学什么。滴定经验的最终目的是什么? 一个合适的教程结果可能是"利用滴定能确定一种未知物质的浓度"。

2. 在陈述课程目的时,应避免一种倾向,即确定过于长远的目的。我们应该按预期的当前教学结果来陈述目的。例如,我们不说"为社会创造新的有用的化合物",而是更现实地将其陈述为"理解化合物如何通过化学反应而形成"。毕生的目的并没有什么不妥,但它可能不会因单个教程而实现。

总而言之,开始教程任务分析的一个好的方式是确定教程的目的。可接受的教程目的的例子如下:

1. 理解教学设计过程;

2. 会使用自己选择的一种乐器;

3. 阅读并欣赏短篇故事;

4. 创作一个电影剧本。

正如第七章指出的,教程目的可被转换为更具体的学习结果陈述,如:

1. 演示如何应用教学设计模型来开发教学模块;

2. 在管弦乐队中执行一篇乐谱的演奏;

3. 选择阅读并报告所阅读的短篇故事;

4. 为某短篇故事的电影剧本生成一个纲要、情节串连图板和脚本。

这些例子表明,对于教程目的,甚至原来只是泛泛陈述的目的,如何根据结果类型加以分类,并根据预期的学习表现而使其更具体化。

任务分析的类型

任务分析有两种主要类型。第一类通常称为"程序任务分析",有时也叫"信息加工分析"。第二类叫"学习任务分析"。

程序任务分析

程序任务分析描述了完成某一任务(如换车胎)的步骤。图 8-1 表示的是用不定代词造句的程序任务分析的具体例子。

　　程序任务分析将任务分解为学习者完成任务而必须执行的步骤。请注意图 8-1 中既有可观察的步骤（写出不定代词），也有心理步骤（回忆动词并决定是用单数形式还是复数形式）。这一分析不只包括能被观察的行为，还说明了整个任务构成成分的智慧技能。这就解释了这种分析方法又名"信息加工分析"的原因。

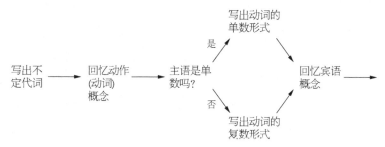

图 8-1　用不定代词做主语造句的步骤

　　在选择与行动之间的区分意味着，不只是需要鉴别出一系列步骤；还需要区分步骤的不同类型。这样，如图 8-2 那样的流程图是较为传统的。

　　虽然这种流程图的惯用形式不同，但我们常用梯形框表示"输入"，矩形框表示"动作"，菱形框表示"选择"或"决策"。

　　图 8-3 呈现了信息加工分析的另一个例子，表示的是两位数减法的任务。雷斯尼克和格林诺（Resnick & Greeno，1976）描绘了大量其他有关数学学习任务的信息加工图。雷斯尼克和贝克（1977）对阅读做了分析，其中包括解码和理解的技能。梅里尔（Merrill，1971）将这种分析应用于描述核算支票的任务。在乔纳森（Jonassen，D. H.）、汉纳姆（Hannum，W. H.）和特斯默（Tessmer，M.）（1989）的著作中可以找到对这种及其他任务分

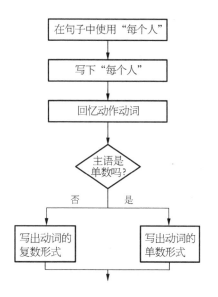

图 8-2　适用于终点目标——用代词"每个人"做主语造句——的流程图的起始部分

析技术的更完整的讨论。

信息加工分析的用途

信息加工分析揭示两种主要信息。第一,它提供了对终点目标的清晰描述,包括程序中所涉及的步骤。例如,加涅(Gagné,1977)曾描述了减法的运算,揭示其按序排列的步骤[①]。这样的描述较之"给予两个数,演示减法过程"这样的目标陈述来说,向我们传递了更多的信息。教学设计者通过开发流程图可以确定行为表现的顺序。

信息加工分析的第二个用途是揭示了可能并不明显的个别步骤。这对于内在加工而非外显展示的决策步骤来说,尤为正确。例如,加涅的两位数减法信息加工分析模型中,菱形框所表示的决策意味着学习者必须能够区分两个数字的大小,这样才能执行减法任务。这是一个特殊技能,如果学生还未获得这个技能,那就必须得获得。它成了组成两位数减法任务的终点目标之一。

信息加工分析完成之后,我们可将成分技能陈述为五成分目标。这些成分技能变成了某节课或某些课的终点目标。陈述五成分目标要求教学设计者按学习结果类型将终点技能归类。这使我们能进行第二种任务分析,即学习任务分析。

学习任务分析

一旦终点目标确定,就可以用另一种分析来确定先决能力或使能技能。在教学设计中,终点目标和使能目标都需要考虑。

从最一般意义上说,先决条件(prerequisite,又译前提条件)是在终点目标学习之前学习的一项任务,它能"促进"学习或使学习成为可能。一项任务,可以是具体某一节课的终点目标,同时也可是随后一节课的使能目标,因为它是后来那节课要学习的任务的先决条件。例如,终点目标"求某矩形地面的对角线长度"有如下先决条件:(1)量出矩形各边的长度;(2)运用规则计算直角三角形的斜边。这两种"使能"性能可能在教授该终点目标(求斜边长度)的这节课之前几年就已习得,也可能在这节课之前不久甚至在这节课上习得。

[①] 两位数减法的信息加工分析模型请参见 R. M. Gagné. Analysis of objective. In L. J. Briggs (Ed.), *Instructional design*. Copyright © 1977 by ETP.

先决条件的类型

先决目标可分为两类：必要性的先决条件和支持性的先决条件。

通过写德语的句子时为名词"加上定冠词"这项任务，我们可以看到关于必要性的先决条件的例子。在获得这样一种性能时，学生必须先学习如下任务：(1) 鉴别"性别"；(2) 鉴别"数"（单数或复数）；(3) 运用格的语法规则。这些性能可以通过正规的教学习得，或者以偶然的方式通过接触语言而习得。以偶然方式进行的学习与教学的系统设计无关。有关的是作为运用定冠词这一总体技能一部分的"下位"性能。这意味着它们是必要性的先决条件，而不只是有帮助的或支持性的。如果要学习"加上定冠词"这个总体任务并正确地完成它，就必须得学习这些部分技能。

但先决条件可能只是具有支持性。先决条件通过使新学习更容易或更快进行而促进新的学习。例如，通过让学生在网上与德国笔友交流，可以让他们形成一种积极学习造出正确德语句子的态度。

这样的态度有可能帮助学习者学习外语。这种态度对学习起到支持作用，但不是必要的先决条件。如果学习者事先习得了记忆德语名词性别的认知策略，如把新遇见的名词与一视觉表象相联系，那么这样的策略也是支持性的先决条件，因为它使学习变得更容易、更迅速。

对每一类任务（由任务分类确定的）来说，可以鉴别出十分不同的必要性的先决条件和支持性的先决条件。对教学设计而言，记住这些不同之处是很重要的。这是我们在努力鉴别先决条件之前对任务进行分类并确定类型的主要原因之一。下面我们对先决条件的讨论将先从必要性的先决条件开始，然后转而描述支持性的先决条件。

学习智慧技能的先决条件

同其他学习类型一样，智慧技能受必要性的先决条件与支持性的先决条件两者的影响，不过，必要性的先决条件更直接地涉入其中。

智慧技能的必要性先决条件

正如前面第四章指出的，智慧技能是具有层次性的，问题解决处在最高层次上，要求以规则为前提，而规则又由定义性概念和具体概念组成，后两者又需要以辨别为前提。表示智慧技能的终点目标通常由两个或更多的下位技能和较简单的技能组成。较简单的技能是学习终点技能的先决条件。这是因为，在目标被"组合"之前，必须先习得这些技能。虽然先决条件的学习通常是在学习目标之前不久进行的，但也可能较早地出现。

加涅(1977)提供了一个说明必要性先决条件意义的例子——整数减法的任务。这样一个任务可用如下问题来表述：

$$\text{(a) } 473 \qquad \text{(b) } 2\,132 \qquad \text{(c) } 953 \qquad \text{(d) } 7\,204$$
$$\underline{-342} \qquad \underline{-1\,715} \qquad \underline{-676} \qquad \underline{-5\,168}$$

减法运算中常用的方法是退位。上述四个例子说明了整数减法技能中包含的四个先决技能(规则)。例(a)最简单，是不退位的多位数减法。例(b)是不连续多次退位的减法。例(c)是"连续多次退位减法"：右边第一列必须进行退位，这样13能被6减；接下来的一列再次退位，这样14能被7减。例(d)是在被减数位数上有"0"情况下要求使用退位的规则。

这里每一个先决技能都代表了整数减法这个总体技能中的一个规则。没有下位技能的事先学习，例(d)中的任务不能在任何完整的意义上学习。这就是为什么将它们称为必要性的先决条件的原因。

通过细查本章较早描述的信息加工分析的结果，我们可以找到智慧技能先决条件的其他例子。减法的分析包括与例(a)相似的退位技能。当目标是用"每个人"作主语造句时，那么图8-2所示的必要性先决条件是：(1)确定表示行为的动词的名称；(2)运用规则确定动词的单复数。

先决技能的层次

虽然学习任务分析通常与终点技能的先决条件有关，但这种分析也可应用于使能技能，因为这些技能本身也有先决条件。因此，我们可能要不断进行学习任务分析，直到某一技能被认为是非常简单的(可能所有的学生都知道)为止。

当我们对一个终点技能进行连续的学习任务分析以揭示其较简单的成分时，其结果是一个学习层次(Gagné,1985)。该结果可用一张图来表示，图中包含一些方框，方框中的内容就是不断识别出来的下位技能(即必要性的先决技能)。图8-3是终点目标"整数减法"的学习层次的例子。在分析的第一层，这个学习层次包括减法的四个先决技能,如我们刚才描述的,在图中以编号 7、8、9、10 表示。从这一层的第 10、9、8、7 号技能往下,分析确定了更简单的技能 6:"只有一列需要一次退位的减法。"技能 6 是更复杂的退位技能(8、9 和 10)的必要性先决条件。对技能 6 还可进一步分析,从而揭示出方框中标志为 4 和 5 的技能的先决条件。这一过程可以持续到简单的减法"事实"这一层(1)。

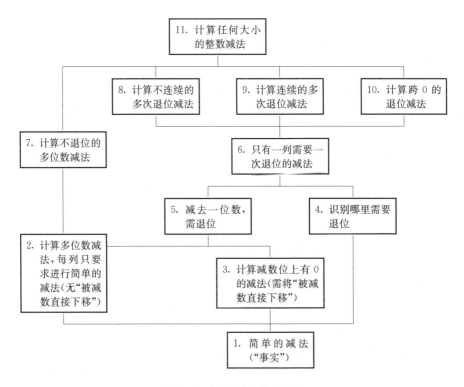

图 8-3　整数减法的学习层次

学习层次显示了一个逐渐简单的智慧技能模式。对给定的终点目标(它也是智慧技能)来说,这些技能是使能目标,而且它们也由其他下位技能构成。在着重于智慧技能的教学设计中,最重要的使能技能是紧邻该智慧技能的先决条件。学习任务分析最重要的部分在于学习层次中任何两个相邻的层次。之所以要准备一个充分展开的学习层次,在几种水平上显示使能技能的完整模式,主要是因为这样一个学习层次可以指导教学顺序的设计(Cook & Walbesser,1973)并能帮助师生计划教学任务。

对智慧技能进行学习任务分析

对智慧技能的分析是从终点技能开始,"逆向"或"自上而下"进行的。分析的意图是揭示构成终点目标的较简单的部分技能。在分析的第一层次,由信息加工分析得到的构成步骤通常是与由学习任务分析揭示的部分技能相对应的。但我们应仔细认识到按顺序排列的步骤和下位技能之间的差异。按顺序排列的步骤是个体在执行任务时所做的(已习得的性能),而下位技能是个体必须从最简单的技能开始依次学习的。

对任何给定的智慧技能,通过问如下问题,可以确定其下位技能:"为了学习这一技能,学习者应具备哪个或哪些较简单的技能?"(Gagné,1985)一旦确定了第一组下位(使能)技能,就可以重复这个过程,对每一个下位技能提同样的问题。这样产生的下位技能就变得越来越简单。通常,适应学生特点的知识,层次最低水平的技能学生已经知晓,并不需要学习,这时分析过程可以停止。这一停止点因学生的教育背景不同而变化。例如,对以前没有习得母语语法规则的学生来说,其学习外语语法规则的层次将有更多。

智慧技能的支持性先决条件

多种学习在作为先前的基础时,可能对智慧技能的获得具有支持性。这意味着先前习得的性能对终点技能的学习虽然不是必要的,但确实是有帮助的。

例如,言语信息常有助于学生获得智慧技能,这大概是因为它促进了教学中的言语交流。怀特(White,1974)的一个研究中有一些关于言语信息与智慧技能学习关系的好例子。怀特开发并验证了一个智慧技能的学习层次,该智慧技能是:"在一个将(某一物体的)位置和时间联系起来的曲线图上找出指定一点的速度。"在其最初的形式中,试验性的层次包括与信息有关的性能,如"说出位置—时间图的斜率是速度"和"用量角器上的单位表示斜率"。怀特的调查结果表明,虽然这些性能对智慧技能的学习可能有帮助,但并不是必要的。怀特和加涅(White & Gagné,1978)的一个研究进一步证实了信息具有支持性,这与必要的先决条件不同。

在教学设计过程中,考虑几种支持性的先决条件,有时是必需的。根据教学传输的方式不同,可以把这些支持性条件引入某节课,或者在某课题或某课程的有序过程中给它们留一席之地。智慧技能学习所需要的三个支持性先决条件可见如下描述。

信息作为支持性的先决条件

如上所述,言语信息只是通过促进交流而支持智慧技能。例如,规则学习中的概念采用了符号形式。言语信息的另一个可能的功能是为智慧技能的提取提供线索

(Gagné,1985)。通常,在学习智慧技能的同时也包括了相当多的信息。信息支持学习过程,关键是在教学设计过程中,不要将智慧技能与信息"混淆"起来。

认知策略作为支持性的先决条件

运用认知策略可以支持智慧技能的学习。例如,如果学习"正负整数相加"的学生已获得想象"数轴"的认知策略,那么就可以促进所要求的规则的学习。一般来说,认知策略可以加速智慧技能的学习,使它们更易于提取,并有助于迁移到新的问题中。

态度作为支持性的先决条件

积极的态度对智慧技能学习的支持效应得到广泛承认。有可能的是,学习者对某学科的态度影响了对该学科的学习、保持及运用的难易(Mager,1968)。在学生对某学科如数学的行为中,可以很容易地观察到态度与学习之间的关系。布卢姆(Bloom,1976)考察了"学生原有的情感特点"对学校学科成绩影响的有关证据。马丁和布里格斯(Martin & Briggs,1986)对文献的回顾表明,态度与认知技能的学习有很强的相关。

学习任务分析和其他学习类型

学习任务分析的基本原则也可适用于除智慧技能以外的学习,即认知策略、言语信息、态度、动作技能。分析的目的是相同的——识别出必要性的和支持性的先决条件。但将学习任务分析应用于这些学习类型的过程显然不同。例如,言语信息和态度这样的性能,不像智慧技能那样是将各从属部分组合起来而习得的,因而先决条件就倾向于是支持性的而不是必要性的。加涅(Gagné,1977)总结了由五类学习结果分析得到的必要性和支持性的先决条件[1]。

先决条件：认知策略

学习、记忆、思维的认知策略的先决条件是一些非常基本和简单的心理能力。例如,记住一系列项目的一种有效的认知策略是对每个项目生成一个不同的心理表象。这个例子中的必要性先决条件是形成视觉表象的能力,这一能力是非常基本的能力。

---

[1] 详情请参见 R. M. Gagné. Analysis of objectives. In L. J. Briggs (Ed.), *Instructional design*. Copyright © 1977 by ETP.

解复杂数学题的一个有效认知策略是将问题分解成几部分,然后寻找每部分的解决方法。其先决能力是将言语描述的问题情境分成几部分的能力。这也是一个相当简单的基本能力。

不管认知策略的必要性先决条件可能是什么,对于其在多大程度上依赖先天因素(随成熟而发展的因素)、多大程度上是后天习得的这一问题上存在着分歧。凯斯(Case,1978)和加涅(Gagné,1977)对这些问题进行了探讨。皮亚杰(Piaget,1970)的发展理论认为成熟因素起着重要作用。相反,加涅(Gagné,1985)提出起执行作用的认知策略(如按顺序组织事物)是对习得的智慧技能的概括。但有趣的是,如果从智慧发展的观点来看,两个过程(成熟或学习)都要经过相当长的一段时间才能对认知策略产生影响。

认知策略学习的支持性的先决条件包括一些智慧技能,这些技能对学习者学习具体材料或解决具体问题可能有用。有关的言语信息也起着支持的作用。如同学习其他各类性能一样,喜欢学习的态度可能也是有益的。

先决条件: 言语信息

要学习和贮存言语信息,学生必须具有一些基本的语言技能。许多学习理论认为信息是以命题形式贮存和提取的。如果这是事实,那么学生必须具备根据句法规则形成命题(句子)的必要性先决技能。这些技能可能在生命的早期就已习得。

当言语信息(不管是单个项目还是较长的段落)出现在一个较大的有意义的信息背景中时,似乎最易于习得和保持。这一背景可以是在获得新信息之前刚习得的,也可以是在很久以前习得的。在第五章,我们曾将有意义的背景描述为学习的条件,并将其归入言语信息学习的支持性先决条件。

态度支持言语信息的学习,正像它们支持其他类型的学习一样。研究者已经发现了许多不同的认知策略支持词语系列学习的例子(参见 Gagné,1985;Rohwer,1970)。具体的策略还有助于文章段落的保持,如记住教科书中一章的概要(Palincsar & Brown,1984)。

先决条件: 态度

要获得特定的态度,学生需要事先习得特定的智慧技能或言语信息。在这一意义上,习得的性能是态度学习的必要性先决条件。例如,要获得"相信袋装食品的标签"这一积极态度,学习者可能需要具备(1)理解标签上的说明所需的智慧技能;(2)关于食品成分的各种言语信息。

在加涅看来,各种态度彼此之间可能存在相互支持的关系,或者一个态度可能支持另一个态度的习得。例如,对某政治候选人的偏爱较易使一个人也偏信该候选人所在党派的政治观点。在更一般的意义上,对人物榜样的尊重程度影响该榜样的态度被采用的可能性。

除了在某种特殊意义上发挥必要性作用外,言语信息对态度的建立还具有支持功能。有关个体行为选择所在情境的知识有助于促进态度的习得。例如,如果个体理解了能诱使他采取酒后不开车行为的社会情境(如同伴的压力),那么他可能较容易习得"酒后不开车"的态度。

先决条件:动作技能

如第五章所描述的,动作技能常常由好几个部分技能构成,当先个别练习部分技能,然后在整个技能的练习中将其组合起来时,这样的学习是有效的。在这种情况下,部分技能对整个技能的学习起到了必要性的先决条件的作用。

具有这种作用的另一个动作技能的成分是"执行子程序"(Fitts & Posner,1967),有时它是作为动作技能学习的最初步骤而习得的。例如,自由泳包括的执行子程序是选择手臂、腿、身体和头的运动顺序。即使在整个技能练习之前,游泳者也可以受到正确执行这一顺序的指导。加涅将这些子程序称为"程序性规则"。当在技能本身之前独立习得时,可以将这些子程序归入必要性的先决条件中。

对动作技能的学习及其可能产生的行为表现的积极态度通常是重要的支持性先决条件。

教学课程图

在智慧技能领域,我们通过指出技能之间的层次关系,即辨别是概念的先决条件,概念是规则的先决条件,规则是问题解决的先决条件,描述了技能的图解。图8-4用图解法显示了这些关系。

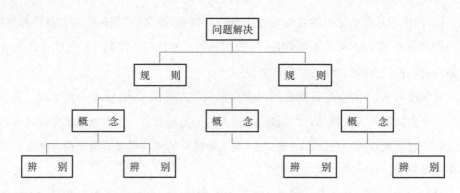

图8-4 智慧技能领域中目标间的层次关系

将来自不同领域的目标间的关系(如智慧技能和态度之间的关系)加以形象地表示更为困难。布里格斯和韦杰(Briggs & Wager,1981)描述了一个被称作"教学课程图"的系统来说明这些关系。教学课程图表示了各教学目标间的功能关系。它从确定终点智慧技能目标开始,然后提出如下问题:"与这一目标的获得有关的其他目标是什么?"(或者是必要的技能,或者是支持性先决条件)。在智慧技能中必要性先决条件的层次关系是以与图8-4中所示的相同方式来描绘的。图8-5说明了与终点目标相联系的支持性目标,对每个支持性目标,还指出了它们不是来自同一领域。

例如,在计算机技能教程中的终点智慧技能目标可能是:"学生将能演示Microsoft Word的使用(一种复杂的规则使用技能)。"相关的终点态度目标可能是:"学生选择使用计算机作为文字处理器来打印作业而不是手写。"学生将学习必要的智慧技能来应用这些技能,但仅有这些技能不足以形成态度。与使用文字处理器这一目的有关的支持性目标可能有帮助。这类支持性目标的例子如下:

1. 陈述文字处理器的不同功能,如编辑、拼写检查、语法检查、打印与保存;

2. 陈述使用文字处理器的优点——易于修改草稿,添加图表,文件的电子转移等;

3. 陈述打印的材料较之手写的材料的优点(干净、格式化、剪切和粘贴方便、图表)。

在学习使用文字处理器的智慧技能时,不需要上边所列的任何一个言语信息目标;也就是说,它们不是必要性的先决条件。但学生可能已经从学校里获悉了很多整洁呈现的作业的优点。图8-5用图解法指出,信息支持"使用计算机的态度"的形成。言语信息目标与态度目标之间的三角形说明的是如下的事实,即这是两个不同领域的交叉,并提醒设计者,完成终点目标可能需要不同的学习条件。三个言语信息目标彼此不是必要性的先决条件,但可以按上下文的(支持性的)顺序来教。来自同一领域的各目标间的关系用实线连接。

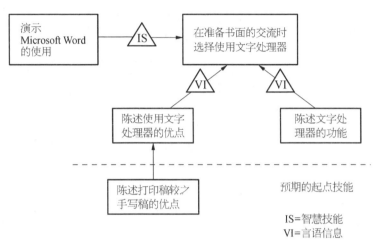

图8-5 表明言语信息目标对态度终点目标支持关系的教学课程图

图8-6显示了与该终点目标有关的最高水平的智慧技能即规则运用:"通过打字、编辑和打印文本来演示文字处理器的使用。"

这个目标作为必要性先决条件,在功能上与终点态度目标相关联。这一关系再次用图解表明,用连接线上包含的IS(智慧技能)符号说明这里存在领域的改变,意味着智慧技能在功能上与态度的获得有关联。

表示领域转变的三角符号鉴别出了来自有促进作用的领域的技能。在开发某些学习任务的教学顺序时,可能有好几次这样的领域改变。具体的符号并不重要。我们用内含Ⅵ的三角形表示言语信息,用内含IS的三角形表示智慧技能,用内含MS的三角形表示动作技能。重要的是应认识到领域的改变,因为这具有重要的设计含义。

"演示文字处理器的使用"这一目标是智慧技能,需要其他先决智慧技能,包括编辑器、自动换行、文件处理器、格式化及其他概念。与这些概念有关的目标也按层次的方式以图解法显示在图8-6中。

注意,打字的动作技能是使用文字处理器的先决条件。能够击键打字还是一种技能,有助于学习者利用文字处理器,但击键打字的技能对学习使用文字处理器来说,不

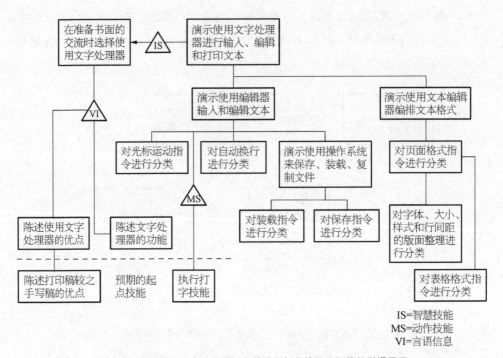

图8-6 表明使用文字处理器任务的使能智慧技能目标的教学课程图

是必要的。

当目标来自不同领域时,设计者要将目标彼此联系起来,教学课程图技术有助于设计者完成这一任务。它还让设计者看到教学中何时存在漏洞以及是否存在一些额外的、似乎与任何终点目标都无关的"朽木"目标。

下位技能和起点技能

术语"起点技能"和"下位目标"一般适用于描述与具体某节课有关的目标。例如,一节课可能有一个或多个终点目标。使能目标是与这些目标有关的下位目标。希望学生在课前就已具备的起点技能也是终点目标的下位目标。它们是必要性的或支持性的先决条件,但不会在课上教。在层次图和教学图中,虚线以下的那些技能表示的是起点技能,图8-7说明了这一点。以这种方式确定起点技能后,就有可能建构一个预备测验,看学生是否具备了学习这节课所必需的技能。

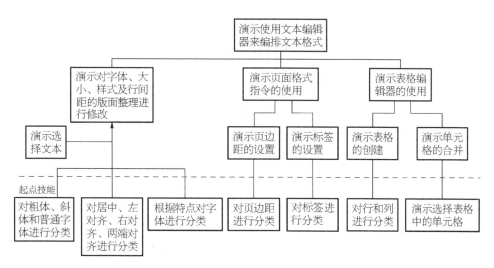

图8-7　使用文本编辑器这一任务的教学课程图(标明了起点技能)

整 合 的 目 的

加涅与梅里尔(Gagné & Merrill，1990)共同为教学设计提出了一个要求，即当学习目的发生在课和教程中时，基于多重整合的目标来确定学习目的。整合的目的被看作是合并了而不是取代了各种单一的教学结果类型(事实、概念、规则、策略)。加涅与梅里尔提出，应根据人们所从事的更全面的活动(他们称之为"事业")来看待多重目标的整合。事业的进行可能依赖于言语信息、智慧技能、认知策略的某些结合，所有这些都通过其涉及的共同目的而联系起来。根据事业的含义，动作技能与态度同样涉入其中。在事业图式是更复杂活动的组成部分这一意义上，事业图式是建立在一种或多种学习结果类型之上的。教学设计者需要识别出某一终点事业的目的及其成分技能与知识，然后设计教学以使学生能获得达到这一整合结果的性能。

加涅与梅里尔还提出，各种事业的不同整合目的在记忆中表征为不同类型的认知结构。每一种类型的事业在记忆中是由一个图式表征的，该图式反映了该事业类型的目的或意图，反映了参与该事业所需的各种知识与技能，反映了一种方案，该方案表明了事业何时及如何要求每条知识或技能。加涅和梅里尔(Gagné & Merrill，1990)归纳了表征这些目的的图式的一般形式①。

总　结

任务分析指几种不同的、相互联系的程序，执行这些程序是为了产生设计和确定教学条件所需的系统信息。本章描述的两种程序是信息加工分析和学习任务分析。这两类分析都是从课或教程的终点目标开始的。

信息加工分析描述了学习者在执行他们的学习任务时所采取的步骤。这些步骤包括：(1) 输入信息；(2) 行动；(3) 决策。特别重要的是，这种分析一般都揭示了心理运作过程，它包含于行为表现之中，但不能像外显行为那样被直接观察到。行为表现中的各种步骤可一起表示在流程图中。这种分析的结果展示了(或暗含了)一些性能，这些性能是终点目标的行为表现的构成成分，必须得习得。

这些成分本身也是教学目标，叫做"使能目标"，它们支持终点目标的学习。此外，也需要对它们进行进一步分析(以学习任务分析的形式)以揭示其他使能目标。

任务分类的目的是为设计有效教学所必需的学习条件提供依据。教学的目标被分为智慧技能、认知策略、言语信息、态度或动作技能。正如前几章指出的，每类教学目标在学习所需的条件方面有不同含义，这些含义可以融合到教学的设计中。

学习任务分析的目的是确定终点目标和使能目标的先决条件。区分了两种先决条件——必要性的和支持性的。必要性先决条件是所习得性能的组成成分，因而其学习必须事先进行。其他的先决条件使某个性能的学习更容易或更迅速，从这个意义上说，它们可能是支持性的。

在复杂技能逐步被分解成较简单的技能这一意义上，智慧技能类型的终点目标可以分析为先决条件的连续水平。这类分析的结果是学习的层次，它是安排教学顺序的基础。其他类学习目标的先决条件不形成学习层次，因为它们的先决条件不以智慧技能的形式而相互联系。

对特殊类型的终点目标来说，可以识别出一些支持性的先决条件。例如，与任务

---

① 事业图式的一般形式请参见 Gagné & Merrill (1990). Integrative Goals for Instructional Design. *Educational Technology Research and Development*，38(1)，23-30.

相关的信息通常支持智慧技能的学习。对课或教程目标的积极态度也是支持学习的一个重要来源。注意、学习、记忆的认知策略可被学习者用来支持这些过程。通过使用教学课程图可以将这些支持性的关系图示出来。

针对一个以上的目标安排教学可能只是一个设计教学程序以确定先后次序的问题。这在主要由智慧技能构成的课题中尤为明显，在这些课题中，一节课（如简分数的加法）之后会接着一节假分数的课，随后又会跟着一节分数化简的课。但单一目标的课的线性顺序对多种目标的课来说可能不能令人满意，因为它不能帮助学习者习得各种成分目标之间的相互关系。相反，看来可能的是，这些目标的某些整合可被看作是表达联合目的的一种方式。这样的整合不会取代构成模块或教程目的的多重目标，但实际上将融合几种不同的目标。

当在模块、章节或教程这一更全面的意义上考虑教学时，可以很明显地看到多重目标经常出现。加涅与梅里尔（1990）提出，整合的目的在认知空间中由事业图式来表征，其核心的整合概念是整合性的目的。与整合目的相联系的是事业方案及各种言语知识、智慧技能、认知策略的项目，必须习得这些项目以支持所要求的行为表现。这些行为表现被组织在一个被称作事业的有目的的活动中。事业的例子有：操作一项设备、讲授某一科学主题、向某人进行求职咨询、就如何使用杂草切除机给予指导。表征了事业的目的并包括了与目的有关的知识技能的图式就是事业图式。

教学设计必须确定出获得事业图式的条件。除了作为构成要素的知识与技能外，该图式还包括了一个把这些技能与目的联系起来的陈述性知识的方案。这一方案意在提示学习者学习各种事实与技能的目的，即与要完成的事业的关系。从这些特征来看，事业图式被看作是一个在培训的迁移中有实质性积极影响的因素。

参考文献

Bloom, B. S. (1976). *Human characteristics and school learning*. New York: McGraw-Hill.

Briggs, L. J., & Wager, W. W. (1981). *Handbook of procedures for the design of instruction*. Englewood Cliffs, NJ: Educational Technology Publications.

Case, R. (1978). Piaget and beyond: Toward a developmentally based theory and technology of instruction. In R. Glaser (Ed.), *Advances in instructional psychology* (Vol. 1). Hillsdale,

NJ: Erlbaum.

Cook, J. M. , & Walbesser, H. H. (1973). *How to meet accountability*. College Park, MD: University of Maryland, Bureau of Educational Research and Field Services.

Fitts, P. M. , & Posner, M. I. (1967). *Human performance*. Monterey, CA: Brooks/Cole.

Gagné, R. M. (1977). Analysis of objectives. In L. J. Briggs (Ed.), *Instructional design*. Englewood Cliffs, NJ: Educational Technology Publications.

Gagné, R. M. (1985). *The conditions of learning* (4th ed.). New York: Holt, Rinehart and Winston.

Gagné, R, M. , & Merrill, M. D. (1990). Integrative goals for instructional design. *Educational Technology Research and Development*, *38*(1), 23 – 30.

Greeno, J. G. (1976). Cognitive objectives of instruction: Theory of knowledge for solving problems and answering questions. In D. Klahr (Ed.), *Cognition and instruction*. Hillsdale, NJ: Erlbaum.

Jonassen, D. H. , Hannum, W. H. , & Tessmer, M. (1989). *Handbook of task analysis procedures*. New York: Praeger.

Mager, R. F. (1968). *Developing attitude toward learning*. Belmont, CA: Fearon.

Martin, B. L. , & Briggs, L. J. (1986). *The affective and cognitive domains: Integration for instruction mid research*. Englewood Cliffs, NJ: Educational Technology Publications.

Merrill, P. F. (1971). *Task analysis: An information processing approach* (Technical Memo No. 27). Tallahassee, FL: Florida State University, CAI Center.

Palincsar, A. S. , & Brown, A. L. (1984). Reciprocal teaching of comprehension fostering and comprehension-monitoring activities. *Cognition and Instruction*, *1*, 117 – 175.

Piaget, J. (1970). Piaget's theory. In P. H. Mussen (Ed.), *Carmichael's manual of child psychology*. New York: Wiley.

Resnick, L. B. (1976). Task analysis in instructional design: Some cases from mathematics. In D. Klahr (Ed.), *Cognition and instruction*. Hillsdale, NJ: Erlbaum.

Resnick, L. B. , & Beck, I. L. (1977). Designing instruction in reading: Interaction of theory and practice. In J. T. Guthrie (Ed.), *Aspects of reading acquisition*. Baltimore, MD: Johns Hopkins Press.

Rohwer, W. D. , Jr. (1970). Images and pictures in children's learning. *Psychological Bulletin*, *73*, 393 – 403.

White, R. T. (1974). The validation of a learning hierarchy. *American Educational Research Journal*, *11*, 121 – 136.

White, R. T. , & Gagné, R. M. (1978). Formative evaluation applied to a learning hierarchy. *Contemporary Educational Psychology 3*, 87 – 94.

第九章　设计教学顺序

为实现学校教育目的的学习在一段时期内发生在多种场合。在学习某一具体性能之前要先学习先决性能，之后要学习更复杂的性能。我们一般将一整套性能的具体说明称之为课程或教程。

课程或教程要求我们确定目标的顺序。教育或培训机构的目的是在能促进有效学习的教程中建立顺序。最明显的顺序是由简单的技能（先决技能）到复杂的（终点）技能，其中，复杂的技能需要较长的时间才能获得。另一种排序原则就是根据学习内容的意义不断增加的程度来排列目标。我们从认知学习理论（Anderson，1985）了解到，学生的原有知识对他们今后学习的内容及速度是一个至关重要的决定因素。赖格卢思和斯坦（Reigeluth & Stein，1983）在其"教学的精加工理论"中从宏观水平对排序问题进行过阐述。精加工理论主张排序应该结构化，先给学生呈现要学习的概念、程序和原理的概要，然后再呈现该概要的精加工或扩展的内容。概念、程序及规则的组织是由简单到复杂，由一般到个别。

在课程和教程设计的多种水平上都能遇到排序问题，而且这些问题在各个水平之间各不相同。教学的有效顺序这一问题与教程的组织密切相关。本章描述了一种组织教程的程序，即自上而下、由一般的目标到更具体的目标，并利用了前几章描述过的学习类型间的功能关系。本章将讨论三种基本的教学顺序类型——层次顺序、以知识为基础的顺序和螺旋式顺序，最后讨论怎样整合多重不同的目标类型。

正如第八章论述的，一旦指定课程或教程的目标或目的确定了下来，接下来就要确定主要的教程单元，其中每个单元可能需要几周的时间来学习。在每个单元中，要确定每个单元学习结束时要达到的具体目标。最高水平的单元目标通常是教程目标的先决性能，因为这些单元目标一起使得教程所要求的行为表现成为可能。

对单元目标还要继续分析以确定支持性的或使能目标,这些目标被组织成课。最后,分析每一组课的目标以确定任何支持性的或使能目标。这一过程在起点技能确定出来时就结束了。起点技能是与将要教的目标有关的目标,而且默认学生已经具备。

通常,每节课都要进行排序以保证较低水平的目标最先教授。由于智慧技能的亚类之间存在层次关系,因而这一点对智慧技能来说尤为重要。对智慧技能之间的顺序关系要比对其他习得的性能了解得更多。来自其他领域的、能支持智慧技能学习的目标被组织成智慧技能的结构。这一程序假定,智慧技能目标是主要的终点目标。然而,假如终点目标是态度而不是智慧技能,如工作安全教程中的终点技能,那么就必须识别出对此目标起支持作用的智慧技能。不同领域的目标的整合可以用第八章介绍的教学课程图的形式来表示。最后,对个别的课进行计划以便将相关的技能整合成课的全面课程来实现教程的目的。

关于专业术语的一个问题是"教程"(course)一词有多种不同含义。如心肺功能恢复教程与计算机素养教程就截然不同。前者有严格限定的标准来判断所要求的技能是否掌握。心肺功能恢复教程的教师对目标、行为表现的标准以及教完该教程所需的时间量有着基本一致的看法。而且该教程的目标数相对要少些。与之相比,计算机素养教程的课程更宽广;对终点目标的看法不一,而且该教程的总目标数相当多。

界定教程的另一个问题是,由确定教学的时数而施加的限制。如大学中的一门持续三学期的教程通常表明每学期要有 48 小时的教学接触时间。在公立学校,一门教程表示大约 180 小时的正式教学。在军队中,培训教程所需要的时间可以从 1 小时到 1 000 小时不等!在设计教程和单元目标时必须仔细考虑教程的时间。

在组织教程方面没有标准的水平可以利用(除了假定教程包含两节或更多的课以外)。即使是非常大的一门教程也可以按以下五种行为结果的不同水平加以描述:

1. 终身目标:意指在教程学完后,所学内容将来要继续运用;

2. 教程结束时的目标:指教程教学刚刚结束时的预期的行为表现;

3. 单元目标:界定了在整个教程的组织中有共同目的的目标群上预期的行为表现;

4. 具体的表现性目标:是在某一教学阶段获得的具体结果,而且很可能处在任务分析的适当水平上；

5. 使能目标：是具体的终点目标的必要性或支持性的先决条件。

教程组织的实例

考虑到本书内容的性质，我们选择教程组织水平来加以说明，这是教学设计方面的一门研究生教程。该教程是教学系统设计方面的博士生课程计划的一部分。课程计划中的有关教程还有学习理论、研究方法、统计、各种教学设计、设计理论以及教学传输模式。修习该教程的学生一般在一种教学领域如科学教育或教育媒体、教育管理领域获得了硕士学位。他们中的大多数已在教学设计理论方面修完了一门入门教程。

教会学生根据某种已确认的教学需要或目的来设计自己的教程。要求他们遵循"从一般到个别"的教程设计要求，在几种水平上陈述其教程的目标。

对教学设计方面的研究生教程的目标水平可说明如下：

1. 终身目标。学完该教程后，学生将通过如下方式继续提高其教程设计技能：（1）修习其他设计教程；（2）在要求他们修改已学过的模型或创造新的模型的情境中，寻求多种机会应用设计技能。学生会根据理论、研究和前后一致原理来选择利用或创造系统的教程设计程序；他们将选用经验资料来改进和评价自己的设计。

2. 教程结束时的目标。到该教程结束时，学生将能演示执行或计划教学设计系统模型中的每一步的能力，从需要分析到总结性评价（在我们假设的教程中，付出的努力集中在水平 2 上，如表 9.1 所开列的）。

3. 单元目标。学生将通过完成代表下列教程单元的设计阶段来完成四次连续的作业：

单元 A　学生将生成教程组织图，以说明终点目标、教程结束时的目标和单元目标，并针对评价学习者工作的那些目标水平而附有对学习者行为表现的测量。

单元 B　学生将以书面形式生成智慧技能目标的学习层次，而且还将设计出教学图来说明如何根据智慧技能亚类的相互关系及与其他学习结果领域目标的关系来安排层次中先决技能的顺序。

单元 C　学生将以书面形式生成一篇课时计划或教学模块,写出所建议的学习活动所基于的基本原理。

单元 D　学生将参照单元目标生成一个测量学生的工具。

4. 具体的表现性目标(适合于上面的单元 C)。

(1) 陈述所计划的课的目标或使能目标。

(2) 按领域(如合适的话,按亚领域)将目标分类。

(3) 列出所采用的教学事件及每个事件所基于的基本原理;还要提供省略事件的依据(为什么要省略)。

(4) 描述每个事件的内容与活动。

(5) 描述每个事件所需要的媒体或材料。

(6) 对决策 4 和决策 5,给出基于学习条件的基本原理。

(7) 写出教学计划或一套方案以开发课。

贯穿该教程始末,学生与学科专家合作,分析与设计真实的教程。为促进对设计过程的学习,教员把教学分解为一些单元,每一个单元都有一张详细的标准清单,要求学生反思过程的每一步。学生将单元作业和标准清单上交,以获得教员的反馈。教程的顺序带点时间性(过程的第一步先教),但在每一步中,较低水平目标的教学先于较高水平目标的教学。

刚才描述的目标水平是组织教程的一种方式。这种组织是从上至下进行的,即从教程目标到个别课的目标水平。但课内的活动也必须加以组织和排序;也就是说,必须计划构成该课的教学事件的顺序。计划的这一部分很大程度上取决于给学习者提供多少支持,因为选择一些教学事件并设计到课中就意味着那些没有被选进去的教学事件要由学习者自己提供。

我们用初中英语写作课程来作为顺序设计的四种水平的例子(见表 9.1)。这里的顺序问题显然出现在教程水平,而且对于单一教程的课题(如"写段落")可能有一个问题需要解决。顺序问题的第三个也就是至关重要的水平,关注个别课(如"用独立的分句造句")中的技能顺序。最后的问题是发生或计划要发生的事件的顺序,这些事件将导致一堂课的成分目标如"使主语和动词在单复数上保持一致"的获得。每一水平有不同的考虑。

表 9.1 教学顺序问题的四种不同水平

	单 元	例 子	顺 序 问 题
水平 1	教程或教程顺序	论文写作 短篇故事 创造性写作	教学先决概念及吸引学习者注意的最佳教程顺序是什么？
水平 2	课题或单元	构建主题 写段落 创设过渡 人物塑造	如何安排教程主要单元的顺序以实现教程目的？
水平 3	课	造一个主题句	怎样呈现造主题句所需要的下位技能？
水平 4	课的目标	识别主题句、支持性的句子与过渡句	单独一节课的目标将以何种顺序排列？

教程和课程的顺序

决定教程的顺序，主要是回答如下问题："各单元应按什么顺序呈现？"人们可能想确信，任何给定的课题所必需的先决信息和智慧技能先前已经习得。例如，在算术中，分数加法这一课题是在学生学会了整数乘除法后才介绍的，因为分数加法运算要求更简单的运算。在科学教程中，人们关注的是"测量变量"的技能要先于像"用图表示变量间的关系"这一课题。在教社会学科的课题"比较不同文化的家庭结构"之前，人们期望学生要理解"文化"这一概念。

赖格卢思和斯坦（Reigeluth & Stein，1983）在描述教学的精加工理论时把教程中教学顺序的模式称为宏观水平排序。精加工理论所论述的内容包括概念、程序和原理。该理论主张教学内容应结构化，以便先给学生呈现一种特殊类型的总述，叫做概览（epitome），其中包含一些一般的、简单的与基本的观念。接下来的教学可以呈现对前面观念进行精加工的更详细的观念。在这之后是对概览的回顾并描绘最近的观念和早先呈现的观念之间的关系。这种总述、精加工、总结和综合的模式不断进行，直到达到学科各方面理想的覆盖水平为止。

教程和课程的顺序通常呈现在范围和顺序表中，这些表格对整个教程或整套教程中要学习的课题加以命名并呈现在矩阵中。泰勒（Tyler，1949）曾使用过这种方法，这种方法在界定跨越内容课题的不同水平的技能方面迈出了很好的第一步。例如，计算机入门教程可用表 9.2 来表示。

表 9.2　计算机运用教程的学习目标类型和课题的范围与顺序矩阵

课题内容	学 习 目 标 类 型			
	言语信息陈述	定义性概念分类	规则运用演示	态度选择
计算机部件	定义——硬件、软件、存储器、操作系统、网络	外存储器 RAM 输入/输出 中央处理器	机器安装——将各种设备连接起来	爱护计算机——维护
基本的操作	操作的定义与目的,如:应用程序、文件复制、快捷方式、文件夹、复制、移动、删除	系统部件:C盘、驱动器、光盘网络驱动、可移动磁盘、桌面、文件夹、文档、回收站	程序查找、文件查找、新建文件夹、文件复制、文件移动	轻松自在地进行文件查找,把文件从一处移动到另一处
语言	通用语言的定义、目的和名称	命令、语句、编译器、解释程序	输入、运行、调试与保存程序	选择重视控制计算机操作的能力
社会问题	五类社会问题	例如计算机偷窃、诈骗、侵犯版权、违背公正、破坏他人财产的行为	使用病毒扫描、正确引用知识信息	做一个有道德的计算机使用者

　　这一范围和顺序矩阵绝不是全面的,它仅表示了四类学习结果,但它演示了设计者是如何将课题与技能结构化的。确定预期的情感结果是十分有用的。在计算机教程中,显然大多数的学习结果是指向获得智慧技能。但在社会问题单元里,如果学习者要以一种积极的方式对使用计算机作出反应,那么态度学习结果就是最重要的。

　　单元终点目标可以在教程水平的教学课程图里与教程目标或目的联系起来。图9-1表明了计算机入门教程的教学课程图。在这个例子中,单元1和4的教学顺序并不是至关重要,因为智慧技能目标是相当独立的。但单元1中的技能是单元2中技能的先决条件,单元2中的技能又是单元3中技能的先决条件。而且,计算机的基本术语和使用(单元1)是单元5中规则运用技能的先决条件。

课题中技能的顺序

　　系统技术大大促进了课题中教学顺序的确定。一个课题可以有几个成分,而且通常也确实是这样。例如,一个关于计算机硬件的课题可能包括如下目标:(1)识别微机的部件;(2)演示如何开机及运行应用程序;(3)选择使用设备和软件,以免损坏。

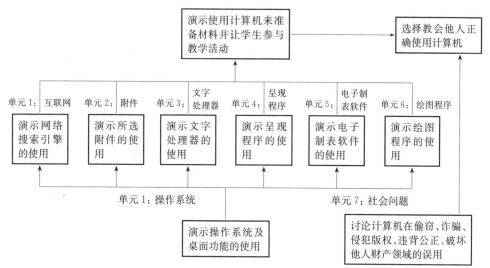

图9-1 "计算机及其教育应用"教程的教学课程图

值得注意的是,所有这三个目标都是用表现性术语陈述的。像"理解计算机"或"赏识计算机设备"这样的目标是没有帮助的。这些陈述太含糊,对不同的人来说,可能指称的是完全不同的事物。

分析课题目标,确定学习结果

在单元水平使用表现性目标尤为重要,因为设计者的目标是确定需要什么样的课。但是,当每个单元的目标有许多必要性的下位条件和支持性的先决条件时,这会变得复杂起来。这时我们建议,纲要可以宽泛一些,只确定出单元的主要目标即可。这些目标可以包括任一或所有的学习结果类型。正如教程及单元目标可以用教学课程图表示一样,具体的单元目标也可以表示在教学课程图中。计算机教程的第1单元的单元图见图9-2。

这张图有更多细节,它表明了课题单元中各目标间的关系。教程图和单元图之间的关系可以比作是世界地图与一系列各国的平面地图之间的关系。各国的平面地图比世界地图范围小但更详细。

单元图还指出了来自不同学习结果领域的目标间的关系。其中一些是其他目标的先决条件,因此必须在早先的课上教。

鉴别单节课

一般认为,一节课是在一定的时间内进行的,即学习者预期对一节课要花一定的

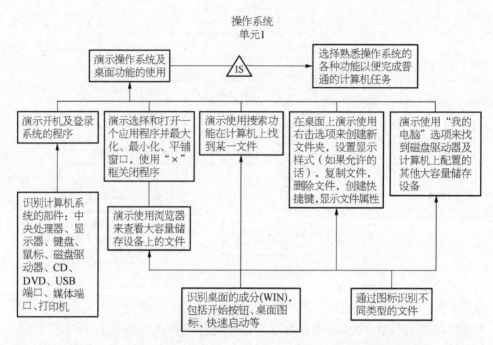

图9-2　单元1的教学课程图——图9-1所示的教学课程图的操作系统

时间。显然,课的时间是不同的。对儿童来说,一堂课的时间要比成人短,因为儿童的注意范围比成人要短。有时,设计者会遇到一节课只教一种学习结果的情况。这种情况的原因在于,每类学习结果需要一套不同的学习条件,这正如第四、第五章所描述的。然而,既然教一个单一目标所花的时间可能非常短,那么,认为每个目标都要一节课来教是不行的。因此,常将具体的目标组织成不同的课。

依据表现性目标的最佳学习次序来备课,可能比担心同一节课上有不同学习结果类型更重要。实际上,一旦决定要根据不同的学习结果类型的功能关系以及在单一一节课上花费的时间量而将不同的学习结果类型组织在一起,那么整合学习的必要条件的过程就会十分直接。

图9-3中所示的单元图表明,前面那张图中的具体目标是怎样组合为单节课的。在这个例子中,该单元有两节课,每节课的时间约为一小时。如果教学时间为两小时,那么整个单元有可能在一节课内教完。

单元中课的顺序应基于目标间的先决关系。虽然这是十分松散的指导原则,但却

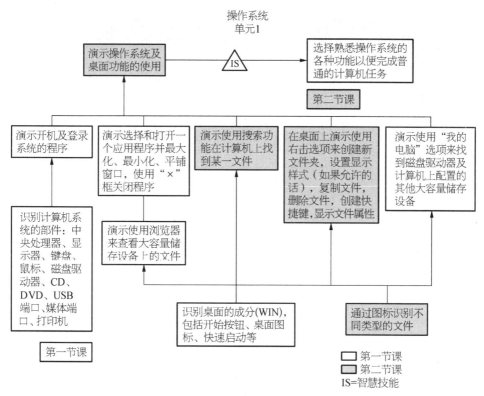

图9-3　表明下位技能如何组织成两节课的教学课程图

具有以下要求：（1）先前的学习支持新的学习；（2）应当进行学习分析以确定技能是按一定顺序教的；（3）顺序必须完整；（4）无关的目标要去掉或在其他时间教。

　　表9.3总结了有关一个课题内每种习得的性能顺序安排的主要考虑。表的中间一栏指出了排序的原则，这些原则适用于代表了学习的中心内容的具体性能类型。右边一栏列出了与这种学习有关但发生在其他领域的排序考虑。

课中技能的顺序

　　下一级图示水平就是课时图，如图9-4所示。课时图对单元图而言就像有关州的公路图对一张美国地图一样。课时图比单元图更小、更详细。虽然第十二章要讨论单节课的设计，但这里我们介绍课时图的目的是想表明它如何与教程图和单元图相联系。

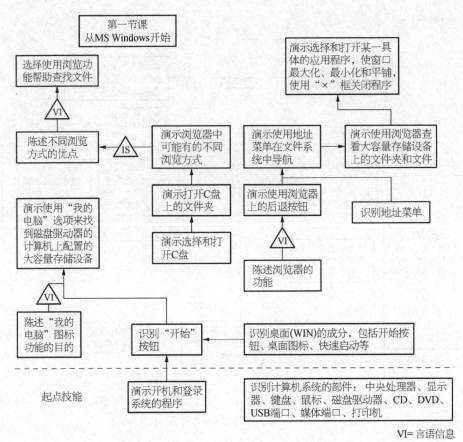

图9-4　图9-3中所示的第一节课的教学课程图

图9-4所示的课时图将单元图中的一个或多个目标作为其终点目标。另外它还包括了一些与终点目标的达成有关的下位目标。这些下位目标是通过问如下问题而获得的："学习者必须知道什么才能学习这些新技能？"还有必要问："学习者已知道的哪些内容有助于他们学习这些新技能？"学生的现有的一般知识反映了他或她学习这节课的起点技能。设计者必须从有关受众的信息开始，对他们带到特定学习任务中的技能做出推测。这通常意味着设计者必须对课中所涉及的智慧技能进行详细分析。这只是组织因素，而揭示排序要求的方法还要详细描述。

在构建课时图的过程中，可能变得明显的是，需要教的技能不能在单一的教学时间内完成。在这种情况下，可以将图分解成两张课时图，每张代表一个教学时间。

在有些情况下，单元可能集中于某一个具体的学习领域，如动作技能、言语信息、智慧技能、态度或认知策略。

表9.3　与五种学习结果类型有关的合乎要求的顺序特征

学习结果类型	主要的排序原则	相关的顺序因素
智慧技能	每种新技能的学习活动的呈现应在原先掌握的下位技能之后	可以回忆或新呈现一些言语信息来提供每种技能的精加工及其使用的条件
认知策略	学习和问题解决情境应涉及回忆先前所获得的相关智慧技能	与新学习有关的言语信息应事先习得或在教学中呈现
言语信息	对主要的子课题来说，呈现的顺序应当从简单到复杂。新的事实应通过有意义的情境引入	通常假定读、听等活动涉及的必要的智慧技能原先已习得
态　　度	树立对信息源的尊重很重要。选择情境之前应掌握有关的智慧技能	与选择有关的言语信息应事先习得或在教学中呈现
动作技能	对至关重要的部分技能提供充分练习并练习完整的技能	首先学会执行性子程序（程序）

学习层次和教学顺序

智慧技能的性质使得有可能为其学习设计准确的条件。当建立了先决技能的适当顺序时，教师或培训者就易于管理智慧技能的学习了。另外，对学习者来说，学习过程还大大受到强化，因为他们突然意识到，他们知道了怎样做以前不会做的事情。学习活动就处于一种积极兴奋状态，而不是"操练"和"机械复述"。

正如第五章所描述的，学习任务分析产生的学习层次将智慧技能目标安排成了一种模式，表明了各目标间的先决关系。图9-5说明了学习层次的另一个例子，不过这次说明的是解决一类物理问题的技能。

这里，课时目标是要找出处在平衡系统中作为向量的力的水平和垂直成分。要学会正确执行这一任务，学生必须具备一些先决技能，这些技能在学习层次的第二级水平上已表示了出来。具体讲，学生必须能够：（1）当被作用的物体处于平衡状态时，识别出彼此方向相反的力；（2）把这些方向相反的力表示为三角形的边，包括垂直边和水平边；（3）识别这些直角三角形的边和角的三角关系（正弦、余弦等）。每一个下位技能还有先决条件，在层次中的这些技能下边表示了出来。

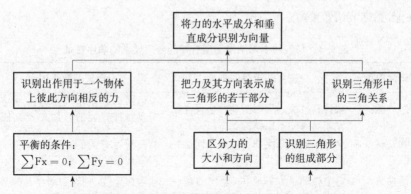

图9-5 终点技能"将力的水平成分和垂直成分识别为向量"的学习层次

来源：R. M. Gagné. *The conditions of learning* (4th ed.). Copyright @ 1985 by Holt, Rinehart and Winston, Fort Worth, TX.

先决条件意味着什么？先决条件是更简单的智慧技能,但这样的描述不足以识别它,因为人们能指出好多比图中所描述的课时目标更简单的智慧技能。先决技能与其上位技能有机地联系在一起,从这个意义上说,如果学生没有获得先决技能,那么后面的技能就不能获得。考虑一下学生在演示"作为向量的力的水平和垂直成分"时他们能做些什么。他们必须指出水平和垂直向量力的方向与值。这里的方向必须"解决"产生平衡状态的彼此方向相反的力(先决技能1)。通过运用直角三角形的三角关系,就能求出这些向量的值(先决技能2和3)。如果学生不具备这些先决条件,那么他们就不能完成终点(课时)目标。反过来说,如果学生已经知道如何完成这些下位的任务,那么学习完成课时目标就很容易和直接了。这些学生也有可能迅速学会解决这个问题,也许甚至会具有所谓"发现"的那种敏捷性。

要识别一种技能的先决条件,就必须问,"学生必须具备什么技能才能学习这种(新的)技能？缺乏这种技能,学习就不可能进行"(Gagné,1985)。换言之,先决智慧技能是那些对迅速流畅地学习新技能十分关键的技能。要判断某人对刚才问题的首次回答是否成功,可以检查新技能对学习者提出的要求并识别他或她在何处出错。将这种方法应用于图9-5中的课时目标时就会看到,那些设法识别出作为向量的力的水平和垂直成分的学生,如果他们不能(1)识别出方向相反的力(处于平衡状态的),(2)将力表示成三角形的组成部分,(3)识别直角三角形中的三角关系,那么他们就有可能失败。这样,先决技能的确定应完整地描述先前习得的技能,这些技能是很容易地获得新技能所必需的。

通过考虑学习者失败的方式来检查先决技能这一事实所起的作用,是强调了学习层次与教师的诊断任务的直接关系。如果发现某一学习者在学习新智慧技能时有困难,那么第一个诊断问题可能是:"该生没有掌握哪些先决技能?"接下来的诊断要力图发现学习者需要学习什么。要学习的内容很可能是学习层次所指出的,即一种先决智慧技能。如果是这样的话,就可以设计适当的教学来让学习者回到学习顺序的轨道上来,从而继续得到积极的强化。

教学顺序的其他类型

基于知识的顺序

教育超媒体中有关适应性导航支持的早期工作在基于网络的教学资源中采用了排序的思想(Brusilovsky,2000)。在今天的数字化(在线)适应性超媒体应用中,一部分教学设计是通过仔细安排学习者学习材料的顺序来进行的(Thomson,2000)。这种教学排序的方法是基于如下观念:某些模式可被用来指导教学超媒体应用的设计(Thomson,2000;Merrill,1998)。这一方面的研究涵盖了几个领域,包括软件工程、教学设计、超媒体设计与人工建模。

虽然大多数超媒体开发过程没有提供机制来将概念性信息的排序包括到应用设计中,但一个叫"超媒体教学设计应用模式"的模型将与教学领域的概念相联系的结构描绘成概念地图(Thomson,2000)。在概念地图中,教学设计被表征为有组织的模式,然后在开发阶段被用来自动生成适合于具体教学目的的教学超媒体应用(Thomson,2000)。

在过去的几年中,特别是随着教育资源元数据的标准化以及引入互联网来进行在线学习,教程材料的自动排序成了一个重要的研究课题。排序可有助于生成与学习者需要最佳匹配的超媒体文件(Fischer,2001)。学习者中心的、学生控制的界面这一概念能够(1)根据学生的学习要求或他们正在学习的内容而启动个别化的培训内容;(2)适应学生个别化的学习风格与偏好;(3)与学生已有的知识相对应。

为在线学习安排内容的顺序

对在线学习而言,课程排序的目的是为学生提供最合适的、针对个体而安排的学习知识单元的顺序以及学生要完成的学习任务(例子、疑问、问题等)的顺序(Fischer, 2001)。换句话说,课程的排序有助于学生找到通过学习材料的"最佳路径"。现代的排序程序是专家系统,不只是选择出"下一个最佳"的任务——它们能把所有可利用的任务划分为"无关的"与"有关的"。例如,如果一项任务已经完成或因为缺乏先决知识与经验而不准备学习,那么它就会被视作"无关的"。在排除了"无关的"任务后,排序引擎搜索并找到"最佳的"相关任务。在超媒体中,每一项学习任务都以单独的页面呈现,区分"准备就绪的"、"没有准备的"或"最佳的"任务的能力是适应性导航支持的一个直接的前提条件(Fischer,2001)。适应性导航支持是能够把机器的力量与人类的智能整合在一起的一种界面——用户在看一个"智能"系统的观点的同时可以自由地做出选择。从这种观点来看,可以推测,适应性导航支持是一种为适应性的超媒体系统添加一些"智能"的自然方式。

互联网的发展不仅影响了适应性的教育超媒体系统的数量,而且影响了所开发的系统的类型。所有的早期系统实际上是在学习实验室中加以运用来探索新的学习方法,而适应性学习则是在教育情境中进行研究的。与之相对照的是,大量新近的系统为开发在线教程提供了完整的框架甚至创作工具。许多适应性的学习创作工具的出现不仅表明了适应性的教育超媒体的成熟,而且是对网络所引发的要求(用户适应性的远程教育教程)的回应(Fischer,2001)。

基于知识的教学排序技术

如上所述,超媒体的应用允许在如何安排教学材料的顺序方面有灵活性。对需要支持的学生,设计者可以包括补充性的学习支持,但并不强迫每个人都使用它。或者,在学习者从一个水平的理解深入到另一个水平的理解时,设计者可以给学习者提供备择的学习路径供其选择(远程学习资源网络,2003)。超文本不做的一件事情是免除设计者提供某种类型的结构的责任。这在材料本身没有蕴含具体的顺序时尤为正确。设计所提供的结构应帮助学生把握新材料之间的关系以及新材料与学生已知事物之间的关系。

超媒体用户的一个可观察的特征是他们在应用过程中所采取的路径。超媒体教学设计的一种排序技术,叫作记录浏览行为,这一技术捕捉到了用户在超媒体应用程序中浏览行为的记录,然后对不同用户进行比较并将这些用户进行分组(Thomson, 2000)。同一个超媒体应用程序的不同用户,如果他们的目的和技能水平相对接近,而且被分入某一组的一名用户有可能从同属该组的其他用户浏览过的页面中受益,那么他们应该有相似的路径。

超媒体教学设计的第二种排序方法叫作记录浏览过的材料,这一方法考虑的不是通过超媒体的路径,而是用户所浏览的材料(Yan,Jacobsen,Garcia-Molina,& Dayal,1996)。用户访问的每个页面,连同他们在该页面上花费的时间,都被表示为一个向量的一部分。然后把不同用户的向量进行聚类,这些类被用来对用户进行分类(Thomson,2000)。

螺旋顺序

螺旋顺序是构设课程的另一种方式。为使螺旋顺序形象化,可以想象一圈一圈从下旋到上的弹簧。螺旋的周围是不同的主题或不同类型的技能,随着教程的进展,这些主题或技能将在后续的更高水平上再次

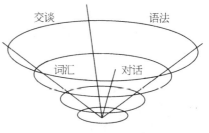

图9-6　螺旋顺序模型

学习,见图9-6。螺旋顺序在外语教程及许多职业技能教程中尤为明显,在这些教程中,随着学生在整个教程中不断对其技能进行精练,其胜任力也得以形成。

语言学习模型

一门语言教程一般有许多不同类型的技能可表征为论题,如词汇(言语信息)、语法(规则运用)、语音(规则运用与动作技能)与会话(规则运用与问题解决)。课程是串起每一主题的一个螺旋系列;螺旋中的每一环包括的目标的层次与复杂水平不断增加。最佳地表示这类教学顺序进程的视觉模型是一个不断扩展的螺旋,见图9-6。扩展表示的是在每一个水平上包纳先前的学习。例如,在低水平上学生学习了西班牙语的问候如"Buenosdías? Cómo está?"以及回答"Muy bien, gracias",这一问候包括在对话中,并且在整个教程中被多次练习。这些技术强化了这样一种思想,即语言学习是综合性的,而不只是积累性的。在螺旋顺序中,每一个新增加的成分都必须整合进以前已经完成的整体中(Saskatchewan Education,1997)。

采用这种类型的进程也是一种适应学生间差异的方式。例如,首次明确教学一个语法结构时,有些学生可能还不具有学习这一结构的认知上的准备。随着这一结构的不断出现,一开始就掌握了的学生可以巩固他们的学习,而其他学生则有了更多习得

这一语法结构的机会。

依据这一概念安排教程结构和材料的顺序,就为复杂性不断增加的练习和重复提供了机会。这些过程与一些研究和理论非常一致,这些研究和理论强调新手学习者的局限(Berliner,1988),强调在建构图式时逐渐增加其复杂性(Sweller,1993),强调通过练习与反馈来使技能的学习更精致(Fitts,1964,1968)。除语言外,许多要求熟练技能的职业的教程也运用螺旋模型来进行最佳的设计,从具体技能的简单应用到同一技能的更复杂应用。

精加工理论

布鲁纳(Bruner,1966)的理论框架的一个主题是,学习是一个主动的过程,在这个过程中学习者根据他们当前的/过去的知识建构新的思想与概念。布鲁纳相信,课程应以螺旋方式组织,这样学生能够不断地在他们已习得内容的基础上进行建构,课程应当结构化,这样学生能够很容易地把握住材料。在20世纪80年代,已积累了一些支持布鲁纳螺旋课程模型的个别成分的文献,其中最有名的是赖格卢思与斯坦(Reigeluth & Stein, 1983)的精加工理论(Elaboration Theory)。在这一理论中,螺旋顺序被描述为在若干阶段(passes)循序渐进地学习。这与主题的排序不一样,在对主题进行排序时,不管所要求的理解(或胜任力)的程度如何,都在学习下一主题之前教授一个主题(或任务)。而在螺旋排序中,学习者在几个不同阶段逐渐掌握某一主题(或任务)。精加工理论认为,在安排教程的结构时,应按从简单到复杂、从概括到细节、从抽象到具体的方式来组织,这与本章所建议的绘制教学图与安排智慧技能顺序的规则是一致的。

另一个原则涉及遵循学习的先决条件顺序,正如应用到教程中的单节课时的那样。为了实现学生从简单的课到更复杂的课的发展,某些先决的知识与技能必须首先掌握。在学习某一教程时,随着学生顺着螺旋向上攀登,这一先决条件的顺序就提供了每节课之间的联系。随着在后续的课中新知识与技能的介绍,它们就强化了学生已经习得的内容,而且也开始与先前习得的信息联系了起来。学生逐渐获得的是有丰富广度和深度的信息,这在每个论题是分散的、互不联系的课程中通常是发展不起来的。

整合多种目标

正如前面第八章所探讨的,一节课有几个不同类型的目标是很常见的。通常,可能为一个教程的主题或教程内的综合模块选择多种目标。例如，一节课或一个主题可以将调试有摆落地钟的报时装置的程序性规则作为其主要目标。这种教学的排序技术会发现，对于识别先决条件来说，学习层次是有用的。但在教学报时装置的调节时，其他目标也是需要的，如关于报时装置的种类和特性的言语信息。在操作钟摆的过程中还需要细心、精确以及避免冒险的态度。可以用课程图来表示所涉及的不同类型目标之间的相互关系。

通过识别合适的目标顺序，利用学习层次与课程图的技术，可以部分地完成对整合目标的计划。正如第八章介绍的，这种计划的另一个方面是建立一个图式来表征学习目的。该图式包含了一个将原有知识与学习要达到的目的联系起来的方案。它起到元认知的功能，即将原有知识与新学习联系起来，监控输入的信息是否相关以及提高深思性的抽象以支持学习的迁移。

总　　结

本章开头描述了一个完整的教程的组织如何与安排教学顺序的问题联系起来。排序决策是在教程、课题、课和课的组成部分这四种水平上出现的。我们列出了教程和课题水平决定教学顺序的方法。课题顺序的教程计划主要通过一种常识性逻辑来完成。一个课题可能要先于另一个课题，或者因为它描述了较早的事件，或者因为它是一个组成部分，或者因为它给后继的内容提供了一个有意义的背景。

在从教程目的向表现性目标过渡时，不必总是根据课题的完整的表现性目标列表描述计划的所有中间水平。这里提出的方法包括在每一学习结果领域中选择有代表性的目标的样例。

设计智慧技能的顺序要以学习层次为基础。这些层次是通过从终点目标倒推的方式获得的；在这样做时，我们就能分析将要学习的技能的顺序（参见第八章）。当学习者能够回忆出构成新技能的下位技能时，他们就能很容易地完成新技能的学习。在设计好智慧技能的教学顺序后，有关其他性能的学习可以插入到适当的地方，如需要进行信息的学习或需要改变态度时。在其他情况下，针对其他性能的教学可以先于或后于学习层次中所表示的智慧技能。为习得性能的其他类型设计顺序还需要分析先决技能和识别出支持性目标和使能目标。

接下来的三章将介绍如何将教学顺序的计划落实到设计单节课或课的组成部分中去。正是在后面这种情境中才引入了教学事件。这些事件属于教师、教程材料或学习者自己提供的对学习的外部支持，它们依赖于根据所计划的顺序而完成的先前的学习。

参考文献

Anderson, J. R. (1985). *Cognitive psychology and its implications* (2nd ed.). New York: Freeman.

Berliner, D. C. (1988, February). *The development of expertise in pedagogy*. The Charles W. Hunt Memorial Lecture for the American Association of Colleges for Teacher Education, New Orleans, LA.

Bruner, J. S. (1966). *Toward a theory of instruction*. New York: W. W. Norton.

Brusilovsky, P. (2000). Adaptive Hypermedia: From Intelligent Tutoring Systems to Web-Based Education. Abstract retrieved on 2/02/04 from: http://www2.sis.pitt.edu/~peterb/papers/ITS00inv.html.

Distance Learning Resource Network (2003). Retrieved on 2/2/04 from: http://www.dlrn.org/educ/course/unit2/session7/sequencing.html; Using a "Natural Order".

Dowding, T. J. (1993). The application of a spiral curriculum model to technical training curricula. *Educational Technology*, *33*(7), 18-28.

Fischer, S. (2001). Retrieved on 2/02/04 from: http://www.cstc.org/cgi-bin/show_abstract.pl? number = 159.

Fitts, P. M. (1964). Perceptual skill learning. In A. W. Melton (Ed.), *Categories of skill learning*. New York: Academic Press.

Fitts, P. M. (1968). Factors in complex skill training. In R. G. Kuhlen (Ed.), *Studies in educational psychology*. Waltham, MA: Blaisdell.

Gagné, R. M. (1985). *The conditions of learning* (4th ed.). New York: Holt, Rinehart and Winston.

Merrill, M. D. (1998, March/Apr). Knowledge analysis for effective instruction. *CBT Solutions*, 1-11.

Reigeluth, C. M., & Stein, F. S. (1983). The elaboration theory of instruction. In C. M. Reigeluth (Ed.), *Instructional-design theories and models*. Hillsdale, NJ: Erlbaum.

Saskatchewan Education (1997). *The Evergreen Curriculum*. Regina, SK: Saskatchewan Education.

Sweller, J. (1993). Some cognitive processes and their consequences for the organization and presentation of information. *Australian Journal of Psychology*, 45, 1 - 8.

Thomson, J. (2000). Generating Instructional Media with APHID. Proceedings from the 11th Conference on Hypertext and Hypermedia, San Antonio, TX.

Tyler, R. W. (1949). *Basic principles of curriculum and instruction*. Chicago: University of Chicago Press.

Yan, T. W. , Jacobsen, M. , Garcia-Molina, H. , & Dayal, U. (1996, October 5). From User Access Patterns to Dynamic Hypertext Linking. Fifth International World Wide Web Conference, Paris, France.

第十章　教学事件

教学的实质

本章讨论的问题是如何运用已描述过的不同学习类型的原则设计教学。

从经验中我们知道，不同类型的学习结果得益于不同类型的教学。此外，有一些教学方法或策略已被证实能促进学习。或许你听过关于如何做一场出色演讲的启发式指导原则：首先告诉听众你将要告诉他们什么，然后告诉他们具体的内容，最后总结一下你告诉他们的主要内容。这一启发式方法已成为设计和组织演讲成分的一个模式。本章我们将呈现一个设计教学的模式，该模式有一些组成成分和所建议的顺序，而且设计的目的是促进信息加工并最终促进学习。

教学与学习

我们所指的信息加工类型是那些在现代认知学习理论中涉及的类型（Anderson，1985；Estes，1985；Klatzky，1980）。学习的认知理论所设想的加工顺序（见图 10 - 1）大致如下（Gagné，1977，1985）：

1. 作用于学习者感受器的刺激所产生的神经活动模式被感觉登记器简要地"登记"。

2. 接下来信息被转换成另一种形式并记录在短时记忆中，在这里储存的是原始刺激的突出特征。就可以在心里保存的项目的数目来说，短时记忆的容量是有限的。但被保存的项目可得到内部的复述而继续保存。

3. 在下一个阶段，当信息进入长时记忆储存时，发生了一种叫做语义编码的重要转换。正如其名称所示，在这种转换中，信息根据其意义储存。（注意在学习理论中，信息有一个一般性的定义，包括了本书所区分的五类习得的性能。）

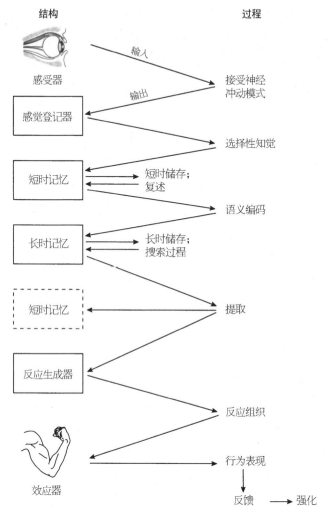

图 10-1 认知学习理论的假设结构及与之相联系的过程

4. 当要求学习者做出行为表现时,所储存的信息或技能必须被搜索并被提取出来。

5. 接着,通过反应生成器,信息可能会被直接转换成行动。

6. 通常,所提取的信息被送到工作记忆(短时记忆的另一名称)中,在这里,所提取的信息与其他输入的信息整合在一起从而能对新习得的性能进行编码。

7. 学习者的行为表现本身引发了一种依赖于外部反馈的过程(包括熟悉的强化过程)。

8. 除学习顺序本身外,学习与记忆的认知理论还提出了元认知控制过程的存在。这是选择并启动与学习和记忆相关的认知策略的过程。这类控制过程修正了学习者的其他信息流程。例如,控制过程可以选择一种不断复述短时记忆内容的策略,或者对所学句子展开想象的认知策略。控制过程可以对注意、输入信息的编码和所储存信息的提取施加控制。

教学事件

单个学习活动中的各种过程在很大程度上是内部激活的。也就是说,任何一个结构的输出(或任何一种加工的结果)都会成为下一个结构的输入,见图 10-1 所示。但这些过程同样会受到外部事件的影响,这一点使教学成为可能。例如,通过对外部刺激的特定安排,可以明显地影响选择性知觉。又如,通过突出、下划线、黑体字或其他的视觉促进措施,可以将注意指向图片或文本的特征。

这导致我们把教学定义为经过设计的、外在于学习者的一套支持内部学习过程的事件。设计教学事件是用来激活信息加工过程,或者至少和信息加工过程同时发生并支持加工过程的。

在单一学习活动中,各种教学事件的作用按其通常使用的大致顺序,列在表 10.1 中(Gagné,1968,1985)。引起注意这一初始事件用于支持接受刺激及其产生的神经冲动模式的学习事件。紧随其后,设计另一教学事件的目的是让学习者对接下来的学习做好准备。这就是事件 2,告知学习者目标,一般认为,该事件启动一种执行控制过程,在这一过程中学习者有目的地选择适用于学习任务及其预期结果的特定策略。事件 3 也是为学习做准备的,它指的是对先前学习项目的提取,这些已学内容可能需要整合到新学习的性能中。表 10.1 中事件 4 到事件 9 均与图 10-1 中的学习过程有关。

表 10.1　教学事件及其与学习过程的关系

教　学　事　件	与学习过程的关系
引起注意	接受神经冲动模式
告知学习者目标	激活执行控制过程
激起对习得的先决性能的回忆	把先前的学习提取到工作记忆中
呈现刺激材料	突出特征以利于选择性知觉

教 学 事 件	与学习过程的关系
提供学习指导	语义编码;提取线索
引出行为表现	激活反应组织
提供行为表现正确性的反馈	建立强化
测量行为表现	激活提取;使强化成为可能
促进保持和迁移	为提取提供线索和策略

如果所有教学事件中的每一个都以上述顺序呈现,这将代表一种形式的教学策略。但这些教学事件不必按这种顺序呈现,每堂课中也不必都包括所有需要的事件。教师可能会要求学生自己提供某一事件的活动,让他们为自己的学习承担更多的责任。教学事件的作用是激活内部信息加工过程,而不是取代它们。在设计教学时,教学事件列表可被看作是指导原则。在使用这些指导原则时,设计者会问:"学习者在学习这一任务的这一阶段需要支持吗?"关于呈现顺序,可将教学事件看作是信息加工循环的一部分。信息加工过程是连续的,而且有些阶段可能进行得非常快。有可能维持对一系列学习任务的注意,这样,一旦建立起这种注意,事件就需要偶尔激活一下了。

我们已经发现,从教学活动和学习活动的角度来思考是有帮助的。教学活动是教员(或教学材料)将会做的活动,学习活动是学习者将会做的活动。每个教学事件可能代表一个或更多的教学或学习活动。

引起注意

可利用各种活动来吸引学习者的注意。唤起学生注意的基本方法是用新异刺激,比如常用动画、演示或一些出乎预料的事件来引起学生的注意。除此之外,最基本也是最常用的引起学生注意的方法是唤起学习者的好奇心,例如,教师通过口头提问"对于科学家能推算出地球的年龄你们是怎么想的"来唤起学生的好奇心。在学习百分数的课上,某个学生可能会由于"你怎样计算一个棒球手的平均击球率"这个问题而对百分数的学习产生兴趣。自然,我们不能够为这类问题设置标准的内容——正相反——因为每个学生的兴趣各不相同。引起学生注意的技能涉及对具体学生进行洞察的知识,这是教师艺术的一部分,即使如此,ARCS模型(见第六章)提供了一个扩展的和系统的方法来激发和维持学习者的动机。

一节精心设计的课能给教师或培训者提供一个或多个引起注意的选项。当进行个别化教学时,教师能在需要时变化交流的内容和形式来迎合个别学生的兴趣。

告知学习者目标

给学生呈现学习目标传达了对学习者表现出的知识和/或技能的一种期望。但在学校中,有许多目标对学生来说可能并不是一开始就是明显的。例如,如果学习的科目是美国宪法的序言,那么,能够逐字逐句地背诵它与能够讨论其主要思想根本不是同一个目标。如果学习的是小数,那么,在任何指定的课上,不管期望学生学习的是不是(1)读出小数、(2)写出小数或者(3)小数加法,这对于学生来说是很明显的吗?其中的思想是,告诉学习者对他们的期望会有助于他们关注对技能的学习。

如果缺乏指导,学习者将建立自己的期望,这不一定是坏事情。但学生设定的目标可能和教师心中的目标不一致,并可能导致错误的交流。告知学习者目标只需很少时间,而且至少可以起到防止学生完全脱离轨道的作用。告知目标看来还是一种与一名好教师的率直和诚实相一致的行为。此外,陈述目标的行为可能有助于教师把教学维持在教学目标上。

激起对先决的习得性能的回忆

大部分新学习(有些人可能认为是所有的新学习)是建立在我们已知内容的基础上的。学习一条关于质量的规则(牛顿第二运动定律)涉及在加速度、力和乘法的思想上进行建构。就现代数学而言,学习数字概念"8"涉及数字概念"7"、集合"1"和合并。如果新的学习要想获得成功,就必须先习得成分观念(概念、规则)。在学习时,这些先前获得的性能必须能很容易地提取出来而成为学习事件的一部分。先前习得性能的回忆可通过提出再认性的问题或更好一些的回忆性问题而激起。例如,在教儿童有关降雨与山脉的关系时,可以问他们:"谁能告诉我对热空气和水蒸气我们已经知道了哪些?""对山顶上的气温,我们知道些什么?"

呈现刺激材料

这一特定事件的性质是相对明显的。将要呈现(或告知)给学生的刺激包含在能够反映学习的行为表现中。如果学习者必须学习事实(如历史事件)的顺序,那么就有一些事实必须以口头或书面形式呈现出来。如果学习者从事的学习任务是大声拼读书面词语,如在初学阅读时,那么书面词语就必须呈现出来。如果学习者必须学会回答用法语口头提出的问题,那么就必须呈现这些口头问题,因为它们是将要学习的任务的刺激。

虽然看来很明显,但适宜的刺激应作为教学事件的一部分而呈现这一点依然有某种程度的重要性。例如,如果学习者要获得的性能是回答用法语口头呈现的问题,那么适宜的刺激就不是英语问题或书面的法语问题(但这不是否认这类任务可以代表先前用作学习任务的下位技能)。如果学习者要获得的性能是用正数和负数解决言语陈述的问题,那么适宜的刺激就是言语陈述的问题而不是其他。如果在学习中我们忽视了使用适宜的刺激,最终结果可能是学生习得了一种不同的技能。有件轶事可以说明这一点。一名士兵在军事基地接受了大量基础性教学后,当要求他解决 $17+45=$ _____ 这一问题时,这名士兵感到困惑。教员注意到他并走向他,看他遇到了什么问题。这名士兵说他以前从未见过这样的形式。确实,所有的教学都是让他回答竖式问题 $\begin{bmatrix} 17 \\ +45 \end{bmatrix}$,而且他不认识水平的呈现形式,也不知道如何把它转换成竖式。

刺激呈现通常突出决定选择性知觉的各种特征。因此,课文中呈现的信息可以采用斜体、黑体、下划线或其他的物理排版形式来促进对必要特征的知觉。当使用图片或示意图时,可采用突出的轮廓、圈划或画箭头指向的方式来强调它们所展示概念的重要特征。在形成辨别方面,可以通过放大要区分的客体间的差异来突出区别性特征。例如,在阅读准备方案中,可以先介绍形状上的较大差别(如圆形和三角形),接着介绍差别较小的形状。对字母 a、b 和 d 的扭曲的特征可以一开始就呈现,以便最终区分出这些字母之间的较小差异。

为概念和规则的学习而进行的刺激呈现通常遵循如下两种模式中的一种:规则之后跟着例子,或例子之后跟着规则。当目标是概念学习,比如学习"圆"这个概念时,理想的做法是,不仅在黑板上或书本上呈现大圆和小圆,而且也呈现红色的圆、绿色的圆及用绳子或丝线绕成的圆。甚至可以让孩子们手拉手站成一个圆。对年幼儿童来说,这一事件的重要性怎么强调都不过分。

在将变式例子用作规则学习的事件时,可以看到类似的有用性。要应用矩形的面积公式 $A=x×y$,学生不仅要能回忆出表示规则的陈述,而且还必须知道 A 代表面积,理解面积的含义,知道 x、y 分别代表矩形的两条不平行的边,还必须知道 x 和 y 之间的×表示相乘。但即便学生已经知道所有这些下位的概念和规则,他还必须做各种例题才能理解并使用这一规则。在一段时间内通过用文字、示意图或兼用两者而呈现问题,也可能促进保持和迁移。

一旦习得了这些规则,就需要对它们的组合进行有选择的回忆、联合并用于解决问题。在解决问题的过程中使用各种例子,可能需要教会学生把奇形怪状的图形分解成已知的图形,如圆、三角形、矩形等,然后应用已知规则分别计算这些图形的面积,最终求得整个图形的总面积。

在概念和规则的学习中,我们可以使用归纳法,也可以使用演绎法。学习如"圆"或"矩形"这样的具体概念时,最好在介绍概念的定义前先呈现多种例子。(想象一下在接触圆的各种例子之前教一个 4 岁儿童圆的正式定义!)但对于学习定义性概念的年龄较大的学生来说,简单的定义,如"根是植物位于地面之下的部分",最好先呈现。如果学生理解了定义中包含的成分概念,这将是一个好的开端,或许紧接着可以呈现一张图片。

提供学习指导

学习指导的实质是在学习者已知的内容与所学内容之间建立联系过程中给学习者提供支持。在上一事件中,学习者只是接受所要学习的内容;而在这一事件中,他们要为学习的内容建立一种情境。学习指导的另一种名称是提供支架。提供支架是对学习者可能作出的建构的认知支持。例如,假定某个人希望学习者获得质数的定义性概念。质数是一个定义概念,因为仅凭看数字还不能将其归类为质数,只能通过运用一条分类的规则来对其进行分类。

教学可以从呈现一列连续数字,如从 1 到 25 来开始。然后教师可以让学生回忆,这些数字可表示为各种因数的积,如 $8=2×4$ 或 $2×2×2=8×1$ 等等。接下来可以让学习者写出 1 到 30 这个数集中所有的因数。最后,作为一种学习结果,是让学习者"理解"有一类数除了其本身以外只有 1 这一个因数(或约数)。我们想让学习者能判定给定的数是否为质数,或者它是否为另一个数的因数,但首先我们想让他们能对质数进行分类。

学习者可能立即"看出"这个规则。如果不能的话,可以通过以暗示或问题形式表现的一系列交流来引导他发现这个规则。例如:"你在这些数中发现有规律吗?""这些数与它们的因数之间有什么区别吗?""数 3、5、7 和 4、8、10 的区别在哪里?""数 7 和数

23 的相似之处在哪里?""你能指出与 7 和 23 相类似的所有数字吗?"

这些交流和其他类似的交流可被称为具有学习指导的作用。注意,这些交流并不是告诉学生答案,而是指出了思路,这一思路有可能导致预期的下位概念的"组合"和新概念的形成:"只能被其本身和 1 整除的数。"显然,这些问题和提示的具体形式与内容是不能用确定的术语来表达的。确切地说,教师或教科书上讲了什么并不重要,重要的是这些交流起到一种具体的"支架"作用。它们指明了思考的方向并有助于把学生的学习维系在正确的轨道上。在发挥这一作用时,它们有助于提高学习效率。

学习指导的量,即问题的数量及其提供"直接或间接提示"的程度,将随所学性能的类型而明显变化(Wittrock,1966)。如果所学内容是人为性的,例如,对学习者来说陌生的事物名称(如石榴),显然,浪费时间间接提示或提问,以期学习者或许能"发现"这个名称是毫无意义的。在这种情况下,给学习者呈现各种各样的石榴——大的、小的、未长熟的、长熟的、完整的、切开的——或者对概念进行详细解释,对于学习者在以后识别石榴是更好的指导。

但在另一个极端,更少的直接提示是合适的,因为这是发现答案的一种合乎逻辑的方式,而且这种发现所导致的学习要比告知答案所导致的学习更持久。学习指导这一事件可很容易地适应于第六章所描述的学习者的个别差异。对高焦虑学生来说,高度说教式的、使用"低水平"提问(如"印加人拿什么东西和其他部落的人交易?")的教学可能最受欢迎,而且有效;而低焦虑的学生则可能从有难度的挑战或高水平的问题(如"有关黑曜石分布的知识如何让我们知道了印加人的贸易路线?")中受到积极的影响。如前所述,经常使用图片和言语提示形式的指导,对阅读理解能力低的学生有帮助,而这些措施对熟练的阅读者就毫无效力。

在学习指导中使用的暗示或提示的量也因学生而异。某些学生比其他学生需要更少的学习指导,他们不过是"理解"得更快一些而已。过多的指导对学习较快者似乎是低估了他们的能力,而过少的指导又易于让学习迟钝者产生挫折感。对这个矛盾最实际的解决办法有时可能是一次只提供一点学习指导,并且允许学习者根据需要来尽可能多地利用学习指导。对学习较快的学习者可能使用一个提示就够了,但对学习较慢的学习者,可能要使用三个或四个提示才有帮助。提供这种适应性的学习,可以由计算机教学系统的一部分来承担(Tennyson,1984)。

在态度的学习过程中,如第五章指出的,可以使用人物榜样。榜样本身及其传递的交流信息可被看成是构成了态度学习的学习指导。这样,在这种情形下的整个教学事件,与言语信息或智慧技能学习中的教学事件相比,就显得有些更复杂。但它们都起到同样的语义编码作用。

引出行为表现

有可能的是,得到充分的学习指导后,学习者现在将能够达到学习事件的实际内部整合出现的那一点。也许他们看上去较少困惑,快乐之情溢于言表。他们现在理解了! 在这一事件中,我们让他们展示他们知道如何做。我们想让他们不仅使我们信服,也使他们自己信服。

通常先要求学习者回忆一个在教学中遇到的行为表现的例子。例如,如果学习者已学会了将词尾是 ix 的单词变成复数形式,并且已经给他们呈现了单词 matrix,那么第一个行为表现可能是复数形式 matrices 的生成。在多数情况下,教员接下来会呈现第二个例子,如 appendix,以确保该规则可被应用到新例子中。引出行为表现至少有两项功能。第一,它使学习者从长时记忆中回忆起在短时记忆中习得的内容,以便完成任务。当学习者必须为将来的学习而回忆学习时,这一点在以后将非常重要。第二,它提供了反馈的机会——确认"理解"是正确的和充分的。

提供反馈

一旦学习者展示出了正确的行为表现,就认为其中包含了必要的学习事件,这一假设是不正确的。我们必须清醒地意识到学习事件的后效及其对准确确定所学结果的重要影响。换句话说,至少要有反馈来证实学习者行为表现的正确性或正确的程度。

在许多情况下,这种反馈是由事件本身提供的,例如一个人学习投标枪时,他几乎立即能看到标枪投得有多远。当然,许多学校学习任务并不提供这种"自动的"反馈。考虑一下在各种情境中练习使用代词"I"和"me"这一任务。学生能自己决定该用哪个不该用哪个吗? 这种情况下外部反馈(通常由教师提供)可能是一个必要的事件。

在反馈的措辞或传递方面,没有标准的形式。在一个教案中,正确答案一般是印在该页面的边上或下一页。即便是标准的数学和科学教科书,习惯上也是把答案印在书的后面。当教师在观察学生的行为表现时,反馈信息可以多种不同方式传递——点头、微笑或口头说明。同样,在这种情况下交流的重要特征不在其内容而在其功能:给学生提供有关其行为表现是否正确的信息。但如果学习者的行为表现不正确,可能需要矫正性的反馈(或补救)。仅知道某些人的行为表现不正确并不一定意味着知道如何改正它。

测量行为表现

当合适的行为表现被引出来时,就直接标志着预期的学习已经发生。实际上这就是对学习结果的测量。但接受了这一点就会遇到更大的信度和效度问题,这两个问题与测量学习结果或评价教学有效性的所有系统的努力有关。

当看到学习者展示出了符合课时目标的单一行为表现时,观察者或教师如何知道自己的观察是可靠的?他怎样知道学生不是碰巧或通过猜测而完成所要求的行为表现的?显然,如果学习者用不同例子再做一次,我们就更有把握相信其学习效果。一个一年级学生展示了区分 mate 和 mat 的发音的能力。他是碰巧对了还是对 pal 和 pale 这两个词语也能展示出同样的规则支配的行为表现?通常我们期望通过第二个行为表现的例子来提高(关于学生性能的)推理的信度,使之大大超越机遇水平。对观察者来说,再用第三个例子将会导致更高的表明规则已习得的概率。

怎样才能让教师确信学生的行为表现是有效的呢?这是一个需要两个不同决策的问题。第一个决策是,行为表现事实上准确反映了教学目标吗?比方说,如果目标是"用自己的话叙述该段文章的主要观点",那么就需要对学生所叙述的是否确实是"主要"观点作出判定。第二个判断是行为表现是否是在观察不受扭曲的条件下出现的,这一判断不易做出。例如,这些条件必须是学生不可能"记住了答案"或从前面的情形中想起了答案。换句话说,必须让教师确信,观察到的行为表现以真实的方式揭示了习得的性能。

促进保持和迁移

在这一点上,知识和技能已经习得。问题是如何防止遗忘以及如何提高学习者在适当时候回忆知识或技能的能力。当信息或知识被回忆时,材料习得时的有意义情境的存在似乎最能保证信息的恢复。新习得材料所嵌入的关系网络为其提取提供了许多不同的线索。

为智慧技能回忆所作的准备通常包括为"练习"它们的提取所作的各种安排。这样,如果定义性概念、规则和高级规则想得到良好的保持,教程计划必须为在几周或几个月内有间隔的系统复习作准备。这些有间隔的重复,每次都要求提取和使用技能,其效用是很好的,而最初学习之后直接给出重复性的例题,其效用相对而言并不好(Reynolds & Glaser,1964)。

在保证学习的迁移方面,看来最好为学生提供各种各样的新任务,这些任务需要把所学知识运用到那些与学习时的情境本质上不同的情境中。例如,假定习得的性能是一套关于"使动词与代词主语保持一致"的规则,那么就可以采用变换代词和动词的任务来测量行为表现。但为迁移安排条件,还意味着在更大的范围内变化整个情境。在上例中,要做到这一点,就可以要求儿童造几个由自己提供(而不是由教师给出)代词和动词的句子。在另一种变式情境中,可以要求学生用代词和动词造句来描写图片所示的某些行动。在为确保学习迁移而设计各种新颖的"应用"情境方面,需要教师的创造性。

问题解决任务的变化和新奇性也与认知策略的不断发展有特殊关系。如前所述,问题解决中使用的策略,需要通过系统地引入解决问题的场合来发展,其中还穿插着其他教学。在向学生呈现新问题时要特别指出的另一件事是,要澄清所期望的解题方法的一般性质。例如,"实际的"解法可能与"原来的"解法大相径庭,而在目标的交流中,学生的行为表现很容易受这类差别的影响(Johnson,1972)。为可接受的行为表现提供参照的一种方式是有一些可接受的例子或样板工作,这样学习者可以把自己的工作与之比较。

教学事件和学习结果

教学事件可与第四章和第五章描述的五种习得的性能联系起来使用。对某些教学事件(如引起注意)来说,用于引发该事件的具体方法并不一定要视智慧技能目标和态度目标而有所区别。但对学习指导来讲,事件的具体性质可能极为不同。正如我们在前一部分看到的,智慧技能的编码可以通过言语教学来引导,如告知学习者将要学习的规则的言语陈述。与之相对比,态度的有效编码通常需要一个包括对人物榜样观察的复杂事件。对教学事件的不同处理也适用于事件3(激起对先前的学习的回忆)和事件4(呈现刺激材料)。

每种习得性能的第3、4、5个教学事件总结在表10.2中,同时也列举了这些事件所起作用的例子。对每类学习结果,还在这三个事件的下边列出了适当的学习条件。这些描述并不是要包容一切,而是举例说明这些事件的性质如何彼此不同。

表 10.2　教学事件 3、4、5 的作用及五种学习结果的例子

智慧技能

事件 3：激起对先决知识或技能的回忆。问一个有关原有学习的问题以便学习者将先决规则和概念提取到工作记忆中。

事件 4：呈现刺激。用例子展示概念或规则的陈述，强调成分概念的特征。

事件 5：提供学习指导。在不同情境中呈现变式例子；还要给出详细说明以提供提取线索。

认知策略

事件 3：激起对先决知识或技能的回忆。回忆任务策略及相关的智慧技能。

事件 4：呈现刺激。描述任务和策略，并说明策略用于做什么。

事件 5：提供学习指导。描述策略并给出一个或更多的应用例子。

言语信息

事件 3：激起对先决知识或技能的回忆。回忆熟悉的、良好组织的、与新的学习有关的知识体系。

事件 4：呈现刺激。呈现书面的或言语的陈述，突出区别性特征。

事件 5：提供学习指导。通过与更大的知识体系相联系对内容进行精加工；使用记忆术、表象。

态度

事件 3：激起对先决知识或技能的回忆。回忆与个人选择有关的情境和行为，提醒学生回想起人物榜样。

事件 4：呈现刺激。人物榜样要描述欲呈现的个人行为选择的一般性质。

动作技能

事件 3：激起对先决知识或技能的回忆。回忆执行性子程序及相关的部分技能。

事件 4：呈现刺激。呈现在技能的表现一开始就存在的情境。演示执行性子程序。

事件 5：提供学习指导。伴有信息性反馈的持续练习。

综观该表可以看出，这三种教学事件中的每一种所采用的具体形式依赖于要学习的性能。例如，学习智慧技能时，激起回忆就是提取先决性的概念或规则；而学习言语信息时，就需要回忆有组织信息的情境。事件 3 及事件 4 和 5 的具体形式上的类似差异也在表中指了出来。这些处理的每一种可被看作是促进预期学习类型的不同"教学策略"。一项有趣的活动是根据教学策略如何表示各种教学事件来看你最喜欢的教学策略，并看看呈现了哪些事件，没有呈现哪些事件。

一节课中的教学事件

在使用教学事件备课时，很明显需要将其以灵活方式组织，把主要注意放到课的目标上。从我们的描述中可以看出，教学事件显然不是一组标准的、固定的交流和活动。这些事件代表了教学中要执行的功能。这些功能要适应具体的情境、要完成的任务、任务代表的学习类型以及学生的原有学习。

现在可以考虑如何把这些事件体现在一节实际的课中。作为例证,我们选择了一组提供给基于计算机的课的设计者的教学,来说明逐框面设计每一教学事件的含义(Gagné,Wager,& Rojas,1981)。[①] 这节课是关于英语语言使用中的一个定义性概念,即称作宾语的句子成分。

显而易见,最好把这节英语语法课看作是一个更长的教学序列的一部分,在这个序列中,像句子、主语、谓语这样的原有概念已经习得。对缺乏这种已有经验的学习者,"宾语"概念的教学需要从更简单的先决概念开始。值得一提的是,这节课反映了本章描述的每一个教学事件,从这个意义上说,它是经过精心设计的。显然,这是一次练习,在练习中设计者的艺术在支持预期学习的教学事件的框架内有相当大的展现机会。

与为年龄较大学生设置的课的比较

在为中高年级设计教学时,可以期望教学事件逐渐由课的材料或学习者自己所控制。这样,当构成教程的教学单元在结构上相似时(如在数学或初级外语中就是这样),每一连续单元的教学目标可能对学生显而易见,因此就没有必要再告知学生了。对有合理而良好的动机的学生,通常没有必要采取专门措施控制其注意,因为这一事件也被学习者自己适当地管理了。

家庭作业,如那些需要从课文中学习的作业,依赖于学生使用自己掌握的认知策略来管理教学事件。课文可以通过使用黑体字、段首呈现标题或其他类似的一般特征来促进选择性知觉。课文可以通常也确实包含了有意义的材料的情境,通过把新信息与学生记忆中已有的有组织信息联系起来而提供了语义编码。但学习的一个重要组成部分,是必须进行合适的行为表现练习,而不管这是一个用自己的话陈述信息的问题、把新习得的规则运用到事例中的问题,还是创造新颖问题的解决办法的问题。对自我教学的这些事件以及给予即时反馈的正确判断,学生通常必须依赖他们可用的认知策略。

---

① 设计一节基于计算机的课的教学事件请参见 R. M. Gagné, W. Wager, & A. Rojas. Planning and authoring computer-assisted instruction lessons. *Educational Technology* (September 1981, p. 23). Copyright © 1981 by Educational Technology Publications.

总 结

本章论述了构成针对学习结果的教学的各种事件,这些事件可能发生在一节课中。这是些通常外在于学习者的事件,由教师、课文或与学习者相互作用的其他媒体来提供。当进行自我教学时,正如经常所预期的,随学习者经验的增长,学习者自己可以引发教学事件。不管这些事件怎样引起,其目的都在于激活和支持内部学习过程。

起支持作用的外部事件的一般特征可以从学习和记忆的信息加工(或认知)模型中推论出来,该模型被当代学习研究者以这种或那种形式而加以利用。信息加工模型认为单个学习活动包含许多内部加工阶段。从接受器接受刺激开始,这些阶段包括:(1)感觉事件的短暂登记,(2)刺激特征在短时记忆中的暂时储存,(3)利用复述过程延长短时储存的时间,为信息进入长时记忆作准备,(4)为长时储存进行语义编码,(5)通过搜索和提取以回忆起先前习得的学习材料,(6)由反应组织产生一种与习得内容相适合的行为表现。多数理论或暗含或清楚地包括(7)由行为正确性的外部反馈引起的强化过程。此外,该学习模型还假定了(8)若干执行控制过程,这些过程使学生能够选择并使用影响其他学习过程的认知策略。

从这个模型中推论出的教学事件是:

1. 引起注意;

2. 告知学习者目标;

3. 激起对先决性的学习的回忆;

4. 呈现刺激材料;

5. 提供学习指导;

6. 引出行为表现;

7. 提供行为表现正确性的反馈;

8. 测量行为表现;

9. 促进保持和迁移。

这些事件适用于对以前描述的所有类型的学习结果的学习。本章还举例说明如何安排每种事件并使之发挥作用。为一节课或其中的一部分安排的教学事件有一个大致的呈现顺序,该顺序视教学目标的不同可在某种程度上变化,并非所有事件都一概使用。某些教学事件由教师操纵,某些由学生操纵,某些则由教学材料决定。一个年龄较大的有经验的学习者通过自己的学习努力可以自己提供这些事件中的大部分。对年幼的儿童来说,需要教师安排大多数教学事件。

由于这些事件适用于各种习得的性能,所以它们就表现出不同的具体特征(Gagné,1985)。在我们开列的下述事件中,这些差异尤为明显:事件3,激起对先决知识与技能的回忆;事件4,呈现刺激材料;事件5,提供学习指导。例如,辨别学习的"呈现刺激"(事件4)要求刺激的差别逐渐减小的条件。而概念学习则需要呈现一般类别的各种正例和反例。规则学习所需要的学习指导(事件5)的条件包括应用的例子,而言语信息学习的这些条件则明显关注与更大的有意义情境建立联系。对态度学习来说,当这一事件包括了人物榜样及榜样的交流时,它就表现出更有区别性的特点。

本章还给出了一个例子,说明怎样使用教学事件来设计一节基于计算机的课来教授英语语法中的一个定义性概念。

参考文献

Anderson, J. R. (1985). *Cognitive psychology and its implications* (2nd ed.). New York: Freeman.

Estes, W. K. (Ed.) (1985). *Handbook of learning and cognitive processes: Introduction to concepts and issues* (Vol. 1). Hillsdale, NJ: Erlbaum.

Gagné, R. M. (1968). Learning and communication. In R. V. Wiman, & W. C. Meierhenry (Eds.), *Educational media: Theory into practice*. Columbus, OH: Merrill.

Gagné, R. M. (1977). Instructional programs. In M. H. Marx & M. E. Bunch (Eds.), *Fundamentals and applications of learning*. New York: Macmillan.

Gagné, R. M. (1985). *The conditions of learning* (4th ed.). New York: Holt, Rinehart and Winston.

Gagné, R. M., Wager, W., & Rojas, A. (1981, September). Planning and authoring computer-assisted instruction lessons. *Educational Technology*, 17 - 26.

Johnson, D. M. (1972). *A systematic introduction to the psychology of thinking*. New York: Harper & Row.

Klatzky，R. L. (1980). *Human memory: Structures and processes* (2nd ed.). San Francisco：
Freeman.

Reynolds，J. H. ，& Glaser，R. (1964). Effects of repetition and spaced review upon retention
of a complex learning task. *Journal of Educational Psychology*，55，297 - 308.

Wittrock，M. C. (1966). The learning by discovery hypothesis. In L. S. Shulman & E. R.
Keislar (Eds.)，*Learning by discovery: A critical appraisal*. Chicago：Rand McNally.

第十一章　技术——潜在用途

教育技术的最初理念之一是替代教师。在 1960 年,拉姆斯丹(A. A. Lumsdain)写道:

> 自动化应用于教学过程的可能性是什么? 看来清楚的是,自动化的教学方法包括许多方式,借助其中任何一种方式,教师在指导或调节学生学习过程方面的功能被加以编码,以便其在时间和空间上能被移走或被延伸,并根据需要加以复制(p. 136)。

今天我们知道,替代教师这件事不会发生;但教师在学习过程中的作用正发生变化。教学设计者必须面对的一个问题是,如何给学生提供学习的外部条件。这些外部条件包括引起注意的手段、先行组织者、新信息、学习和应用的情境、反馈与迁移。

过去几十年数字技术的爆炸性发展已给人们如何学、学什么、何时学、何处学带来了巨大的变化。毫无疑问,作为今日社会一名成功的、有贡献的成员所需要的技能已大大不同于过去。通过给教师和教员、学生与父母、培训开发者和管理者提出新的挑战,技术正改变着教育机构、美国的公司与联邦政府。为充分利用数字时代的优势,教育工作者和培训开发者需要重新思考学习、教育与培训的取向,并决定技术如何能给每一方面予以支持(Resnick,2002)。

我们将潜在用途(affordance)一词定义为扩展了我们学习与知觉性能的技术的特性或功能。这些特性或功能可以是经济方面的,如搜索数据时技术所提供的快捷;可以是社会性的,如提供异步交流与合作;可以是认知的,如提供信息搜索和数据共享;可以是情感性的,如能够以有吸引力的方式呈现信息的多种媒体组合。认知功能包含那些与人们如何学习有关的标准;社会功能包括那些与共享的人类活动有关的标准;情感功能与学习的动机方面相联系;经济功能与资源和有关教学设计与传输的其他实际问题有联系;认知功能指提供给计算机用户的性能,如交流、信息提取、计算、数据操作、数据转换等等。

本章探讨上述每一种功能并讨论技术,特别是互联网如何影响学习与培训的过程、产品和结果。这里介绍的是今日的教育工作者和培训者能够利用的资源与技术的类型、它们与教学事件和学习结果的关系以及与其使用相联系的挑战。

数字时代的学习

信息与通信技术正改变着组织并重新定义了社会所要求的、为在新千年获得成功所需的知识与技能。在个体水平上,具备"数字素养"(Gilster,1997)意味着具有理解和使用信息和通信技术的能力。这对于成功应聘、公民参与以及教育和培训十分重要。数字技术正改变着我们工作、生活、休闲与学习的方式。

计算机对人们学什么的影响

我们学校的课程必须不断更新以反映数字时代的任务与技能。新技术正在改变的不仅是学生应当学什么,而且还包括他们能学什么(Resnick,2002)。由于传统的教学媒体和传输方法如黑板、纸笔、书等的限制,许多思想和论题被排除在学校课程之外,但现在可以对其进行介绍了。例如,可以用计算机模拟来让儿童探索系统如何工作以及某些现象如火山、龙卷风、地震背后的数学。以前只在大学水平介绍的内容,现在在学校学习中可以更早地介绍了,如使用分形数学来理解现实世界中的物体。需要对课程加以转换,使其较少关注"需要知道的事",而较多地集中于"用来学习你不知道的事物的策略"上(Resnick,2002)。在数字时代,学会成为一名更有策略性的学习者,比仅通过机械记忆来学习要好得多。策略性的学习者知道如何通过互联网来利用极大扩展了的信息世界。

批判性与创造性思维、有根据的决策、现实世界的问题解决都是在数字时代学生必须进一步发展和深化的高级技能的例子。学生必须习得良好的推理技能以便能够计划、设计、执行与评价解决办法(信息技术素养委员会,1999)。与参考图书馆和书籍不一样,在线获得的大量信息要求用新的技术对其进行搜索、分类和评价,来拒绝额外的材料,来证实信息的来源,解决信息间的矛盾。人们需要具备信息素养以便使用诸如互联网搜索引擎与互联网开发工具之类的电子资源。习得所有这些技能可以促进批判性思维的发展。

计算机对人们如何学习的影响

雷斯尼克(Resnick, 2002)认为, 21 世纪的学校课堂需要改革, 以便让学生更为主动和独立, 让教师成为咨询者而不是演讲者。不应当将课程分成诸如数学、科学、语言、社会学科之类的独立学科。课程的焦点应当集中于跨越几个学科的主题或项目上, 以便利用不同知识领域之间的丰富联系。

互联网已成为主要的研究来源。由于互联网上这么多的内容是以文本形式呈现的, 因而阅读越来越重要。但是, 文本并不是唯一的信息来源。互联网有多种呈现信息的方式, 它可以传输声音、图形、录像和运动的图片。学生需要历练他们的听的技能、阅读图形的能力以及追踪运动图片的能力。本书的前几版集中于媒体选择, 我们不再将其视作是一个问题, 因为计算机已基本能在显示屏上融合多种媒体。"多通道"一词就蕴含了如下观念：有许多类型的刺激可以通过单一的技术予以传输。当使用多通道的传输系统时, 考虑需要哪类刺激来促进学习十分重要。

计算机对人们在何处、何时学习的影响

学校是变化最慢的文化机构之一。传统上学校学习发生在 6~18 岁, 从幼儿园到 12 年级, 从星期一到星期五, 从早上 8:30 到下午 3:00。教室的设计也是为了促进学生听教师以言语方式和在黑板上画图的方式呈现新信息。今天, 雷斯尼克(2002)有关学习的更具有倡导性的取向已不再根据不同年级学生的年龄或时间(如典型的一小时长的课堂时间)来对学生进行分班。相反, 鼓励不同年龄的学生在延伸的时间内一起完成某一项目。这将使他们能相互学习并能更有意义地跟上学习过程中产生的思想观念。学习将变成一项终身的经验。正规的学习不仅可在学校进行, 也可在家中、社区中心以及工作场所进行。许多教育改革的提倡者(Resnick, 2002)认为, 学校只是更大的学习生态系统的一部分。在未来几年, 数字技术将继续创造新的学习机会。在这样做时, 技术将会支持"知识社区"这一新类型的发展, 在这种社区中, 儿童和成人可以不受时间限制地在世界范围内合作完成项目。

互联网的影响

在我们的信息社会中, 互联网是一个重要工具。大量内容已能上传到互联网上进

行传输。互联网技术为公众提供了在线从事日常活动的越来越多的选择。人们到网上进行日复一日的活动,如银行业务、购进和抛出股票、购物、个人通信、研究、修习教程。商业机构利用互联网来完成诸如营销、招聘、广告及提供客户服务之类的活动。具备计算机方面的素养并融入数字时代,对我们国家教育、经济、政治与社会的进步正变得十分重要。增加美国人使用数字时代的技术如互联网的人数,已成为国家的一个重要目标。因此,美国已转向教育工作者和培训者,以非常根本的方式,重新考虑我们教育基础结构的目的与框架。这为教学设计者提供了使用互联网技术来开发综合课程的机会。在综合课程中,在一个领域习得的知识可被应用到另一个领域并促进相关性和迁移。

技术的挑战

技术革新有利也有弊。例如,在线学习通常减少了师生之间、学生之间面对面的相互接触。学习的这一社会性方面是许多学习者十分看重的。即使随着同步交流的进展,参与者可同时通过双向的音频或视频来进行相互作用,但在线学习并未取代师生或生生之间的相互作用。通过聊天室、主题讨论及其他合作技术,在线学习可以促进社会关系。技术提供了提高师生交流质量的可能性,但正如上文指出的,虽然数字技术具备大大改变课堂目的与功能的潜在能力,但仍存在许多阻碍变革的力量。因为互联网是如此有效的教学工具,它必须像传统的教育与培训一样,受同样的开发与实施规则的支配;换言之,它需要良好的教学法实践和良好的教学设计。

因为有更大比例的美国人通常使用互联网来处理日常事务,美国的公司已将互联网作为大多数商业交易的主导资源。缺乏如何使用互联网的机会、知识与培训的人,就处在十分不利的地位。最终,他们会发现更难以在社会中正常工作和生活。有合理的机会使用技术工具,特别是互联网的个体与没有这种机会的个体之间的差距,被称作数字鸿沟。虽然我们的政府在有意识地确保公民有合理使用技术的机会,但还需要技术培训来发展公民的相关知识技能,以使他们能够运用技术来提高生活质量。

验证内容

即使是提倡在课堂上使用互联网的人也同意,被克林顿总统称之为"几百万学龄儿童的公共百科全书"的巨大网络,实际上是一个不易使用的、不均衡的而且通常是不可靠的信息源。虽然互联网是今日世界最大和最多样的信息来源,而且在将其丰富信息融入在线课程上已取得重大进展,但对于创造有效的教育或教学内容仍存在重大挑战(Golas,2000)。事实性知识非常丰富,但教育工作者通常质疑信息的真正价值,需要做出巨大努力来将信息转换成有用的知识系统。这是学习者共同体的工作(Riel & Polin,2002)。

对其大部分来说,互联网不是"教学",它只是一个丰富的信息源。但是,在本书开篇我们将教学定义为对促进学习的外部事件的安排。那么,互联网如何适合于教学过程? 我们认为它能适合,因为它通过允许学习者在他们希望的时间和地点进行学习而具有灵活性和便利性,而且它还提供给学习者接近多种资源包括其他学习者的机会。

减少费用

教育总是与花费联系在一起的,我们想以最小的投入获得高质量的教学。媒体和计算机技术是教学的来源,但也存在着投资的回报与规模的问题。

在线学习可以减少学习与培训时间以及选派人员去接受培训事先所要支付的交通和食宿费用,因而从长远来看,在线学习还是有很好的成本效益的。但和传统的教学媒体相比,在线学习的开发与实施并不一定比其便宜。此外,和传统的学习媒体如书相比,在线学习内容的更新、修改、重播需要的时间远比其少。当需要开发诸如视频方案、复杂的交互练习及三维模拟之类的多媒体策略时,在线学习会变得更昂贵。与硬件、软件、网络相联系的启动与维护费用增加很快。在线学习还导致了针对管理者、教学设计者与技术实施者的具体培训需求。这些人需要在设计策略、工具、过程与标准方面接受培训。

跟上技术的发展

互联网发展迅速,正从利用电话线拨号上网发展到利用光缆和卫星上网,并使用宽带性能来处理发展中的数字媒体融合。政府部门、教育部门和工业部门的领导也因此有责任跟上互联网的发展并识别出真正有益于社会的技术来。未来 30 年内发生的变化,将会比我们在整个 20 世纪看到的变化还要大,而且,随着技术融合和变革发生的速度加快,这一点将会变得特别真实(Mehlman,2003)。正如有许多术语用来描绘基于互联网的培训一样,对在线学习的设计、开发与传输,也有许多教学设计策略、技术性能与开发工具(见本书第十五章)。

有效的合作

在线学习计划的成功将取决于学校、父母、儿童及培训行业在全球范围内有效合作的能力。网络和联网技术已有可能将被时间和空间分隔开的学习者,用超越个别课堂的分布式教学资源联系起来。在线教学资源包括教师、其他学习者、学科专家、参考资料、模拟与交互性的实际练习。技术的发展提供了一种学生和教师或教员可以同时作为学习者和学习的促进者的环境。专业的教师发展是在课堂上开发出大部分数字内容的一个十分重要的成分(Trotter,1999)。

技术并非一切

技术本身不是目的;对培训技术的任何成功使用必须始于清晰界定的教育目标。在新技术被用于教育和培训的大多数地方,只是强化传统的学习取向(Resnick,2002)。每所学校的每个学生都有机会使用互联网和复杂的学习工具,但是,如果教师不知道如何将数字策略与内容融入其课堂,那么,这些工具将不会对学习产生任何影响。

数字素养并不是对良好的家庭教养和有效教学的取代。任何界定和提高数字素养的努力必须强化父母和教师独特而重要的作用。技术可以通过将世界变得更安全、更有趣、更繁荣、更平等而改善人们的生活;但它也会带来一些问题。例如,编密码技术在保护我们隐私的同时也掩蔽了恐怖分子的通信。互联网可以使北美的儿童探索巴西的雨林并在线学习科学课,但也使他们有机会获取色情内容和关于如何制造炸弹与藏匿武器的指导。

数字技术提供的在线学习并不是一种灵丹妙药式的解决办法。例如,异步教程可以在任何时间、任何地点进行学习,而且对于自定步调的、补充性的或最新动态的培训或继续学习都是十分完美的。但另一方面,在某一具体时间传输的、通常有一名在线监控者(online moderator)的同步教程,是一种触及地理上分散开的学生的极好方式。

有两条在线学习的指导原则。第一条是"及时"或"有目的地传输",即关键的信息或教学在需要的地点和时间,以所需要的量,而且通常以用户选择的方式准确地予以传输。对于"及时"或"有目的地传输"而言,要避免过度的与额外的信息以便保证用户的教育或教学工作负担是可以管理得了的和有意义的。第二条指导原则是模块化学习,即涵盖不同主题的信息以个别教程或教学单元的形式传输给学生。对于模块化学习,学生通常以自己的速度来学习教程材料。

在线教育与培训并不是对动手培训或学习的取代,它可以通过三维动画、录像、声音与交互来帮助学生将有关生命的信息视觉化并定格。但借助于它们的教育媒体并不影响学生的成就;它们允许教学信息的传输和储存,但不决定学习。

数字素养并不只是有机会使用互联网以及熟练掌握较多的技术。它是关于学会区分数字世界中的对与错的。例如,尊重知识产权,自觉地实施安全措施及尊重他人的隐私,这些方面对于一个机能上文明健康的信息社会来说,都将是非常重要的(Mehlman,2003)。

学校学习中的技术

学院与大学

高等教育社区对互联网的几乎全面的采用为在线学习工具和教学法的广泛使用做了准备。学院和大学已将在线学习作为一种促进学生的课堂经验、扩展其教育机会的方式。虽然处在一种有挑战性的财政环境中,学院和大学用于技术上的开支在2000~2001年间增长了9%以上,达到了47亿美元(国家教育统计中心,2002)。

国际数据公司2002年的一项调查显示,到2005年,90%的美国学院和大学将会提供某种水平的在线学习。大学机构用于信息技术上的花费将以每年10%的比例增长。高等教育的在线学习市场到2005年将达50亿美元,给硬件、软件、支持性服务及通信技术提供商创造了一个竞争的主要市场。虽然学院和大学会减少购买机构用的个人电脑,但网络服务的市场仍会增长,特别是更小的机构将会以更快的速度将信息技术支持服务及计算机培训工作以订立契约的形式包出。

中　学

在四处遍布的、数千兆比特的无线网络中成长起来的2030年代的中学生,将是真正数字化的一代。到时,他们要比之前的任何人更有能力、更有挑战性(Mehlman,2003)。

交互教育系统设计组织(2003)的一项研究发现,在2003学年,超过40%的中学提供了在线教程,17%的中学计划以后提供。研究还发现,在2003年,32%的国家公立学区将首次采用在线学习。来自国家教育统计中心(2003)的数据表明,在2001年美国 98％的公立学校已接入互联网,94％的公立学校的教师监控互联网的使用,74％的学校有阻抑或过滤软件,几乎 2/3 的学校实施了一个与互联网使用有关的信用代码。

CyberAtlas(2002)的一项研究发现,在购买在线教程时,中学考虑的最重要因素是鉴定过的课程。承受能力、传输的便捷性与速度也是重要的考虑因素。根据这项研究,在"为什么转而采用在线学习"这一问题上,中学提供的主要原因是成本效益、保证教育均等、解决时间安排上的冲突。但研究还指出,虽然 84％的美国教师认为计算机和互联网的接入改善了教育质量,但 2/3 的教师说,互联网并未很好地融入课堂。

Netday(2003)的一项调查报告显示,几乎所有的教师现在在其工作的中学都有机会使用互联网,而且 80％的教师可以在课堂上使用互联网。这些比例很高,而且几乎半数的教师说,在过去的两年中,互联网已成为一种重要的教学工具。虽然如此,大多数教师仍说,他们每天在学校使用互联网的时间不足 30 分钟。有 3/4 强的人说,他们没有使用互联网的主要原因是没时间。设备、连接速度与技术支持的缺乏也被认为是阻止更多使用互联网的障碍。研究还发现,大多数教师并不将互联网用于如下方面:与学生、父母或其他教师的交流;组织活动;备课;完成项目工作或更新课时计划。

终身学习与以学生为中心的系统

林(Linn,1996)确定出了在线学习具备的支持学生进行自主终身学习的几个特征。学生能够:

◇ 做出有效的决策,提出新的思想;

◇ 识别他们何时、如何、为什么学习新材料;

◇ 诊断他们的优点和缺点;

◇ 选择与自己的目标、优点和缺点相容的活动;

◇ 开发出适合于个人在学科中的目标的独立项目;

◇ 为自己的学习承担责任;

◇ 监控自己的学习进展情况;

◇ 反思自己对材料的理解情况;

◇ 从教员和同伴处寻求指导;

◇ 创设出能够支持对所习得技能进行练习的活动;

◇ 通过自主的学习活动来理解学科知识、惯例与文化,这些自主的学习活动包括建立思想观念间的联系、比较不同选择、反思进展情况、在指导和帮助下评判思想；

◇ 安排其教程的结构，通过参与合作性的实践，来利用学习的社会性质及社会因素对学习的促进作用。

在不久的将来，学生控制的界面将能够：

◇ 根据学生的学习要求或他们当前正学习的内容，提出个别化的培训内容；

◇ 适应学生的个别学习方式与偏好；

◇ 勾画出学生已具有的与教学内容有关的知识；

◇ 追踪情绪反应以帮助学生提高与别人更有效地相互作用的能力。

对于以学生为中心的系统，学生所做的每件事或所采取的每个行动都将输入系统，并伴有更好的思考，即学生发现什么东西有趣。以学生为中心的系统将能够：

◇ 监控学生的兴趣、焦虑与动机水平并适应于具体的目标受众（语言、文化背景与学习能力）；

◇ 收集如下一些信息：学习者是谁，他们知道什么，他们到过哪里，通过整个学习生涯他们已完成了什么。

评价工具将会：

◇ 提醒学生将其注意指向何处，接下来做什么，提供快速的、对情境敏感的个别化的反馈；

◇ 示范个别学生的困难并对问题和解释加以裁剪以提出正确和错误的观念；

◇ 自动追踪学生的学习进展情况，提供呈现顺序和路径的统计模型，为学生、教员提供即时反馈，并管理与课程及其呈现有关的问题。

培训中的技术

降低培训费用的要求已使许多公司、政府机构与军事部门在诸如高级远程学习之类的数字技术上进行投资。传统的课堂教程迅速让位于互联网上的在线学习。对及时可用的异步培训和较低的生均培训成本的要求，也有助于扩展在线学习的培训市场。在线学习在保留并促进对其他公司或组织的资源的更好利用的同时，也利用了已有的网络、内部网和个人电脑等基础设施。书和教室并不是要离我们而去，但互联网正迅速成为美国公司和联邦政府中学习的一个重要方面。一名新的雇员可以自己开始学习,而且一旦准备好,就可以转入有教员或有辅导教师的主动学习阶段。

工业部门中的技术

完整、迅速地获取复杂的教育与培训产品对于组织机构在全球市场上成功竞争十分重要。培训计划必须与商业策略一致,而且要满足雇员、供应商与客户的即刻学习需要。由于目前全球经济下滑的原因,公司和政府部门削减了培训预算,于是培训计划必须始终如一地带来高的投资回报。雇员需要更有效率地学习并能有效地将他们所习得的内容迁移到迅速变化的工作环境中。

eMarketer(2002)的报告显示,在美国使用在线学习培训员工的组织由 2001 年的 16%上升到 2002 年的 24%。以教员为主导进行培训的组织的比例由 2001 年的 65%下降为 2002 年的 57%。非常不流行的是传统的书和手册、CD‐ROM、录像带及卫星广播。Fulcrum Analytics (2002) 的调查显示,自 1997 年以来,访问成人教育站点的比例增加了 60%。这些站点在其他多种服务中提供培训,为标准化测验、研讨会及研究生学位做准备等服务。

国际数据公司 2001 年的一项研究表明,世界范围内的在线学习市场到 2004 年将超过 230 亿美元。在线学习的增长归因于互联网使用的增加、快速而便宜地访问互联网以及在线学习产品质量的改进。北美有望维持其市场主导地位,到 2004 年,其收入已占世界总收入的 2/3。国际数据公司确认西欧是第二个增长最快的市场。预计在线学习的全面收益从 1999 年到 2004 年将以 97%的复合年增长率增长。在内容要求上可以期望有如下变化,即在在线学习中,非 IT 的课件取代 IT 培训内容而成为最大的市场。到 2004 年,非 IT 内容占世界总需求的百分比由 2000 年的 28%增加到 54%。

联邦政府中的技术

我们的政府正在迅速采纳新的和更好的培训技术。随着我们的领导者通过改善技术进展的选择、控制与评价来要求更有效的管理,这一趋势还会持续下去并加速。数字技术被看作是构建政府的一种方式,以这种方式构建的政府,将会工作更高效、开支更少并能得到美国人所关心的结果(Warnick,Jordan,& Allen,1999)。

信息时代的技术首次允许联邦机构在其雇员和公众都关心的问题上搜索并提供全面的信息。面对紧缩的预算,政府机构已转向在线培训以降低费用,并使其成为许多职业发展计划的越来越重要的成分。机构需要知道最新的培训工具与技术以及如何使用它们,以便构建出基于知识的劳动力。政府组织应如何搜集和共享信息,特别是应如何支持许多迫切的国家安全问题,随着有关这些问题的标准不断发展,现已越来越有必要将知识管理融入政府事业结构。事业结构(enterprise architecture)是一种通过使用公共硬件和软件,将政府组织中的计算机系统组织为一个整体并加以标准化的计划(Hasson,2001)。这是一个组织系统应如何运作的蓝图,如识别一个整个组织都能使用的 e-mail 包(Hasson,2001)。

国家信息基础结构的发展和家中以及工作场所的个人电脑数量的增加,正提供着新的分布式(在线)学习机会。联网技术和远程通信技术的进展,正使从互联网和其他网络上获取信息的能力与机会发生革命性的变化。随着带宽和速度的提高,将有可能在网络上使用来自全世界的数据与信息源来运行分布式的多媒体培训应用程序。点对点的视频会议技术将使虚拟课堂能够不用考虑地点而组织教程。国家防御正极大地影响着劳动力的发展与军事部门、联邦执法机构及美国公司的技术培训,组织正转向技术以降低生均费用,提高培训效果。

康复法第 508 条款

政府已组建了一个独立的联邦机构,叫做访问委员会(Access Board),专门负责改善有残疾的雇员和公众(包括那些有视觉、听觉和运动障碍的人)使用数字时代的电子与信息技术。访问委员会根据 1998 年国会修正过的康复法第 508 条款开发了一些标准。该法律适用于所有联邦机构,并涵盖所有信息传播方式,包括在线学习、计算机软件与电子办公设备。

军事部门中的技术

教育和培训是每个士兵训练的重要组成部分。每个军事部门都极大地依赖数字技术来训练出比以前反应更快、更易指挥、更灵活、更多才多艺、更勇敢、更有生存能力、更有意志力的军队。模拟技术发展很快,已发展到武器系统正在制造时就可对军队进行培训的程度。在过去,只有当武器系统下了生产线并被用来提供高度现实化的培训时,才有可能进行相应的培训。今天,由于数字模拟技术的进展,使用实际系统的动手做式的培训大大减少了,三维绘画技术的成熟及其被安装到个人电脑平台上,正使得桌面模拟系统在军事部门广为使用。

美国军方的军事行动要求对空中、地面、海洋及基于太空的资产进行准确设计。由于模拟和数字技术的进展,陆军、海军、空军与海军陆战队能够整合其战斗力并协调使用哪支部队来完成任务、如何运送他们、如何给他们提供补给、他们如何战斗等等。建立美国联合司令部就是为了满足这些培训目标。美国联合司令部主要使用计算机模拟来训练部队,即建立军队和能力的模型以使指挥人员练习决策过程。

减少培训费用的要求已对军队中交互式的远程学习技术产生了重要影响。传统的课堂教学迅速让位于在线学习。军方对远程学习的效果作了大量的研究和分析。巴里和鲁尼恩(Barry & Runyan,1995)、威什尔(Wisher,1999)评论了关于远程学习应用于培训的有效性的文献,结果发现,通过将在线学习用作"事前培训",可使基于课堂的培训经验更有意义,因为学生从与其同伴相同的水平开始学习,而且他们在接受培训前已做了更好的准备。

能访问互联网或军方内部网络的电子课堂已成为军事培训的支柱。通常,电子课堂装配有供教员使用的交互性的控制台;下沉式的电脑桌,有倾角的显示器以减少对视野的限制;学生离散反应系统以及适合具体环境的声音和照明系统。电子课堂利用了电子数据的存储、通信和显示技术,可以允许用新的方式创造和传输教员为主导的培训。教员和学生可以相互作用,教员可以选择最合适的媒体来解释某一观点或过程,可以演示程序并让学生跟着做,学生可以在自己的计算机上练习。在实际练习期间,教员可以监控学生的屏幕,可以很容易地控制他们的活动并提供反馈。

学习者中心取向

教育研究文献表明,在军事培训中存在着学习者中心取向这一清晰的研究方向。这一培训取向源于认知、动机、社会因素与个别差异中的心理学原则。主要的研究领域包括:

◇　教员在在线培训中的作用;

◇　在线监控者的作用;

◇　学习者的知觉;

◇　在线合作的方法;

◇　相互作用的方式;

◇　合作工具的使用;

◇ 在线交流的影响；

◇ 个体学习方式的影响；

◇ 电子课堂的有效性。

当考虑到技术在学习中所起的作用时，卡罗尔的学校学习模式（Carroll，1963）是有用的。根据卡罗尔的模式，学习者所达到的学习程度是他们用于学习的时间量除以他们所需时间的函数。作为教学设计者，我们通过开发良好的教学来尽力减少学习者所需的时间量。但是，通过使用技术，我们也能满足需要更多时间的学习者的要求。互联网为我们提供了联系其他学习者的机会，因此，可以将在某一学科方面能力较低的学习者与高能力的学习者安排在一组，以便平衡高能力学习者拥有的知识。由于互联网几乎可在学生想学习的任何时间访问，有不同学习需求的学生不必等着课堂上的教师来给他们回答问题。

教程管理系统

有多种教程开发与传输工具，如 WebCT 和 BlackBoard 可将教程发布到互联网上。这些工具基本上是储存教程内容、资源与活动的结构化的数据库，可以允许已注册的用户使用。它们通常被设计成合作性的学习环境，而且十分看重学生参与班级活动。共享思想或交流对某一问题看法的地方，是教程的"讨论板"。

教程内容的来源可能在互联网上，也可能不在互联网上。例如，将文本作为教程的主要信息源很常见。但是，其他教学事件，如允许澄清文本的活动与练习活动，可以在网上呈现。测验可以在网上进行，也可以离线进行，这要取决于安全方面的要求。

高级分布式学习

由国防部长办公室发起创建的高级分布式学习，是政府、工业部门和学术界合作建立的一种新的分布式学习环境，可以允许学习工具和教程内容在全球范围内相互使用。高级分布式学习的目的是提供接受最高质量教育与培训的机会、适应个体的需要、在任何时间任何地方低耗高效地传输。通过与工业和学术界的合作，国防部长办公室正促进在工具的使用、规格、指导原则、政策与原型等方面的合作。这些合作可以使教程：

◇ 通过使用元数据或数据的数据以及打包的标准，可以在各个遥远的地点获取教程；

◇　通过使教学适合于个体或组织的需要而使教程有适应能力；

◇　在减少时间和降低费用的同时，提高学习的效率和生产率，从而使教程能被承受；

◇　能适用于操作系统和软件的不同版本；

◇　在多种软件设计、开发工具和硬件平台（如 IBM 个人电脑，Apple MaCIntosh 电脑或工作站）之间交互使用；

◇　通过设计、管理以及工具与学习内容在多种应用领域的分布而可再次使用。

高级分布式学习的创建是为了加速动态的和低耗高效的学习软件和系统的大规模开发，以刺激这些产品的有效市场，从而满足军事服役与未来国家劳动力教育与培训的要求。高级分布式学习实现这一点的方式，是通过针对基于计算机和互联网的学习而开发的一个公共技术框架，而这一框架将会有助于形成作为"教学对象"的可重复使用的学习内容。高级分布式学习的创建推动了诸如可共享的内容对象参照模型（sharable content object reference model，SCORM）之类的规格与指导原则的开发与实施。可共享的内容参照模型界定了教程成分、数据模型与原始资料间的相互关系以便学习内容的对象可在符合同一模型的不同系统间共享。可共享的内容对象参照模型包含了许多规格的集合，这些规格又是改编自遍及世界范围内的各种高级分布式学习规格，而这些规格又是由大量国际财团开发的，以提供一套全面的在线学习性能，使得基于网络的学习内容具有相互可操作性、可提取性及可重复使用性（高级分布式学习合作实验室，2003）。

未来的培训技术

就针对教育和培训应用的数字技术的设计、开发与实施而言，在未来还是有很大希望的。下面就介绍这样一些高级培训技术。

整合的浸入式技术

结合运动与触觉的触摸式界面、显示与声音技术、计算机模拟与感受器、下一代通信和信息技术，被整合起来提供一些规模可变的（scalable）模型来参与到做中学中（Golas，2003）。下一代的通信是指支持声音的传输、高速的互联网与数字音频服务的系统。从学生与浸入式环境(指处在计算机生成的模拟空间中并能提供感觉经验的环境)相互作用中自动获得的数据,将被捕获并被用于课/教程进展的最优化。在个人电脑上有一些可资利用的现实世界的三维工具组,通过来自这些工具组的共享的应用程序,可以提供模拟的工作经验。辅助的或提高的虚拟现实方案将提供一种对问题的增强观并支持角色扮演活动。

整合浸入式技术的培训应用包括如下任务:

◇ 现实任务中人会受到伤害或设备受到损坏;

◇ 在现实条件下的培训十分昂贵或不可能;

◇ 学生需从二维的数据中构建出三维的心理模型,如空中交通管制;

◇ 要求工程和科学教程方面的内容,而且揭示出某些现象背后的数学将有助于学习。

整合浸入式模拟技术的一个应用案例,是美国国防部高级研究计划署为战场伤员的护理而开发的一个完整的虚拟现实培训计划。研究者将虚拟现实技术用于部分任务的培训和战场伤亡团队的培训。高表现水平的部分任务培训模拟器能使医疗人员演练多种程序,包括缝合伤口、窦状腺仿制、内窥镜、膝关节内窥镜检查、插入导管、伤口清创术、血管内的支撑支架的放置。国防部高级计划署在虚拟现实培训方面的研究,通过使用触觉传感器和虚拟嗅觉装置而提供了多种感觉经验。虚拟嗅觉装置可使用户闻到各种气味如烟或化学药品的气味而不必实际接触气味的来源。这些及其他技术只是战场伤员救护革命的开始,而且正为 21 世纪的医疗实践提供着一个坚实的基础。

无线上网

无线的、光学的、移动的与有线的通信可使交互性的多媒体培训能在可无线上网的手提或便携式计算机上传输(Golas,2003)。复杂的语音识别将成为输入与输出的标准方法,使得"真实"的会话成为可能。在培训中,学生将与一些记录了他们的相互作用情况、假设、以前的行为等等的装置进行交流。便携式的无线设备通过在动手做的培训活动中提供指导、反馈和虚拟反应而影响在职培训。小型无线的位置与方向传感器将对学生在模拟器上的运动予以高度准确的追踪。例如,如果一只传感器装在学生的手上,那么当学生在模拟器中动手拿起一支武器时,模拟器会做出合适的反馈,显示武器正在学生的手中。

无线上网的培训适用于如下一些任务：

◇　培训必须在任何时间任何地点都能进行；

◇　培训必须整合或嵌入即时的内容传输中；

◇　实施了无线或增强的虚拟现实系统（无线的虚拟现实系统并不通过电线或光缆式的传输而将学生与计算机联系起来。这不像增强的虚拟现实系统，其中学生通过某种硬件与系统相连）；

◇　对诸如导弹试验场的仪表配置和观察者前线练习之类的任务，必须现场传输培训；

◇　培训是在现实世界条件下在实际设备上进行的；

◇　环境限制并不支持台式电脑的使用；

◇　人员分散在不同团队中，如在快速反应部队与执法培训中。

超宽带模拟与课件

在不久的将来，超宽带技术将能达到超速的传输速度。快速的连接与大容量的数据传输性能将改变基于网络的培训（Golas，2003）。超宽带将支持由会聚语言与数据网络、私人的和公共的网络以及无线与有线网络所组成的网络。高分辨率的视频与浸入式的三维共享环境将使得物理上相距遥远的参与者之间能够进行讨论、合作与相互作用。互联网的发展将产生大量的有关过去的演讲、交互性的呈现、模拟与熟练测验的分布式在线档案。教科书将开始被取代，信息主体将管理、分析、呈现多媒体与多来源的信息。这些主体将提供通达知识贮备的机会，并促进知识的共享、群体创作及对远程工具的控制。服务器和基于客户的智能数字助手将会工作，并代表用户以个人助手的身份行动。在培训期间，智能数字助手将起到建议者、内容专家、咨询者与个人的记者的角色。

超宽带模拟与课件的培训应用包括：

◇　为达到学习目标，需要复杂的模拟和高度交互性的任务；

◇　对复杂的系统，要求有表现与支持系统；

◇　分布式的任务培训必须得到支持；

◇　下一代的虚拟现实游戏将被吸收进来；

◇ 通过虚拟的私密网络传输培训；

◇ 要求同步视频会议；

◇ 要求电子商务的新模式。

全动的流视频也在要求之中。流视频是以压缩的形式通过互联网传送的一系列运动图像，在抵达时由用户加以播放。使用流媒体，网络用户在看视频或听声音前，不必等到一个大的文件下载完，相反，该媒体是以连续流的形式发送并在其抵达时予以播放的（Miller，2003）。

分布式智能

分布式智能系统是一些诸如在线机器人或主体的计算实体。它们整合了知觉、推理与行动，能在事先不可能知道并且在任务执行过程中不断变化的环境中完成合作性的任务（Parker，2002）。这些主体或机器人通过感觉与行动，浸入并与复杂的不可预测的环境相互作用。这些主体包括物理的主体如移动机器人，也包括软件主体如网络搜索引擎。今天正在开展的重要研究是设计一些软件，使得这些主体或机器人能在不可预测的环境中聪明地行动。主体/机器人设计涉及多个研究领域的整合，包括人工智能、控制论、机器学习、机器人学及运算研究。

分布式智能系统有潜力提出许多内在分布于空间、时间和/或功能方面的任务。分布式智能系统具体的应用领域包括：

◇ 本土安全、监视、侦察；

◇ 星际探索；

◇ 搜索与救援；

◇ 有害废物的清除；

◇ 采矿与建设；

◇ 自动制造；

◇ 工业/家庭维护；

◇ 核电厂拆除；

◇ 管线监控。

分布式培训类似于分布式智能之处在于分布式培训系统支持在联网的台式电脑上传输的练习，这些练习尽量模拟实际的系统，而参与者或"实体"在处于同一个虚构的环境中的同时又在地理上分散开来(Golas,2003)。分布式培训为地面部队指挥人员提供了更大的情境意识与分布式的支持,促进了快速的决策。环中人(Human-in-the-loop)模拟测验将在分布式培训系统中评价视觉化、语音识别、情境追踪以及会话管理技术的有效性。由国防部造型与模拟办公室开发的高层结构,对美国国防部中新的及现存模拟中模拟的相互可操作性提出了持续要求。

分布式培训的应用包括如下一些任务:

◇ 通过使用假设的环境和基于物理的造型模拟出的现实世界经验来对成组人员进行培训;

◇ 要求虚拟会议和合作培训环境;

◇ 在现实世界条件下,在实际设备上进行培训太昂贵或不可能。

教 学 资 源

教学资源指教学材料可被设计、开发与实施的所有方式。教学资源可以包括传输方法,如教师、教员、计算机、模拟器或实际的系统;可以包括教学策略,如小组讨论、案例研究与辅导;可以包括教学媒体,如文本和视频。现有的媒体呈现通常被选作更大教学计划的一部分而不是被独立地设计和开发(Gagné, Briggs, & Wager,1992)。教师和教学设计者群体,可以进行全面的教学设计,这取决于他们对各种方法、策略与媒体的选择与综合。在今天的数字世界里,这些通常被组合进教学的一个单一教程中,称之为混合学习。

混合学习

"混合学习"一词指融合了几种不同传输方法的培训产品或计划,如合作软件、在线教程、电子表现支持系统及知识管理惯例。混合学习还描述混合了各种基于事件的活动的学习,如面对面的课堂、同步在线学习及自定步调的学习。不存在保证学习的单一公式,而且在大多数情况下,多种学习策略是在教程或学习事件中开发的。例如,教员为主导的教程可以与如下内容整合起来:

◇ 在线教程材料与提纲(文件共享);

◇ 在线或基于计算机的软件、课件或教师的个别指导;

◇ 小组活动（亲自参加或在线参加）；

◇ 同伴指导、合作；

◇ E-mail 或语音邮件讨论；

◇ 日记写作（反思性学习）；

◇ 事件的日程表，教程布告及公告板；

◇ 聊天室讨论，主题讨论或有指导的讨论；

◇ 远程视频会议、音频会议；

◇ 网络搜索（批判性评价）；

◇ 探索活动或发现式学习；

◇ 在线图表、视频与语音夹；

◇ 在线交互测验与其他评价。

这些方法的最优选择与组合是基于目标受众、所要习得的内容与可用的技术的。有时学生修习一门或更多的在线学习课，而且只有在线时，才能亲自参与教员主导的学习。有时同步培训以正常间隔如以视频会议形式一周一次进行，剩下的时间学生从硬件拷贝、数字媒体（如 CD-ROM）或在线材料的组合中按自己的速度学习。

混合学习环境将传统的基于课堂教学的成分与在线远距离传输工具结合在一起。这种结合产生了多种益处。例如，可以提供工具以促进在班级日程与办公室日程之外的交流，这会促进学生与学生、教员与学生的交流。不同的学习方式与方法可以得到支持。例如，学生将有时间反思他们何时参加在线讨论，他们能在一个满足他们需要的时间和地点参与进去。在线材料可在每周的七天，每天的 24 小时内随时获得，这可以保证学生总能获取到作业和其他要交上去的学习任务。在线测验可被用作学生的前测与练习。班级上课时间师生之间的在线讨论可以识别出需要在课堂上讲解的学生学习的难点。通过使用在线记分册与工具以方便 E-mail 管理工作。从历史上看，军方出色地运用了混合学习方法。在军事部门，混合学习将基于课堂的学习、在线学习、现场培训与周期性的技能评价结合在一起。混合学习方法中所缺失的是在一段时间内捕获知识后及时地使其可以利用的能力（Battersby，2002）。

在斯坦福大学和田纳西大学，有一些关于混合学习有效性的早期报告。通过添加生动的事件以激发学习者及时完成自我学习的材料，斯坦福大学提高了学生在其电子学习计划中的保持状况。田纳西大学在其医务管理人员的 MBA 计划中使用了混合学习方法,和传统的课堂学习相比,节省了50％的时间,在学习结果方面提高了10％(Singh,2003)。

教学策略、媒体与传输方法

教学是在学习情境中提供的,这一情境的一些特征对最有效的教学策略、教学媒体与教学传输方法施加了一些限制。

教学策略

教学策略是教育者和教学设计者为设计和促进学习而用到的工具与技术。有许多方式来教授或设计一门有效的教程或课程。有效的教学取决于适当设计的学习经验,而这些经验又可由知识丰富的教师或教员,或借助于其他传输方式如计算机而得以促进。由于人们具有不同的学习方式或学习方式的组合,教学设计者或教师通常设计一些适合这些不同学习方式的活动以便为每个学生提供最佳的学习环境。

在教程设计中,这一点是通过利用多种教学策略实现的。教学设计者和教师应当选择那些能最有效地完成特定学习目标的教学策略。由于交互性的和多媒体的技术以及基于个人电脑的硬件的发展,通常在传统课堂情境中实施的许多教学策略可成功地适应于在线学习和其他更高级的教学传输方法。例如,大组和小组讨论现在可借助于互联网,通过同步的和异步的传输方法来实现。使用同步传输,教师和学生可以实时地相互作用。双向的远程视频会议和互联网的聊天室是同步传输方法的例子。对异步传输,学生与教员或其他学生之间的相互作用并不同时发生。例如,教师可以通过网络传输教学,学生的反馈、反应或问题可以通过E-mail信息随后发送。

曾经只能在实际的场景使用实际的设备才能完成的现场或实验室练习,现在可以通过分布式的使命培训,使用与广域网联接着的模拟器来完成。分布式的使命培训(distributed mission training)是一个共享的培训环境,包括现实的、虚拟的与构想性的模拟,可以在所有战争水平上,允许对战士进行个别或集体培训(George,Brooks,Breitbach,Steffes,& Bell,2003)。现实的模拟涉及真人在真实的操作条件下操纵真实的系统。虚拟的模拟涉及真人操作或使用模拟系统。构想性的模拟涉及模拟的人操作或使用模拟的系统。使用分布式的使命培训,现实的、虚拟的与构想性的环境的组合,能够克服当前存在的限制培训效果的许多障碍,从而为战士提供了所要求的、真实的培训机会(George et al.,2003)。

曾经只在现实生活中才有可能的演示,现在也可以通过虚拟现实系统来演示和传输了。表11.1呈现了各种教学策略、教学媒体与传输方法,是实施那些策略的最有效选择。

教学媒体

"教学媒体"这一术语指传输教学的各种方式,如音频、视频与电影、文本、照片、动画与图形。"多媒体"这一术语指这些媒体的一种组合。根据所选择的媒体,可对教学策略加以改编,以便获得最优的效果。多媒体内容大大改善了偏好视觉的学习者的学习,而且有研究证实,在培训计划中使用多媒体,可以提高保持量达50%(Hall,1995)。多媒体材料还有另外一个优点,就是对不同的学习通道都有吸引力。今天的个人电脑已能显示上边及表11.1中所列的每一种媒体形式。

不同媒体的特征

有些媒体具有的一些特征,可以决定它们处理具体教学策略的性能。某些媒体要优于其他媒体,如在表征客体、事实、观念与过程上;在示范行为与人类的活动上;在显示空间关系上;或在形成动作技能上。文本非常适合传输大量的信息并提供一种便于浏览的方式。对于有良好阅读技能,有比较和处理抽象表征、抽象观念与形成论题能力的学习者,文本也很适合。图形可以支持、促进文本或音频,并能提供更具体的表征。较短片段的音频描述可以促进学习,这一点正如其他声音形式如环境噪音和音乐的呈现一样。视频、电影与动画对于教授程序性的和人际间的技能,对于传输具体的例子是非常好的媒体。在呈现要求解释的、复杂的现实生活情境时,或者在澄清模糊不清之处有助于支持学习目标的地方,这些媒体也非常有用。当客体的动态特征是所要呈现的重要内容的一部分时,视频、电影与动画十分重要,如对于雷雨云的运动和汽油发动机的内部工作机制就是如此。当一个人想真实地呈现另一个人的行为以便示范出适当与不适当的行为时,这些媒体特别有用。

教学传输方法

教学传输方法是传输教学的实际机制。表11.1列出了传输方法的类型以及它们最为支持的相关媒体、教学策略、教学事件与习得的性能。大多数媒体选择模型表明，对所有的预期学习结果类型和所有的学习者来说，不存在一种普遍优于其他媒体的媒体。对大多数情境来说，可以将几种策略与方法组合起来以实现最有效的学习。这一结论也得到了媒体利用研究的支持（Aronson，1977；Briggs，1968；Briggs & Wager，1981；Clark & Salomon，1986）。

表 11.1 针对教学事件/习得的性能的策略、媒体与传输方法

教学事件与习得的性能*	教学传输方法	小组/焦点小组/论坛	大组讨论/小组讨论	合作学习	自我指导的学习/发现式学习	辅导	同伴教学	演示	演讲/教师个别指导	模拟	练习	典型的教学媒体
4、6、8 I，M	实际系统的硬件			×**			×			×		不适用
4、6、7、8、9 I，M	全保真的模拟器			×**			×		×	×		三维动画
4、6、7、9 I，M	虚拟现实			×**			×		×	×		三维动画
4、6、7、8、9 I，M	分布式的使命培训			×			×		×	×		二维/三维的图片/动画
5、7、8、9 I，M	显示/询问系统		×				×	×				二维/三维的图片/动画
4、6 I，M，V	部分任务的培训设备						×			×		多媒体

续　表

教学事件与习得的性能*	教学传输方法										典型的教学媒体
4、5、6 I、M	嵌入式培训				×			×	×	×	多媒体
4、6 I、M	系统仿真						×		×	×	不适用
3、4、5、6、7、8 I、C	智能指导系统/认知工具				×				×	×	多媒体
4、6、7 I	表现支持系统				×					×	多媒体
4、6、7、9 I、M、V	模拟器/(桌面/PC)			×**	×		×		×	×	多媒体
4、6 I、V	手提电脑/PDA			×**	×		×			×	文本
1、2、3、4、5、6、7、8、9 I、V、C、A	基于计算机的培训(CBT)(在线)	×	×	×	×	×	×	×	×	×	多媒体
1、2、3、4、5、6、7、8、9 I、V、C、A	CBT CBT(独立的)				×		×	×	×	×	多媒体
1、2、3、4、5、6、7、8、9 I、V、C、A、M	结构化的现场培训		×	×		×	×	×		×	音频/文本
4、5 I、V、A	远程视频会议						×				音频/视频/文本
1、2、3、4、5、6、7、8、9 I、V、A	课堂/教师						×	×			音频/多媒体

　*注：教学事件：1. 引起注意；2. 告知学习者目标；3. 激起回忆；4. 呈现刺激材料；5. 提供学习指导；6. 引出行为表现；7. 提供反馈；8. 测量行为表现；9. 促进保持与迁移。习得的性能：I＝智慧技能；V＝言语信息；C＝认知策略；A＝态度；M＝动作技能。

　＊＊注：对合作学习而言，可通过广域网或局域网联接起来。

在选择教学传输方法时,应首先考虑习得的性能以及作为教学结果的学习者的预期表现类型(学习结果),以避免选择过程中的严重错误。例如,对于不具有阅读能力的学习者,就不应当开发文本。录音机不应当成为教授智慧技能的单一媒体。对训练动作技能来说,演讲并不是合适的方法。基于学习情境类型的基本决策可导致选择出能够最有效地支持教学的策略与方法。当学习结果是言语信息时,如有关预防疾病的知识,教学传输方法必须能够以印刷或口头描述的形式呈现材料。态度可由能够呈现人物榜样的媒体如视频与动画而得以最佳地呈现。表11.2针对每种学习结果列出了应选择和排除的传输方法。或许媒体间最明显的差异在于交互性。当要习得智慧技能时,关于正确和错误表现的准确反馈就对学习十分重要。当要习得涉及空间安排或空间—时间顺序的具体概念或规则时,图片而不是言语描述是十分重要的。

表 11.2 教学传输方法排除与选择的含义

学习结果	排　　除	选　　择
智慧技能	没有交互性的传输策略;对无阅读能力的读者,排除印刷材料	可以为学习者的反应提供反馈的方法;对无阅读能力的读者,选择有音频和视觉特征的方法
认知策略	同智慧技能	同智慧技能
言语信息	没有实际的设备或模拟器、言语伴随物(verbal accompaniments);对无阅读能力的读者,排除复杂的文章	能呈现没有消息和精加工的言语的方法;对无阅读能力的读者,选择有音频和图片特征的方法
态　　度	同言语信息	能示范人物行为的媒体
动作技能	不允许在现实条件下进行直接练习,不能为学习者提供反应的机会,不能为学习者提供反馈的方法	允许对技能进行直接练习并伴有信息性反馈的方法

选择教学策略、媒体与传输方法

在选择教学策略、媒体与传输方法时,教学设计者需要考虑多种因素。穆尔和基尔斯利(Moore & Kearsley,1996)确定出了大多数媒体选择模型包括的如下四个主要步骤:(1)识别出教学策略与学习活动所要求的媒体特征;(2)识别出学习者的特征及具体媒体支持学习者需要的能力;(3)识别出要求或排除具体媒体的学习环境的特征;(4)识别出影响使用或支持具体媒体可行性的经济与组织因素。对媒体与传输方法,还需要根据它们激发学生动机、帮助学生回忆原有学习、提供新的学习刺激、激活学生的反应、提供及时的反馈以及鼓励或支持练习的能力来加以评价(Moore & Kearsley,1996)。

在选择媒体时,需要考虑许多不同的逻辑、心理、社会与经济因素。在大多数情况下,采用的是排除过程。换言之,如果媒体能实现其功能,就选择立即可用且费用最低的媒体。但是,有关学习及如何最佳地促进学习的新的思维方式会要求新的思考媒体利用的方式。有可能正确的是,提供了演讲类教程的商业性的媒体,如电视,在公共教育中将不会成为主要的媒体。涉及学习共同体及由知识丰富的教师加以辅导的远程在线教程看来更有可能。但是,每一项新的技术既具有我们所定义的学习机遇,也具有限制。这些限制可以是文化上的,也可以是经济上的,而且任何一项缺点都有可能成为将其排除掉的原因。

学习的认知工具

认知工具的定义

认知工具是一般化的计算机工具,或者是可用于多种情境和领域的工具,旨在参与并促进认知过程(Kommers,Jonassen, & Mayes,1992)。它们是支持、引导、扩展其用户的思维过程的心理和计算设备(Derry,1990),而且它们是可用于多种学科领域的知识建构与促进工具。乔纳森(Jonassen,2002)认为,学生如不深入思考他们所学习的内容就不能使用这些工具,而且,如果他们选用这些工具来帮助他们学习,则这些工具将促进学习过程。

作为认知工具的计算机技术代表了对传统的技术观念的一次重要扩展(Steketee,2002)。在认知工具中,信息与智能并不编码于旨在将知识有效传输给学习者的教育交流中。乔纳森(Jonassen, 2002)认为,教学设计者用这些工具,通过规定性的交流和相互作用,限制了学习者的学习过程。他主张将这些工具从教学设计者那里拿走,作为知识建构的工具而不是传输知识的媒体交给学习者。学习者将其用作表征和表达他们所知内容的媒体,将技术用作分析世界、获取信息、解释和组织个人的知识、把其所知道的呈现给他人的工具。使用这些工具建构知识基础的过程,佩珀特(Papert)(Jonassen,2002)称为是建构主义,这些过程将会使学习者更为投入,并在学习者身上产生更有意义、更有迁移能力的知识。

认知工具鼓励学生建构自己的知识的意义,而不是吸收别人预先想好的观念(Jonassen & Reeves,1996)。萨洛蒙、珀金斯和格劳伯森(Salomon,Perkins,& Globerson,1991)对如下两种情况做了区分:用计算机来建构或促进学习以及用计算机简单地接受培训。当计算机技术被用作教学工具(学生从中学习)而不是认知工具(学生用其学习)时,就暗含了计算机方面具有一定水平的智能(Steketee,2002)。在理论上,通过计算机所进行的个别辅导聪明得足以替代人类教师对学生认知能力及其需要的诊断(Reusser,1993)。这些应用不仅提供容易生成的知识,而且还决定学生应学习多少这样的知识以及学生学习的进度。如果计算机应用鼓励学生放弃其在学习过程中的责任而变成知识的被动接受者而不是主动建构者,那么,这种水平的智能对学习是有害的(Lajoie & Derry,1993)。相反,认知工具促进反思(Norman,1983)、批判性思维(Jonassen & Reeves,1996)及学生调控的知识建构(Jonassen & Rohrer-Murphy,1999)。假设在合适的课堂环境中加以运用,它们就可以促进认知与元认知思维(Lajoie,1993),并最终依赖学生来决定其学习的进度与方向。

认知工具的例子

作为学习者的智能伙伴而被采纳或开发的认知工具或学习环境,其目的是为了让学习者投入并促进其批判性思维和高级学习,具体包括但并不局限于数据库、电子数据表、语义网络(涉及节点与节点间连接的知识表征格式,其中节点代表客体或概念,连接代表客体、概念间的关系)、专家系统〔通过从知识基础(由人类的专业知识开发形成的)中得出推论而促进给定领域或应用领域问题解决的系统〕、多媒体课件、计算机会议。在更小的程度上,包括计算机编程与依存于情境的工具。当学生用数据库、专家系统或语义网络工具建构知识基础时,他们必须分析学习领域,形成心理模型以表征它们,并用这些模型来表示他们的理解(Steketee,2002)。

设计认知工具

罗伊斯(Reusser,1993)主张有效认知工具的设计应当基于当前的认知心理学研究。更具体地讲,应当承认知识是由学生主动建构的,而且这种知识在合作解决问题的学生群体中被典型地生成、共享与转化。因此,有效的认知工具,必须支持学习的认知与社会方面。

此外,莱珀、伍尔弗顿、穆米和格托纳(Lepper, Woolverton, Mumme, & Gurtner, 1993)认为,认知工具的情感方面对成功的学习也非常重要,虽然对这一问题在文献中基本上未见讨论。其中的假设是,如果讨论了认知和社会问题,那么高水平的动机将自然接踵而现。但凯勒(Keller, 1979, 1983)和珀金斯(Perkins, 1993)对这一假设提出了警告,他们认为,认知工具与学习环境必须明确地关注学生的动机状态,具体方式是:(1) 提供适当水平的挑战,(2) 使学生维持一种控制感,(3) 引发学生高水平的好奇心。

此外,乔纳森(Jonassen, 1996)主张,认知工具应当具有一定的管理特征,如自动的学生登录和自动的测验计分,以便减少教师或学生花在这些管理功能上的时间,虽然这些更实际的方面对有效的学习并不一定十分关键。他还要求认知工具应当是负担得起和可以利用的,以便能为大量的学生群体获取。

对任何认知工具而言,视觉成分是一个十分重要的特点。通过对图形界面的操作,认知工具可使学生生成概念网络、图表、层次结构、图片、表格符号系统及其他(Steketee, 2002)。这些视觉成分不仅提供了思想的具体表征(在这种表征中,意义可以被索引和解释),还促进了对心理模型的有意建构和外化。由于心理模型通常是偶然建构的,即以非系统的和非结构化的方式建构的,它们通常不大容易被用来反思,也不大容易被操作(Wild, 1996)。但是,使用认知工具来建构心理模型是有意识、有目的的活动,要求学生主动的心理参与。照此,以计算机为中介的心理模型所表征的理解就更易获取、更灵活,而且最重要的是,更有用(Steketee, 2002)。

总　　结

信息与通信技术正改变着组织并重新定义了社会所要求的知识与技能,以便在21世纪取得成功。数字素养(Gilster, 1997)对雇佣的成功、公民的参与、教育与培训十分重要。数字技术正给我们工作、生活、休闲与学习的方式带来革命性的变革。运用技术进行学习的观念暗含了智能伙伴的发展,就是学生和计算机合作来达成一定的学习结果;技术的效果是指作为学习结果,学生从计算机中获得的知识与技能(Steketee, 2002)。在建模与模拟,显示与声音设备,无线的、光学的、移动的与有线的通信,超宽带,虚拟现实与互联网等方面的技术进展正从根本上改变着人们如何学、学什么、何时学、何处学。批判性与创造性思维、有根据的决策、现实世界的问题解决是学生必须在数字时代形成的高级技能的例子。具备计算机方面的智识与数字联系,对我们国家的教育、经济、政府与社会发展已变得十分关键。培训技术如果想有助于学习结果质量的提高,必须具有认知的、社会的、经济的与情感的特征。

在选择媒体时,需要考虑许多不同的逻辑、心理、社会与经济因素。在很多情况下,教学设计者不得不使用立即可用而且成本效益最佳的媒体。但是,关于促进学习的新的思维方式呼唤关于媒体利用的新的思维方式。虽然像电视之类的商业媒体在公共教育中不会起主要作用,但借助于互联网的远程学习教程却最有可能。每一项新的技术既有学习上的潜在用途,也有一定的限制。记住这一点十分重要。限制可以是文化或经济方面的,而且任何一项缺陷都有可能成为不采纳某一具体媒体的原因。

本章讨论了技术,尤其是互联网如何影响我们的学校、工业部门、联邦政府与军事部门中的培训过程、结果与学习结果。本章还回顾了今日的教育者与培训者可以利用的资源与技术类型,如几项新兴技术。在与教学事件和学习结果的关系中讨论了与技术应用相联系的挑战。对于与教学媒体和传输方法的选择有关的指导原则以及媒体与方法如何被用来支持各种教学策略也作了介绍。本章最后讨论了为学习设计认知工具的定义、例子与指导原则。

参考文献

ADL Co-lab (2003). Retrieved summer of 2003 from: http://www.adlnet.org.

Aronson, D. (1977). *Formulation and trial use of guidelines for designing and developing instructional motion pictures*. Unpublished dissertation, Florida State University.

Barry, M., & Runyan, G. B. (1995). A review of distance-learning studies in the U. S. Military. *American Journal of Distance Education*, 9(3), 37-47.

Battersby, A. (2002). *Tying elearning together*. Retrieved summer 2003 from: http://www.mt2-kmi.com.

Briggs, L. J. (1968). Learner variables and educational media. *Review of Educational Research*, 38, 160-176.

Briggs, L. J., & Wager, W. W. (1981). *Handbook of procedures for the design of instruction*

(2nd ed.). Englewood Cliffs, NJ: Educational Technology Publications.

Carroll, J. (1963). A model of school learning. *Teachers College Record*, 64, 723 - 733.

Clark, R. E., & Salomon, G. (1986). Media in teaching. In M. C. Wittrock (Ed.), *Handbook of research on teaching* (3rd ed.). New York: Macmillan.

Committee on Information Technology Literacy (1999). Retrieved summer 2003 from: http://www. cni. org/tfms/1999a. spring/handout/HLin-ppt.

CyberAtlas (2002). Retrieved summer 2003 from: http://www. nua. ie/surveys.

Derry. S. D. (1990). Learning strategies for acquiring useful knowledge. In B. F. Jones & L. Idol (Eds.), *Dimensions of thinking and cognitive instruction*. Hillsdale, NJ: Lawrence Erlbaum.

eMarketer (2002). Retrieved summer 2003 from: http://www. nua. ie/surveys.

Fulcrum Analytics (2002). Retrieved summer 2003 from: http://www. nua. ie/surveys.

Gagné, R. M. , Briggs, L. J. , & Wager, W. W. (1992). *Principles of instructional design* (4th ed.). New York: Harcourt Brace.

George, G. R. , Brooks, R. B. , Breitbach, R. A. , Steffes, R. , & Bell, H. H. (2003) Air Force C2 training solutions in distributed mission training environments, a report from the synthetic battlefield. Retrieved January 2004 from: http://www. link. com/pdfs/itsec3. pdf.

Gilster, P. (1997). *Digital literacy*. New York: John Wiley & Sons.

Golas, K. C. (2003). Final report. *Southwest Research Institute planning document for training, simulation and performance Improvement technologies*.

Golas, K. C. (2003). Training, simulation & performance improvement division three and five year planning document. *Southwest Research Institute annual planning document*. San Antonio, TX.

Golas, K. C. (2000). Guidelines for designing online learning. *Proceedings of the Interservice Industry Training and Education Systems Conference*. Orlando, FL.

Hall, B. (1995). Return-on-investment and multimedia training: A research study. *Multimedia Training Newsletter*. Sunnyvale, CA.

Hasson, J. (2001). Retrieved January 2004 from: http://www. fcw. com/fcw/articles/2001/0625/cov-vabx-06-25-01. asp.

Howard, F. S. (1997). *Distance learning annotated bibliography*. Department of the Army technical report (TRAC-WSMR-TR-97-015). White Sands, NM: White Sands Missile Range.

Interactive Educational Systems Design (2003). Retrieved summer 2003 from: http://www. nua. ie/surveys.

International Data Corporation (2002). Retrieved summer 2003 from: http://www. nua. ie/surveys.

Jonassen, D. H. (1996). *Computers in the classroom: Mindtools for critical thinking*. Englewood Cliffs, NJ: Prentice Hall.

Jonassen, D. H. (2002). Learning as activity. *Educational Technology*, 42(2), 45 - 51.

Jonassen, D. H. , & Reeves, T. C. (1996). Learning with technology: Using computers as cognitive tools. In D. H. Jonassen (Ed.), *Handbook of research on educational communications and technology*. New York: Scholastic Press.

Jonassen, D. H. , & Rohrer-Murphy, L. (1999). Activity theory as a framework for designing constructivist learning environments. *Educational Technology Research and Development*, 47 (1), 61 - 79.

Keller, J. M. (1979). Motivation and instructional design: A theoretical perspective. *Journal of Instructional Development*, 2(4), 26 - 34.

Keller, J. M. (1983). Motivational design of instruction. In C. M. Reigeluth (Ed.), *Instructional theories and models: An overview of their current status* (pp. 383 - 434). Hillsdale, NJ: Erlbaum.

Kommers, P. , Jonassen, D. , & Mayes, T. (1992). *Cognitive tools for learning*. Berlin: Springer.

Lajoie, S. P. (1993). Computer environments as cognitive tools for enhancing learning. In S. Lajoie & S. Derry (Eds.), *Computers as cognitive tools*, Hillsdale, NJ: Erlbaum.

Lajoie, S. P. & Derry, S. J. (Eds.) (1993). *Computers as cognitive tools*, Hillsdale, NJ: Erlbaum.

Lepper, M. R. , Woolverton, M. , Mumme, D. L. , & Gurtner, J. L. (1993). Motivational techniques of expert human tutors: Lessons for the design of computerbased tutors. In S. P. Lajoie and S. J. Derry (Eds.), *Computers as cognitive tools*. Hillsdale, NJ: Erlbaum.

Linn, M. C. (1996). Cognition and distance learning. *Journal of the American Society for Information Science*, 47(11), 827 - 842.

Lumsdain, A. A. (1960). Teaching machines: An introductory overview. In A. A. Lumsdaine & R. Glaser (Eds.), *Teaching machines and programmed learning: A source book*. Washington, DC: National Education Association of the United States.

Mehlman, B. P. (2003). Technology administration ICT literacy: Preparing the digital generation for the age of innovation. Remarks delivered at the ICT Literacy Summit, Washington, DC.

Moore, M. G. & Kearsley, G. (1996). *Distance education: A systems view*. Belmont, CA: Wadsworth.

National Center for Educational Statistics (2002). Retrieved summer 2003 from: http://nces. ed. gov.

Netday (2003). Retrieved summer 2003 from: http://www. nua. ie/surveys.

Norman, D. A. (1983). Some observations on mental models. In A. L. Stevens and D. Gentner (Eds.), *Mental models*. Hillsdale, NJ: Erlbaum.

Norman, D. A. (1988). *The psychology of everyday things*. New York: Basic Books.

Parker, L. E. (2002). Distributed algorithms for multi-robot observation of multiple moving targets. *Autonomous Robots*, 12(3), 231 - 255.

Perkins, D. N. (1993). Person-plus: A distributed view of thinking and learning. In G. Salomon (Ed.), *Distributed cognitions: Psychological and educational considerations* (pp. 88 – 110). Cambridge, MA: Cambridge University Press.

Resnick, M. (2002). Rethinking learning in the digital age. In G. Kirkman (Ed.), *The global information technology report: Readiness for the networked world*. London: Oxford University Press.

Reusser, K. (1993). Tutoring systems and pedagogical theory: Representational tools for understanding, planning and reflection in problem solving. In S. P. Lajoie & S. J. Derry (Eds.), *Computers as cognitive tools* (pp. 143 – 177). Hillsdale, NJ: Erlbaum.

Riel, M. , & Polin, L. (2002). Communities as places of learning. In S. A. Barab, R. Kling, & J. Gray (Eds.) (in press), *Designing for virtual communities in the service of learning*. Cambridge, MA: Cambridge University Press.

Salomon, G. , Perkins, D. N. , & Globerson, T. (1991). Partners in cognition: Extending human intelligence with intelligent technologies. *Educational Researcher*, *20*(3), 2 – 9.

Singh, H. (2003). Building effective blended learning programs. *Educational Technology*, *43* (6), 51 – 54.

Steketee, C. (2002). Computers as Cognitive Tools. Retrieved summer 2003 from: http:// members. iteachnet. org/pipermail/iteachnet-daily/2002-October/000050. html.

Trotter, A. (1999). Preparing teachers for the digital age. *Editorial Projects in Education*, *19*, 37.

Warnick, W. L. , Jordan, S. M. , & Allen, V. S. (1999). *Advancing the virtual government: A survey of national digital library initiatives in the executive branch*. Washington, DC: DOE Office of Scientific and Technical Information.

Wild, M. (1996). Mental models and computer modeling. *Journal of Computer Assisted Learning*, *12*(1), 10 – 21.

Wisher, R. A. (1999). Training through distance learning: An assessment of research findings. *Technical Report 1095*. Washington, D C: U. S. Army Research Institute.

第十二章　单节课的设计

　　教学设计的最终目的是产生有效的教学。当这一目标实现时，一般会产生一节课或由一系列课构成的模块，并可由教师或培训者使用教学材料加以传输，这些教学材料可以是视觉呈现与作业表，也可以是自定步调的、自我教学的材料，如在线教程。设计一节课或一个模块以便能在单独的课上及由很多节课组成的教程中被完成。在第九章，我们描述了课时目标的确定和排序过程，在第十章，我们讨论了教学事件如何促进信息加工。本章我们将讨论能促进学习的教学事件的选择和排序以及这些事件在不同学习结果类型的课上的具体内容。我们会呈现不同类型学习结果的课的样例并讨论学习的条件。本章最后讨论如何完成有多个目标的课的设计，为此要使用教学事件来指导服务于多个目标的学习活动的开发。

　　在设计一节课时，教学事件是包含了支持学习活动的模板。事件的内容依赖于所教的学习结果类型。对将要做些什么来支持这些事件的描述，我们称之为处方或教学处理。

课的计划和模块设计

　　通常，教师和培训者要选择而不是开发教学材料。而且实际上，他们经常"边教边设计"——也就是说，他们教学前在高水平上设计课，或者他们在备课时只列出课的内容纲要，但在开始教学前，他们不会设计所有课的细节。由于实际情况的原因，教师和培训者（他们通常是学科专家）通常只在刚好足以传输教学的细节水平上备课，因为随着课的进展他们能创生一些细节。这种做法并非完全不可取，因为它给了教师或培训者"现场"再设计的灵活性——也就是说，调整程序使之适应教学情境和学习者的

233

反应。

正如第十四章将讨论的，大组使得教学不大精确，而这在小组里却是可能的。在大组中学生反应的不可预见性及有限的备课时间意味着通常只能在对学习条件适度控制的条件下计划和实施教学。小组或个别化教学允许对教学有更多的控制或调整以适应学生的需要。将教学适应于个体起点水平的技能和知识的能力，是由允许每个学生自定步调和自我纠正的教学提供的。智能辅导系统可能具有这些功能，一些材料允许学生"分岔"到包括在教学材料中的、他们最需要和最有帮助的练习上。这些"分岔"大多出现在基于计算机的培训教程中，或通过经常使用自我测验而允许学习者以适应性的方式使用教学。

个别化的、自定步调的、适应性的教学材料

个别化的、自定步调的和适应性的教学材料这些术语通常作为同义词使用，虽然它们在意思上有细微差别。我们把个别化教学界定为考虑到学生的特定需要的教学。这种教学始于对学生起点技能的分析，随后的教学完全根据个体的需要来进行。自定步调的教学意指学习者管理学习过程，并花必要的时间来达成目标。自定步调的教学一般与掌握学习程序相联系。在掌握学习中，是成绩而不是时间决定了学生通过教学的进展速度。适应性学习这一术语指在线学习管理系统，该系统不断地监控学生的进展情况，并根据其进展情况变换教学内容。适应性教学包含复杂的记录和决策，而且可通过使用计算机而得以促进。但其程序可人工实施于个体或小组。这些类型的教学通常依赖于电子教学传输方法的使用，因为班上的所有学生在任一特定时间点上可能处于不同的学习阶段。

总之，教学设计的目标是为了生成一节课或一系列课，这些课要考虑到所使用的传输系统及学习者的需要。课的性质将取决于它如何被使用。在基于教师或培训者的系统中，课时计划可能有些不完整，因为教师能够弥补空缺的地方。相比之下，个别化的或自定步调的教学是经过精心计划和开发的，因为在这类教学中经常没有教师或培训者。本章的剩余部分将集中讨论前面各章中描述的教学设计原理如何用于开发教师、培训者主导的课或自定步调的、自我教学的课。这两种形式的教学传输都强调如下核心思想：

1. 运用学习结果分类系统划分目标；

2. 排列目标的顺序,以便考虑先决条件;

3. 要包括适用于所有结果领域的合适的教学事件;

4. 要包括与课的目标所属的领域有关的特定学习条件。

现在我们转而进一步讨论教学的排序,然后讨论教学事件及学习的条件。本章最后讨论备课的步骤和一个课时计划的例子,该例包含了设计并实施教学的教师通常使用的模型。

设置目标的顺序

在第九章,我们对智慧技能进行了自上而下的分析,并考虑了不同学习领域之间的功能关系。我们指出了一种通过使用教学课程图来图解这些关系的方法,并说明了如何使用这些教学课程图来识别不同水平的课程。在每个教学课程图中都暗含了一种教学顺序,该顺序是基于层次性的先决条件关系原理以及促进性的学习顺序。例如,图 12 - 1(此图与第八章的图 8 - 3 完全一样,这里从略。——译者)就说明了一个学习层次的教学课程图,它仅由智慧技能领域的目标组成。

安排智慧技能目标的顺序

实现智慧技能目标所需要的下位技能可以导出为学习层次。例如,要获得任意大小的整数减法的技能,学习层次列出了十个必要的先决条件,表示在图 12 - 1 的方框中。

假如方框 1"简单的减法"表示学习者已经完成的学习。教师需要设计一节课或者一系列课,使学生能够进行任意大小的整数减法运算。虽然从方框 2 到方框 10 所示的技能教学顺序都可能是成功的,但该层次的含义是底层的方框应先教,其次是再上一层,等等。从方框 2 到方框 10 的数字顺序可能是最有效的顺序。

总之,如果你想针对组内的所有学生采用单一顺序,层次的安排应允许同一水平的方框的顺序有不同选择,但从下到上的垂直顺序不能选择。这并不是说学生违反了这一基于经验的方法的顺序就不能学习这一任务。如果学生确实能通过非层次的顺序来学习,这可能是因为他们已经掌握了某些技能,或者因为他们拥有足够的认知策略来发现某些规则而无需在其应用中接受直接教学。

确定起点

继续以学习整数的减法为例,可能有的学生已经习得了一些先决技能。一名学生可能已经能执行方框 2 和方框 3 中的技能;另一名能执行方框 2 和方框 5 中的技能。显然,设计者需要从"每个学生的所在位置"开始教学。在第十五章描述的个别化教学中可以方便地做到这一点,但对小组教学来说,一些学生可能不需要为全组学生安排的某些教学,对这些学生,可以给他们安排其他活动,这样在小组教学中也可以做到这一点。一种方法是让学生耐着性子听课,权当复习,虽然这并不是最好的解决办法。为确保新的学习进行时有一个回忆准备,需要在每节课开始时复习先前习得的技能。一般来说,与对事实或名称的回忆相比,习得的智慧技能可被更好地回忆起来。

按顺序获得技能

在安排达到终点目标 11 的课时,在学习下一个更高级的技能前,每个学生应表现出对先决技能的掌握。例如,技能 10 要求学生能计算跨 0 的退位减法,在掌握这一技能之前,需要知道学生已掌握了技能 6 和 7,能计算不退位的多位数减法和需要一次退位的多位数减法。

在学习智慧技能时,掌握的概念是极其重要的。课的设计必须做到:学生在试图学习层次上更复杂的技能之前,应能完全自信地执行每一项先决技能。对先决条件的学习程度不够,轻者会引起困惑、学习迟钝和无效的尝试与错误;严重的将导致失败、挫折或放弃进一步学习的努力。因此,允许学生选择学习顺序不可能是最有效的途径。

提供诊断和重学

使用智慧技能层次的课的设计,也有助于培训者诊断学习困难。如果学生在学习某个给定的技能上有困难,最可能的原因是其还不能执行一个或多个先决技能。通过要求学生回忆先决技能,可以确定诊断信息。如果学生回忆不出一个或多个先决技能,那么在学习下一技能前就需要重学这些技能。对任何指定技能掌握情况的评价,是该技能学习课的一部分,为了确保达到掌握程度,可在这一评价之后进一步评价先决技能的掌握情况。设计者可以在课的顺序中提供一个"重学回路",使学生在继续学习前有机会重学并展示对必要的先决条件的掌握。

与认知策略有关的顺序

很难知道何时习得了认知策略,因为人们不能具体指明从先前的学习到认知策略获得的具体顺序。要记住,学生在教学开始时就已经具有某些类型的认知策略。要将这些策略看作加工新信息的自动化规则。当教一种新的认知策略时,实际上是向学生介绍一种新的信息加工方式。这意味着他们将不得不学习修改其现有的策略或干脆忘掉这些策略而采用新策略。

认知策略学习所必需的先决技能通常是由先前学习建立起来的简单技能。比如通过使用一个句子把没有联系的名字联想在一起,或者把一个复杂的问题分解成几部分。这类策略可很容易地通过言语陈述而传达给学生。此外,旨在改进认知策略的教学顺序通常采取的形式是为策略提供重复应用的机会。这些机会可以穿插于教学中,并在相对较长的时间内重复出现。通过这种方式,有望能逐步改善对新策略的应用。至于元认知策略(见第四章),看来在一两节课内不可能看到明显改进。

当认知策略成为教学目标时,其通常表现形式是由学生执行的一连串步骤或活动,这些步骤或活动的目的,在于帮助学生以一种新的方式加工信息。这种程序的一个例子是阅读课文材料的 SQ3R 技术[浏览(Survey)、提问(Question)、阅读(Read)、背诵(Recite)、复习(Review)](Robinson,1970)。这一系列步骤及对每一步骤中活动的解释,充当了一种执行性的子程序,与动作技能中的步骤的顺序非常一样。教学活动就是让学生练习应用执行性的子程序。随着学生在一段时期内应用这些程序,其行为表现将变得更加流畅和自动化。你怎样知道学生何时将该程序采纳为认知策略呢?一种指标是自我报告;另一种是在学生阅读时直接观察学生对课文的操作。但最好的指标是在早期应用(策略学习时)和后期应用("采用"策略后)之间学生表现出的阅读时间的减少和准确性的提高。采纳意味着策略已成为学生信息加工储存库的一部分,并且能够得到充分而有效的应用。

安排言语信息学习的顺序

如第五章指出的,言语信息学习最重要的先决条件是有意义的情境,这样新习得的信息可以纳入其中,或者与之在某种程度上有意义地联系起来。适用于排序的原则有些不同,具体要看目标是学习一套名字(名称),学习一条孤立的事实,还是学习有逻辑组织的段落的意义。

名字或名称

使用先前习得的贮存在学习者记忆中的有组织的结构,可以促进对一系列名称(如许多树的名称)的学习。学生可采用多种方式编码新习得的信息。编码可以采用简单联想的形式,如一个法语生词 le journal 与英语单词 journal 联想在一起时,这就成了 newspaper(报纸)的联想词。有时编码可能使用句子,如在"the star boarder is always right"(明星乘客总是正确的)这一句子中将"starboard"(右舷)与"right"(右边,正确的)联系起来一样。编码的方法通常涉及使用视觉形象,如学生把乌鸦(crow)的形象与一个人的名字(Crowe)联想在一起就属于这种情形。普雷斯利、莱文和德莱尼(Pressley,Levin,& Delaney,1982)曾对涉及使用形象的记忆术和关键词法作过总结回顾。用来编码的形象可以颇具人为性,如学生将某一著名街道上的商店与新习得的、与商店毫无联系的事物名称联系起来(Crovitz,1970)。

个别事实

学习个别事实,这可能在历史课本的某一章出现,同样也包含着编码过程。在这种情况下,编码通常是把事实与更大的有意义的结构——先前习得的、更大的有组织的"知识体系"联系起来的问题。

当人们处理事实信息时,有两种程序可用于安排教学顺序,而且都应该得到应用。第一种是先学习(从顺序上说)奥苏伯尔(Ausubel,1968)所称的组织者。例如,如果学生想获得有关汽车的一些事实,一段起组织作用的文字可以先呈现出来,告诉学生描述汽车需要涉及的几个主要方面——车体式样、发动机、构架、传动系统等。接下来可以呈现关于某些特定汽车的具体事实。

第二种程序,并非与第一种完全无关,涉及使用问题或陈述以鉴别要学习事实的主要类型(Frase,1970;Rothkopf,1970)。例如,如果历史课文中描述的人名是要学习的最重要信息,那么在样本段落中提问这些名字的先前经验,将促进学习和保持。如果目标是陈述日期,那么在前一段可以就这些日期提问。

有组织的信息

最常见的是,为习得一项言语信息目标,学生必须能够以一种有意义、有组织的方式陈述一系列事实和原理。学习这种有组织的信息,必须经过编码程序,该程序要求利用学生记忆中先前习得的结构。安德森(Anderson,1984)把这种记忆结构描述为图式。他把图式界定为一种"信息的抽象结构……[它可被]视为一套预期"(p. 5)。这些预期是学生知识结构上的"空位"，新信息可以被整合其中。例如，社会学科的一个目标可能是描述美国议会通过一项议案的过程。在这种情况下，图式至少要包含必要的步骤，如草拟议案、提出议案等。

　　安排有组织知识的学习顺序应考虑新知识可类属其中的现有图式。教师或培训者应组织新信息，使之建立在学生已有知识之上。奥苏伯尔（Ausubel，1968）的著作中曾引用一个例子，在该例子中，他谈到了"相关类属"的过程，即有关佛教信息的获得是在以前习得了一种不同的宗教（禅宗佛教）后出现的。在学习关于佛教的新材料时，学生会把新信息与他已经知道的有关禅宗佛教的知识进行比较。由于关于这两者的信息是相似的，因而新信息就被类属于禅宗佛教的图式之中，以后就形成了禅宗佛教/佛教的图式。

设计动作技能学习的顺序

　　学习动作技能的先决条件是学习部分技能和控制技能执行的执行性子程序（程序性规则）。这两种先决技能的相对重要性取决于技能本身的复杂性。例如，因为投掷标枪只包括一步简单的规则，因而识别和训练部分技能不会有用；但游泳需要掌握一些先决技能，所以识别和训练先决技能就很有价值。

　　在动作技能的教学顺序中，在各种部分技能完全掌握之前，应先学习执行性子程序。例如，学习推铅球时，在完全掌握所有部分技能之前，应让学习者——运动员获得执行性子程序（触线、移动重心、曲臂弯躯、推球）。

　　某些特定的部分技能本身可能具有重要的先决条件。例如，在用步枪打靶的技能中，正确的瞄准器的图片这一具体概念，是执行整个打靶动作的一项重要的下位技能。

设计态度学习的顺序

　　正如其他习得的性能一样，态度的学习与转变也需要学生记忆中先前习得的性能。例如，若没有关于某些特定的诗歌的知识，或没有一些解读诗歌作品意义所需的语言技能，就不能形成阅读诗歌的积极态度。

　　态度学习的教学顺序通常始于学习与该态度有关的智慧技能和言语信息。接着介绍一种程序来建立构成态度本身的积极或消极倾向，如第五章所描述的。例如，如果学生要形成一种积极与不同种族的人交往的态度，那么这种态度就必须基于各种交往(与之一起游戏、一起工作、一起就餐等)是什么的信息。因为态度学习需要事先习得智慧技能和言语信息,因而通常有必要考虑马丁和布里格斯(Martin & Briggs, 1986)所描述的学习领域的相互作用。这些相互作用能够依靠"审查索引"(audit trail)来分析,在这种分析中,要习得的态度是与促进其习得的其他技能相联系的。审查索引可包括其他态度、言语信息或智慧技能,它为安排导致态度改变的经验的顺序提供指导。

当用人物榜样来改变态度时,教学顺序中可能需要一种先决步骤。既然代表态度的"信息"需要由一种受尊重的信息源(通常是某个人)来呈现,这就有必要建立或"树立"对这个人的尊重。例如,一个当代著名的科学家不可能像一个众所周知的科学家(如爱因斯坦)那样博得人们的尊重;如果学生知道爱因斯坦所取得的成就,那么作为一个公众榜样,爱因斯坦更可能受到尊重。

根据学习结果备课

由学习层次(对智慧技能而言)或一系列鉴别出来的(对其他结果类型而言)先决条件所例示的性能的顺序,被用做计划一系列课的基础。性能顺序对设计一节课的含义是,需要有一个或更多的先决条件或支持性性能可资学生使用。显然,仅仅做到这一点对于设计每一节课是不够的。学生如何从已习得某些下位知识或技能这一起点出发,到达获得新的性能这一点呢?在这个学习实际发生的间隔内,教学事件变得非常关键。这些事件包括学生和教师采取的用于产生预期学习的活动。

教学事件和有效的学习条件

教学事件的最一般的目的是安排学习的外部条件,以确保学习发生。教学事件通常被纳入到单节课或模块中。这些事件适用于所有类型的课而不管其预期的结果是什么;也适用于所有类型的传输方法,包括课堂上的活生生的教员和基于计算机的在线学习。正如有必要以特定方式安排教学顺序一样,也有必要安排教学事件以保证学习的有效性。

表12.1和表12.2综合了影响课的设计的若干观点。首先,它们采用的是第十章描述的教学事件的一般框架。其次,它们描述了实施最佳学习条件的程序,这些条件与每类学习目标有明确的相关性。这些是学习的外部条件。第三,它们

考虑到了如下问题，即通过将适合于每类学习结果的先决性能的回忆加以表示来安排课的顺序。

表 12.1 以智慧技能和认知策略为目标的课的有效学习条件

课的目标类型	学 习 条 件
辨 别	回忆反应 呈现相同和不同的刺激，突出区别性特征 重复呈现相同和不同的刺激并伴有反馈
具体概念	回忆对有关物体特征的辨别 呈现几个正例（"它是这样"）和反例，变化无关的客体特征（"它不是这样"） 学生识别正例并伴有反馈
定义性概念	回忆成分概念 用定义演示概念 学生演示概念的例证
规 则	回忆下位概念和规则 用言语陈述演示规则 学生演示规则的应用
高级规则	回忆相关的下位规则 呈现新的学习任务或问题 学生在问题解决中演示新规则
认知策略	回忆相关的规则和概念 言语陈述或演示策略 在新情境中练习使用策略

表 12.2 以言语信息、态度和动作技能为目标的课的有效学习条件

课的目标类型	学 习 条 件
言语信息	
名字或名称	回忆言语联想 把名称与表象或有意义的句子联系起来（由学生编码） 在其他知识情境中使用名称
事 实	回忆相关的有意义信息的情境 在更大的言语信息情境中再现事实 在其他知识情境中使用事实
知 识	回忆相关信息的情境 在相关信息的情境中再现新知识 通过与其他事实或知识体系相联系来使用知识

241

续　表

课的目标类型	学　习　条　件
态　　度	回忆与个人行为选择有关的言语信息和智慧技能 建立或回忆对"信息源"(通常是人物榜样)的尊重 奖励个人的行为,或者通过直接经验进行,或者通过观察人物榜样替代性地进行
动作技能	回忆反应和部分技能 建立或回忆执行性子程序(程序性规则) 练习整个技能

其结果是有效学习的独特条件的列表,这些条件需要融合到教学事件的一般框架中以完成学习目标。需要指出的是,这一列表仅与下列教学事件有关:事件3,激起对先前学习的回忆;事件4,呈现刺激;事件5,提供学习指导;事件6,引出行为表现。其他教学事件已在第十章描述过。

以智慧技能为目标的课

各种智慧技能的有效学习条件见表12.1。第2列所列的条件先用一个陈述指出对通常来自前一节课的先前习得的性能的回忆,接下来列出的是将在其他教学事件(如呈现刺激,提供学习指导,引出学生的行为表现等)中得到反映的条件。在解释该栏的信息时,复习第四章和第五章描述的对这些类型目标的内外学习条件的陈述,是很有益的。

以认知策略为目标的课

用于促进认知策略有效学习的条件列在表12.1的底部。这一栏是关于学习、记忆和问题解决的策略。认知策略学习的内外条件已在第四章讨论过。

以信息、态度和动作技能为目标的课

针对言语信息、态度或动作技能的教学事件的设计应考虑表12.2所示的有效学习的条件。这些列表源自第四章对学习的内外条件的更充分的讨论。

备 课 的 步 骤

假定教师或培训者已把某一教程组织成若干主要单元或主题,并且安排好每个单元或主题的课的顺序,那么教师或培训者怎样进一步设计一节课呢?

考虑到纳入教学事件的价值,我们建议教师和培训者使用有如下四种成分的备课表:

1. 陈述课的目标及其类型(即学习领域);

2. 列出打算使用的教学事件;

3. 列出每一个教学事件赖以完成的媒体、材料及活动;

4. 注明每个所选事件中教师或培训者的作用和各种活动(教学的处方)。

这样一个备课表可以把教学目标列在顶部,然后为上述列表中其他三种成分各列一栏。当这个备课表完成后,课就被完全设计好了,支持性的教学材料也产生了。表12.3是一张已经完成的备课表的例子。现在我们介绍与备课表的四个成分有关的某些情境变化。

表12.3 一节以具体概念为目标的课的例子

目标:给出一些不同的几何图形,学生能通过圈选来识别梯形。

事 件	方法/媒体	教学处理或策略
1. 引起学生注意	实况教学和黑板	在黑板上画一些图形,突出图形外观的变化。
2. 告知学生目标	实况教学和黑板	呈现几对在关键特征(4条边、直线、两边平行)上不同的图形,并告知学生他们将学习如何识别梯形。
3. 激起回忆先决条件	教师使用带有幻灯片的高射投影仪或PowerPoint演示文稿	成对呈现线条,包括直线、非直线;平行、不平行;呈现图形,包括四边形、五边形、三边形;封闭的、不封闭的。在每对图形中,让学生通过说出或指出来识别差异。
4. 呈现刺激材料	教师使用带有幻灯片的高射投影仪或PowerPoint演示文稿	呈现一系列成对图形,每对图形中有一个是梯形,另一个不是梯形。要求学生识别每对图形中的梯形。
5. 提供学习指导		当知道特征名称后,指出每对图形具有还是不具有该特征(直的、非直的,平行的、不平行的等等)。
6. 引出行为表现	工作表	呈现一个包含20个平面图形的工作表,其中8个是梯形,其余的在一个或多个关键特征上不同。让学生圈出梯形。
7. 提供反馈	高射投影仪或教师的口头评论	当学生完成工作表后,把一份复本投影出来。识别每例中的梯形,识别不是梯形的图形缺少的关键特征。
8. 测量行为表现	实况教学	使用一个与工作表类似的测验,让学生圈出梯形。
9. 促进保持与迁移	工作表	要求学生分别以垂直线、水平线或斜线开始画出一个梯形。如果材料允许,要求学生识别物体(家具、工具等)图片中的梯形。

课的目标

如前所述,某些课可能有一个目标,而另一些课可能包含着几个相互联系的目标。例如,表12.3呈现的课只有一个目标,这个目标出现在更复杂的智慧技能目标的学习层次中。在讲授这节课时,教师必须注意其先决条件,并为它向下一个目标的迁移做准备。如第九章所讨论的,这节课的意图是提供完成整合性目的所需的一部分教学。

列出教学事件

教学事件是基于信息加工的内部阶段的顺序的。外部事件的目的是促进内部过程,因而按顺序呈现它们才有意义。但这些事件仅对课的开发起导向作用。没有必要包括所有教学事件或以严格的线性顺序加以呈现。在设计课时,教师/培训者或教学设计人员应当既考虑学生在自我指导方面的复杂性,又考虑到课的目标性质。在某些情况下,为单一教学事件如激发对一组课的学习动机而花费完整的一段时间是有必要的。有时候向学生呈现一个复杂的目标差不多要整整一个小时,其中包括对讨论或演示这一目标的下位部分,每一部分将要求学生以某种规定的方式作出反应。对于目标在单元水平上而不是在课的水平上陈述的教程,在每个单元的实际教学之前,花一小时或更多的时间来澄清每个单元的预期行为表现的确切性质是合理的。这种组织可能适合于以问题解决技能为主要目标的教程。

选择媒体、方法和策略

正是在教学设计的这一步骤上,可以发现设计教师主导的课堂教学和自定步调的、自我教学的材料之间的最大差异。自定步调的、自我教学的教程需要设计者将所有教学事件包括进去。教师主导的教学模式不大准确,因为教师可以补上空缺的事件。但安排外部教学事件的基本原理对两者而言却是相同的。例如,在一节遗传学课上,为吸引学生对某个目标的注意,老师可能去查找一个网站,该网站呈现了各种动物,这些动物的区别性特征很夸张,以至于它们看起来很滑稽。然后教师利用这些内容来导向"基因如何决定这些差异"这一目标。如果找不到这样的网站,教师可以使用一系列的彩色照片或录像来完成这一事件。开发同样主题的在线的课时,设计者应该经历同样的过程,即决定如何实现教学事件。在某些情况下,现成的材料可被纳入到课中;但在许多情况下需要开发新的材料。

其他学习结果类型的备课表实例

表12.3举例说明了如何根据教学事件编排一节教具体概念的课。表12.4至表12.8列举了其他类型学习的备课表实例,具体包括:定义性概念、规则、问题解决、言语信息及态度。注意表12.1和12.2中呈现的学习条件是如何被纳入的。

表12.4　定义性概念的课的实例

目标:给出一篇没有大写字母的课文,学生能够划分出其中的专有名词。

事　　件	方法/媒体	教学处理或策略
1. 引起学生注意	实况教学和黑板	在黑板上呈现不含有大写字母的两个句子。(例如:the teacher's name was the wildcats. the woman's name was mrs. brown.)提问学生是否注意到这些句子中的异常之处。指出句子中通常应大写的字母。
2. 告知学生目标	实况教学和黑板	告诉学生本节课学习专有名词。专有名词以大写字母开头。告诉学生他们将学习识别哪些词是专有名词,它们的首字母要大写。
3. 激起对先决条件的回忆	教师使用带有幻灯片的高射投影仪或PowerPoint演示文稿	提示学生回想名词是人、地或事物的名称,要求学生给出属于这几类名词的例子。教师提醒:句首的字母总要大写,但这不是本节课的主要内容。
4. 呈现刺激材料	教师使用带有幻灯片的高射投影仪或PowerPoint演示文稿	用投影写出专有名词的定义:专有名词是命名特定的人、地或事物名称的词。
5. 提供学习指导	教师	比较普通名词与专有名词以展示"一般名词"与"专有名词"定义的用法。比如:boy—John; girl—Alice; mother—Mrs. Smith; buiding—Pentagon; monument—Lincon Memorial。
6. 引出行为表现	工作表	要求学生在一列普通名词旁边写出某些专有名词。包括人、地,事物等类别。
7. 提供反馈	教师做口头复习,全班参与	告诉学生他们回答得是否正确。如有需要,提醒学生专有名词首字母总要大写的。
8. 测量行为表现	书面测验	让学生在10个句子中的专有名词下面划线。包含下列条件:不含专有名词的句子、句首有一专有名词、句中含有一个专有名词、含有多个专有名词和代词的句子。
9. 促进保持与迁移	工作表	让每个学生写出5个含有人名、地名、事物名称等专有名词的句子。开展一次竞赛,看谁在句子中运用的专有名词最多。

表 12.5　规则的课的实例

目标：给出某一电路的电压和某一电器的功率，学生能用公式
"电流＝功率/电压"算出通过电器的电流。

事　件	方法/媒体	教学处理或策略
1. 引起学生注意	录像或动画	播出一幕早晨每人为工作和上学作准备的情景。妈妈插上她的烫发钳，爸爸正在熨衬衣，莎莉插上她的电吹风。突然，他们的电视屏幕一片空白。提问学生是否知道发生了什么。（答案：莎莉的电吹风使电路超负荷，烧了保险丝。）
2. 告知学生目标	教师	说明本节课的目的是能计算出电器需要多少电流（以安培为单位）。
3. 激起对先决条件的回忆	教师使用带有幻灯片的高射投影仪或 PowerPoint 演示文稿	让学生回忆起家用电路的电压一般为 115 伏特（用公式时，115 伏可近似看作 100 伏）。电器的功率一般印在它的金属铭牌上。电路中的保险丝是根据它能承受的电流量来划分规格的；如果超过它能承受的电流量，保险丝就会被烧断。
4. 呈现刺激材料	教师使用带有幻灯片的高射投影仪或 PowerPoint 演示文稿	告诉学生，计算通过某一电器的电流的规则是，用该电器的功率除以电路电压：功率/电压＝电流。这样，如果莎莉的电吹风功率是 1 200 瓦，通过它的电流就是 12 安培（1 200/100＝12）。
5. 提供学习指导	教师和课堂参与	用几个不同的例子说明公式"功率/电压＝电流"的应用。（1）提问学生，莎莉的电吹风是否会烧断 15 安培的保险丝？（不会，因为电吹风只需要 12 安培的电流。）（2）提问学生，如果妈妈把电熨斗也插在同一电路上，结果会怎样？（有些学生可能会回答"保险丝会烧断"。）问他们如何能证明这一点。在需要时给学生帮助，以算出电熨斗（功率 1 000 瓦）的电流并求出电熨斗及电吹风同时使用时电路的总电流（12＋10＝22 安培，保险丝将烧断）。
6. 引出行为表现	工作表	让学生算出其他许多电器的电流。
7. 提供反馈	教师的口头复习	告诉学生他们的回答是否正确并纠正错误的回答。提醒不要把公式颠倒为：电压/功率。
8. 测量行为表现	书面测验	让学生解答 10 个需计算电流的问题。
9. 促进保持与迁移	工作表	描述或图示几个需要计算电流的实际情境。让学生解答几道问题以判断保险丝是否会被烧断。开展一次竞赛，让学生算出有多少电器（用表列出，标有功率）可以插到 20 安培的电路上而不烧断保险丝。

表 12.6 问题解决技能课的实例

目标：给出一块地的草图,学生能用最少的材料生成一个至少能覆盖 90％面积的喷水系统方案。

事 件	方法/媒体	教学处理或策略
1. 引起学生注意	录像或动画	呈现 3 张在矩形地块喷水覆盖面的图片,一张是非常成功的覆盖(90％),一张是不成功的覆盖(70％),一张是使用了过多的喷头。快速呈现这些图片,引起学生对图片差别的注意。
2. 告知学生目标	教师	告诉学生要解决的问题是为一块地设计一个最有效的喷水系统——覆盖面至少是 90％,确保使用的管材和喷头最少。
3. 激起对先决条件的回忆	教师使用带有幻灯片的高射投影仪或 PowerPoint 演示文稿	让学生回忆可用的规则。由于要用的喷头喷射出的水面呈圆形或扇形,因而需回忆的规则是:(1)圆的面积,(2)四分之一圆和半圆的面积,(3)矩形面积,(4)由圆弧和直线边相交而构成的不规则图形面积。
4. 呈现刺激材料	教师使用带有幻灯片的高射投影仪或 PowerPoint 演示文稿	用一般术语重新陈述问题,然后加上具体细节:(1)矩形地 50 英尺×100 英尺,(2)喷水半径 5 英尺,(3)水源在地的中间。
5. 提供学习指导 6. 引出行为表现	教师使用带有幻灯片的高射投影仪或 PowerPoint 演示文稿	学生需尝试性地设计几种喷水装置的布局,画出它们的草图,计算每种布局方案的相对效率。如果看来规则未被正确运用,可以通过告诉学生各种选项来对其提供指导。例如,"通过使用四分之一圆的喷头,你能有效覆盖地的夹角吗?"或者:"看上去你设计的方案覆盖面有重叠的部分,你允许有 10％的非覆盖面吗?"提问学生他们安置喷水器的规则是什么。
7. 提供反馈	教师向全班做口头复习	在思路合适时,对好的行动给予积极肯定。如果学生没有找到可行的解决办法,可以给予提示。例如:"你为什么不画 4 个几乎相切的圆,计算它们的面积,然后围绕 4 个圆再画一个矩形,并计算其覆盖面是多少?"
8. 测量行为表现	教师	呈现一个不同的问题,用同样类型的喷头但不同形状与大小的地块。根据覆盖面和材料使用量检验学生解决方法的效率。
9. 促进保持与迁移	工作表	呈现几个不同的问题,变化地块的形状、水源的位置和喷水覆盖面。测量学生将问题解决方法概括到这些新情境的情况。

表 12.7　以言语信息为目标的课的实例

目标：给出问题："根据《独立宣言》起草者的看法，哪些'真理'是不证自明的？"
学生能够用自己的话陈述这些真理。

事　　件	方法/媒体	教学处理或策略
1. 引起学生注意	教师	讲述："1776 年，在这块大陆上的英属殖民地人民宣布，他们从建立这块殖民地的国家——英格兰独立出来。对这样一个勇敢的宣言，他们用何理由解释？"
2. 告知学生目标	教师	某些理由被认为是不证自明的真理。在这节课中，你将学到这些真理是什么。
3. 激起对先决条件的回忆	黑板和分发的材料	在这一例子中的先决条件是理解句子意义，包括句子中词的意义。需要界定意义的词：不证自明、赋予、不可剥夺、成立、获得。句法结构也需要识别和理解。
4. 呈现刺激材料	分发的材料	呈现《独立宣言》中的相关段落。（我们认为下述真理是不证自明的：人生来平等，上帝赋予他们某些不可剥夺的权利，包括生存、自由和追求幸福的权利。为保护这些权利，人们成立了政府，并经被统治者同意而获得正当的权力。）
5. 提供学习指导	在分发的材料上留出列表和精加工的地方	让学生把该段文字中的"真理"编号，从（1）"人生来平等"开始。要求学生通过把每条观点与其他熟悉的思想联系起来而对每条真理进行精加工。（例如，把"生存权"与对死刑的争论联想在一起等等。）
6. 引出行为表现	让学生阅读——引出不同的反应	让学生不用逐字重复上段内容，回答问题："什么真理被认为是不证自明的？"
7. 提供反馈	教师	根据意义来核实对该段文字的学习和保持情况。在出现错误或遗漏时给予纠正。
8. 测量行为表现	教师	要求学生回忆整段文字，根据回忆出的"意义单元"评分。
9. 促进保持与迁移	教师	言语信息经过练习（应用）后记得最好。提问学生英国政府将对《宣言》中提出的每条真理作何反应？另一个问题是："为什么殖民者认为这些权利的每一条都使他们受到了侵犯？"这类练习要求学生使用已习得的言语信息。

表 12.8 以态度为目标的课的实例

目标：学习者将选择食用低脂肪、低热量的食物以保持较低的胆固醇水平。
（注：该节课不针对儿童；它最适于关注高胆固醇的成人；对这个班每周不断呈现事件 6、7、8）。

事 件	方法/媒体	教学处理或策略
1. 引起学生 注意	视频或动画	呈现一个动脉阻塞的人类心脏的形象，旁边列出高脂肪的食物（黄油、冰激凌、甜面饼）；同时呈现一张与之相对照的图片，上面是一个无动脉阻塞的人类心脏，旁边列出低脂肪的食物（青豆、芹菜、鱼）。提问："你想要哪一个心脏？"
2. 告知学生 目标	护士谈话的录像	"本讲习班的目的是使大家理解我们如何通过食用低热量、低脂肪的食品来降低胆固醇水平。"（言外之意是学生应该这样做。）
3. 激起回忆 先决条件	同上	提醒（或教给）学生普通食品的热量和脂肪含量。指出哪些是高热高脂食品，哪些是低热低脂食品。强调饮食平衡和运动。
4. 呈现刺激 材料	教师或视频	这节课的内容应由一个营养良好的榜样人物来传授。
5. 提供学习 指导	教师或视频	榜样应该是令人尊敬的、可信的。他或她描述食品选择的转变，体重减轻的变化及所带来的令人满意的结果。榜样所传递的信息可以是："我能做到这一点，你也能做到。"
6. 引出行为 表现	高射幻灯片、PowerPoint 演示文稿、工作表	让学生报告上周食用的食品。报告应提及选择食品的场合（用餐时及在两餐之间）。
7. 提供反馈	教师	饮食报告中有做出期望的选择的迹象时给予积极反馈。反馈应用表扬或支持强化期望的行为选择（或朝向期望行为的进步）。
8. 测量行为 表现	教师	态度的评价可采用自然的措施进行。观察学生几周，看看是否未出现异常的体重增加，他们在谈论其食物选择时是否用积极的措词。
9. 促进保持 与迁移	工作表	态度会因来自环境的支持而得到强化。个体的努力会通过支持性团体的每周聚会而得到帮助。

综合性目的：为多个目标备课

教学中出现多个目标是正常的，单节课经常组合在一起形成更大的单元。如第九章所讨论的，教学应该使学生达到加涅和梅里尔（1990）称之为事业的那种综合性目标。例如,教学完成后,可以期望学生通过"指示"(denoting)的行动或详尽的讨论而能演示新知识。一种具体的"指示"目的,可能需要整合多个不同的学习结果,包括言语信息、态度、相关概念及规则。

第八章介绍的教学课程图,是把整体目的分解成不同领域的成分目标的一种方法。这里要提出的问题是,针对来自不同领域的多种目标的课的设计与针对单个目标的课的设计的区别在哪里。在安排课的顺序的过程中画出教学图是有益的。这些教学图可以在几个不同水平上绘出,与教程设计中出现的排序问题的三级水平相对应。这些教学图表明了来自不同领域的目标的整合,并直观地描述每个教学目标在支持更大的目的达成中的作用。图 12-2 描绘了一节伴性特征遗传的课的教学图。在这节

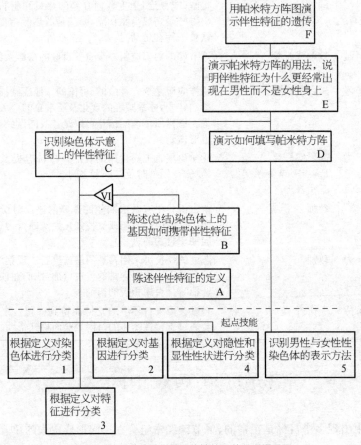

图 12-2　一节遗传学课:伴性特征的教学课程图

课中很容易看出,许多目标的教学可以合并在一起呈现。例如,教师可以把信息目标(A 和 B)合并在一起,同时呈现与两者相关的内容。

计划教学活动

为多个目标和为单个目标备课的主要区别在于教师或设计者如何呈现教学事件。我们的备课模型认为,教师或设计者将通过把教学目标及教学事件分组集中到教学活动中,来决定在一节课上使用的策略。教学活动是教师所做的事情,或是让学生做的事情。它表示针对一个或多个目标的一个或多个教学事件。例如,播放录像是一个教学活动。该活动的目的可以是激发学生的动机,呈现内容,或二者兼有。同样,把班上的学生分成两组,开展一次应用课上所学规则的游戏,这既激发了动机,又提供了展示学生已学内容的机会("引出行为表现",教学事件之一)。一节课由发生在预定框架内的一个或多个教学活动构成。即使是一节自定步调、自我教学的课,比如一节来自在线教程的课,也安排在预定的时间量内完成。对基于计算机的培训而言,这被称为"学生相互作用时间"或"课件时数"。设计者的任务是列出在规定的时间内打算安排什么样的教学活动。要完成这一任务,或许要编制一个如图 12-3 的表格,我们称之为目标—时间矩阵。

根据目标—时间矩阵备课的指导原则是从先决技能到高级技能,并以一种能够促进信息加工的顺序把教学事件贯穿到教学活动中。

图 12-3 呈现的目标—时间矩阵表示的是图 12-2 所示的课程图。课的目标按教的顺序列在矩阵的左边。横穿矩阵底部的时间线标明了教每个目标所需学习活动的理想的时间长度。例子中的这节课的总的时间约为 115 分钟,矩阵格子里包含了将要发生的相应教学事件的数量。注意教学事件可被合并在一起,或者将几个目标的教学事件合并,或者将一个目标的教学事件合并。

图 12-3 的详细解释

活动 a:你可能做的第一件事是让教师花 5 分钟左右的时间吸引学生的注意。他们可能播放录像或访问各种网站来提供伴性特征的例子(男性秃顶、红绿色盲、血友病、杜兴氏肌营养不良等)。

活动 b:接着,教师将花大约 7 分钟的时间复习起点技能 1~5(见图 12-2),这些

目标	a	b	c	d	e	f	g	h	i	j	k	l	m	n	~115总分钟数
F. 用帕米特方阵演示伴性特征的遗传	1										4	5	6,7	9	
E. 在帕米特方阵中演示伴性特征的杂合关系	1						2		4	5~7					
D. 在帕米特方阵中演示杂合关系	1						2	4							
C. 在染色体示意图上识别伴性特征	1	3			2,4	5~7									
B. 陈述染色体如何携带伴性特征	1	3	2	4											
A. 陈述伴性特征的定义	1	3	2	4											
5. 识别男性与女性的性染色体的表示方法		9													
4. 根据定义对隐性与显性形状进行分类		9													
3. 根据定义对特征进行分类		9													
2. 根据定义对基因进行分类		9													
1. 根据定义对染色体进行分类		9													
针对各目标的教学活动所需的分钟数	5	7	5	11	10	8+10	5	5	5	7	15	5	7	12	~115总分钟数

图 12-3　图 12-2 描绘的课的教学活动的目标—时间顺序表(以分钟为时间单位),说明外部教学事件如何被合并到每项教学活动中(教学事件: 1. 引起注意,2. 告知学习者目标,3. 激起回忆,4. 呈现刺激材料,5. 提供学习指导,6. 引出行为表现,7. 提供反馈,8. 测量行为表现,9. 促进保持与迁移)

技能在前边的课上学习过,这里的复习是为了促进保持和迁移(教学事件 9),并使学生回忆出终点目标的先决条件(教学事件 3)。教师可能使用高射投影片或 PowerPoint 演示文稿来复习染色体和基因(隐性的和显性的)的概念。

活动 c:这一活动将持续约 5 分钟。你将让教师告知学生目标 A 和 B(见图 12-2)的性质(教学事件 2),可以这样说:"在这节课上,你将首先学习什么是伴性特征以及它是怎么遗传的。"注意这是言语信息目标。之所以计划先教它们,并不因为它们被用作先决条件,而是因为它们通过促进迁移为学习主要的智慧技能目标 C、D 和 E 提供了一种支持性的情境。

活动 d:活动 d 持续 11 分钟,教师将通过陈述伴性特征的定义,呈现信息目标 A 和 B 的刺激(教学事件 4)。

活动 e：该活动持续 10 分钟,教师将呈现目标 C 的目标和刺激材料(教学事件 2 和 4),同时用新图片或幻灯片说明含有伴性特征的成对染色体的有关特征。你可能让教师呈现三个例子——X_cY, X_cX, X_cX_c——并指明 X 染色体如何携带每个基因。

活动 f：在活动 f(8 分钟)中,教师将引出目标 C 的行为表现(教学事件 6),其方式是分发工作表,要求学生回答如下问题：

　　1. X_cY 表示一个伴性特征吗? 为什么?

　　2. X_cX 表示一个伴性特征吗? 为什么?

　　3. XY_c 表示一个伴性特征吗? 为什么?

你将继续练习,仍然是在活动 f 中,其方式是让教师和学生一起复习正确答案(教学事件 7)(10 分钟)。

活动 g：接着,教师将通过提示来告知学生目标 D 和 E(5 分钟)："现在你们将学习为什么这些性状在男性身上比在女性身上更常见,以及如何确定该特征能否表现出来。"

活动 h：接下来,教师将呈现目标 D 和 E 的刺激材料,每个目标花 5 分钟时间。教师将向学生演示如何画出帕米特矩阵(如下),以便查看交叉可能出现的结果。

		女	
		X_c	X
男	X	XX_c	XX
	Y	X_cY	XY

活动 i：接下来,教师将呈现目标 E 的当前刺激材料即帕米特矩阵,填写该矩阵以说明在后代中可能出现的染色体和基因组合。

活动 j：接着教师将提供目标 E 的学习指导,引出行为表现及提供反馈。教师为此将分发工作表,让学生用不同的例子填写帕米特矩阵。

活动 k：接着教师将花约 15 分钟时间呈现如下规则的刺激材料(教学事件 4)："伴性特征总是在男性身上能见到,因为 Y 染色体并不掩盖 X 染色体上的隐性基因。"

活动 l：教师将花 5 分钟时间呈现目标 F 的学习指导,可能再次呈现帕米特矩阵,演示可以通过观察染色体的配对情况确定特征的表现,至少从下面的配对中找出两例呈现出来：

$$X_cX;X_cY$$
$$XX;X_cY$$
$$X_cX;XY$$

教师也要识别"携带者"的概念,说明只有当两个 X 染色体同时携带隐性特征时,隐性特征才能在女性身上表现出来。

活动 m:学生将花大约 7 分钟的时间通过应用决定特征表现的规则解决一些问题(教学事件 6),对任何交叉,向学生提问:

1. 男性会表现该特征吗?

2. 女性会表现该特征吗?

3. 男性或女性不表现或携带该特征的概率是多少?

教师将根据学生的反应提供反馈(教学事件 7)。

活动 n:最后,教师将花约 12 分钟时间,向学生提供与伴性交叉相关的文字题,以促进保持和迁移(教学事件 9):"如果你外公秃顶,你秃顶的概率是多少?",从而引入对本节课与以后要讲授的课的关系的讨论。

自然,在设计过程中,分配给每一活动的时间量只是估计的,它将取决于学科专家的经验。但围绕目标和合并了的事件来设计课是确保预期的事件得以包括进课中的一种方式。

排列教学活动的顺序及选择媒体

在一节课的框架之内,教师或培训者在决定使用哪些事件、省略哪些事件、根据目标合并哪些事件上,具有相当大的回旋余地。但与先决技能有关的排序考虑表明,更有效的策略是先呈现支持性目标的内容,然后呈现与终点目标相关的内容。

前已提及,在编制目标—时间矩阵的同时,教学处理或策略(用来描述在每种活动中将发生什么)也写在教案中。这时需要考虑媒体和传输方法的性能以便为课提供教学事件。在我们的模型中有两条一致的原理:(1)教学的有效性取决于用来呈现教学事件的媒体、传输方法和教学策略的能力;(2)事件的选择取决于学习结果的类型和学生的特征。

如果在媒体和传输方法选择之前就确定了处理或策略,那么设计者在作出这些决策时就有很大的回旋余地了。这被称作教学设计的开放媒体模式(Briggs & Wager，1981)。相反，如果媒体和方法预先选好，那么策略就得考虑它们的局限性。比如在图12-3中，我们呈现了策略如何可能用于有教师在场的课堂传输系统的例子。如果该课被设计为在线传输，策略将显得很不一样。动画和卡通可能被用来引起注意；图表、动画、视频和画外音可能被用来呈现刺激材料；有自动化反馈和分支的交互练习可能被用来引出和测量行为表现。如果该课将使用书面文本以自定步调教学的形式呈现，那么策略也需改变。如第十一章所讨论的，若学习者无法阅读时，因为需要直观呈现、练习和反馈，媒体、传输方法和策略的选择就最为重要。

教学开发中的角色和活动

有许多类型的媒体、传输方法和教学策略可供设计者使用。对开发课或教程的教师或培训者来说，这些项目只在它们适用的学习活动方面才有价值。为充分利用媒体、方法和策略，教师或培训者需要理解他们能支持的教学事件并将此标注在其课时计划中。目的在于生成一个课时计划，在该计划中，使用适当的媒体、方法和策略可实现所有需要的教学事件。

当开发新的教学材料时，教学设计者及学科专家经常协同工作，共同分析学习任务，确定合适的传输系统，为课准备处理方案和高水平的策略。在这一过程中，设计者和学科专家都要审视现有的教学材料并评价它们对新教程的适用性。然后，像教师或培训者那样，他们决定现有材料适合于哪些事件、学习活动或课。此时，设计者必须决定如何提供其余的事件或活动。设计者必须关注如何选用媒体、传输方法和教学策略，使之最适合于支持教学事件。表12.1和12.2所例示的课的目标类型和学习条件为课的设计提供了指导。完全精确地规定选择和开发学习活动的过程，把课的设计简化为一套"食谱处方"，这是不可能的。课的设计既是一门科学也是一门艺术。基于我们现在对学习的认识，教学事件提供了一个有助于课的设计和形成性评价之后进行修改的关注点。

总　　结

本章将备课作为如下主要活动的完成来对待：(1)在教程、单元或主题的范围内安排课的顺序,(2) 设计单节课,使学习的有效条件能被纳入到每节课的教学事件中。

针对每一学习结果领域,分别讨论了确定课的顺序问题。在以智慧技能为目标的课的顺序设计中,已证实学习层次的使用处于核心地位,而对其他几种结果类型,在作出顺序决策时有其他考虑。

为使课的每一个教学事件取得成功,与学习结果(表现为课的目标)相关的学习条件必须包含在课中。虽然直觉、天赋、创造性和经验在备课中均有作用,但参考相关的学习条件,能通过确保各种可取功能的使用而提高教学效果。

本章讨论了备课的四个步骤,包括:(1) 列出课的目标,(2) 列出想使用的教学事件,(3) 选择能完成事件的媒体、材料和活动,(4) 注意教师、培训者和设计者的作用。一个有多个目标的课时计划的实例,即伴性特征的遗传的学习,提供了一个针对教师活动的教学事件、处理与策略的时间进程的指标。

在课的计划这一点上,教学设计的所有阶段都能类似地完成,而不管是一个团队设计一个完整的课程还是一名教师设计单节课。但在课的设计这一点上,教师必须考虑他们个人能给课带来什么(以及他们将充当什么样的角色),而自定步调、自我教学材料的设计者,必须决定如何在预先计划的课中提供所需的活动。两种设计的目的是相同的——将学习的有效条件纳入到所有的课和模块的教学事件中。

参考文献

Anderson, R. C. (1984). Some reflections on the acquisition of knowledge. *Educational Researcher*, 13, 5 - 10.

Ausubel, D. P. (1968). *Educational psychology: A cognitive view*. New York: Holt, Rinehart and Winston.

Briggs, L. J., Gustafson, K. L., & Tillman M. H. (Eds.) (1991). *Instructional design: Principles and applications* (2nd ed.). Englewood Cliffs, NJ: Educational Technology Publications.

Briggs, L. J., & Wager, W. W. (1981). *Handbook of procedures for the design of instruction*. Englewood Cliffs, NJ: Educational Technology Publications.

Crovitz, H. E. (1970). *Galton's walk*. New York: Harper & Row.

Frase, L. T. (1970). Boundary conditions for mathemagenic behaviors. *Review of Educational Research*, 40, 337 - 347.

Gagné, R. M. (1985). *The conditions of learning* (4th ed.). New York: Holt, Rinehart and Winston.

Gagné, R. M. , & Merrill, M. D. (1990). Integrative goals for instructional design. *Educational Technology Research and Development*, 38 (1), 23 – 30.

Martin, B. L. , & Briggs, L. J. (1986). *The affective and cognitive domains: Integration for instruction and research*. Englewood Cliffs, NJ: Educational Technology Publications.

Pressley, M. , Levin, J. R. , & Delaney, H. D. (1982). The mnemonic keyword method. *Review of Educational Research*, 52, 61 – 91.

Reiser, R. , & Gagné, R. M. (1983). *Selecting media for instruction*. Englewood Cliffs, NJ: Educational Technology Publications.

Robinson, F. P. (1970). *Effective study* (4th ed.). New York: Harper & Row.

Rothkopf, E. Z. (1970). The concept of mathemagenic behavior. *Review of Educational Research*, 40, 325 – 336.

第十三章 测量学生的行为表现

设计教学是为了促进几种性能的学习，而性能是通过学生成绩的提高体现的。在前几章我们识别并讨论了五个领域的性能：智慧技能、认知策略、信息、动作技能和态度。尽管很多学习是在学校之外的日常生活经验中进行的，但学校负责为如下目的组织并提供课程与教学：不能通过缺乏组织的方式而习得的目的。有计划教学的结果是由学生的行为表现组成的，学生的这些行为表现表明他们已习得了各种性能。教学设计者和教师或培训者需要一种方式来决定教学对整个班级以及学生的成功程度。测量可以说明新设计的教学是否已实现了其目标。本章我们讨论如何通过开发测量学生行为表现的程序来实现这些目的。

在本章，我们使用"测量"（assessment）一词来表示对行为表现的测量，用术语"评价"（evaluation）来表示对测量的解释，可以根据等级（如 A、B、C）也可以根据质量（如优、中、差）来解释。我们用"测验"（test）一词来指用于测量目标中所描述的行为表现的任何程序。因此，该词可以涵盖所有形式的文字或口头测验以及评价学生成果（如文章、乐曲、建模或艺术作品等）的程序。我们之所以选用"测量"这一术语而非"成就测验"，是因为成就测验常和常模参照测量（本章后面会讨论）联系起来。但这里我们用测验和测量来指目标参照的行为表现测量。

评 价 的 类 型

我们把评价定义成为做决策而对资料进行收集和分析。有两种基本的评价类型适用于测量——标准参照评价和常模参照评价。这两者的区别在于评价的目的和标准的设置。在标准参照评价中，行为表现的标准是在测量之前就设置好了，如 90% 相当于 A。也就是说，可接受的行为表现的标准可事先告知学生，而且如果班上所有学生都达到了标准,我们就能说教学取得了成功。标准参照的行为表现的目的只是看看学生是否达到了标准,如果没达到的话,看他们达到了哪种水平。

常模参照评价的标准是在测量之后作为班级行为表现的函数而设置的。这通常被解释成围绕测验平均分的一种分布。常模评价的目的是根据学生的行为表现来对学生进行比较。一名学生的等级是通过与其他学生的比较来决定的。在常模评价系统中,所有的学生不能都得到 A,这是因为标准的变化而难以实现。

为测量学生在某一教程目标上的行为表现及教学的有效性,我们感到采用标准参照解释的目标参照测验是最适合的测量类型,因而也是本章的重点。但在本章后面,我们也将讨论诸如 SAT 和 GRE 之类的常模参照测验的使用。

测量的方法

有很多不同的测量方法。这里我们讨论真实性测量和使用评分标准的测量。

真实性测量

真实性测量尽力测量真实情境中的行为表现(McAlpine,2000)。它的涵盖面很广,包括复杂的相互关系,并注重跨学科取向。汤巴瑞和博瑞奇(Tombari & Borich,1999)指出,真实的学习和测量增强了内部学习动机,正如凯勒 (Keller,1987,1999)所描述的那样,也如第六章中所述的学生沉迷于现实生活的问题解决和测量。这本身就带有激励并推动学生朝向更高水平的行为表现。通过反映典型成人生活的活动、任务及挑战类型——作家、工程师、建筑师和商人所取得的成就,真实性测量增强了与现实生活的联系(McAlpine,2000)。

学习在真实性测量中以多种方式得以反映,包括:(1) 诸如书、玩具、地图和展示品之类的产品;(2)像高水平思维之类的认知过程,包括分析、综合、评价和创造以及获得、组织和使用信息的技能;(3) 行为表现,如进行实验和研究,呈现研究结果,表演剧本等;(4) 态度和社会技能,如对多元文化、对科学的态度以及与个人或团体会谈(McAlpine,2000)。

真实性测量如何与教学设计联系起来

在计划和开发教学时,教学设计者尽力使目标、方法和测量保持一致。显然,我们想让学生看到他们所学习的东西在知识或技能如何使用方面的相关性。真实性测量试图把测量与目标和高水平的结果联系起来。如果我们想要学生成为批判性的思维者和问题解决者,那么我们就不得不用这类测量来挑战他们。此外,我们必须设计学习环境和活动来帮助他们学习这些技能。范德比尔特(Vanderbilt)大学的贾斯帕·伍德伯里(Jasper Woodbury)项目(CTVG,1990)是一个如何教授及测量问题解决技能的例子。贾斯帕·伍德伯里是一系列的视频,将其主人公贾斯帕置于许多与现实生活相似的问题情境中。学生观看这些视频并面对贾斯帕所面对的挑战。接下来学生解决问题(通常以小组形式进行),并把解决方法向全班展示。其结果是,在解决贾斯帕的问题过程中很多不同类型的结果得以习得。应当测量的到底是什么? 数学技能可能需要一种类型的测量,问题解决技能和呈现技能则需要另外的测量类型。对小组呈现其解决方法的测量将代表对呈现技能的真实性测量的一种情况。

真实性测量可通过如下特征而得以进一步刻画(Resnick,1987;Wiggins,1989,1992):

1. 学习与测量情境之间存在密切关系。换句话说,测量自然地嵌入学习中。这使得测量对学习者来说更自然。

2. 真实性测量很复杂,涉及很多不同的技能和不同方面的知识。例如,它可能涉及寻找相关的文献、会谈、绘制地图、做实验及开发产品。与不同技能相关的测量(结果是真实性测量)通常产生多种解决方法。

3. 随着教学与学习的进展,测量过程可能持续一段较长的时间。这与30分钟或一小时内就完成的测验情境形成了对照。威金斯(Wiggins,1989)指出,真实性测验并不依赖于不现实的和人为的时间限制,也不依赖于选择性的问题或任务。它们更像是作品选集(portfolios)——总的任务是测量在重要任务和技能上的长期能力。

4. 真实性测量是非算法式的。即行为的路径不能事先完全确定下来。如在现实生活中的项目中,可以制定一个全面的计划,但意外常常发生,要采取一些计划外的行动。在某些方面,任务和测量可能存在某种程度的含糊和不确定,因为一开始我们并不知道与任务有关的每一件事情。

5. 真实性测量可涉及个体的单独工作,也可涉及小组。威金斯(1989)评论说,真实性测量鼓励自我调节技能和更高水平的思维。学生监控其技能的发展并接受挑战来完成那些要求批判性评价和创造性的任务。

6. 在真实性测量中,学生有更大的自主性。他们还更多地涉入计划自己的任务和测量程序。在真实性测量中,控制的中心常常在学生那里,如在选择要调查的课题方面,在调查方法方面甚至在某些测量技术方面。

7. 哈斯特(Hast,1994)指出,与被动的情况相反,在真实性测量中,参加测验者不是被动的,而是主动参与到评价活动中,即旨在揭示他们能做什么而不是突出他们弱点的活动。与之类似,汤巴瑞和博瑞奇(Tombari & Borich,1999)也强调,设计真实性教学和测量的目的是引出学习者最佳的而不是典型的行为表现。

8. 真实性测量在真实的任务基础上提出了真实的挑战。威金斯(Wiggins,1989)强调,真实性测量中的任务是"提升性的"而不是"贬抑性的"。他指出,真实性测量是需要"付出努力的",而且需要相当多的精力来解决可能出现的问题。学生被鼓励使用布卢姆(Bloom,1968)所描述的高水平的思维技能,如分析、综合、评价和运用。在真实性测量中,学生通常遇到教科书中找不到的新的挑战和问题。有时还需要采用新的思维方式才能解决这些问题。

9. 威金斯(Wiggins,1989)指出,真实性测量通常使学生把自己的研究或成果做到最好,因为内容是作为手段而不是目的掌握的。真实性测量检测学生的习惯和全部技能。它们并不仅限于回忆,而且也不反映一次性反应的走运或不走运。

10. 对测量任务进行评分是很复杂的,因为这要求多种评分技术(McAlpine,2000)。例如,很多任务不可能有简单的对或错的答案。有时,在对某一特定产品进行测量或在需要编制量表和核查单之前,不得不决定评分标准。评分标准通常是与学生合作开发的,而且有时对真实性任务进行评分对教师来说是富有挑战性的。如果教师有教育测量的基础,那将会很有帮助(McAlpine,2000)。

11. 与评分有关的是信度和效度问题。不可能编制真实性测量的复本,然后根据复本信度、重测信度、分半信度等技术来估计传统心理测量学的信度。对真实性测量的信度的论断主要集中在随时间变化的"重复测量"或"重复的行为表现"上(McAlpine,2000)。在内容效度方面,真实性测量从与现实世界相匹配的广泛内容领域取样。还有一些关于高预测性效度的论断。例如,如果随着时间的流逝一直使用真实性测量,那么在预见成人的行为表现上,真实性测量优于传统的纸笔测验(McApline,2000)。

测量的评分标准

为在真实情境中测量行为表现,如果施测者有一系列标准,从而可将行为表现的成分与之进行比较,那么这将有助于施测。有一种形式的核查单叫作"测量的评分标准",这是一份 1 到 2 页的文件,就像表 13.1 所示的那样,对与行为表现相关的标准来说,它描述了从优到差的各种质量水平。它通常用于相对复杂的任务,如长期的项目、文章或研究报告。它的作用是给学生提供有关其作品进展情况的信息性反馈以及对其最终的产品给出详细的评价(Andrade,2003)。

教师每天都要根据课堂表现、家庭作业和测验成绩的正式和非正式鉴定来对学生进行评判。通过为学习的测量和评价提供客观的指导原则,列出学生成就基准的测量的评分标准有助于这方面的评价。这些评分标准还改善了学习,因为那些在项目到期之前理解它们的学生在他们完成其工作过程中能够考虑评价的标准(Holzberg,2003)。

虽然测量的评分标准的形式可以变化,但是所有的评分标准,如表 13.1 所示的,都有两个共同特征:(1)一系列标准或在项目(任务)中起作用的因素;(2)质量的等级,描述了最满意的和有问题的学生的工作(Andrade,2003)。

表 13.1　测量一份商业计划及表达方式的评分标准

标　　准	不满意(1~4 分)	满意(5~7 分)	良好(8~10 分)
商业计划中包含了表示为预期状态和当前状态差异的需要评估吗?	陈述个人对有关需要的看法而没有证据。	从可靠来源中得出的有据可查的需要。	有数据支持的、有据可查的需要。
商业计划中包含有对满足需要的解决方法的描述吗?	根据描述来看,在解决方法如何与需要相适合上是含糊的。	提出的解决方法看来能适合需要。	讨论了多种适合需要的解决方法并选择了一个最佳的。
商业计划包含了所选解决方法的理论基础了吗?	理论基础看来没有道理。	理论基础看起来有点道理。	理论基础讨论了所选方法较之其他方法的优势。
商业计划中含有行动计划和时间节点吗?	时间节点看来不现实,与预算或需要不匹配。	时间节点可行,阶段成果和人力资源都确定好了。	绘制了行动计划图,指出了资源配置和工作日程安排。
商业计划有预算吗?	预算是基于个人对将花费多少的看法。	基于类似项目的通用原则估计预算。	费用经过研究并与行动计划相联系。

续　表

标　　准	不满意(1～4 分)	满意(5～7 分)	良好(8～10 分)
商业计划估计了投资的回报了吗?	存款或利润是基于个人观点而定的。	存款或利润与需要评估相关。	存款或利润与需要评估相关并经过一段时间的计算。
计划及时以专业形式提交吗?	提交得晚或没有校对。	及时提交并注意拼写和错误的检查。	及时提交,组织良好并仔细校对过。

等级:56～70 分＝A(要求在所列标准上没有一项被评为不满意)
49～55 分＝B(要求在所列标准上没有一项被评为不满意)
35～48 分＝C(要求在所列标准上没有一项被评为不满意)
少于 35＝F

为什么评分标准在教育中成了很流行的趋势? 安德雷德（Andrade,2003)指出了如下原因:

1. 它们使用方便且易于解释。人们看一眼评分标准就知道它们是什么意思,它们简洁易懂。因此教师喜欢用它们来测量学生的工作,父母在辅导孩子家庭作业时也看重它们,在接受新的学习任务时学生通常也要求得到它们。

2. 评分标准使教师的期望更明显。当给学生提出书面形式的期望——如以评分标准的形式——他们将更好地理解给他们划分等级的根据是什么。

3. 和传统的测量形式相比,测量的评分标准就学生的优点和需要改进的地方给学生提供了更富信息性的反馈。一份好的测量的评分标准——描述了学生可能犯的错误类型及他们的工作出色的方式——给学生提供了有价值的信息。学生能够从测量的评分标准中进行学习,这是从等级字母中学不到的。

4. 测量的评分标准增加了评分者之间的评分信度。当多个评分者评价学生的工作时,他们都使用同样的标准非常重要。评分标准使标准清晰化,可使不同评分者在评分时更一致。

5. 测量的评分标准支持学习、技能的发展和理解。有一些评分标准和自我评价对学习和元认知(监控和调节自己思维的行为)影响的研究(Goodrich,1996)。安德雷德(Andrade,1999)发现,评分标准支持的自我评价与内容学习的增加有关。已使用评分标准的学生倾向于提到传统的标准以及多种其他标准——通常是来自他们的评分标准中的标准。最后的结论是,测量的评分标准有助于学生获得对其所学内容的更深层次的理解。

行为表现测量的目的

我们在第二章指出,当考虑到与学校教学的关系时,学生的行为表现测量有五种不同目的。下面简要地对这些目的加以讨论。

学生安置

安置测验通常用于确定学生已具备了哪些技能,以便将其适当地安置在教学性的课程中。这种测验表明了每个学生已掌握与未掌握领域的模式,以便识别出教学的起点。安置测验最适合于个别化教学。但也被用来让学生免修那些已获得终点技能的教程。比如,CLEP测验的目的就是测量学生在各学科领域的成就,并避免学生去学那些教授同样技能的大学教程。

诊断学习困难

编制诊断测验是为了测量先决性技能。这些测验对那些后进生尤有助益。当学生在学习上落后时(尤其是在集体教学中),他们有可能没有掌握早先的技能,因而难以学习其他技能。根据诊断测验的结果,可在先决技能上给这些学生进行补救教学。在某些情况下,补救教学应当采取与原先不同的方法和材料,以避免在相同的难点上再次失败。

检测学生进步

进步测验通常在课后实施,以确保学生已掌握了课的目标。学生进步的"现场检测"可在某些场合非正式地进行。在个别化的教学如基于计算机的培训中,通常包括有进步测验,以便让学习者知道他们是跟上了学习还是落后了。进步测验的结果也给教师提供了可靠的信息,以便在计划下一步教学时使用。正如先前提到的,这些测验与目标、学习活动保持一致非常重要。

这类测验一般很短,最多涵盖几个目标。但它们在激发学生学习动机方面起着重要作用,因而减少了累积性的失败。现场测验也可被用作预期目标的实际测验。其结果不会被评定等级,而是在上课期间用于给学生提供反馈,看他们是否习得了所学的概念和技能。

向家长汇报

表现性测验不仅用于使学习者、教师或培训者相信事情正步入正轨，而且对小学或中学来说，也是向家长展示学生在课堂上学习的内容及行为表现的一种可靠方式。在一系列测验中的行为表现模式可能揭示出具体某一学生的学习困难或特殊才能。

评价教学

表现性测验是评价和改进教学的一种很好的方式。设计好的教学材料要在现场测验情境中，用个体、小组和大组来进行形成性评价的试验及修改。每个学生在表现性测验上的总分明显表明了教学材料的全面成功的程度。项目分析也很重要，它可以表明大多数学生通过或未能通过哪些项目。项目得分对决定教学在何处需要改进特别有用。形成性评价技术将在第十六章进一步讨论。

也可将表现性测验也可用于教学的总结性评价。这些评价通常是在完成教程的修改而且修改过的教程已被实施过之后进行的。总结性评价既被正式地用于识别个体所习得的技能（一般是以等级的形式表示），也被用来判断教学的总效果。波帕姆（Popham，1975）、迪克和凯里（Dick & Carey，1996）以及本书第十六章都详细描述了总结性评价的程序。

对编制课的测验、某一完整主题的测验或更大学习单元的测验来说，准备表现性测量的原则是相似的。在本章余下部分我们将讨论测验测量在具体目标上的行为表现的效度。具体的目标可以是教程目标、单元目标、课时目标或使能目标。

目标参照测量的程序

目标参照测量这一术语意指测量学生学习的方式就是编制测验或其他测量程序来直接测量目标中描述的人类的行为表现。这种表现性测量有可能推断出预期的行为表现性能已作为教学的结果而获得。在开始教学前，教师通常对学生进行前测，以确定他们起点水平的性能。根据其前测得分，学生可以跳过他们不需要的教学。教学之后，教师通过实施涵盖目标的后测来测量学生的行为表现。

表现性目标是编制表现性测量的基石。我们已指出动词对准确描述目标的关键作用(第七章)。对编制表现性测量来说,动词也同样至关紧要,因为它们表明了学生参加测验时他们应做什么。要记住,性能动词指当学生成功地执行了目标中的行为动词时,推断将在学生所有技能储备中出现的性能。性能动词描述了目标的意图,行为动词则表明学习者已实现了这一意图。

目标和测验的一致性:效度

目标参照测量因其导致了对目标的直接测量而大大简化了表现性测量的效度。在这样做时,它不需要根据相关系数将表现性测量与某一标准联系起来,而当使用间接测量或未参照任何明确的表现性目标而编制测验时,必须得这样做。可以通过回答下面的问题来提出测验的效度:"学生在测验上的表现与目标中描述的表现相同吗?"如果回答为"是",则测验有效。

如果测验和目标彼此一致,效度就表现为目标陈述本身是有效的,当然是在目标陈述真实反映了课题或课的目的这一意义上。第七章描述的确定目标的程序是为了保证实现这种情况;但在将目标转换成测验时,二者不一致的情况有时会很明显。

第七章的一些表现性目标可被用来说明如何作出有关测验效度的判断。为估计某一目标的效度,可以将要习得性能的动词与学生展示这一性能所采取的行为进行比较。例如,对"通过打字生成一封书信"这一目标,"生成"一词表明学生必须自己写信而不是打一封别人已写好的信。完成这一任务需要两个领域的性能:动作技能和智慧技能。如果目标是打一封别人用普通书法写好的信,则只要求一个领域的性能(动作技能)。"生成"一词暗含了要求一种问题解决性能(写信)。

在来自第七章的第二个例子中,学生必须通过补上等式中缺失的因子来演示某一规则的使用。从教科书中照抄缺失的因子或从已解答过的问题中回忆出缺失的因子,都不构成对该性能的有效测验。在设计测验时,应当使用与教学中或教学材料中的例子不同的例子,以最大程度地减少由其他手段而不是预期的心智过程提供正确反应的机会。

为演示具体概念的掌握,学习者可以通过在图表上圈划来识别该概念。这不同于将概念名称抄写到一张纸上或拼写出概念的名称,也不同于解释概念。后一种行为表现可能是有用的,但它们并不反映目标关于性能(识别概念)的意图或表明性能已习得的行为(圈出概念)。

迪克和凯里(Dick & Carey，1996)给出了一些通过比较测验项目和相应的表现性目标来判断测验项目效度的练习。

设计测验情境

第七章中描述的表现性目标的形式是编制测验的基础。目标陈述的五个成分是：(1)情境或场景；(2)习得的性能；(3)行为表现的内容或对象；(4)行为，或可观察的部分；(5)适用于行为表现的工具或限制。陈述好目标后，目标就提供了对测验情境的描述。

对于某些目标类型或那些年龄较大(更老练)的学习者，可以通过做一些简单的改变来将目标转换成测验。例如，打一封信的目标可以根据如何完成击键测验来陈述；需要增加的只是"普通写法的信"和"文字处理器和打印机"。目标和测验指导语是："给出文字处理器、打印机和一封普通写法的信，你将能在10分钟内以100％的准确率打印信件。"应告知施测人员确保一种良好的环境，记录时间并在10分钟时间到时予以提醒。为演示短除法程序，唯一需要施测人员做的是提供一个预期除法表达式的模板并告诉学生在哪里写答案。

目标和第七章列出的要点越接近，在编制测验时需要做的决策也越少，需要呈现给学生的指导也越少。对年幼的儿童来说，在告知课的目的或在教学完成后测验其行为表现时，目标和测验项目都需以简单的用语呈现。

若干注意事项

运用目标编制测验时，特别是目标陈述不完整时，必须注意几个问题。

1. 在替换动词时，避免改变目标中描述的性能或行动的意义。当需要以同义词或更简单的解释来将目标转换成测验时，对这些新的陈述要仔细斟酌，保证其与目标的意图一致。例如，在尽力阐明指导语时，要特别小心，不要通过语言的运用明示或暗示学生只是选择或回忆答案而改变对学生提出的建构或开发答案的要求。例如，如果一个目标为"生成三条关于用氢气作为汽车燃料来源的假设"，学生只能口头或书面回答该问题——而不能从多项选择测验中选择答案。在陈述得不好的目标中，为避免"猜测"动词意义时的模糊性，可以运用表7.1中的标准动词。在运用诸如总结、描述、列举、分析和填充等动词时要特别注意，要确保它们意指预期的具体行为。重新考虑用这些术语陈述的目标时,有时会发现目标本身需进一步修改。在这种情况下,应在计划教学之前以及在将这些陈述用作课时目标或测验指导语之前对它进行修改。

2. 应避免改变目标的其他成分,除非是在需要简化测验指导语的时候。除非有意进行改变,否则,测验情境、对象、工具和其他限制条件以及表示性能和行动的两个动词,都应保持其在目标和测验中的一致性。目标和测验间不匹配的"最糟糕的一种可能性"是,目标和测验中具体描述的可能是不同学习结果领域的性能。例如,如果学习目标是"列出使政治家取得成功即在竞选中获胜的因素",而教学只涉及了托玛斯·杰弗逊对奴隶制度的看法,这就在目标和教学之间存在不匹配。如果测验要求学生回答少数人投票如何影响政治上的胜利,那么这就存在最大的不一致,因为教学本身教的是第三个领域的性能。一个很好的练习是让教师或设计者在三种不同的情况下,提出他们的目标、测验和课时计划。可以想象得到的是,目标是针对某种态度,而教学涵盖的是事实,测验要求运用概念及规则。

3. 测验不应比目标更难或更易。测验的目的在于准确地代表目标,而不是简单地使测验"有难度"。

4. 测验不应企图得到全距变动较大或呈正态分布的得分。标准参照表现测验的目的不是找出在得分上比另一名学生高或低的学生。它的目的在于测量并证明学生的成功。

掌握的概念

掌握的思想(Bloom,1968)要求改变有关对教学和测量的看法。在传统教学中,教师和学生都认为只有少数几个学生能在主题或教程的学习中得"A"。其余的学生,或者学习得相当好的,可得 B 或 C,或者遭受学业上的失败。将全班学生的测验分数绘制成频数分布时,会形成一个正态分布曲线,不同等级的学生各自占有一定的比例。

在评论这一测量系统时,布卢姆、黑斯廷斯和马道斯(Bloom, Hastings, & Madaus,1971)观察到,像这样的预期倾向于将教师和学生的学业目标固定在不适当的低水平上,这样就削弱了教学和学生的动机。导致这些效果的具体教育实践叫做"群体步调化的"(group-paced)教学;所有的学生必须尽力按照同样的速度经由同样的教学方式来学习。当步调和方式固定时,每个学生的成绩大致变成了能力倾向

（aptitude）的函数。如果学习者的方式和速度可以变化，那么更多的学生将会在学习中获得成功（Block & Anderson，1975）。

改变学生的学习速度要比确定使每个学生最大程度受益的学习方式更容易。自定步调的、自我教学的教程考虑到了速度问题，并在某种程度上（当有备用的材料或教学方法可用时）考虑到了学习方式的问题。个别化测量的诊断特征也有助于学生重新适当地调整其努力方向。

掌握学习的实质是指，如果提供适当的条件，或许有90％～95％的学生能掌握绝大多数目标，而不是像现在这样，只有"好学生"才能达到。掌握学习这一观念抛弃了那种认为学生只是或多或少学习得好的观点，而致力于发现为什么学生未能掌握并对情境进行修改。解决学习问题通常需要采用如下措施中的一种：（1）允许有更多的学习时间；（2）提供不同的媒体、方法或策略；（3）确定所缺失的先决知识或技能。在这一情境中，当上述措施都不起作用时，教师的个人知识可被用来决定该做些什么。掌握学习的总的目的是提供材料及条件，使大多数学生借助这些手段而在大多数任务上，在对每个个体都合理的计划中取得成功。

确定掌握标准

你如何知道学生何时能做出令人满意的行为表现或何时在测验上达到了掌握水平？如果学生的行为表现不能令人满意，你如何足够详细地把这一结果告诉学生，以便让学生知道应如何去补救？学生应该被告知他们需要在哪里付出努力。为给学生提供充分的反馈，教师需要知道哪些测验项目与每个学习目标相联系。

对智慧技能目标的补救教学而言，最好通过实施一个该目标的下位性能的诊断测验来进行。教师或培训者也可采用口头测验来找出学生的失败是从什么地方开始的。个别化教学中的每堂课通常包括有下位性能的诊断测验或实际练习。下位能力的诊断测验对慢速学习者尤其有用，可以保证他们在学习下一性能之前能掌握每个先决性能。这种方法可以在一些较小的学习失败尚未发展成整个课、单元或教程的更大的学习失败之前将其检测出来。经常运用这种测验能避免年复一年的失败，或至少能及早提醒学校，重新评价针对特殊学生实施的教学计划。

界定了针对某一目标的测验的掌握水平也就界定了该目标的成功标准。第一步，规定完成测验时，学习者必须达到多好的程度才能表明在该目标上已经成功。接下来记录有多少学生达到了这一标准(掌握)。然后就有可能知道针对该目标的教学是否已达到其设计目标。在整个教程结束时,可以计算出在所有目标(或所确定的任意比例的目标)上都达到掌握标准的学生的百分数。从这一数据中可以确定是否达到了教程设计的标准。一个常用的教程标准为 90％ 的学生能达到对 90％ 的目标的掌握。有时要设置三个设计标准,一个表明最低的可接受的成功水平,其他两个表明更高程度的成功。教程设计标准可被用来提供教学实施后学生行为表现的达标程度。

针对每一目标的测验的实施和掌握水平的确定,提供了评价教程本身和个别学生行为表现的手段。比如,依据这些测验,学生可得以升级,测验的结果可被用于教程的形成性评价,表明哪些地方需要修改(见第十六章)。

界定目标的掌握标准及使用目标参照测验的目的主要在于监测学生的进步、发现教程实施的成功程度;在需要时,从这些测验中得到的数据也可用来给学生评定等级。在这种情况下,等级通常是作为一种掌握的程度而事先设置。比如,A＝90％,B＝80％～89％等等。但在设置标准水平时,应仔细考虑掌握的含义——一名飞行员能在90％的时间里使飞机安全着陆,他的行为表现就不是处在可接受的水平!

目标参照测量的标准

接下来我们讨论如何确定对每种学习目标的掌握标准。我们将描述决定每一学习领域掌握标准的程序。更全面的标准参照测验程序请参见伯克的有关著述(Berk,1984)。

智慧技能目标

问题解决

为说明测量问题解决目标的行为表现的标准,我们先从表 7.1 中所示的如下目标开始:"以书面形式生成一份商业计划,包括对投资回报的估计。"

为了确定某一份商业计划是否合格,有必要准备一个该计划需要包括的特征列表。对这种目标,不可能采用逐字逐句的记分方法,机械记分的方法也不可行。表13.1 是一个评分标准的例子,可被用来测量该目标上的行为表现。虽然目标陈述中没有包括语法上的要求,但该评分标准还是包括了一个与语法和标点有关的标准。如果几个教师教同样的目标,他们可以一起确定测量标准,并在段落中需要包括多少行动、需要包括商业计划的哪些方面上达成一致。他们还有可能在如下方面达成一致:需综合的最少规则数,哪些规则是必须的,哪些规则是可以有选择地运用的。

问题解决目标的测验不应当基于诸如"10 个问题中有 8 个正确"之类的判断。标准的性质通常既是定性的也是定量的。评分总是需要判断的,而不只是简单机械地把学生答案和标准答案进行核对。因此,教师在如何对测验进行评分方面意见一致的程度是一个与决定测验信度有关的因素。

规则学习

表 7.1 给出的规则学习的例子是:"通过写出解例题的所有步骤来演示正负数加法。"为将该目标转换成测验,首先需要对目标做如下扩展:"用言语陈述的方式给出一些可在正负值范围内变动的物理量的例子,通过写出能得出其和的适当的数学表达式,演示这些值的加法运算步骤。"这一更为完整的陈述提供了更多细节,有助于更充分地编制测验项目。例如,其中一个测验项目可能是这样的:"夜里城镇的温度是17℃,白天温度增加了 30℃,白天最高温度是多少? 第二天晚上温度降低了 40℃,那天晚上的温度是多少?"

还有一个属于表现性测量的决策与要开发多少测验项目这一问题有关。这样做的目的显然是为了能真实地测量学生掌握的内容。按常规做法,10～20 个项目会被认为是算术规则测验的合适的项目数。但莱思罗普(Lathrop, 1983)指出,通过使用序列分析的合理假设(Wald,1947),有关掌握与未掌握的决策可在少至三个项目的基础上作出。使用多个测验项目的目的主要为了避免测量上有可能出现的错误,这些错误是由某个单一项目的一个或多个不需要的特殊特征导致的。决定合理的测验长度的其他程序可参见伯克(1984)所编的有关标准参照测验编制的书。

定义性概念

我们用如下目标作为测量定义性概念的例子:"给出一张站在地球上的观察者及其上方天空的图画,能将观察者垂直上方的天空中的一点分类为天顶。"我们又一次看到,该陈述描述的情境可直接表示在测验项目中。测验项目可以首先(在符号图中)描述地球、天空以及站在地球上的观察者。可以这样说:"用角形图指出天顶的位置。"回答时,学生要画一条从观察者到天空的垂直线,指出这条线与观察者立足点的地球表面成 90 度角,并标出该垂直线指向为天顶的天空中的那一点。

这种类型的项目不要求学生说出答案，也正因为如此，它或许是一种很好的测量形式。此外，如果你假设学生有良好的言语能力，那么项目可以这样陈述："通过口头陈述定义，能将地球上的观察者垂直上方（或与地面成 90 度角）的天空中的一点分类为天顶。"应当指出，这种情况下的测量易受到歪曲。除非完全确信学生已掌握了下位概念（地球、天空、观察者、90 度），否则，学生的反应有可能被解释为记忆的结果。尽管如此，言语陈述（最好是用学习者自己的话）常被用作测量定义性概念的标准。

具体概念

要测量如下目标——"给出五株常见植物并要求命名其主要部分，在命名的同时通过指出来识别每株植物的根、叶、茎"体现的一个具体概念，可以给学生提供五株植物，要求指出并命名每株植物的根、叶、茎。适应于不同情境的一个目标，如"给出五株常见植物的图片，通过将写有根、叶、茎名称的标签放置在植物的相应部分而能识别每株植物的根、叶、茎"，则暗含了与前面很不相同的一种测验项目。第一个测验项目认为能够准确无误地口头说出根、叶、茎，而第二个例子则要求学生能阅读标签。

测验具体概念的另一个例子是识别常见的几何图形。目标可陈述为："给出一系列常见的几何图形和'把圆指给我看'的口头指导语，能通过指出来识别圆。"测验项目可将如下图形印在纸上，学生将指出三个圆形以表明自己知道这一概念。

辨　别

测量辨别需要呈现一些刺激，要求学习者指出刺激是相同还是不同。表 7.1 中的例子是："通过比较来区分法语中的 u 和 ou 的发音"，为将该目标表示为测验项目，需要呈现一些包含这些元音的法语音节或单词（如 rue 和 roux），要求学生对每个音节或单词指出相同还是不同。

视觉辨别的一个例子是选择与模板匹配的图形：

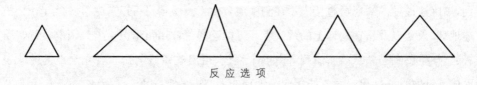

反 应 选 项

这一项目的指导语是"圈出和模板匹配的一个或多个图形"。辨别任务完全是知觉性的,不要求学习者命名刺激或识别其特征。所测量的只是学习者是否觉察到差异。

认知策略

与智慧技能的测量技术相比,认知策略的指标稍显间接,常要求更多的推断。例如,表7.1中的策略要求学生通过想象美国地图来回忆各州的名称。可观察的行为表现是列出各州的名称。一名学生可能会用不同的认知策略来列出各州的名称,可能这一策略不大有效,如按字母顺序来列出州名。行为表现本身并不表明采纳和使用了某一具体策略。为确信学生使用了想象美国地图的策略,教师需要观察到学生是按地区位置来命名各州的。

格林诺(Greeno,1978;也可参阅 Gagné,1985,pp. 143 - 145)研究了解几何题的几种不同策略,这些策略涉及复杂图形各角之间的关系。在这里,这些策略也不能仅通过几何问题的成功解法而得以揭示。对这些策略的使用是通过学生的言语报告而体现出来的,对这些学生,要求他们在解决问题时进行"出声思维"。

掌握学习的观念不能很容易地用于认知策略的测量。不管策略控制的过程是注意、编码、提取还是问题解决,测量的是心理过程的质量而不只是其存在与否。新颖问题通常有多种解决方法而不仅是一种。在这种情况下,不管认知策略是什么,它们是被用来获得解题方法的。相应地,测量也就变成判断解题方法良好程度的问题,而不是作出"成功—失败"的决断。

例如,对博士生教育来说,采用原创性或创造性的标准来测量他们的博士论文。博士论文除了完整、技术正确之外,还应对某一系统知识领域有"创造性的发现或贡献"。判断这一质量的标准或维度一般不甚明确。不同人数的专业人员通常就某一篇博士论文所表现出来的创新程度及其对某一知识或艺术领域的新贡献达成一致意见。

创造性思维

约翰逊和基德尔(Johnson & Kidder,1972)在大学心理学课上研究了如何测量创造性思维及这一思维背后的认知策略。他们要求学生对超出教科书中和演讲中的信息之外的问题陈述提出新的假设、问题及答案。其中用到的问题包括:1. 预测不寻常的心理事件的后果,2. 用新习得的(确定的)几个概念写一句有想象力的句子,3. 陈述一个与所描述的情境有关的新颖假设,4. 为一个包含有行为资料的表格写一个标题,5. 从图表中得出结论。当把这些问题组织成包含有 10~15 个项目的测验时,就得到了足够合理的原创分数的信度。质量是由经过短期培训后评分高度一致的两名评分者进行评判的。

创造性的测量,如约翰逊和基德尔(Johnson & Kidder, 1972)所做的,通常由学生在大学水平的答案、作文和设计所组成。由教师所做的这些判断通常是偶然的或非正式的,并关注学生解决的多种项目和问题。

作为一种学习结果的认知策略或思维原创性的测量,在目的和所使用的方法上都与作为一种特质的创造力的测量不同。创造力已得到广泛研究(Torrance, 1963; Guilford, 1967; Johnson, 1972),其结果超出了当前讨论的范围。但是,当作为一种学习结果而测量思维的品质时,这些结果表明应寻求两个主要特征:第一,为学生设置的问题(或项目)必须要求运用学生新近习得的而不是多年以前获得的知识、概念和规则;第二,在进行测量前,学生应表现出已习得了相关的先决性信息和技能。对于保证每个学生都有相同的创造机会,而且他们的解决方法不会因缺乏必要的知识和智慧技能而受损,这一条件是必要的。

言语信息

该领域中掌握的概念是与一系列预先确定的事实、概括化命题或观点相联系的,学生必须能完全准确地陈述它们。目标测量与内容参照测量的根本区别在于我们想确定学生是否已经达到某些目标而不是只确定教师是否涵盖了要教学的内容。

言语信息的目标参照测量是通过准确地确定将要习得的名称、事实和概括化命题而实现的。测验将需要回忆的信息的核心内容与在要求范围之外习得的偶然信息区分开来。

把信息领域的目标划分得过于详尽,以至于未能给其他领域的相关目标留有足够时间的做法是错误的。应当有意识地寻求或识别那些最有利于其他领域目标达成的信息性结果。

典型地讲,测量言语信息学习意味着测量数量(Gagné & Beard, 1978),例如,测量学生对某些特定历史事件、时代或对某一自然现象(如地震)知道多少。学生对桉树的种类或将原木砍成木材知道多少? 对量化问题的回答来界定良好的内容。内容可以准确地界定(在具体的文章段落中),也可以宽泛地界定(某一具体学科中可资利用的演讲、文本或其他参考资料中的陈述性知识)。对于分析展示言语知识的复杂文本,现已提出了多种方法(Britton & Black,1985)。其中一些建议表明,知识的质量也有可能作为一种学习结果加以测量,一些由学习导致的记忆组织类型有可能代表对言语信息的"更深层次的理解"。用这些方法同样有可能区分主要观点与次要观点。但在开发言语信息的质量或深度方面的测量之前,知识的质量或深度的更为深刻的意义仍有待研究或理论发展的阐明。

言语信息测验项目的例子

测量言语信息的一些典型测验项目有:

    1. 像课本中讨论的那样,至少描述美国革命的三个原因;

    2. 陈述下列物质的化学名称:小苏打,胆矾,白垩;

    3. 写出一个片段,概括在选举团选举失败时如何选举总统;

    4. 根据图片,命名20种动物中的15种;

    5. 美国宪法第四修正案保证了什么。

正如这些例子表明的,言语信息的目标参照测验要求准确识别将要学习或保持的信息。如果要学习的是列举名称或日期,则所列内容应非常清楚。此外,如果要叙述某一段的实质内容,就应让学生明确认识到这一点。在这样做时,为掌握而进行的学习是可行的、公平的、合理的。

态　度

正如第五章指出的,态度有强度上的变化,并影响个人行为的选择。在测量时,你想测量的是态度的强度而不是掌握。测量态度支持或反对行为选择的强度可通过计算个体在给定的样本情境中以某种方式做出反应的次数来进行。例如,测量学生使用公共交通工具的态度,可以通过观察他在各种不同的情境中选择各种形式的公共(而非私人)交通工具的可能性来加以测量。观察到的事件是推论个体倾向于使用或不使用公共交通工具的基础。

在测量诸如"关心他人"的态度时,很明显不能使用"成功—失败"的标准。教师可以建立如下目标:在一学年中,她所教的所有二年级学生在关心他人的态度上将有所改善。从这当中,有可能设置每名儿童将展示的关心他人的态度的标准,或以言语方式或以实际行动关心他人,每月有更多关心他人的次数,如5月份就比去年10月份有更多关心他人的次数。可以保存轶闻的记录,指出关心他人的行为展示的地方,到学年结束时,可以做出"提高"或"未提高"的报告。根据积极行为的数量以及积极行为相对于全部行为(积极的加消极的)的比例,可以将报告数量化。考虑到儿童的一些时间是花在学习上的,在这期间,很少有机会展示对他人关心或不关心的行为,因而不代表这两类举动的行为不予记录。当教师观察学生在自由游戏中与他人的互动时,可以开发这样一种方法,即在花名册上学生名字旁边记上"—"、"√"、"+"。

态度的测量通常采用行为可能性的自我报告而不是直接观察行为。自我报告的最大局限在于有可能出现偏差,这种偏差源于学生为了赢得赞许而不是准确反映其态度来回答问题。虽然人们已做了许多研究(如Fishbein,1967),但似乎没有简单的办法解决从自我报告中获得真实准确的信息这一问题。当向学生保证,测量并非意在竞争;也就是说,他们不会因其回答而受到评判时,可以得到最好的结果。当问卷施测于团体时,应保证反应是匿名的。

前面已指出,态度最好被看作并被测量为个人对某一类客体、人或事件的行为选择的一致性(如第五章描述的)。可根据几种不同维度仔细地确定一种界定这些选择的测量项目的范围(Triandis,1964)。例如,为评价个体对公共交通工具的态度,项目应包括个人选择的几个维度(舒适、速度、费用、交通工具整洁程度等)。这种方法可被用于提供一种态度测量的目标参照分数的可接受的质量。

动作技能

多年来,评价学龄儿童的动作技能是通过将其行为表现与某些经核准的标准相比较来进行的。例如,为给书法划分等级,在小学教室中常用的一种工具是帕尔默字迹量表(Palmer Scale)。量表中包括各种程度的"正确"书法,各附有一个数值,如90、80、70等,学生的书法样本与量表上的理想样本进行比较。这是一种标准参照的等级评定形式,因为其标准是预先确定的,教师可以说三年级学生的60分、四年级学生的70分为"及格",等等。

测量动作技能的标准通常是指行为的精确性和速度。由于动作技能在大量练习后会得到改善,因而期望在"习得"或"未习得"意义上来界定动作技能是不现实的。必须用一种行为表现的标准来确定是否已达到掌握程度。

打字技能提供了测量动作技能的一个良好例证，因为我们可以设置许多不同的行为标准。例如，每分钟 30 字，错误不多于 5 个的标准可被用作初学打字教程的合理标准；每分钟 40 或 50 字，错误不多于 3 个的标准可用作中级教程的标准；每分钟 90 字，错误不多于 3 个的标准可用作高级教程的标准。

目标参照测量的信度

开发目标参照测验需要选择适合于目标的行为标准。此外，测量项目要有可靠的测量。这一特征叫做信度，它有两个主要含义。

一致性

首先，信度是指测量的一致性。学生在某一目标的测验项目上的行为表现必须与他在同一目标的其他测验项目上的行为表现一致。例如，可能要求七年级学生演示算术规则的掌握：$3M+2M=25$；$M=?$。测量的目的是为了发现学生是否能完成这类算术运算而不是这一个算术运算。属于同一类的其他测验项目（如 $4M+3M=22$；$5M+1M=36$）应被用来保证测量的可靠性。

在非正式的测验情境中，如教师一个接一个地提问学生时，可用单一项目来测量行为表现。但在这样的情境中得不到一致性的测量。学生可在任一单个项目上做出成功反应，因为他碰巧记住了答案。此外，如果学生被测验项目的某些具体特征误导，有可能做出错误的反应。正确回答单个项目并不表明学生已掌握目标。

在目标表示的行为表现已被良好界定的情境中（如先前给出的算术例子），选择同一目标的其他测量项目的程序是相当直接的。我们要得到的结论不是"有多少个项目是正确的"，而是"正确的项目数能表明掌握吗"。虽然两个项目明显优于一个，但它们可能产生令人迷惑的结果，即一半正确，一半错误。这意味着学生已掌握了呢还是因其记住了答案才做对了一道？三个项目可提供一种更好的方式来做出是否掌握的可靠决策。在这种情况中，三个项目中有两个回答正确，就可在某种程度上相信已达到了测量的信度。可以采用更多的项目，但作为掌握的可靠测量的基础，三道题似乎成为一个合理的最小值。

当测量的目标是认知策略时，测量项目实际上可能是一项相当长的问题解决任务。例如，这样的一项任务可以是"自选题目，在一小时之内写一篇 300 字的文章"。

这可能需要几个测量项目来获得对行为表现的可靠而有效的测量,因为有必要将先前的学习(信息和智慧技能的学习)和创造性思维的质量分离开。必须给学生提供一些能够展示其行为表现质量的场合。这样做的目的是为了突出学生若没有真正的创造性写作能力就不可能达到标准。

时间上的可靠性

信度的第二种含义是在不同时间测量的可靠性。你想确信学生在星期一展示的掌握与在星期二或在其他时间展示的掌握没有区别,当然这要假定测验的条件是相同的。该学生的行为表现是暂时性的呢还是已习得性能所具有的持久性呢?学生行为表现的好坏主要是由他当时的感觉决定的呢还是由暂时的疾病或由测验情境的环境特征(房间太热或太冷)决定的呢?

第二种意义上的测量信度通常是由与第一次测验有数天或数周间隔的第二次测验决定的。这种测验—再测验方法的信度是由一组学生在两次测验上得分的高度对应性表明的,这种方法经常用于测验的形成性评价上,也常用于实际的测量中以决定所习得的性能是否有合理的稳定性。

常模参照测量

如果设计的测验所产生的测验分数是用来把学生的行为表现与一组学生的行为表现或与由团体分数建立的常模相比较,则这种测验被称作常模参照。通常,这样的测验被用于测量学生在相对大的教学内容如主题或教程上所获得的成就。它们不同于目标参照测验的地方在于它们通常测量大量目标而不是少数几个清晰界定目标的累积性知识。比如,常模参照测验更可能具有测量历史的相关知识的目的而不是测量与具体目标有关的个别技能或知识的获得。正如前边讨论的,它们之间还有区别是因为标准是在测验之后设置为团体的平均行为表现。

因为覆盖面广的特点,常模参照测验对各种终结性测量和评价最有价值(见第十六章)。该类测验能回答这样的问题:"一个学生对美国历史了解多少(与他同年级水平的学生相比较)?""学生能够怎样运用算术运算来推理?""学生在运用语法规则上的熟练程度如何?"显然,这样的测量最适用于延续时间较长的教学,如在教程中期和教程结束后的考试中。

　　与目标参照测验相比,常模参照测量的特征暗含了一些明显的局限。因其项目通常代表了对累积性知识的测量,不可能单独识别出来,因而常模参照测验不能方便地用作先决技能的诊断性测验。因类似的原因,当所习得的性能被看作是一个或多个明确的目标时,常模参照测验通常无法提供直接而清晰的测量。

　　常模参照测验可被用于测量某一团体在智慧技能、信息和认知策略上的相对达成度。在这样做时,它们测量的是学生的"整体"性能而不是具体可识别的目标。因此,它们尤其适合测量一套主题或整个教程的学习结果。由于获得的分数代表的是团体(一个班级或一个更大的"参照"团体,如 10 岁的儿童)的分数,这样,每个学生的得分可以与团体内其他人的分数相比较。为了这个目的,我们经常采用百分数,如一名学生的分数可表示为"落在 63% 的等级"。

教师或培训者编制的测验

　　教师可以编制标准参照或常模参照的测验。我们建议教师编制的测验是标准参照测验,因为教学的目的是使学生达到预先设定好的知识或技能水平。当教学设计旨在保证目标的达成时,测验应直接从目标本身的定义中导出,正如本章前面部分所阐明的。如果目标参照测验不被用于这一目的,那么测量的两个重要目的将被忽略:(1) 测量所习得的具体性能的掌握,(2) 在通过提取缺失的先决技能和知识来克服具体的学习缺陷时给学生提供诊断性帮助的可能性。

　　利用常模参照测验有可能在一个参照团体(如去年的班级)中比较学生的行为表现。这样的测验要用几年的时间来改进,要用项目分析的方法来选择最有辨别力的项目(见 Hills,1981;Payne,1968)。这意味着那些没有辨别力的项目(那些多数或极少学生能正确回答的项目)将逐渐被摒弃。用这种方法改进的测验逐渐趋向于能测量问题解决和其他认知策略。它们还能测量一般的智力而不是直接习得的内容。虽然在测量一门学习教程的整体效果时这是一种合理的目的,但常模参照测验显然比目标参照测验有着不同的测量目的。

预测性的测验

　　预测性测量或预测效度指测验在多大程度上可被用于得出有关成就的推论。支持预测效度的经验证据必须包括在有效测验上的行为表现和外在标准上的行为表现的比较(Sadoff,2003)。这就是为什么预测性测验被用于预见一些将来的"事态"的原因(或教育情境中将来的行为表现)(Darkwa,2003)。例如,大学用于选拔目的的各种教育测验,如学业能力倾向测验(SAT)及研究生入学考试(GRE)等,被用来预测学生在学校中将会有怎样的表现。预计那些在 SAT 测验上得分高的学生在大学里要比得分低的学生学得更好。

标准化测验

如果要在一个学校系统、一个地区或整个国家的许多学校中广泛应用,常模参照测验应该有标准化的常模。这意味着先对特定年龄(或年级)组的学生大样本施测,所获得的分数分布情况就成为标准,任何学生或学生班级的分数可与之比较。有时,这一标准化的常模用百分数表示,表明达到或低于特定分数的学生有百分之几。这样的标准也经常表示为年级等价分数,表明这一分数可由一年级组的所有儿童达到,或二年级组的所有儿童达到等等。标准化测验的开发和验证中使用的程序在有关这一问题的许多书中都有介绍(如 Cronbach,1984;Thorndike & Hagen,1986;Tyler,1971)。

标准化测验是常模参照的。相应地,标准化测验典型地显示了先前描述的特征。它们通常混合在对具体目标的测量中,因为它们的项目不是直接从具体目标中得来的。其项目选择的目的是在学生中产生最大可能的分数变异,而且其得分倾向于与智力而不是具体的学习结果高度相关。除少数例外情况外,它们不能识别出对诊断目的十分必要的所缺失的下位性能。

标准化测验适用于长达几年的整个教程的总结性评价。当用作这些目的时,标准化测验能对教程或大型教学计划的长期效果提供有价值的信息。

总　　结

到此为止,我们主要关注目的和表现性目标,关注它们所代表的学习领域,关注运用教学事件和适于所选目标的学习条件进行的课的设计。本章我们把注意转到学生在目标上的行为表现的测量。这样,我们从学习的"学什么"和"怎样学"方面进展到"学得怎么样"的方面。

虽然讨论了各种类型的测量,包括真实性测验和评分标准,但本章的重点是采用标准参照解释的目标参照测验。这种测验有以下几个重要目的:

1. 它们表明每个学生是否掌握了目标并可以继续学习下一个目标。

2. 它们允许及早发现和诊断学习失败,这样有助于识别所需要的补救性学习。

3. 它们提供了改进教学本身的信息。

4. 它们是公平的评价,因为它们测量了目标上的行为表现,而这一行为表现是作为期望学生学习的指标而呈现给学生的。

目标参照测验是对目标上的行为表现的直接的而非间接的测量。它们单独针对每一个目标而不是针对非常大的教学单元(如一年的学习)。因此,它们具有教程的形成性评价的价值和诊断价值。

目标参照测验的效度是通过决定测验和目标的一致性来实现的。信度是通过测量行为表现测量的一致性及其在时间上的可靠性而获得的。"掌握"这一概念在智慧技能、动作技能和信息领域内与目标参照测验有关。对这些学习结果类型,掌握水平可以根据测验表现所反映的学习的程度来界定。就认知策略和态度而言,由于测量不大直接且更难以观察,因而更难确定掌握的标准。

另一种测验类型叫常模参照测验。这种测验并不测量教程的独立的、具体的目标。相反,它们测量目标的混合或组合而不管这些目标是否被识别出来。当一个常模参照测验成为标准化测验时,它要经过认真的设计和修改以产生较大的分数变异。分数的解释是参照常模来进行的,常模代表的是大的团体学习者在测验上的行为表现。这样的测验允许将一名学生的分数与其他学生的分数进行比较;也允许把一组的平均分数与更大的常模组的分数相比较。

参考文献

Andrade,H. G. (1999). When assessment is instruction and instruction is assessment: Using rubrics to promote thinking and understanding. In L. Hetland & S. Veenema (Eds.), *The project zero classroom: Views on understanding*. Cambridge, MA: Project Zero.

Andrade,H. G. (2003). Retrieved January 2004 from: http://www. ascd. org /cms /index. cfm? TheViewID=347.

Berk, R. A. (Ed.) (1984). *A guide to criterion-referenced test construction*. Baltimore, MD: Johns Hopkins University Press.

Block, J. H., & Anderson, L. W. (1975). *Mastery learning to classroom instruction*. New York: Macmillan.

Bloom, B. S. (1968). Learning for mastery. *Evaluation Comment*, 1(2), 1-5.

Bloom, B. S., Hastings, J. T., & Madaus, G. F. (1971). *Handbook for formative and summative evaluation of student learning*. New York: McGraw-Hill.

Briggs, L. J., & Wager, W. W. (1981). *Handbook of procedures for the design of instruction* (2nd ed.). Englewood Cliffs NJ: Educational Technology Publications.

Britton, B. K., & Black, J. B. (1985). *Understanding expository text*. Hillsdale, NJ: Erlbaum.

CTVG Cognition and Technology Group at Vanderbilt (1990). Anchored Instruction and its relationship to situated cognition, *Educational Researcher*, 19(6), pp. 2-10.

Cronbach, L. J. (1984). *Essentials of psychological testing* (4th ed.). New York: Harper & Row.

Darkwa, O. (2003). Retrieved summer 2003 from: http://www.uic.edu/classes/socw/socw560/MEASURE/tsld001.htm.

Dick, W., & Carey, L. (1996). *The systematic design of instruction* (4th ed.). New York: HarperCollins College Publishers.

Fishbein, M. A. (Ed.) (1967). *Attitude theory and measurement*. New York: Wiley.

Gagné, R. M. (1985). *The conditions of learning* (4th ed.). New York: Holt, Rinehart and Winston.

Gagné, R. M., & Beard, J. G. (1978). Assessment of learning outcomes. In R. Glaser (Ed.), *Advances in instructional psychology* (Vol.1). Hillsdale, NJ: Erlbaum.

Goodrich, H. (1996). Student self-assessment: At the intersection of metacognition and authentic assessment. *Doctoral dissertation*, Harvard University, Cambridge, MA.

Greeno, J. G. (1978). A study of problem solving. In R. Glaser (Ed.). *Advances in instructional psychology* (Vol.1). Hillsdale, NJ: Erlbaum.

Guilford, J. P. (1967). *The nature of human intelligence*. New York: McGraw-Hill.

Hast, D. (1994). *Authentic assessment: A handbook for educators*. Boston: MA: Addison-Wesley.

Hills, J. R. (1981). *Measurement and evaluation in the classroom*. Columbus, OH: Merrill.

Holzberg, C. (2003). Retrieved from: http://www.techlearning.com/db_area/arehives/WCE/arehives/evalguid.html.

Johnson, D. M. (1972). *A systematic introduction to the psychology of thinking*. New York: Harper & Row.

Johnson, D. M., & Kidder, R. C. (1972). Productive thinking in psychology classes. *American Psychologist*, 27, 672-674.

Keller, J. M. (1987). Development and use of the ARCS model of motivational design. *Journal of Instructional Development*, 10(3), 2–10.

Keller, J. M. (1999). Motivation in cyber learning environments. *International Journal of Educational Technology*, 1(1), 7–30.

Lathrop, R. L. (1983). The number of performance assessments necessary to determine competence. *Journal of Instructional Development*, 6(3), 26–31.

McAlpine, D. (2000). Assessment and the gifted. *Tall Poppies*, 25(1).

Payne, D. A. (1968). *The specification and measurement of learning outcomes*. Waltham, MA: Blaisdell.

Piirto, J. (1999). *Talented children and adults: Their development and education*. Upper Saddle River, NJ: Prentice-Hall.

Popham, W. J. (1975). *Educational evaluation*. Englewood Cliffs, NJ: Prentice Hall.

Renzulli, J. S. (1977). *The enrichment triad model: A guide for developing defensible programs for the gifted and talented*. Wethersfield, CT: Creative Learning Press.

Resnick, L. (1987). *Education and learning to think*. Washington, DC: National Academy Press.

Sadoff, J. (2003). Retrieved summer 2003 from: http://www. sabes. org/resources/fieldnotes/vol10/f03facts. htm.

Thorndike, R. L., & Hagen, E. (1986). *Measurement and evaluation in psychology and education*. New York: Wiley.

Tombari, M., & Borich, G. (1999). *Authentic assessment in the classroom: Applications and practice*. Columbus, OH: Merrill.

Torrance, E. P. (1963). *Education and the creative potential*. Minneapolis, MN: University of Minnesota Press.

Triandis, H. C. (1964). Exploratory factor analyses of the behavioral component of social attitudes. *Journal of Abnormal and Social Psychology*, 68, 420–430.

Tyler, L. E. (1971). *Tests and measurements* (2nd ed.). Englewood Cliffs, NJ: Prentice Hall.

Wald, A. (1947). *Sequential analysis*. New York: Wiley.

Wiggins, G. (1989, May). A true test: Toward more authentic and equitable assessment. *Phi Delta Kappan*, 70(9), 703–713.

Wiggins, G. (1992, May). Creating tests worth taking. *Educational Leadership*.

/第四部分/

教学传输系统

第十四章　集体学习环境

大量教学是利用组织成各种规模集体的学习者进行的。对教学设计有重要意义的集体规模包括：(1)两人组或成对组，其中有可能使用辅导；(2)小组，有3—8名成员参与讨论、相互问答或合作活动；(3)大组，有9名或更多成员。大组最常用的教学模式是用像投影片和演示之类的中介材料进行的演讲。大组教学的另一种教学技术是个别问答，通常用于外语教程。但技术以及社会建构主义的复兴，提高了人们对集体教学和大组中的合作学习的兴趣，而且学习共同体的建立改变了教学设计者考虑集体教学的方式。在当今的数字世界，电子教室迅速出现，并具备了支持集体学习甚至超越建筑物四壁之外的大组学生的能力。

当然，有很多理由将学生分组。小组支持与主动学习相联系的许多教学方法——包括学习者参与到获得、分析、组织信息并将其转化为知识的过程中。虽然三种规模的集体对教学方法有不同含义，但它们之间的区别并不是严格的和明显的。例如，对一个包含8～15名成员的集体，教学可从讨论或演讲开始，然后把全班分成更小的组来进行各种类型的学习活动。当向很大的集体(有100名或更多学生)传输教学时，后勤问题如座位安排、声音效果、视觉辅助及其他影响与学习者交流的因素，在设计过程中都需要重点考虑。

集体教学的特征

刻画不同类型集体的教学特征的一种方法，是描述各种教学方法，如演讲、讨论、口头问答，而且要根据这些教学方法能为学习者提供的教学事件来描述。每种方法都有不同的特征，当用于不同规模的集体中时会有各种优缺点。讲演者的活动、讨论过程中的事件，以及口头问答过程中的活动也是变化多端的。有关这些教学方式的系统知识在盖奇(Gage,1976)所编的书中作了概括。

本章的取向不是描述不同教学方法的特征,而是考虑如何为不同规模的集体——两人组、小组和大组来设计教学。我们的讨论涵盖了对每类集体都可能而且可能最有效的教学安排(包括教学方法)。

教学集体中的相互作用模式

教学集体的规模影响教师和学生之间的相互作用模式。根据其如何被学生知觉,这些模式会影响学习结果。图 14-1 描绘了一些类似于沃尔伯格(Walberg,1976)描述的课堂相互作用模式。

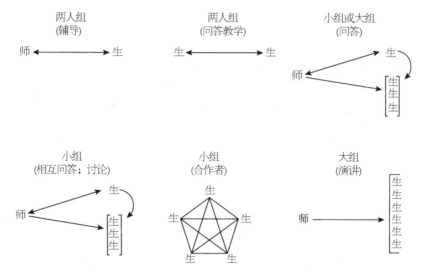

图 14-1　不同规模群体中的一些课堂相互作用模式(箭头所指为相互作用方向)

如图所示,在两人组教学中,师生之间的作用是双向的。无论是小组还是大组,当采用问答法时,教师与某个学生在某一时间相互作用,而其他学生只接受教师的信息。当学生之间和师生之间存在相互作用时,相互问答和讨论就出现在小组教学中。在大组经常使用的演讲法中,是教师向学生传输信息。

教学事件的变化

任何或所有的教学事件(第十章)都会随集体规模的变化而在其形式和可行性上

有所变化。例如,引起注意这个事件能够在两人组中控制得非常严密,但对大组中的个别学习者只能有松散的控制。关于这一点的一个例外发生在使用电子教室的大组教学中。本章后面将根据教学事件的实施来描述电子教室的优点。

两人组中的学习指导一般由教师(辅导者)来控制。当反馈是提供正确的和不正确的答案时,在大组中可以控制住它,而且常常与给个别学生提供的反馈同样准确。但是,当反馈包括有关错误反应的原因的信息时,反馈将随个别学生而变。易随不同集体规模而变化的主要因素是教学事件。集体的规模不仅决定这些事件的某些必要特征,而且对其支持学习的有效性施加限制。集体教学的这些特征我们将在下面探讨。

学生起点性能的诊断

关于教学有效性的一个重要因素是测量学生的起点性能(Bloom,1976)。测量起点性能的程序不是教学事件本身,但它们的确影响某些教学事件。教师或培训者实施诊断程序的方式将随集体规模的变化而变。

起点性能的测量可以在一个学程开始时或在一个学期或学年之初进行。学生的性能也可在教程的每个新主题开始之前进行测量。后者通常用于揭示学生性能中的不足和差距。另外,更精细的诊断程序通常用于初级阅读、数学和外语学习,如果建立在学习层次之上,则有可能获得最大的成功。可以使用简单的测验或探查问题来揭示学生在使能技能方面的具体差距。这种类型的诊断并不受集体规模的严重影响,因为在大组中进行的使能技能差距方面的测验通常与在小组中进行的同样有效。

但在诊断起点性能基础上设计和实施教学受教学集体规模的极大影响。当关注最近的先决条件(与每节课有关的诊断)时,集体规模对教学的影响尤为重要。这为个别化教学提供了基本依据。根据先前的努力来让学生做好某节课的准备,集体中的每个学生身上可能会表现出先决性能的不同模式。例如,在有 20 名学生的集体里可以发现 20 种不同的起点性能。在辅导情境中可以很容易地处理这种教学需要;实际上,这个特征常常被看作是辅导模式的最显著优点。但即使在电子教室里,这些不同的模式也给有 20 人集体的教师或培训者提出了相当大的挑战。本章随后还会讨论这一情境的某些进一步含义。

两人组中的教学

两人教学组由一名学生和一名教师或辅导者组成。两人组也可只由学生组成,其中一个承担辅导者的角色。在学校里,高年级学生辅导低年级学生是很常见的。即使在低年级,同伴辅导(互惠教学的一种形式)也很成功(Gartner,Kohler, & Riessman,1971;Palincsar,1986)。在许多组织尤其是军队中,一对一的训练或指导仍被高度看重。由一对高年级学生或成人轮流担任学生—辅导者的角色是另一种形式的两人组。对任何这些可能的安排,值得指出的是,研究报告经常表明辅导者和学生都在学习上有所进步(Ellson,1976;Devin-Sheehan,Feldman, & Allen,1976;Sharan,1980)。

正如第十三章指出的,通常设计个别化教学系统以便在对学生的不足(或差距)进行诊断测验后,接着设计并进行填补这些差距的教学。当教师或培训者提供口头教学时,他们实际上起到了辅导者的作用,因此,个别化教学通常包括在两人组中进行辅导。

辅导中的教学事件

由单个学生和单个辅导者组成的集体长期以来被视为是教与学的一种理想情境。其主要原因是,两人组提供了灵活调整教学事件的机会。例如,辅导者可以提供足够的刺激来吸引学生的注意,如果第一次尝试失败了,就增加刺激量。辅导者能以多种不同方式提供学习指导;如果一种方式不起作用,就采用另外一种。学习对某一新观念的理解和储存能够迅速得到测量,而且隔一段时间后能再次测量,以证实其学习效果并强化它。

在两人组中灵活调整教学事件的一些主要特征例示如下:

1. 引起注意:如果学生自愿加入到辅导情境中,则引起其注意(在警觉的意义上)就很容易实现。辅导者可以口头要求学生注意并观察学生是否已经开始注意。如果学生的注意开始游离,可以立即作出调整。

2. 告知学生目标:通常通过用不同术语重复教学目标或演示预期的行为表现来实现这一事件的灵活性。如果学生已经知道了教学目标,这一事件可以完全省略。

3. 激起对先决学习的回忆:在辅导中,这一事件的灵活性有明显优点。一旦对先前习得的先决条件做了诊断,辅导者就能填补差距(如果有必要的话)并进一步要求学生回忆。如果可以在工作记忆中利用先决技能,辅导者就能更容易确保学习的顺利进行。

4. 呈现刺激材料:同事件 3 一样,辅导者在这一事件上选择的灵活性也很大。辅导者可以用言语变化、指引、画图以及其他各种方式来强调一节课的各个成分,对学生的选择性知觉提供帮助。例如,如果学习一种外语,辅导者可以选择口头表达方式来说明所教的语法规则。

5. 提供学习指导:这也是一个使具有灵活性的两人组产生一种重要优势的事件。"使教学适应学生的需要"这一术语在这一情境中有了最明确的意义。辅导者能用各种措施来促进学生的语义编码。此外,如果需要,辅导者能够一个接一个地尝试不同的策略,直到发现最佳的策略为止,如演示规则的运用,用图片来引起视觉想象,提供有组织的信息作为学习新知识的有意义情境。

6. 引出行为表现:在两人组中,学生的行为表现能够以一定的准确度被引出来,而在大组中这是不可能的。辅导者通常能随时判断出(通过学生的行为)必要的内部加工已经发生,学生已准备好展示其习得的性能。

7. 提供反馈:反馈在两人组中要比在其他组中能更准确地提供。这里的准确不是指反馈的时间,而是指提供给学生的信息的性质。教师可以很准确地告诉学生其行为表现中对的或错误的地方,并指导学生改正错误或不足。

8. 测量行为表现:辅导者拥有评价的灵活性,就是说,在学习之后的各种间隔都能对行为表现进行测验。只要认为作出可靠决断是必要的,对学生行为表现的测验可重复多次。

9. 促进保持和迁移:在两人组中,对这类教学事件的处理有很大的灵活性和准确性。辅导者能根据过去的经验,为具体的学习者选择能有效促进其提取的线索,可以选择充分变化的例子促进学习的迁移。根据在辅导情境中有关学生的先前经验,辅导者可以为学生安排间隔复习以确保长时保存。

辅导中的教学流程

显然,两人教学组允许辅导者对教学事件实施最大程度的控制。作为教学的管理者,辅导者能决定采用什么事件、强调什么事件以及让学生控制哪些事件。通过合理安排这些事件的时间进程,能使每个学习行为最有效。此外,这种精确选择和安排每个事件的灵活性使辅导者有可能提供满足个别学生需要的教学。在辅导模式中,教学可很容易地适应于每个学生的教学需要。

在实际教学中,辅导有多种形式(Gartner,Kohler,& Riessman,1971)。辅导通常能(虽然不是总是能)使学生取得良好的成绩(Cloward,1967;Ellson,1976)。有证据表明,辅导的优点并非源自两人组中对学生给予的个别注意。相反,当教学是高度系统化的时候,辅导效果最好(Ellson,1976)。换言之,因辅导能在准确实现教学事件中提供灵活性而能成为一种十分有效的方法。但如果教学设计本身没有做好,两人教学组所提供的自由就不会产生好结果。

一个典型的辅导片段可大致描述如下。我们设想一名六岁学生的初学阅读任务,其目标是"以书面形式给出双音节的生词,通过读出单词来演示发音规则"。这里的生词是 plunder。

首先,辅导者引起儿童的注意并告知其目标:"在你阅读之前,这里有一个你以前阅读时可能未见过单词(plunder),我想让你给我读出来。"如果该生通过正确运用规则或者认出了该词而立即将其读了出来,辅导者就说"好!"并继续学习另外一个单词。否则,辅导者就鼓励学生先读出第一个音节(plun),接着读第二个音节(der),然后再把两个音节连起来读。实际上,这种程序是把学生回想起来的已经知道的内容(先决条件的回忆)(如 pl 和 un 的发音)和表明"合成"策略的学习指导组合起来。辅导者可以让学生把手指放在单词的最后一部分,留出字母 p 和 l,然后问:"pl 读什么音?"学生如果答对了,就予以肯定的反馈。如果学生做出了错误反应,就告诉儿童正确的反应并要求他加以重复。该程序的后续部分是读出每一个读音并不断将读音组合,直到能正确读出整个单词为止。这时,辅导者要求儿童重复读那个单词并对其成绩给予一些承认。(在完成第二级目标时,也可以向儿童解释这一单词的意思。)

这一辅导情境中的系统步骤是:激起对先决条件的回忆、呈现刺激材料、提供学习指导、引出和测量行为表现以及提供反馈。实质上,在辅导高年级学生或成人学习智慧技能时也将遵循同样的步骤,除非在更大程度上依赖于鼓励学生自己提供这些事件。大学水平的辅导通常完全是自我教学——辅导者的活动大部分限于测量行为表现和提示如何促进保持以及学习向其他情境的迁移。

小组中的教学

有 8 名学生的教学小组有时可以在正式设计的教育和培训中见到。大学教师或者成人班级的教师在一些场合会遇到小组。在低年级和中年级,学校的教师会发现,为了教那些在特定学科中学习程度大致相同的学生,有必要把整个班级的学生分成几个小组。

在团体培训、联邦政府,尤其是军队中,以结构化在职培训(structured on-the-job training,SOJT)形式展开的小组教学仍然是很受欢迎的培训方法。运用 SOJT,一名有经验的人员,通常是管理者或指导者,可以为一小组没有经验的人员培训特殊任务。在有经验的人员实际完成某项任务时,他们的技术专长和有趣的地方被捕捉、记录及组织成教学产品,称作 SOJT 指南。该指南是基于由行为、标准、条件和行为表现测量组成的学习目标,可允许对新员工进行培训,使其达到事先界定的可测量的标准。使用 SOJT 时,强调的重点通常是任务前的准备、安全以及依照公布的技术指导。

多年以来,军方将 SOJT 用于士兵的个人培训或者进入一个新的军事职业专业(Military Occupational Specialty,MOS)领域的再培训。军方要求将 SOJT 作为部队单位培训计划的一部分。当指导者在士兵的职业领域中培训其他工作时,SOJT 被称作交叉培训。军方已证实,SOJT 还增强了部队单位的战斗准备。军方要求培训者使用 SOJT 指南来记录士兵在学习新技能上的进步,并要求培训管理者设置阶段标志并参照核定的标准检查士兵的行为表现,以此来评价士兵的进步。

在小学的学科如阅读和数学中采用小组教学是比较普遍的做法。例如,一年级教师会发现一些学生还未掌握为阅读准备的口语技能;另外一些学生也许才开始学习单词的字母和音节的读音;还有些学生也许能够流利朗读整个句子。显然,需要教给这些学生不同的使能技能。把数页文字材料呈现给仍在努力学习口语的学生将不会起任何作用。对那些能阅读但不得不熬过只要求他们口头描述图片上物体的课的学生,这也不会给他们提供帮助。实际的解决办法是把班级分成若干小组。

高年级学生或成年人班级有时也分成小组。由此组成的小组也许会在独立的场合如在"测验阶段"相会,或者他们会以独立的小组形式在所安排的一节课的一段时间内相会。不管是哪种情形,其目的都是实现小组教学的某些优点,同时能给大组的教学增加一些教学形式上的变化。

小组中的教学事件

在小组(有 3～8 名学生)里控制教学事件可以同辅导情境进行比较,将其想象为"多生辅导"。在小组中,教师典型地试图用辅导法教学,有时同单个学生交流,有时同几个学生交流,最常见的是依次进行交流。这样做的一般结果是:教学事件的管理适应小组中的每个学生,但丧失了一些灵活性和准确性。

诊断程序可被用来建立教学的小组。如前所述,对小学阅读、语言和数学中的小组而言,这种做法尤为典型。在对小组进行教学期间,教师或培训者还有可能诊断每个学生最近的先决条件。通过依次提问每个学生,教师或培训者能相当准确地判断所有学生是否具备必要的使能技能。对学生下一步学习的准备情况的这种估计,几乎和两人组中的测量一样准确。

在小组中灵活调整教学事件的一些主要特征例示如下:

1. 引起注意:在小组中,教师或培训者可与每个学生保持经常的目光接触,这样引起和维持学生的注意不存在很大困难。

2. 告知学生目标:这一事件也容易在小组中管理。教师可以陈述课的目标并确保目标被小组中的每个成员理解。当然,保证 8 个学生理解目标比保证 1 个学生(如在两人组)理解要花费更多的时间。

3. 激起对先决学习的回忆:通过依次提问几个学生,教师能够相当准确地了解到必要的使能技能和相关的支持性信息是否进入了所有学生的工作记忆中。运用其最佳的判断,教师可以提一些要求某些学生回忆有关项目的问题。这些问题还能提醒其他学生回忆一些材料,这些材料是他们学习新的信息或任务所需要知道的。

4. 呈现刺激材料:可以用适合目标的方式呈现学习材料,但没有必要根据个别学生的特点来呈现。例如,口头表达可以通过声音的变化来进行强调。在图画和图表中,可以突出客体和事件的特殊特征。对这一教学事件来说,其灵活性基本上与两人组类似。

5. 提供学习指导:在此,教师面临的是向整个小组还是轮流向小组的每个成员提供指导。在第一种情形下,教师的行为似乎与在大组中的行为一样;在第二种情形下,这一事件的管理与辅导方式中的相似,涉及教师先与一名学生然后再与另一名学生相互作用,如此等等。显然,小组里的学生越多,后一种方法所需要的时间就越长。小组的教师在这两种方法间来回变换是很常见的,某一时间判断一种方法最合适,另一时间又断定另一种方法更佳。不论在何种情形下,该事件的作用是一样的——提供线索或提示策略以促进所学材料的语义编码。

一种颇为不同的学习指导是通过展开讨论的小组提供的。在这种小组里,教师将控制和领导讨论。在其他情况下,在由大的班级分成的小组中,可以指派学生担任讨论的领导。讨论所提供的学习指导的功能取决于教学目标的性质。讨论通常对个别学生的自我教学策略有相当高的要求。小组讨论的成员使用如下策略:决定他们想学什么并从他们所听所说的内容中选择出那些作为讨论的一部分的成分。

6. 引出行为表现:显然,在此事件中,引起一个小组里每个学生的行为表现的唯一方式是让他们一个一个地做。因为这样做要耗费许多时间,所以不常用。相反,教师常常叫一两个学生演示他们学了什么,并且假定未被叫到的学生也产生了同样有效的学习。随着课的展开,其他学生也依次被叫到。显然,这是旨在仿效两人组的做法,但事件的精确性却大大降低了。教师开始依赖对学习结果所作的概率估计而不是对它们作出的准确判断。

7. 提供直接反馈:由于这个事件与学生的行为表现直接相关,因而易于受到小组内相同类型的制约。对被叫到的学生可以准确地提供反馈。对其他学生来说,反馈只是一种可能性,因为它依赖于他们中的谁做出了相同的反应(也许是内隐的)。

8. 测量行为表现:表现性评价也会失去一些控制的精确性,因为通过口头提问,一次只有一个学生的行为表现得到测量。其他学生必须等到轮到他们时才能得到测量;这就意味着对每个学生来说,只有行为表现的样本而不是全部所学中的每个项目将得到测量。当然,以后可以给所有学生提供一次涵盖整节课或主题的测验(一种同样适用于大组的技术)。

9. 促进保持和迁移:对低年级教学小组来说,在提供保持和学习迁移的适当条件方面,教师能够估计变式例子和额外的间隔复习的合适性。这种估计是根据对小组行为表现的一种平均而作出的,因此不具有两人组的辅导情境所提供的准确性。对高年级学生和成人而言,讨论的主要目的是促进保持和迁移。

小组教学中的问答法

试想,一个教师组织了一个小组的学生学习异分母分数加法的技能。因为这一程序中的一个步骤是"求分母的最小公倍数",因而可以假设,诊断性测验已表明学生已掌握了像"分子"、"分母"、"因数"、"倍数"这样的先决概念以及较小整数的乘除法规则和同分母分数加法的规则。

　　引起小组所有成员注意之后,教师用一个例题如 2/5＋4/15 来告知学生本课的目标。通过依次提问小组里一两个成员,教师激起学生回忆先决的概念和规则。例如,可以让学生做 2/13＋5/13 得出 7/13。在确信先决技能可很容易提取后,教师出示一个例题如 2/5＋3/7 作为刺激材料。下一步就是为找出最小公倍数的规则的学习提供适当的学习指导。这可通过演示分母的乘法(5×7＝35)来进行;或者可采用发现法,先提出这样的问题:"我们怎样改变这些分数使之能够相加呢?"在这种情况下,叫小组的一个学生起来回答,同时其他学生依次等待回答。然后叫另一名学生演算,即得出改变后的式子 14/35＋15/35 并给出和 29/35。最后以证实正确反应或纠正错误反应的形式提供反馈。

　　在这样的小组中随后进行的教学事件是让不同的学生用不同的例子进行演算。这样,演算之后依次给小组中的学生提供适当的反馈。每个学生当堂的演算就以这样的方式评价。假定不仅被叫到的学生而且其他学生也通过在头脑中回答问题而进行了学习,那么变式例子就起到促进保持和迁移的作用。

讨论小组中的教学

　　采用讨论形式的教学被刻画成"交互式的交流"(Gall & Gall,1976)。一个学生发言时整个小组在听。学生发言和对发言作出反应的顺序不是事先决定的。一个学生通常对另一个学生的评论或提出的问题进行反应。教师也许会插入一些评论和问题,有时会叫个别学生发言。当然,这种类型的小组也可由学生担任讨论的领导者。一般认为适合小组讨论教学的目标有三种:(1)学科内容的掌握,(2)态度的形成,(3)问题解决(Gall & Gall,1976)。一次班级讨论不止上述三种目标中的一个是很常见的。

　　态度的形成和改变通常是问题定向讨论的主要目标,这方面的例子在乔伊斯和韦尔(Joyce & Weil,1980)描述的"法律学模型"和"社会探究模型"中可以见到。大家也许围绕一个说明社会问题的事件展开讨论(例如言论自由和职业歧视)。然后教师或小组领导会就此问题要求大家发表一点或更多意见。讨论领导者或其他学生对这些意见作出评论。随着讨论的进行,领导者试图通过介绍不同的例子和鼓励小组不同成员发言,使问题在尖锐性和明确性上取得进展。通常,讨论的目的是小组达成一致的意见,这可由不存在重要分歧意见的一系列陈述来表示。这种态度形成情境可被看作是一种特殊类型的学习指导,即一种涉及来自许多人物榜样的交流。这些榜样是小组的成员和小组的领导者。这类学习指导(在态度形成中特别有效)之后是个别学生的行为表现(行为选择)以及以小组一致同意的形式提供的反馈。

问题解决也是讨论小组经常采用的目标(Maier,1963)。在小组讨论中提供最有效教学的问题类型,是有多种解决方法和包括态度因素的问题。梅尔(Maier,1971)指出,由大的大学班级分成的小组能够增加学生参与的机会,并可用来组成问题解决和其他相关目标的讨论小组。作为一种激发动机的方式,梅尔建议呈现能够吸引学生的兴趣和情感投入的问题。这类目标使小组有了训练交流技能和解决问题策略的机会。显然,这种教学小组在很大程度上依赖于学生自己控制教学事件。学生必须自己激起回忆并运用自己的编码和问题解决的认知策略。态度的改变虽然不一定不重要,但只是这种讨论的第二位的结果。

大组中的教学

在大组教学中,教师采用的交流方式在功能上与两人组和小组中所采用的交流方式并无区别;教师引发和管理那些与课的主要目标具体相关的教学事件。由于教师用于判断时间进度和强调重点的线索来自几个(或许多)源头而不是来自单个学生,因而在教学事件管理的准确性上有明显降低。大组的教师不能确信他们已经引起了所有学生的注意,他们总是不能确信所有学生已回忆了先决知识,或者他们所提示的语义编码适合所有的学生。因而大组中的教学策略是一种或然性的策略。大组教学在"平均水平上"将是有效的,但对每一个学习者不能确保都是有效的(Gagné,1974,pp. 124-131)。

很多人相信,大组教学是按一般水平设计教学的方式。教学本身(就是说教师的传达)是"好的",但是否从中受益由学生决定。在这个观点中,学生必须自己组织教学事件——有时是由学生来推断教学目标、提醒自己回忆先决技能、选择编码方式等等。在大学教学中,大组演讲仍被广泛使用。但这种教学观念与布卢姆(Bloom,1974,1976)提出的掌握学习观念不同。布卢姆的观念把教学质量与被描述为提供线索、参与、强化、反馈或纠正等事件的出现联系起来。这套教学的特征与我们描述的教学事件非常相似。掌握学习要求管理那些超越教师"提供信息"的事件。像互联网、教程管理软件之类的技术有可能将演讲转变为有课堂交互（可以是实时的也可以是异步的）的演讲。小组学生之间可以在虚拟空间里进行异步讨论，他们甚至不会抱怨不能待在一起！

大组中的教学事件

与小组情况一样，大组中的教学事件的影响只有可能性。教师将以不同的有效程度传输到个别学生身上，而且其效果难以可靠地加以监控。教学准备的程度、动机与觉醒的强度、语义编码的适当性以及相关认知策略的可利用性等都随学生的不同而变。因此，教学是相对不精确的。对某个学生来说，教学有效性的缺乏可以通过学生的自我教学加以克服。例如，一些学生从讲授中没有学到的东西，可以通过采用自己的编码策略从其听课笔记中学到。其他学生也许会发现这种编码无效，会寻求其他学习材料的方法。

在大组中灵活调整教学事件的一些主要特征例示如下：

1. 引起注意：正如所有教师所知，这个事件对向一个集体传输的教学的有效性来说是非常重要的。演示和视听媒体的运用能帮助引起注意。

2. 告知学习者目标：可轻易地向大组陈述和展示目标。当目标呈现适当时，将可能为全体学生所理解。

3. 激起对先决学习的回忆：如前所示，这个事件非常重要。它也是大组中以合理概率而最难以实现的一个事件。比较典型的是，教师叫一两个学生回忆相关的概念、规则或信息。其他学生可能没有进行必要的提取，他们中的许多人希望不被叫到。结果，该事件的管理常常完成得不充分。那些没有回忆出先决技能的学生将不可能学习相关的目标，而且这种不充分性的累积效应会非常严重。人们用各种方法（例如对全组的"现场测验"）来改进对这个事件的实施。教学设计者应特别关注这一事件。

4. 呈现刺激材料：呈现要学习的内容时要强调区别性特征。这意味着呈现能在平均水平上最有效。例如，如果学生需要学习能量保持的概念，教师可将装有不同类型绝热材料的几个盒子排列好，然后把盒子放在灯泡上，向学生演示热量保持上的差异取决于绝热材料的类型。

5. 提供学习指导：在大组中，可以很容易地将学习指导提供给大多数成员。例如，可以通过一幅图画或戏剧性情节来提供一个历史事件的编码，这在作为整体的小组中通常是有效的。但具体的编码不能像它在小组中那样能适应于每个学生。

6. 引出行为表现：在大组中，对学生行为表现的控制是困难的。虽然辅导者能期待学生在一节课中多次展示他们的学习结果，但这在大组中是不可能的。在一个典型的班级里，教师一次只能叫一两个学生。提问和测验通常用来引出大组的行为表现。为最有效地成为教学事件，测验应经常使用。但即使每天测验，其频率也赶不上辅导者引出那些反映学生习得性能的行为表现的频率。集体讨论一个主题可视作一种练习，因为学生可以提取、复述并编码正在学习的信息。另一种常用的练习形式涉及集体呈现。由于组内的成员共同努力参与，因而就有了好好学习和表现的内部动机。

佛罗里达州立大学（Florida State University，2004）的一个有趣现象是使用技术，通过一个基于网络系统的开放资源提供练习和即时的反馈，该系统叫做 LON-CAPA。LON-CAPA 包含操练和练习软件，它通过向学生呈现广泛的问题而运作。学生被鼓励使用该系统，因为从同套练习项目中还会生成他们的测验。学生甚至还被鼓励协同工作以利于学会解决问题。使用该系统的结果是，在第一年的大学数学教程中，学生的不及格率从 48％下降到 19％。

7. 提供反馈：由于这个事件不可避免地与学生行为表现的出现紧密相连，所以，它受到的限制与事件 6 中描述的一样。在大组中，给学生提供反馈的频率较低，而且通常总结了全组作为一个整体做得如何。但通过让其他学生或组内互相讨论、评价彼此的行为表现可扩展反馈，这也极大地扩展了教师的能力。

8. 测量行为表现：对事件 6 和 7 的评论也适用于这一事件。有反馈的经常测验导致更好的学习习惯和学习效果。例如，在几段学习材料之后，按常规安排的测试被视为是一些大学学科中某些基于计算机的教程的最有价值的特征（Anderson et al.，1974）。当把计算机用于测量时，这个事件能以一定程度的准确性进行管理，而这对大组的教师来说是不可能的。

9. 促进保持和迁移：大组的教师能在或然性的意义上实现这个事件。这就是说，教师能运用对总体而言有用的变式例子和间隔复习，但不能使这些技术适应个别学生的差异。

演 讲

大组最普遍的教学方式是演讲。教师的口头交流可配合使用图片、图表、视频或幻灯,并用多种媒体来呈现,包括黑板。学生们听课,通常还要记笔记,以后他们要用笔记来回忆或作为一种形成自己的语义编码的方式。

正如麦克利什(McLeish,1976)指出的,演讲能完成一些积极的教学目的。演讲者特别能够:(1)用自己的热情来感染听众,(2)将他的研究领域和人的目的(由此也和学生的兴趣)相联系,(3)将理论和研究与实际问题相联系。演讲可以最经济地实现这些目的,这无疑可以说明它为什么能作为一种教学方法在高等教育中保存了两千多年。

麦克利什的解释暗示,好的演讲能够顺利地实现一定的教学目标,因为它能够有效地实施某些教学事件。例如,"用自己的热情来感染学生"意味着演讲者在确立对所研究学科的积极态度方面起到了人物榜样的作用。当演讲把专门领域的研究和对人类生活的更普遍的关心联系起来的时候,演讲就具有动机效果。就将研究发现与现实问题相联系而言,演讲可以提供有助于保持和迁移的线索。

正如前边指出的,通过演讲向学生集体传输的交流,有可能在或然性的意义上优化许多教学事件的效果。例如,运用戏剧情节可以吸引学生的注意;教学目标可以简单而清晰地陈述;可以通过概括的表述、列表呈现或图画等方式来提示对所学材料的编码;等等。虽然许多教学事件可以在一次演讲中呈现出来,但不能对它们进行准确的管理。它们的短暂效果不能保证对所有学生有效,其具体形式也不能适合学生的个别差异。例如,维持注意很难——对演讲法的研究表明,注意在 15 或 20 分钟以后就会衰退。此时教师必须安排学生参与到另一项活动中以再次引起注意——可能让他们与邻座就刚刚说过的内容讨论一些问题。有许多"主动学习"的技术[在 2005 年 2月 4 日使用 www. google. com 搜索主动学习(active learning),得到了超过 500 万项的网络链接],当与演讲一道使用时会使其更有效。但这些技术必须安排到演讲中,而且要告知学生为什么要使用它们以及它们如何有助于学习(Penner,1984)。

从教学事件的观点来看,演讲最大的不足可能在于它对引出学生行为表现和提供矫正性反馈缺乏控制。演讲者可以提问,但只有一两个学生有机会作出反应。演讲者通常叫自愿回答的学生,这样知道答案的学生就举手。因为举手的学生有可能知道正确答案,所以反馈就不可能阐明许多不理解的学生的疑问。当演讲作为唯一的一种教学方法运用时,大大依靠学生为自己引发这些教学事件。这种程度的自我教学通常在大学教学和成人教育中被期望存在。值得注意的是,提问和测验可以用来克服演讲的局限,但只在很小的程度上,因为它们通常是不经常的,并且针对具体的学习目标。

问答课

大组教学的另外一种形式是问答课,常用于像外语学习之类的学科。这种教学方式部分克服了演讲的某些局限。在一堂问答课中,教师依次叫学生回答问题。例如,在一节外语课上,某个学生有时可能会回答用外语提出的问题,或者用外语进行交流。

在一节问答课中,教师的问题可以在不同时间代表不同的教学事件。教师可以设计一个问题来激起对先决性能的回忆,或者也可以要求学生做出行为表现——展示他所习得的结果。一种不同类型的问题可以提示学生思考某些内容,以便在语义编码的意义上指导学生的学习。还有一种类型的问题可能要求学生想出一些如何运用新习得的技能或知识的实例。这一过程有助于生成回忆和学习迁移的线索。例如,学过社会平衡控制这一概念之后,可以提一些问题要求学生描述实际的平衡方法的若干例子。

在问答课上,一些教学事件常常留给学生来管理。典型的情形是问答之后布置家庭作业。在这种情形下,像获得有关目标的信息、进行语义编码、提供矫正性反馈这样的事件是由学生在完成家庭作业时自己管理的。这些事件和学生的各种学习活动有关,如阅读教科书、利用例子练习新习得的技能、复述。在这种情况下,良好的学习习惯是有效学习的决定因素。

和其对个别学生的影响相比,大班问答课中的教学事件的控制肯定是不准确的。不管出于什么目的,教师提问时只有一部分学生有时间回答。教师应当叫那些典型地已经做好准备的学生回答而忽视那些不善于指导自己学习的学生吗? 或者,教师应当叫那些能力差的学生回答,通过矫正性反馈而使已经习得的学生感到厌烦吗? 大班的问答课上,必要的教学事件通常在任何一个时间,只能影响少部分学生。时间不允许教师让所有学生轮流回答问题,而且更经常的是,学生学会了回避被教师叫起来回答问题。

大组中辅导的特点

大组教学的方法,包括演讲和问答,可以通过各种途径与小组、两人组或个别教学组合起来。一个相对简单的方案是：把大组划分成在课堂一部分时间里聚集起来的小组，或在大组上完一堂演讲课或问答课之后，其他课分成小组进行。这些安排都是为了在教学事件的控制上达到一定程度的准确性。

掌握学习

一种试图直接用来增加管理教学事件准确性的著名教学系统叫掌握学习（Bloom，1974；Block & Anderson，1975）。一般来说，这种方法使用诊断性的进展测验和有矫正的反馈程序，补充了大组教学的方法。

在使用这个系统时，教师把一个教程划分成大约持续两个星期的单元，每个单元都有清晰界定的目标。教完一个单元之后对学生进行一次测验以决定谁掌握了目标。允许已经掌握的学生参加一些自我教学的提高活动。例如，他们可以去做小测验，以练习回答有关主题的额外问题，或者阅读一些有关主题的补充材料。对那些未表现出掌握的学生则提供额外的教学，如小组学习、个别辅导或额外的自我学习材料。当这些学生相信自己已经掌握了知识或技能时，对他们再进行一次测验。诊断性和矫正性反馈所要求的额外教学时间，对教学的准确性有明显作用。布洛克和伯恩斯（Block & Burns，1976）回顾了该系统有效性的证据。

使用数字技术的大组教学

数字技术和互联网的进展正为传输大组课堂教学提供新的、令人兴奋的方法。许多学院和大学以及政府机构和军方，都在设计和开发电子化教室。

电子化教室一般有两种基本类型：演讲者和交互式的（George Mason University，2003）。演讲者教室由一个电子设备配置起来的教师台面或有监视器的指挥台以及标准学生座位构成。交互式的教室提供相同的教师台面，同时也为每个学生提供电脑。电子化教室通常配有呈现功能，而且网络可连接到教师的手提电脑或个人电脑。

设计电子化教室的目的是为了适应各种技术需求。教室内的设备通常包括和教师的电子指挥台联网的学生电脑、投影系统、DVD/CD 播放机、扫描仪、电子白板、录像机和音频系统。电脑上的软件通常包括标准的应用程序和互联网软件（Landay，1999）。

大多数电子化教室都能与互联网或内部网高速连接,以便能快速访问校园网或组织网络以及互联网上的资料。例如,教师可以访问大学网络服务器、办公室的电脑上的信息,也可以访问其他大学或研究中心的电脑上的信息。教师也可在网络上移动和运行自己的文件或程序(Landay,1999)。

电子化教室支持使用动画、视频和模拟等多媒体呈现形式。视频(包括模拟的和数字的)能用于演示和教授难的概念。通过交互式的电子教室,电脑以模拟和演示的形式呈现在每个学生的台式电脑或手提电脑上,使他们能和材料互动。电子化教室使演讲者很容易从文件服务器上提取、编辑材料并浏览。通过连接到互联网,教师能轻松地获得外部资料来完善自己的材料。而且,学生和教师能够与研究领域中(本地的和异地的)的专家或同事进行互动。电脑使教师能够通过在回答问题时做的白板记号,以及说过、展示过的音频视频记录,来获取教室内发生的非正式互动(Landay,1999)。

电子化教室技术使教师有可能加强对大组中教学事件的控制。例如,教师可以访问互联网上的多媒体呈现来吸引学生注意。学习目标可以显示在学生的台式或手提电脑上,然后学生可以按电脑屏幕上的某个按钮表示已经阅读了目标。在演讲过程的任何时刻,学生都可以返回目标,以强化期望他们要学习的内容。在电子化教室中,因为演讲材料的动态性和互动成分,学生会倾向于更关注演讲。学生可以在以后打印出材料,他们不需要在听演讲时记很多笔记。教师可以向全组提供一个简短的演讲,接着要求每个学生在自己的台式或手提电脑上完成实际练习。教师可以"观看"每个学生在练习上的进展,并实时提供个别化的信息性反馈,也可以提供许多不同的情境来促进保持和迁移。

允许组内互动和回应的另一个电子化解决方法是红外线应答器。识别每个学生的键区,然后用来收集和显示其对多项选择问题的反应。反应的分布可以很快在液晶屏上以柱状图的形式显示出来,教师立刻就能知道该班级是否存在问题。之后该系统还能用于测验技能的掌握。

在有的情况下,设计电子化教室的目的是为了能进行再配置以支持大组演讲和合作练习。例如,乔治亚工学院的电子化教室在设计时配置了装有轮子的桌椅,这样可以在几秒钟内把演讲式的安排改为密集的小组安排(Landay,1999)。

总　　结

　　向集体传输的教学的性质通常是由集体的规模决定的。为区别教学的不同特点，我们讨论了三种不同的集体规模：(1) 两人组，(2) 有 3～8 名学生的小组，(3) 有 15 名或更多学生的大组。

　　适用于这三种不同规模集体的教学特点取决于教师管理教学事件的准确程度。一般来说，由一名学生和一名辅导者构成的两人组，为教学事件提供了最大程度的准确性。随着集体规模的增加，辅导者对教学事件管理的控制变得越来越弱，学习的结果越来越依赖于学生的自我教学策略。

　　当集体规模增大时，那种典型地变得更加难以管理的教学情境的一个突出特征是对起点能力的诊断。对一个辅导者来说，在每节课开始时诊断个别学生学习情况的方法是唾手可得的，但这对一个大组的教师来说则变得十分困难了。这一因素对激起对先决条件的回忆特别重要，因为学生显然不能回忆出他们以前没有习得的东西。对更大的组来说，这一事件的控制逐渐减弱，其结果是导致学生学习上的累积性缺陷。

　　在运用辅导方法的两人组中，辅导者有可能对教学事件进行准确管理，从开始时的事件如引起注意到最后的事件如促进保持和学习迁移都是如此。在小组中，教学事件的控制主要是通过多生辅导实现的，即一次对小组中的不同成员实施教学事件。在此情况下，一些事件对在某些场合的某些学生来说变得只有可能性（而不是确定性）。在自我教学策略的帮助下，小组教学可以非常有效。小组通常由大组划分而成。在低年级进行的基本技能教学和大学课堂上学生领导的讨论组，是这种形式的小组的例子。

　　大组教学的特点是教师对教学事件效果的控制较弱。引起注意、提示语义编码、引出学生的行为表现以及提供矫正性反馈等都能组织成教学事件，但其对学习过程的影响只具有可能性。电子化教室是将传统演讲与个别化或合作性教学组合起来的极好工具，而且对大组情境中的学习者的自我教学策略产生了积极的影响。

　　大组教学中典型的教学方法是演讲和问答法。现已提出了许多克服大组教学方法不足的技术。大组经常划分成小组，有时分成两人组，其目的是为了增加对教学事件的控制。掌握学习是一个改进大组教学的系统，在掌握学习中，对教学单元进行管理以便在每个学习单元之后进行诊断性和矫正性的反馈，直到掌握为止。

研究还表明,辅导情境的一些方面,如促进对先决条件的学习、鼓励学生参与学习指导、为提取增加精加工的线索等,能够显著提高学生在大组情境中的成绩。

毫无疑问,通过使用电子化教室可以促进学习和教学。上课期间写在电子白板上的注解能被捕获并放置在互联网上,允许学生在课后复习。演讲也可以被捕获和复习。在电子化教室里学生通常注意力更集中,因为他们不需要记大量的笔记。电子化教室支持基于集体的学习,因为(当全组都需要时)教师可以向全组"演讲",学生可以或合作或独立地完成项目,在其他时间教师则可以充当"巡回辅导者"。

参考文献

Anderson, T. H., Anderson, R. C., Dalgaard, B. R., Wietecha, E. J., Biddle, W. B. Paden, D. W., Smock, H. R., Alessi, S. M., Surber, J. R., & Klemt, L. L. (1974). A computer-based study management system. *Educational Psychologist*, 11, 36 – 45.

Block, J. H., & Anderson, L. W. (1975). *Mastery learning in classroom instruction*. New York: Macmillan.

Block, J. H., & Burns, R. B. (1976). Mastery learning. In L. S. Shulman (Ed.), *Review of research in education*, 4. Itasca, IL: Peacock.

Bloom, B. S. (1974). An introduction to mastery learning theory. In J. H. Block (Ed.), *Schools, society and mastery learning*. New York: Holt, Rinehart and Winston.

Bloom, B. S. (1976). *Human characteristics and school learning*. New York: McGraw-Hill.

Cloward, R. D. (1967). Studies in tutoring. *Journal of Experimental Education*, 36, 14 – 25.

Devin-Sheehan, L., Feldman, R. S., & Allen, V. L. (1976). Research on children tutoring children: A critical review. *Review of Educational Research*, 46, 355 – 385.

Ellson, D. G. (1976). Tutoring. In N. L. Gage (Ed.), *The psychology of teaching methods* (Seventy-fifth Yearbook of the National Society for the Study of Education). Chicago: University of Chicago Press.

Florida State University (2003). Retrieved on 1/2/9/04 from: http://www. lon-capa. org.

Gage, N. L. (Ed.). (1976). *The psychology of teaching methods* (Seventy-fifth Yearbook of the National Society for the Study of Education). Chicago: University of Chicago Press.

Gagné, R. M. (1974). *Essentials of learning for instruction*. New York: Dryden Press/Holt, Rinehart and Winston.

Gall, M. D., & Gall, J. P. (1976). The discussion method. In N. L. Gage (Ed.), *The psychology of teaching methods* (Seventy-fifth Yearbook of the National Society for the Study of Education). Chicago: University of Chicago Press.

Gartner, A. , Kohler, M. , & Riessman, F. (1971). *Children teach children*. New York: Harper & Row.

George Mason University (2003). Retrieved summer 2003 from http://ec. gmu. edu.

Joyce, B. , & Weil, M. (1980). *Models of teaching* (2nd ed.). Englewood Cliffs, NJ: Prentice Hall.

Landay, J. A. (1999). *The present and future of electronic classrooms: The Berkeley CS division experience*. Berkeley, CA: University of California Press.

Maier, N. R. F. (1963). *Problem-solving discussions and conferences*. New York: McGraw-Hill.

Maier, N. R. F. (1971). Innovation in education. *American Psychologist*, *26*, 722 - 725.

McLeish, J. (1976). The lecture method. In N. L. Gage (Ed.), *The psychology of teaching methods* (Seventy-fifth Yearbook of the National Society for the Study of Education). Chicago: University of Chicago Press.

Palincsar, A. S. (1986). Reciprocal teaching. In *Teaching reading as thinking*. Oak Brook, IL: North Central Regional Educational Laboratory.

Penner, J. G. (1984). *Why college teachers cannot lecture*. IL: Charles Thomas Publishers.

Sharan, S. (1980). Cooperative learning in small groups: Recent methods and effects on achievement, attitudes, and ethnic relations. *Review of Educational Research*, *50*, 241 - 271.

Walberg, H. J. (1976). Psychology of learning environments: Behavioral, structural, or perceptual? In L. S. Shulman (Ed.), *Review of research in education*, *4*. Itasca, IL: Peacock.

第十五章 在线学习

互联网和网络技术的出现,使得那些被时间和空间分隔开的学习者有可能与分布式的教学资源联系起来。分布式的教学资源包括诸如下述的一些事物:培训教程、教学工作辅助、参考材料、培训指南、课时计划以及教师、培训者和其他学习者。分布式的教学资源是学习者在寻求达到教学目的或目标时可资利用的一切资源。在线学习指的是通过与互联网连接的计算机所进行的教学和学习(Golas,2000)。虽然有许多术语可用来描述在线学习,如基于网络的培训、基于互联网的培训、电子学习、高级分布式学习、远程教育,但它们都暗含了在某个集中的地方与计算机系统而不是学习者个人的计算机的联系。这一集中的地方可以包括全世界或整个校园(在线教学法报告,1999)。

本章探讨设计在线学习的优势与挑战,并讨论当前的趋势、技术性能、开发策略以及设计在线教学时需要考虑的问题。

互 联 网

历 史

互联网是 20 世纪 60 年代初,在美国国防部的支持下设计的,最初被称为ARDANET(高级研究计划署网络)。这一网络在 20 世纪 80 年代由军方和大学通过电话线的连接而被广泛使用。来自科学群体和军方的研究者通过更容易地分享和交流信息而能解决一些技术问题,因为就整体而言,书面的交流比口头的交流更为有效。该系统开发的方式是为了能让任何一个网络使用者利用网络上其他任何一台计算机中的信息。

20 世纪 80 年代末 90 年代初,互联网发展迅速。许多新网络和成百上千的新主机被添加到互联网中。到 20 世纪 90 年代中期,互联网变得如此庞大和复杂,以致很难说是某个组织控制着它。到 2002 年 9 月,互联网已成为拥有至少 6.8 亿用户的国际平台(Global Reach,2003)。国际数据公司的研究(International Data Corporation,2002)预测,由全世界的终端用户所产生的互联网流量在未来五年中,几乎以每年翻一番的速度增长。虽然如此,互联网技术仍被认为是处在早期发展阶段。

统计数据

有关在线学习市场发展的数据是变化着的,但通常又能给人留下深刻印象。根据学校指导协会(Directory of Schools,2002)的报告,超过 350 000 的学生参加了在线学位课程的学习,为美国的教育机构带来了 17.5 亿美元的收益。数据还表明,完全针对在线学位课程的远程学习市场以每年 40% 的速度增长,而且在未来几年中,美国将有超过 230 万的学生参加远程学习课程。根据国际数据公司(International Data Corporation,2002)的研究,高等教育的远程学习市场以每年 33.1% 的复合速度增长。

在工业和政府部门,在线学习技术和培训提供者的去年年收益超过 1.25 亿美元,预计还会以每年近 50% 的速度持续增长,到 2005 年将达到 7.5 亿美元(Gallagher & Newman,2002)。分析家预测,针对用户的在线课程开发的最大增长将在非技术培训领域,如诉讼、政策或公司产品的培训上(Beam,2002)。

在线学习技术的特征

许多教学设计策略自 20 世纪 80 年代初就适用于独立的基于计算机的培训,今天,它们仍被直接应用于在线学习的设计。但是,由于网络技术、数字软件工具与技术发展水平的原因,有许多额外的性能影响着教学设计策略与方法。虽然它们在所需的带宽、用户界面、交互程度上有所不同,但在线学习都有一个共同的策略,那就是将教育和培训传输给分散在不同地方的受众(Golas,2000)。此外:

◇ 在交互性的练习中,学生可在世界范围内相互联系起来,教学材料可通过网络浏览器在任何平台上获取,网络浏览器软件以及与互联网的连接广为可用;

◇ 学习中心的大门被越来越多地用于通过在线学习改善商业惯例;

◇ 将现有合适的教程改为在线传输,这使得组织能够更快地、以更低的费用培训更多的人；

◇ 数字技术支持着商业领导者的课程决策,因为数字化的内容标准和内容管理工具证实了可以改进的底线。

优势与收益

和传统的基于计算机的培训相比,在线教育与培训有诸多优势和收益。

方　便

◇ 网络浏览器软件和互联网的接入在很多情况下都可以实现。

◇ 没有必要将远在他方的雇员集中到一个地方进行培训。

◇ 学员以自己的速度、按自己的日程进行学习。

有　效

◇ 极大地降低了传统课程通常会遇到的淘汰率问题。

◇ 学员更快地获取相关内容。

◇ 通过针对具体工作和公司的教程而获得劳动力的效率。

◇ 相关的教程内容得以迅速传输。

◇ 可以获得广泛的教程,包括正式的学位、证书计划以及继续教育单元。

◇ 有可能获得世界范围的合作机会。

◇ 可以广泛地得到群体知识与支持。

灵　活

◇ 更好地适应学习方式与偏好。

◇ 教学与学生知识和技能的起点水平相匹配,并且根据他们在教程中的表现将其"引领"或链接到教学中。

◇ 学员可在教员主导的教程、自我研习的教程以及混合教程中进行选择。

成本效益

◇ 世界范围的分布并不昂贵。

◇ 内容可以迅速更新。

◇ 教程维护费用大大降低,因为服务器上内容的变化可以立即对分布在各处的教程材料进行更新。

◇ 花更少的钱可培训更多的学生。

◇ 投资的回报以及社团学习财产得以增加。

◇ 可以原封不动或略作改动的方式将内容用于多种学习材料中(Carliner,1999)。

教学效益

◇ 许多学习方式和偏好受到关注,这引导个体朝向更有效地学习和掌握关键技能,而诸如课堂的传输系统却是让所有人都适应一种要求。

◇ 有可能传输多种媒体,包括录像、动画、图表以及图片。

◇ 出于多种目的,它将人们组织在一起,如一对一的开发与指导、为得到信息与练习的在线群体、课前与课后的专用通信服务(listservs,即互联网上的邮件自动分发系统——译者注)以及有复杂模拟和实际练习的个别教学。

◇ 它提供自动化的指导、评价、追踪以及信息反馈。

◇ 管理者、教员和教师对雇员/学生的技能/知识与培训需求有更好的看法。

◇ 专业的培训人员通过追踪培训对象所访问的网址、访问的时间、怎样从一个网址跳转到另一个网址以及是否回退到某个具体网址等诸方面,可以更好地了解培训对象。

◇ 来自实际练习和测验的数据可使学生清楚地了解自己与其他人在对教程的看法或学习教程的表现上有什么异同。

◇ 它营造了一种更民主的学习环境。

◇ 交互作用的数量和复杂性得以提高。

◇ 通常通过游戏技术来增强动机。

◇ 很容易实施进修性的培训。

◇ 多媒体和促进性的反馈支持保持和迁移。

◇ 学生被吸引到他们感兴趣的内容上。

支持知识管理的应用与技术

◇ 它能为复杂的信息系统捕获、组织、传输资料,而该系统的目的是使存在于人群和组织中的信息、技能和知识最大化。

◇ 知识管理系统可以每周 7 天、每天 24 小时,实时地进行开发、更新与管理。

挑 战

使用互联网传输在线学习可以更广泛地获取信息,鼓励思想的交流,这又会导致知识的增加,但它也会给教学设计者和开发者提出新的教学法方面的问题与挑战。

获取信息

由有限的带宽所致的缓慢的连接速度、数据接收问题以及长时间的下载,会使学生变得不耐烦、愤怒甚至放弃。另一个问题是在学习某一教程的同时上网的需要。在家里,几个家庭成员共用一个调制解调器时,这会成为一个严重问题。用来减轻这一问题的一种策略是混合的方法,即在 CD-ROM 或 DVD 上安装高带宽的资源(如数字视频/音频)。CD-ROM 或 DVD 可以包括教程在线版的内容并采用网络浏览器来传输和显示教程内容。但是,CD-ROM 与教程文件的连接是通过用户的本地 CD-ROM 驱动器,而不是由网络服务器经由互联网发送而获得的。借助这一混合的方法,许多在线教程的功能可通过服务器方面的程序来加以管理。其中一些操作是在独立的教程中,通过客户的编辑改编以及增加一些超链接来执行的。客户方的编辑通常被用于设计用户界面以便应用,例如,用来动态地改变某一网页的文本或对用户的诸如按键之类的动作做出反应(Vadlakunta,2004)。对某些教程来讲这可能很复杂,因为超文本传输协议和所设计的网络浏览器就是为了防止与客户方计算机文件系统的广泛相互作用,而且,在线教程的服务器方的某些功能,如学生数据追踪,不可能在独立的版本中提供。

与在线教程中获取信息有关的另一个问题前边已提过,这是国民警卫队一直面临的,即家中只有一条电话线的问题。其他家庭成员,特别是学龄儿童,将不得不通过竞争来获取上网的机会。在调制解调器被高速的无线连接或卫星连接所取代之前,混合的方法是这一问题的唯一解决办法(Warren,2002)。

信息过载以及与人类学习过程的不适应

人类能同时处理的信息量是有限的。将工作的内容转换成有效的在线学习教程,要求设计团体具备较广的专业知识,包括教学心理学、多媒体制作、图片、编程及界面设计。有经验的多媒体开发者承认,为在线学习而开发良好的课件所需的劳动与技能是开发传统课堂材料的 10～20 倍以上(Clark & Mayer, 2002)。太多的链接或连线导向各个方向,会很快使学习者对目标感到混淆或迷茫。对在线学习设计者有一强烈要求,那就是形成一些方法,能够保持和整合从较长在线学习经验中得来的内容,这样可以支持学习者对较长时间内习得的大量信息的理解和记忆。克拉克和梅耶(Clark & Mayer,2002)相信,设计者需要考虑一下如何建构一个"简要内容箱",收集并过滤从一个教程到另一个教程的信息以促进记忆和理解。

人际接触的丧失

正如在第十一章中指出的,在线学习通常会减少教师与学生以及学生与学生之间的面对面的接触,而学习的这一社会层面既被高度看重,又是作为一个重要的教学目的。即使考虑到实时录像的进展,也需要将大量的教学设计精力用于聊天室、主题讨论、虚拟会议以及其他合作技术来促进社会关系。

无关的、不适当的及不正确的内容

正如第十一章指出的,虽然已采取重要举措将互联网上可资利用的大量信息融入在线课程,但仍需创造出有效的教育或教学内容(Golas,2000)。事实性知识必须被转换成有用的、相关的知识,在线课程的设计者必须仔细控制学生所能获取的内容,因为互联网上发布的大部分信息并不像在许多专业杂志上发表的文章一样,受到相关内容专家的审查。

在合作性练习和事件中控制内容的最有效方法是使用在线监控者。梅斯(Masie,2000)所做的一项关于在线学习中监控者角色和责任的调查表明,88％的学生和91％的管理员推荐培训者或促进者作为在线学习经验的一部分。被调查者非常看重让培训者/促进者阅读主题讨论并监督其他合作练习,以便防止无关或错误信息的传播。在线监控者还检查学生的进展并在必要时与学生接触、评价在线项目并提供反馈、为教程参与者构建并促进一个在线学习群体、通过 E-mail 或主题讨论对关于内容的问题做出反应。到写作本书时为止,军方通常并不允许将合作性的策略(如主题讨论及聊天室)包括在在线教程中,因为他们通常不能每时每刻提供教程的监控者来确保错误的信息不被传播到士兵中。

兼容问题

如果教程内容是在真空中开发的,而且不能被其他开发者再次使用,那么,互联网的主要优点将无法实现。根据诸如可共享的内容对象参照模型(SCORM)之类的标准(见第十一章),在政府部门、工业领域和学术界的全世界的人们都可以使用内容,而且,通过按一定规格改编后,可被用于支持针对不同目的受众的多种学习目标。在北美,在线学习形式与策略性的商业计划一道扩展。提供表现支持、培训、辅导、提示与合作的在线材料的数量增长很快。一些开发者开发了一些可被再次用于支持多种结果或性能的学习对象,他们将会发现,自己的投资会得到明显的回报。

为人们提供学习的时间和地点

在线教程实施的一个严重问题,尤其是在美国的公司中,是许多雇主并不为他们的职员在工作日提供一段不被打扰的时间用于完成义务在线教程。在联邦政府和军方,这一问题不太严重。这些部门在其日常工作安排中特别留出了"培训时间"。此外,应当充分利用一些策略,如使用流视频(一系列运动的图像以压缩形式发送到互联网上,观察者在收到时就可观看)(Miller,2003)。如果在线演讲被安排在具体某个时间而不是使用允许同步(任何时候)浏览的流视频,那么,修习在线教程的某些成员可能难以参加。

MASIE Center(2001)所做的一项研究表明,学习者何时何地参与到在线教程中大大影响他们的满意程度和完成教程的动机。研究中76%的学生说,他们偏向于在工作时间,或者在办公室的办公桌旁,或者在现场的培训中心来修习在线学习教程。这是因为许多学习者不想让在线培训打乱他们的个人生活。研究发现,在工作时间提供了义务培训的雇主,会获得更为满意的劳动力。在家、在上班途中或在客户处修习义务教程的学习者对在线学习经验明显不满意。

维持学生动机

在课堂上,学习者是被动的受众,活生生的教员会吸引他们的注意。与之不同的是,完成在线学习要求个体在充满了与工作者的时间和注意相竞争的刺激世界中,对自己进行约束和管制(Clark & Mayer,2003)。当教员或教师注意到学生厌倦、不感兴趣时,他们会立即修改教学方法。另一方面,在教学期间,在线学习是不可改变的。当经验不合乎他们的需要的准确预期时,在线学习者会感到受挫、受困或厌倦而离线不学(Clark & Mayer,2003)。熟练的在线学习开发者必须预计到学习者的兴趣、关心的问题以及学习的障碍(Clark & Mayer,2003)。通过实施一些参与教程软件的策略,如在线讨论、交互式的游戏、动画与图片、故事或现实世界的场景等,可大大有助于学习者的动机和进行成功的自我指导的学习所需的技能。

管理者和指导者需要不断地确认他们的雇员意识到在线学习教程会有助于他们的个人发展,这样会有助于在其组织内部形成一种全面学习的文化并会驱动内部动机(Masie,2001)。学习者个人发展计划的管理性参与会进一步驱动和激发雇员习得新技能,并有助于增强对特定教程的意识和收益。如果管理者鼓励同伴间的接受与支持,那么,超越同伴的动力会成为一种额外的、有极强推动力的动机因素(Masie,2001)。

计划在线学习

不管是计划学业教学的在线学习还是技术培训的在线学习,在创设在线教程前应当考虑一些主要的操作性、管理性及技术性的问题。这些问题接下来就讨论,与开发学术机构的在线学习有关的具体问题紧随其后。

互联网的可用性

在开发在线教程前,应当分析计算机环境,以便决定用户如何获得教程。这一点很重要,其原因有二:(1)连接速度;(2)获取的可能性。学生可能通过如下方式获取教程材料:在家里拨号上网,使用教室或培训室的设备,或通过他们方便获得的网络连接。在线教程的开发者需要确定学生是否能在任何时候从任何地方获取教程材料,是否因防火墙的原因而存在获取或下载材料困难的问题。虽然使用防火墙是出于保护信息安全的考虑,但它们有时会阻碍在线学习。开发者需要与信息技术/管理人员密切协作,以确保在线的解决办法不受组织的防火墙软件的影响。

正如前边指出的,学生获取在线材料的连接速度会因他们是通过网络连接还是通过调制解调器拨号上网的方式而有所变化。在决定何种媒体应包括在教程材料中时,这是一个需要考虑的重要因素。例如,只有在学生有快速的网络连接时,全动的录像才是合适的。

设备与软件

第十一章指出,互联网提供了多种传输内容的方法。这些方法从简单的文本到音频、视频及动画。虽然这么多媒体都是为传输内容而存在的,但所有的学习者因调制解调器的速度和带宽的原因而不可能以所有形式接收到内容。除了学生所使用的计算机平台外,学生所选择的互联网服务商在这方面也起一定作用。考虑学生可用的设备并选择他们能接收到并舒适地使用的内容,这一点非常重要。

对内容传输方法的选择还应周期性地加以分析。随着更多的人能高速地接入互联网以及功能更强的新的硬件和软件的广为传播,应当改变内容传输以呈现更丰富的学习经验。对于针对特定群体的计划如合作计划来说,这也是必需的,这些群体已能高速接入互联网并有高级的性能。

应当避免终端用户计算机不支持在线学习或开发策略。这可以通过首先识别出客户(学生或终端用户)机的硬件、软件和网络需求来实现。不管学生在学校、工作场所、家中的电脑桌面上有什么,在线学习教程都需要正常工作。如果获取教程还需要增加特殊的浏览器或辅助程序,那么所有的接收站或家庭/办公室的个人电脑在运行教程前,必须正确地予以配置。学生的电脑应满足硬件的最低配置,如 CPU(中央处理器)、RAM(随机提取记忆)以及磁盘大小。此外还要确定操作系统和应用软件的要求,如网络浏览器与插件程序、E-mail 软件及文字处理软件。

即使更大的公司可以很容易地获取最新式的设备,联网的计算机也不可能都具有简单的多媒体特征,如声卡或网络浏览器插件程序。要求学生统一使用某一种浏览器有时也是必要的,这主要是为了让用户更方便地装上合适的软件(如插件程序)。识别出服务机的硬件和软件要求也很重要。网络服务说明中包括硬件(CPU、RAM 及磁盘大小等)、操作系统及应用软件要求(网络浏览器、邮件服务器、新闻组服务器、CGI 服务器等)。对客户或服务器(机)来说,因为硬件和软件的要求会随时间而变,所以这些要求需要随技术的发展而更新。

终端用户的性能

目的受众的计算机素养需要仔细考虑。开发者不应当对参加者的计算机技术与术语的基本知识作出任何假设。至少,他们需要能获取教程材料并使用必需的工具来学完教程。某些终端用户在使用计算机修习在线教程方面并不是非常熟练。例如,用户可能不能下载并安装具体的网络浏览器插件程序及辅助的软件程序,而这些是获取和运行教程所需要的。有时,也有必要指导用户去寻求适当的技术帮助并允许他们问一些基本问题以及在安装过程中给他们以指导。在线教程开发者经常忽视的一个共同问题是高估终端用户的计算机技能。

电子学习材料可以很容易地包容许多信息,因此,开发者需要对学习者完成教程所花的时间量有一清晰的估计,这会使参与者在他们的学习活动上更现实。开发者和学习者都需要理解的是,在同一时间内修完一门完整的在线学习课程、保住自己的工作、养家、参与社会活动以及从事日常活动,是多么地富有挑战性。

管理政策

关于网络发布的组织政策,应当与负责网络维护和网络政策的人员一道知晓。例如,如果在线培训要面向多个公司地点,那么,在所有接收地检查网络管理者以确保教程与他们的台式电脑和网络配置兼容,这是很明智的。

标准与规格

为工业部门、联邦政府及军方开发在线教程的培训开发者需要特别注意发展中的模型(如可共享的内容对象参照模型)以及标准(如康复法第 508 条款)(参见第十一章有关可共享的内容对象参照模型和 508 条款的介绍)。

学术或教育观点

从学术或正规教育的观点来看,通过网络提供教程在知识产权、教学法的严格执行、方法、教程管理及教学补偿方面产生了一些具体问题。麦卡利斯特、里维拉和哈勒姆(McAlister, Rivera, & Hallam, 2001)列出了如下一些问题,需要那些在学术机构负责开发和提供在线学习与教育的人员考虑。

在线课程和机构的使命与策略一致吗?

一门在线课程需要机构投入大量资源。教学和人力资源通常是稀缺的资源,将其投入到这类计划中会有损于其他计划。在对在线课程进行投入前,应当进行分析以确保在设计时就使其能与机构的目的、目标、现有条件、核心价值观及胜任能力协调一致地运作。例如,虽然有一目标是扩大"影响范围"及招收外国留学生的数量,但实现这一目标可能有损于机构的核心计划与声誉。随着参与者转向在线教学,机构会重新调拨和组织现有计划和班级,这会极大地损害机构的声誉。

具有管理方面的支持吗?

开发一门在线课程与开发新的信息系统存在许多类似之处。一个重要的共同特征是,管理上支持的程度对成功开展一个项目是必需的。这种支持对于保证充足的资源,对于成功地扶持项目走过其初创阶段十分重要。必须为技术与人力资源提供资金赞助,以开发和传输教程内容。这种赞助还要足够充分,以便能经受住实施计划时所遇到的最初挫折与问题。这种赞助中还应包括对现实目标及表现测量的界定,以便借此评价计划的进展情况。

在采纳在线课程时存在机构上的障碍吗？

从机构方面讲，采纳某一在线学习课程可能代表了对传统学术模式的重大改变，而且并不是所有的机构和人员对新的范式都持开放态度并能够接受。教员需要花大量时间来熟悉互联网技术，他们将不得不改变自己的教学技术与材料来利用远程学习机会，以便使远距离教学环境的冲击力最小化。学生方面也要做好准备以便接受对他们提出的要求，如需要实行高度的自我约束及维持动机。在线课堂还改变了学生与教员相互作用的性质。典型的情况是，这类环境限制了面对面的和言语式的相互作用的量，却增加了对书面交流的运用。学生必须迅速把握住使用网络和电子邮件资源来实现所要求的相互作用这一需要，并以此满足其相互作用的需要。另一个障碍是新的竞争者的发展。传统上讲，高等教育机构面临着在地理位置上接近的其他类似机构的竞争。最近，出版公司、其他私人商行以及有良好形象的高等教育机构正在在线教育计划方面进行投资。这些进展对小的机构来讲，将更难以提供有竞争力的在线课程。

如何处理知识产权问题？

在许多机构，课堂材料通常被视作是教员的知识产权。通过互联网传输教程开启了课堂材料如何被授权和使用的新的选择范围。例如，管理教程的不是开发教程材料的人而是其他人。教程材料可被多个教员用于同一教程的许多部分。关于知识产权的所有权及其延续使用，存在许多未解决的问题。解决该问题的方法变化很大，有忽视知识产权问题的，有事先预防这一问题的，即通过对开发在线材料的教员进行具体补偿，然后将其所开发的材料变为机构的产权。解决知识产权问题的预防方法，将会避免一些问题及可能的诉讼。

当补充材料被用作教程教学的一部分时，也会带出知识产权问题。安排使用其他人的知识产权和有版权的材料，应当是早期在线课程开发努力的一部分。获取和管理这些材料的知识产权的机制十分重要，因为对这些材料进行的部分管理，会限制材料的传播。提出一些政策、程序与技术来管理这一领域是在线课程的重要组成部分。这一两难困境的例子是某些出版商对补充材料使用所做的一些限制。

对提供或管理在线教程的教员如何补偿？

即使知识产权问题得到满意解决，还存在对那些教学或管理在线教程的人员进行补偿的问题。在教育机构，针对教员一系列课时工作量进行补偿的传统模式已不再合适。解决这一问题，首先要确立构成一节课的标准是什么。在许多机构中，通过教学法的、经济的及物理设施方面的限制会形成一节课大小的上限和下限。通过互联网进行的教程传输可以大大改变这些以时间为主要因素的界定，并要求有新的、创造性的解决办法。

将补偿问题进一步复杂化的是在决定如何上一节课时必须考虑其范围大小。从理论上讲，网络上的课的大小可以在很小和很大之间变化，而且也有可能上一节完全忽视传统学术日历的课。强调的重点应当放在定义这些自初期起就出现的参数上，因为这些问题直接影响教程的收益与补偿。在提供网络教程之前就应当对教员的补偿作出良好的规定，以最大程度地减少误解和以后的问题。

有清晰明确的标准来选择准备发布到网上的课吗？

对许多机构来说，开发一门在线课程在许多方面是一种学习经验。为促进早期的相关各方接受在线教程，麦卡利斯特、里维拉和哈勒姆（2001）认为，应当深入思考以最大成功的可能选择这些教程。许多受众喜欢而又具有较少教学要求的教程更适合于最初的选择。在选择供在线传输的教程前，对其在教学方面的要求及意欲达到的学生相互作用的程度进行评价十分重要。通过互联网传输的教程对提供教程时所使用的教学方法和学生的相互作用施加了某些限制。要求与教员个人有较多相互作用的课，如教动手做的技能或复杂的问题解决，可能并不适合于在线传输。虽然并非所有教程都适合于在线传输，在教学法上采取一种创造性的取向能够克服这种媒介所固有的许多限制。

有哪些可资利用的设施和性能可以帮助教程材料的准备与传输？

只有极少的教员具备所需的技术专长来以适当形式准备课时材料供在线传输。此外，即使材料以正确形式组织好，也不能保证学生能使用它们。为使用教程的教员和学生提供充分的技术支持十分重要。在所需提供的这些支持中，必须有教学设计方面的专业知识来帮助教员开发和组织其教程内容。

为在线传输准备材料需要一些设备来收集图片、视频、音频与文本方面的信息。硬件和软件的开发系统可能不太容易得到。在充足的设备上需要一些投入。期望不提供充分的支持来开发充分的在线教程材料是不合情理的。因为供在线学习设计与开发的新工具和技术不断涌现，对系统、工具及其使用的培训进行相应的更新就十分关键。

如何评价学生的进展？

根据所提供的课及其教学法，如何评价学生的进展可有很大变化。虽然对不给学分的课程来说,评价学生不是一个重要问题,但对于要给学分的机构来说,就是一个重要问题。选择的范围变化很大,从在线评价工具到要求学生到机构的学习中心参加测验。对于学位授予机构,还要确保评价方法与惯例能为他们的鉴定机构所接受。如果需要可靠的鉴定来维持教程的完整性,就必须做出安排,以便通过有监督的安排来管理评价工具。这可能要求参与者周期性地到一个地方集中会面,或者在离参与者较近的某个可靠机构中做出安排。

学生具有在线学习教程所需的技能吗?

并非所有潜在的学生都具有较强的使用计算机的技能,因此,在提供教程内容的同时,在传输方法方面开发一些培训学生的计划十分关键。一些机构已着手这方面的工作,他们要求所招收的在线教程的学生去上一堂能教会他们所需技能的课。其他机构也做了有意识的努力。他们仔细设计其教学材料,以便所有技能水平的参与者都能使用。在这两种方式中,都是机构负责开发一个有效的机制来帮助其学生形成参与教程所需的技术方面的技能。在学生学习教程材料的过程中,还有必要给学生提供获取不断帮助的机会,其方式可以是在线提供,也可以是电话提供。

打算使用什么样的学习管理系统?

许多公司已开发了可以促进教程材料组织与传播的学习管理系统,有时叫做教程管理系统。选择这些产品中的一种可以大大简化传输和维护教程材料的任务。虽然采纳这些平台中的一种其前景很诱人,但也会给教程材料的传输施加一些限制。选择学习管理系统的具体指导在本章后面论述。

教程材料在何处维护?

在组织有合适的设施贮存和传输教程材料这一意义上,教程材料在何处进行物理维护的问题很重要。理论上讲,互联网允许一个人在世界任何地方维护教程材料,但出于实际方面的考虑,选择一个可以将材料充分传输给目标受众的地点十分重要。足够的设施会确保教程内容及时地传输,而且对这些材料的要求不会超越传输地点的性能。大多数组织认为,他们会有组织上的设施来作为在线课程的主机,但这些设施可能不充足。根据在线教程所提供的内容的混合情况,使用能保证合适服务水平的商业设施可能更经济。对这一决策应深入考虑,因为教程的参与者可能会受教程材料较差的或不可靠传输的消极影响。

教学设计策略

概 览

这一部分介绍针对在线学习的高水平教学设计策略与技术,包括个别化教学、合作、超链接、导航与测验等策略。在深入讨论这些策略前,对学术或教育在线教程及更有技术特性的培训教程,需要考虑几个教学设计的问题。

形成设想

不管是开发单一的教程还是完整的课程,形成一个现实的设想是首要的工作。设想是根据做决策的理想方式及在线学习组织运作的方式提出一些期望,它包括反映预想达到的组织文化、管理方式及客户服务观点的价值陈述(Penrod,2003)。设想还应当规定开发在线教程或课程的根本目的及相对优势。在设想形成过程中,还应当考虑组织在具体某段时期内想达到的目的及可测量的目标。用宽泛的术语来讲,可以用"未来方案"来清楚地说明在具体的计划时间表内,机构或组织想要达到什么状态(Penrod,2003)。

提出一个试验性的计划、样板课或原型

正如前边指出的,根据学习目标和结果,在线学习内容可以是非常动态的和有交互性的,而且可以吸收多媒体、合作及模拟策略。由于许多在线学习教程都有高度视觉化和交互性的特点(对技术培训来说尤为如此),因而在开发整个教程前,先制作一节样板课或模块来演示媒体处理和交互性就十分关键。应当从整个教程中找出一节课或模块来演示整个在线教程设计的"样式和感觉"。所选的课应建立一种支持在线教程传输的结构,要包括对登录功能的验证、对任何视频的检验、媒体成分的下载、学生数据的收集特征及其他学习管理系统特征。

开发原型或样板课有许多优点,包括在开发过程的早期阶段建立一种从目标受众、学科专家、管理人员及客户代表那里收集反馈的机制。如果是顾客或用户首次进行在线学习,这一点就显得尤为重要,因为样板课可被用来评价他们对新的教程传输形式的反应。无疑,与建设在线教程相连的最大代价是在开发阶段出现的。如果客户或用户只看了一下在纸上草就的示意图,他们很容易误解教学设计者头脑中的构思并同意设计文件。接下来,当他们看到最终的产品时,就会感觉自己被误导了,可能会坚持要求修改。这再次说明,记住修正的代价随产品开发的水平而增加这一点十分重要。通过开发原型,用户或客户就可以在开发过程的很早阶段就能看到教程是什么样及其如何发挥功用,错误可在早期发现,可以避免失败而又不致引起对设计群体的更大抱怨。通过允许客户及用户在设计循环的早期提供反馈,他们会在探索教程的其他选择时更为自由。通过让客户或用户与原型一块工作,会减少以后学习应用时所需的努力。在线学习的原型应能展示用户能做或想通过系统做的每件事情,如通过主题讨论来进行合作以及通过模拟来练习技能。

为未来设计

第十一章指出,互联网技术发展迅速,教学设计者需要不断进行超前计划。例如,今天的许多教学产品应当是可以发布到网上的,即使其内容并未立即分布到内部网或互联网上。设计者需要建立一个模型以便能将其发布到网上。

将教学分解为小的单元

在线学习的单元,特别是对技术培训内容来讲,应当短小一些,从而不至于使学习者负担过重。这些单元还应当模块化并有一定独立性。可共享的内容对象参照模型建议尽可能地将某项设计分解成最小的对象。每个对象有 5～15 分钟的相互作用或积极投入的单元,以便使得跨越多种学习目标的潜在重新使用更为可行。

使用音频

音频,如语音描述或声音效果,在在线教程中通常是一个被忽视的媒介。教学设计者应当正确使用音频并灵活地加以安排,以便学生能控制对它的使用。许多作者认为,在未来许多在线学习计划中,音频会起到关键作用,而且需要仔细地计划以正确发挥其作用。例如,满是音频信息的一节课在公司的网络上可能运行得非常好,但在学生家里的电脑上运行时,可能只获取到一小部分压缩的音频信息。有一些新的软件工具,像 Impatica for PowerPoint 或 Power Converter,能将音频信息加以压缩,以便它能通过采用了标准超文本传输协议的服务器进行传输,这对那些使用调制解调器拨号上网的学生来说,就有可能获取音频信息。

重视教员或培训者的作用

在项目中,将在线教学的潜在用户变成与项目的利益有关的人员,是一个重要问题(Rogers & Shoemaker, 1971)。对于为工业部门或联邦政府开发的教程而言,这是一个特别重要的问题。培训者或教员不应当感觉到自己被排斥在外或者不让他们参与项目的开展。在促进教程方面,他们将起到重要作用。在设计中,使他们有强烈的个人所有感或参与感十分重要。他们需要知道,他们为整个组织的使命与目标添加了有价值的东西。

在设计在线教学时使用教学设计原则

在今天的数字世界里,许多人如教师、培训者、教员、学科专家,都发现自己涉入了在线教学的设计过程中。当运用良好教学设计的原则时,有可能获得重要成果。和课堂上面对面的教学相比,支持性的材料对在线学习者而言甚至更为重要,因为来自视觉通道的反馈表明,正在学习、理解的学生并不在眼前。开发学习目标及相关的、有意义的学习活动,引出行为表现以及提供反馈的重要性怎么讲也不过分。近年来,在线学习项目的教学设计者所需的技能已有很大改观。接下来的一部分将论述这些变化。

教学设计者需具备的新能力

数字技术正在影响今日的教学设计者设计在线教程时所需的技能类型。更经常的是,教学设计者除了能设计教学外,还要能开发教学。正如今日的作家需要学会使用计算机的文字处理软件而不是用普通书写法写出来等着秘书来打字一样,教学设计者需要学会使用现代软件程序来创作并使其设计可视化(Shank,2003)。这一取向需要的时间和返工量少,而且从长远来看,会获得更好的结果(Shank,2003)。在纸上画出示意图,将内容改编后交给他人来开发的时代已经结束。正如文字处理技能有可能产生更快(好)的文件一样,创作(authoring)技能也有可能产出更快(好)的教学材料(Shank,2003)。开发不只是设计之后的下一阶段,它还促进和改善设计过程。创作工具如文字处理工具,在实现教学思想的过程中是重要的认知工具(Shank,2003)。当教学设计者表现出了某种开发水平时,他们将会做到:知道什么是可能的和最佳的,识别出各种设计与开发决策的含义,更好地理解数字技术,能与技术人员交流,对管理开发过程做更好的准备,知道如何去开发一些材料以及不用等他人而能解决一些问题,总而言之,他们能设计更好的在线教学(Shank,2003)。

为开发在线教程,教学设计者需要具备:

◇ 良好的写作与编辑技能;

◇ 较熟练的文字处理技能;

◇ 执行教学设计过程各阶段的能力;

◇ 洞察为互联网开发文本与基于纸张的出版物之间的区别；

◇ 理解互联网的接入和使用问题；

◇ 相当的将学习理论与教学策略用于在线学习的知识；

◇ 图片设计原则及其对学习的影响的意识；

◇ 与信息技术专家进行交流的能力；

◇ 使用一些开发工具的变式构造原型的能力。

开发者缺乏这些技能以及（或）不知道何时如何获得帮助是导致许多在线教学材料有些枯燥的原因之一（Shank,2003）。教学上枯燥的站点不支持有效而高效率的学习。它们通常是由那些有丰富的技术技能但不具备教学设计技能的人所开发的（Shank,2003）。

诚如上述，在线教程的教学设计需要多种技能，包括一些软件开发技能。对那些只有独立的、基于计算机的设计经验或具有传输系统而不是计算机方面的专业知识的教学设计者，香克（Shank，2003）建议他们从基本的超文本标记语言（HTML）学起。这一起点将有助于设计者理解网页和站点是如何结合在一起的。接下来，香克（Shank，2003）建议他们学习 Dreamweaver MX，这是一个开发网站的极有效的工具，是比只为创设在线学习而设计的专业开发工具更好的选择。Dreamweaver 是网络开发工业中的标准，有较强的能力来与 Macromedia Flash 动画、流视频及其他程序进行整合。在 Dreamweaver MX 环境下能运行的 CourseBuilder、Macromedia 的自由电子学习测验与评价，也是教学设计者需优先学习的。对某些人来说，学习曲线可能不太平缓，但香克（2003）认为，教学设计者还应当考虑学习 Flash 和一些基本的 JavaScript，以便学会如何阅读和使用他人的脚本。最后，教学设计者应当考虑学习针对基于互联网应用和软件技能的软件模拟工具。香克（Shank，2003）推荐学习 RoboDemo，这种软件输出的和 Flash 一样，而且容易学。虽然看起来有很多东西要学，甚至有更多的技能需要跟上，但教学设计者需要学习的最重要技能是跟上数字世界中不断变化的要求与技术的能力（Shank,2003）。

教学设计与开发团队

军事部门、许多联邦政府机构和公司区分了交互性的教程课件的水平。水平 I 的教程是典型的简单和被动式教程，可由有初步设计与开发技能的个体开发；水平 II 教程增加了交互性、多媒体，并使用学习管理系统来追踪学生的数据，可由有各种技能的个体所组成的团队开发;水平 III 教程有高度交互性,常运用模拟策略,通常由有多样技能的设计者或开发者的大团队开发。

构成在线学习项目水平 II 和水平 III 的人员类型包括:

◇ 具有学习理论/教学策略知识的教学设计者/开发者;

◇ 多媒体设计者/开发者,包括两维图片艺术家、摄影师、音频/视频工程人员及三维动画制作人员;

◇ 软件设计者/开发者(开发、编程、数据库);

◇ 项目管理者;

◇ 系统管理者;

◇ 信息技术人员(IT 人员)和系统体系的设计者/开发者;

◇ 网络/基础技术人员;

◇ 人力因素/图片用户界面设计者/开发者;

◇ 学科专家/技术写手。

个别化的在线教学

学习理论家一般同意,没有两个人以同一种方式学习。对于教学,一种规格并不能满足所有人的需要。计算机技术从一开始就被交互性地用于将教学材料的进度、内容与顺序加以改编以适应学习者的个别需要。这样做可在教学的有效性方面获得实质性改进。互联网技术及其实时而必要的适应交互性的能力,超越了传统的、单独的、基于计算机的培训,大大支持了个别化的教学。互联网还有助于以学生为中心的学习。在这种学习中,学生承担更大的学习责任(Golas,2000)。正如第十一章指出的,以学生为中心的系统和学习活动鼓励学习者主动创设自己的学习,将信息与现实世界的问题联系起来(国家研究委员会,1997;Siegel & Kirkley,1997)。认知心理学已雄辩地证实,专家型学习者丰富的意义、图式结构,并不是来源于习得单一一串的知识,而是源于将论题之间的关系组合成复杂综合的整体(March,1995)。与之类似,建构主义表明,对某一复杂主题真正全面的理解来源于学习者将来自于情境化的丰富输入的事实、关系、观点、变化与反例组织在一起(March,1995)。

使用互联网技术支持个别化教学的一个例子是使用站点内的链接。由站点开发者创设的页面链接,和教程一样,位于同一个服务器上,这些链接包括用诸如 CGI 脚本或 JavaScript 创设的交互式的活动。这些活动要求学习者对教员或促进者提供的某些问题类型或练习做出反应。学习者的反应可被送到一个外在的场所，或者程序会给学习者提供即时的反馈。学习者可被指向去探索某个站点或站点群，提供某类分析、比较或（和）综合（Dodge, 1997；Ritchie & Hoffman, 1996）。在这种探索活动中，学习者可以做出一些与他们自己的需要有关的材料，可以通过做来增强动机（Cornell & Martin, 1997；Keller & Burkman, 1993）。在每种情况中，鼓励学习者主动加工信息并将对站点的探索与一些具体活动联系起来是很重要的（Butler, 1997；Duchastel, 1997；Duchastel & Turcotte, 1996）。

学习方式

学习方式的确实性存在很大争议。虽然直觉上看来学习方式好像是可以识别出来的，但如何利用各种学习方式来设计教学，人们知道得很少。这里呈现的一些关于学习方式的内容是为了表达研究者在这一主题上的持续兴趣，并至少提供一种学习方式如何影响教学的观点。学习方式是指个体选择并最有效地学习新信息的方式。学习方式通常与核心智力或原有已习得的性能没有关系（Miller, 2000）。虽然不存在"好的"或"坏的"学习方式，但在个体的学习方式和呈现教学材料或教学教程的方式之间存在有效的和无效的匹配。

在线环境可以很好地适合某些学习方式或人格需要。例如，性格内向的学生会发现，通过以计算机为媒介所进行的交流，要比面对面的交流更容易。而且，在线环境还导致了一种不大具有层次性的教学，这满足了那些不以系统或线性方式处理信息的人的学习需求。在线学习环境的最大潜能是被用于合作学习，这适应了许多学生的学习方式。有独立性的学习者还发现，在线教程很好地满足了他们的需求。

因为学习者有不同的学习方式或方式的组合，在线教育者应当设计一些反映他们的学习方式的活动，以便为每类参与者提供重要的经验。通过利用多种教学策略，可以最佳地实现这一点。下面是对最常见的学习方式的描述（Miller, 2000）。这些描述反映了不同的知觉通道，即阅读（视觉通道）、听（听觉通道）、看（视觉通道）、讲（听觉通道）以及做（触觉和动觉通道）。前三个（读、听、看）代表的是被动的学习类型，而后两个（讲和做）是主动的学习类型。一个人倾向于记住多少是其选择的学习类型及其学习投入程度的函数。人们通常通过不同组合的学习方式来学习。

对在线学习来说,虽然存在大量的被动学习:阅读文本,听音频片段,看录像、图片或动画,但通过电子邮件、聊天室、主题讨论、同步视频、交互模拟练习等形式也能容纳说和做的主动学习方式。

视觉—言语学习方式

视觉—言语学习者在以视觉形式和书面语言形式呈现信息时学得最好(Miller,2000)。视觉—言语学习者从使用黑板或投影仪列出演讲要点或提供演讲纲要的教员或教师那里受益。他们从来自教科书和笔记的信息中受益极大,而且倾向于独立安静地学习。当教学内容以视觉形式呈现时,在线环境尤为适合视觉—言语学习者。视觉—言语学习者:

◇ 在尽力记住信息时,用"他们头脑中的眼睛"来看信息;

◇ 在学习教科书或笔记中的信息时,用色笔来进行"颜色编码";

◇ 写出一些句子或短语来总结从教科书或演讲中获得的主要信息;

◇ 对需要记住的词汇和概念制作卡片,并用色笔来划出卡片上的要点。

下列几条在线学习策略适用于以视觉—言语学习方式为主导的个体。

◇ 限制每个框面或页面的信息量以便学习者能构建出或记住信息的心理"图片";

◇ 给学习者提供一种方式,以便能以打字输入的方式写出对如下内容的解释:图表、解释、句子中呈现的信息,学习技术信息时的主要术语,学习一系列步骤的顺序时如何执行每一步;

◇ 提供一种将笔记和教科书中的主要信息复制到在线教程笔记本的机制,并提示学习者打印出信息以供视觉浏览;

◇ 考试前,提醒学生对必须记住的信息做好视觉上的提示线索。提示他们做一些写有重要术语、概念又可以张贴的便条并将其贴在明显的地方如镜子、笔记本、壁橱的门上等等(Miller,2000)。

视觉—非言语学习方式

当信息以图片或图表的方式通过视觉通道呈现时,视觉—非言语学习者学得最好。这些学习者能够从使用诸如电影、录像、动画、地图、图表之类的视觉媒体的教员或教学材料中受益。在线环境十分适合这类学习者,因为对信息的图解表征会有助于他们记忆概念与思想(Miller,2000)。图解信息可以使用表格、图片及其他形象来呈现。视觉—非言语学习者倾向于：

◇　喜欢安静独立地学习；

◇　在尽力记忆某些内容时，在心中将所学的视觉化为一张图片；

◇　爱好艺术并喜欢参加视觉艺术与设计的活动。

对以视觉—非言语学习方式为主导的个体，可以考虑如下在线学习策略：

◇　尽可能地将文字与思想转化成符号、图片、表格、线条画；

◇　总结需要记忆的信息并使用符号与图片来促进回忆；

◇　通过突出关键词来标出在线文本；

◇　限制框面或页面的信息量以便学习者能够在心里想出信息的"图片"；

◇　制作图表以组织技术信息；

◇　当问题涉及一系列步骤时，要画出流程图，按顺序在每个方框内填入适当的信息；

◇　制作有图解的表格、图表以说明主要概念并帮助学生理解和保持教程材料。

触觉—动觉学习方式

当亲自参与到动手做的活动中时，触觉—动觉学习者学得最好。他们能从可以操纵材料以便学习新信息的实验室场景中受益。在身体上主动的学习环境中他们最幸福。他们从演示、动手做的学习经验以及现场工作中受益。在线环境通过三维图片的模拟来重演物理演示，从而为触觉—动觉学习者提供学习机会。实验室学习时间既可以在预定地点进行，也可以在家中进行在线讨论。而且，外出的现场工作以及在这一经验之前或之后的大量在线讨论一起融合进教程的工作中。在线学习者通常是自我指导的，当他们在自己选择的领域中工作时，可以很快将新知识与技能应用到工作上。因此，许多在线学习者说，他们在在线课堂上要比在传统课堂上学到的更多而且保持得更好。最后，在线环境十分适合于小组或个别项目与活动的呈现与讨论（Miller，2000）。

对以触觉—动觉学习方式为主导的学习者，可以考虑使用如下在线学习策略：

◇　使用计算机，通过触摸来强化学习；

◇　在学生必须从教程中复制重要信息的地方，融入文字处理软件和练习；

◇　使用图解、表格及电子数据表来开发交互练习，以进一步帮助学生组织要学的材料；

◇ 在学生学习教程的过程中,告诉他们随时记下关键词或画图或制表格以帮助他们记住所读过或听过的信息,从而帮助他们专注于学习;

◇ 在线一段时间后,提示学生站起来四处走走,并借用书面的笔记或卡片来大声读出所学的信息;

◇ 想一些使学习可触摸的方式(即学生可以用手操作的事物),例如,加入一个练习,要求学生实际制作一个演示主要概念的模型;

◇ 将实验室练习或现场练习与在线教程整合起来以便学习者投入其中,并使他们获得学科的第一手经验;

◇ 在学习步骤的顺序时,加入一个工具,让学生为每一步设计抽认卡,并在计算机屏幕上进行安排以表示正确的顺序;

◇ 提供一种工具以使学生能将词语、符号或图片放到他们的抽认卡上——任何能帮助他们记忆信息的事情;

◇ 使用对比色强调要点;

◇ 限制每个框面的信息量以帮助回忆。

听觉—言语学习方式

当信息以口头语言形式呈现时,听觉—言语学习者学得最好。他们能从听演讲和参加小组讨论中受益。他们还从录音机、画外音及声音效果中受益。为回忆信息,他们通常"听到"告诉他们信息的方式,或者他们会出声重复信息。当与他人以听说交流的方式相互作用时,他们学得最好。通过合作和小组活动,在线学习环境可以适应听说—言语学习者的学习方式。虽然信息是以文本或图片形式通过视觉通道呈现的,但流音频和计算机会议可被融入在线教程中以适应听觉—言语学习方式。

对以听觉—言语学习方式为主导的个体,可考虑如下在线学习策略:

◇ 最大程度地使用音频,包括画外音和声音效果;

◇ 融入同步和(或)异步的合作练习或策略以允许学习者参与小组学习;

◇ 提供一名在线的辅导教师或教员,不断地回顾主要信息并帮助学生准备考试;

◇ 建议学生出声谈话以帮助回忆;

◇ 将语音再认技术融入在线教程,以帮助学生说出信息、在线录音并播放;

◇ 在学习技术信息时,通过用自己的话陈述问题来让学生以自己的方式谈论信

息,通过出声的自言自语或与学习伙伴谈论来让学生推理出解决办法;

◇ 在学习步骤的顺序时,让学生以句子形式将其打印出来并大声读出;

◇ 创造简单的音乐韵律或使用记忆术来帮助记忆;

◇ 将言语类比和讲故事融入教程中以演示要点。

合 作

合作学习方法使学生能进行主动的学习并能与学习群体中的其他成员共享知识、经验和见识(Golas,2000)。对高级的、批判性思维技能来说,这尤为重要,这些技能必须超越对事实的被动记忆,转向更富有"建构主义"色彩的投入,在这种投入中,学生以导致新的见识和理解的方式来理解、评价与应用信息。学生间的相互作用是学习中的一个重要变量,特别是在正规教育场景中。在在线学习中,远程学习者相互分离,没有校园教学或课堂教学中通常具有的社会支持系统,因而合作对在线学习尤为重要(Klemm,1998)。

远程学习者需要有更强的动力以便应对远程教育技术导致的物理上分离的限制。因此,通过采用远程教育技术中的电子手段来对教学传输进行补充,以便学生能相互支持和交流,就显得十分重要。为达到学习结果,学习者需要建构他们的知识,他们要作用于知识,重组知识,对知识做出自己的解释,与他人共享知识,通过其同伴的反应来构建这些思想和概念(Harasim,1990)。在线教育及其以计算机为中介的交流系统,提供了一个潜在的、丰富的社会学习环境,能够支持和促进主动的学习合作(Brown,1997)。最理想的是,学生需要一个学习环境,以允许他们一起解决问题,并作为一个群体产生某类连贯的可传输的产品,这些产品可以是如下的一些形式,如小组计划、研究项目、报告或案例研究(Klemm,1998)。学习管理系统和主机化的训练解决办法提供了支持合作学习环境的基础。

合作的例子

同步合作包括实际的面对面相互作用或实际的远程学习,如音频、视频与网络会议。异步合作包括简单的形式如印刷的时事通讯、专用通信服务,也包括复杂的形式如实践共同体网站。实践共同体是有着类似目标和兴趣的一群人,在对这些目标和兴趣的追求中,他们采用了共同的实践、用同样的工具工作、用共同语言表达自己。通过这些共同活动,他们开始持有类似的信念和价值观体系(合作性的形象化项目,2004)。

在线合作网站通常在大学场景中使用,而共同培训组织只是刚开始将合作包括在他们的教程中(Bedinger,2002)。现已证实,在线讨论组比面对面的讨论有许多优点。例如,在线讨论的异步性可使学习者在他们合适的时间做出反应,它还允许学生在做出反应前有时间来对讨论主题进行反思或进一步研究。希尔茨(Hiltz,1986)发现,"反思的时间"在学习者有效性中是一个重要因素。在线讨论还提供了一个更均等的学习环境(Brown,1997)。贡献者的物理匿名是一个巨大的平衡者,更隐退的学习者不必再争取"发言的顺序"了;他们可以在自己喜欢的时间发表自己的讨论意见,而且还能确信自己的意见被班级所有成员"听到"(Brown,1997)。很多学科的人员发现,在线论坛可使所有学生更全面地参与班级讨论。

合作与混合学习

培训的系统取向以同样的方式变得盛行。将合作学习的解决办法包括在混合学习方案中的价值现已得到广泛承认。合作成分可以包括以教员为主导的培训或实验室练习当中的活动。在当前正在进行的活动中也可以促进合作。利用支持主题讨论或聊天的网站上在线主持的讨论,可以提供现场支持。在随后使用实际教室的事件中也可以包括合作成分。合作需要一个供其充分发展的情境或平台,混合学习可以很好地提供这两者(Golas,2000)。随着学习的钟摆在混合学习中达到了平衡,合作及相关工具与系统的市场将会扩大。这些工具要与支持混合学习的平台相一致,以确保合作将是混合学习等式的一部分。与合作联系在一起的混合学习,对于使培训的投入最大化,对于促进个体与群体的表现来说都是一个重要成分(Bedinger,2002)。

在线监控

根据 MASIE Center(2001)的调查,88%的学习者和91%的管理者建议,培训者或促进者是在线培训计划的一个积极主动的组成部分。被调查者非常看重让培训者做如下工作:监控进展情况并与学习者接触;评价在线的项目工作;为教程的参与者建构并促进在线共同体;通过电子邮件或主题讨论对内容问题做出反应。显然,将自定步调的学习与促进者的支持组合在一起使得学习者不再感到孤立,这会有助于成功完成自定步调的学习模块。

超链接

使用超链接将教程中的内容联系起来,是在线学习特有的教学策略。链接可以将学生引向相关内容和其他观点，并成为教学材料的丰富来源。包括了大量合适链接的教程，在某一个具体论题上，可以提供一个微型的百科全书（Rajamanickam & Nichani，2003）。总的来讲，如果另一个网站或页面包括了教程的一个目标或子论题，用一个简短的摘要连接到它是有效的。这暗示了一种新的组织策略，那就是先调查已有可资利用的资源，随后选择超媒体设计（Golas，2000）。

奥利弗、赫林顿和奥马瑞（Oliver，Herrington，& Omari，1996）描述了一个超链接的连续体，并指出了在这个连续体中不同水平与程度的超链接。在连续体的一端，链接最少，只是对连接的节点以具体顺序做出反应。这种形式的超链接十分类似于传统的文本并被称为是线性的。在使用时，鼓励（通常是迫使）学习者按教员或促进者设计的教学顺序来学习。顺着这一连续体，链接倾向于形成一个层次结构，在选择学习材料的路径上，给学习者更多自由。在另一个极端，超链接提供了一个完全无结构的学习环境，在有联系的"节点"或信息的片段之间存在许多链接。在这种环境中，学习者使用参照性的链接可以自由地在有联系的节点间跳转，几乎不施加任何结构。

在线学习的超链接设计的选择取决于培训的内容（预期学习结果的性质）以及受训对象（预期的目的受众）。乔纳森、迈耶斯和麦卡利斯（Jonassen，Mayes，& McAleese，1993）通过为知识习得目的指明教学策略，提供了一些有用的指导，以便选择最适于预期学习结果性质的超链接形式。例如，当材料通过提供事实、程序和规则而欲尽力发展学生的初始知识时，线性链接是合适的策略。但是，对高水平的知识和更复杂的学习者，如理解复杂的概念与原理，不大结构化的层级性和参照性链接更合适。在这些例子中，学生受诸如其原有知识及吸收新材料的准备这些因素的引导。当在已有知识基础上进行学习时，学习者可从自由地浏览和探索、自由地探究并寻找对自己问题的反应中受益，而不会从遵照预定教学路径中受益（Oliver et al.，1996）。

应当指出，超文本系统的研究已证实，对学习者控制太多有时会削弱学习的有效性（Large，1996；Niemiec，Sikorski，& Walberg，1996）。为减少学生"在电脑空间中迷失"的可能性，建议为学习站点建立一个清晰而系统的组织框架（Debra，1996）。信息应当在结构良好的层级中以模块方式呈现，并且要点要易于为学习者所发现（Shotsberger，1996）。某些类型的先行组织者可以包括在站点设计中，以便学习者能够概览站点是如何组织的（Burbules & Callister，1996；Cornell & Martin，1997；Cotrell & Eisenberg，1997；Dodge，1997；Everhart，1997）。

霍尔(Hall,1999)在各种网络设计研究基础上提出了如下一些构建超链接的指导原则:(1)如果链接服务于同一个明确的目的,则应将其包括在同一个页面上(Debra,1996)。在一项实验中发现,在某一页面上的链接数与学习者对站点中包括的信息的理解之间存在负相关(Debra,1996;Jones & Farquhar,1997;用户界面工程,1998);(2)应清晰地标明链接(用户界面工程);(3)页面上链接的总体安排应有某些组织或结构意义(Jones & Farquhar,1997;Nielson,1997)。这不仅可使学习者做出更有把握的、是否点击链接的决策,而且还给学习者提供了站点总体组织状况的清晰信息。现已发现,某一页面内的链接如果链接到该页面的其他地方,会给学习者造成困扰,因此应避免使用(Jones & Farquhar,1997)。

定 向

定向是某种方式,借此用户能够识别出他们在教程中的当前位置,他们如何进入到该位置,如何回到先前的位置。组织结构应提供一个返回起点的清晰路径(Goldberg,1997)。因此,一个站点不应当将用户带到一个死胡同式的页面上,让用户除了关闭浏览器外别无选择(Shotsberger,1996)。

因为电子学习材料可以很容易地容纳它所包含的信息,因而在设计过程中给学习者提供一种可在信息空间中定向并自由移动的方式就十分重要。奥利弗等人(Oliver et al.,1996)提出了三种在学习材料中进行定向的策略:安置线索、层级与索引以及语义网。

安置线索

在线性顺序中,线条和图标常用来指明学习者在教学顺序中的距离和位置。这些线条是作为图标成分创建的并分散到整个文本中以提供视觉线索。

层级与索引

这些结构提供了在某一系统内获取信息节点的方式以及在节点被选择并被浏览时所强化的总体结构。框面和目的窗口的使用,提供了一种内容被选择和获取时材料不断展示这些结构的方式。框面一词是指在同一电脑显示屏上,在同一时间同时装载两个或以上的网页。一个页面或框面通常作为"控制框面",其他的则是"目标框面"或"目标窗口",以显示控制框面中所采取行动的结果。

语义网

当相关信息间的联结和联系被识别出并具体化时,可以促进学习。使用表象地图作为获取和选择信息节点的工具,可以提供一种链接结构,强化所包含信息间的联想和联结,支持学习者的定向(Oliver et al.,1996)。

导 航

界面设计是在线教程设计的一个重要方面。当迫使学习者思考界面如何工作时,他们的注意会被分散。实际的学习事件要求额外的心理努力(Chandler & Sweller,1991)。

一些指导原则被提出来以减小与控制界面有关的心理与认知活动的量。布鲁克斯和布鲁克斯(Brooks & Brooks,1993)提出了设计中的简单性与一致性需要。当屏幕显示变化时,唯一应当变化的是要求学习者注意的信息。在每个页面上有一套一致的导航按钮,并将不同页面组织成一致的文件,这会给用户一种他们处在站点中何处的感觉。如果图标有不同含义或导航按钮变换位置,学生通常会感到困惑不解(Brooks & Brooks,1993)。电脑屏幕上的导航按钮或图标的合适数目是 5 ± 2 个。

使用站点地图的层次树来分层次组织内容(主页在第一层,其他页面构成次级层级)也被建议用于促进导航。学生应一直知晓他们处在站点中的何处及何时离开。标题和重要的信息应在每个页面上予以重复。栅格式的单子可被用来完整地查看站点内的所有页面。栅格式的单子还可使开发者能够控制样式(即字体、颜色、引导、边距、字样及网络文件的其他样式方面)而不必损坏文件结构。例如,站点的概况可在一个文件中加以界定,改变这一文件将会改变整个站点的面貌。

测 验

无缝评价

扬(Young,1993)指出,在线评价不应再被看作是教学设计中"后来加上的",或仅仅作为前测、教学、后测这一线性过程中的独立阶段。相反,评价应当成为在线学习环境的整合的、持续不断的有机组成部分。已提高的互联网的交互性能提供的评价学生学习的方式超越了传统的论文与考试。麦克莱伦(McLellan,1993)指出,更可靠的评价可以采用评价性测量的形式,如作品选集、学习者学习材料路径的总结性统计、诊断、反思与自我评价。

安全与数据保密

不管测验策略是什么,在线教程设计者通常要问,如何可能正确地评价他们不能亲自看到、听到或与之相互作用的学生。这一问题的核心是安全问题,而且有多种模型可供考虑。在某些在线教程中,学生到实验室或教室中去进行有人监考的测验,因为测验要求严格控制的条件或高度的安全性。在其他情况下,测验是使用互联网的交互性能而直接完成的。互联网上的测验可以实时完成,或者学生离线后进行测验,然后提交自己的测验答案。学习材料在线传输的学科并不一定需要在线评价,可以向学生邮寄或传真测验或用其他评价工具来监控学生学习的进展情况。

安全问题包括限制访问某个站点,不允许未经许可就访问测验库和答案库,将测验问题随机排序,将多项选择题中答案的顺序随机化,减少测验被其他人而不是所招收的学生来完成的可能性,限制参加测验的日期和时间,对参加测验的学生予以验证。在线测验和评价计划应当提供测验安全功能。例如,计划应自动提供开发问题数据库和学生身份识别验证的安全性,要求学生在开始测验时输入其个人身份密码,而且不能让学生发现正确答案的 HTML 代码。每个学生的名字和分数应当通过密码的使用来加以保护。

反　馈

对任何行为表现活动来讲,都应当给学生提供反馈。在在线学习中,页面可被学习者链接到适当的反应上,也可被链接到不适当的反应上。页面可以强化正确的反应,或者在选择错误的反应时,能解释其中的原理并指导用户得出更合适的答案或其他的修正办法。使用 CGI 脚本,学生以在线形式呈现的信息、做出的单项选择(列表旁边的一套圆圈)、核查箱或其他形式的测验可与数据库中或文本文件中预设的答案进行比较。反馈可以为个别学生做出的选择提供进一步解释,而且可激活的链接能引导他们去学习额外的信息。CGI 脚本还可以经过编写来捕捉来自学生的变量,而后将其保存在数据库的某些区域,并在随后获取这些区域的数据。例如,当使用更开放的问题时,测验数据可被自动转化为客观测验或贮存在文件中供教员或促进者批改。CGI 脚本编辑还可使反馈智能化,即以个别化为基础,允许用户根据日程安排的需要而离开或返回教学内容。

智能化的主体或知识机器人,被设计出来用于担负执行在线促进者的常规任务,如检查计算机代码,回答简单问题,提醒学习者完成作业、练习或其他学习任务。一个经验研究评价了智能主体在在线教学中的有效性(Thaiupathump, Bourne, & Campbell,1999)。结果发现,这些智能主体改进了学习者的记忆,大大提高了大多数学习者的完成率。

数据追踪

在线测验和评价提供追踪性能十分重要。追踪除了记录下学生在测验问题与答案上的表现外，还包括记住在一节课中学生都浏览了哪些地方。除了计算学生的分数外，还要将分数提供给学生，其他学生的分数的私密性也应严加保护。

学习管理系统

学习管理系统是在线学习的一个重要成分，因为其功能是管理全面的、分布式的学习过程。有许多可以购买的学习管理系统产品。决定最适于某一商业计划或具体培训要求的学习管理系统是一个复杂而耗时的过程。大多数买来的产品能够执行基本的系统性能，包括互联网和登录安全，系统的升级性能（在用户和过程增加时，系统维持一致的可接受的表现水平的功能），与事业资源管理系统的连接性，对整个网络的管理以及支持第三方的内容创作与报告工具。但是，在一些核心的特征上，如合作、教程与学生的日程安排以及学习标准上，这些产品相互之间差异很大。

教育与培训

为理解各种学习管理系统产品的性能，区分在线教育（学术机构）和在线培训（公司与组织）是有用的。在线教育教程的学习目标倾向于涵盖学生需要知道的有关某一学科的内容（即"知识"），而在线技术培训教程的目标倾向于涵盖学生需要能做什么（即"技能"）。

在线教育

在学院和大学，包括一些提供职业军事教育的组织，如空军指挥与参谋学院、海军/军队战争学院，实施的学习管理系统需要能进行自动管理服务以及实现学习过程的片段。高等教育机构的管理性的应用倾向于大规模的、几百万美元的系统，它可以管理学生的登录、保持记录、财务帮助、日程安排、许可管理、图书馆系统及其他管理功能。由于大小、复杂性与可靠性的原因，这些应用被称为事业应用（enterprise application）。

但是，由于学习过程也需要在这些机构得到支持，因而有多种应用可使得教授们能够邮寄教程信息、收藏教育资源、进行同步和异步讨论以及提供有限的评价服务。与企业应用不同的是,支持学习过程的这些应用通常规模不大,也不复杂,而且它们当中的许多不能升级或不稳定。

在线培训

对培训应用来说,管理服务的自动化通常不大重要,其重点在于实现并管理学习过程。例如,一些可购买到的学习管理系统有一些内在的软件特征可以熟练地追踪学生的进展是否是按预定的学习路径进行。此外,一些学习管理系统产品具有内在的特征,可以将学生起点水平的知识与培训所需要的满足教程要求的知识进行比较。

选择学习管理系统

PC Week Labs(Bethoney,1999)建议在线开发者清楚地理解其具体的组织需求,然后详细询问学习管理系统销售商关于其产品满足这些需求的能力。下边一些重要标准被用来评价 1999 年 10 月 PC Week 学习管理系统展示期间的 7 个学习管理系统。

(1)安装:对客户和服务器维护人员来说,安装教程的要求是什么?学习管理系统中的哪些教学特征和界面设计使其易于获取和应用?

(2)登录:要有什么样的特征才使其易于让学生登录?要求自我登录的证明吗?整个班级需要在同一时间登录吗?学习管理系统如何处理教程的旁听和支付?

(3)性能:学习管理系统能证实受请者与系统要求是否吻合吗?学习管理系统支持下列技术吗?如书签技术(这可以使用户能够做记录并能正确返回他们离开教程的地方)、学生情况的剖面图、个体与小组的学习路径、学生登录的通知、教程的预先限制、学生学习进展的追踪与评价、在线测验、在线帮助、在线教程目录、图书馆、书店。

(4)管理:管理工具易于使用吗?产品如何支持教程、教员、学生与资源日程安排的要求?它支持日程安排冲突的解决、剖面图管理、学生记录管理及教程预算追踪吗?

(5)合作:学习管理系统支持通过主题讨论及基于文本的在线聊天而进行的异步在线交流吗?学习管理系统支持同步交流吗?

(6)报告:学习管理系统支持何种类型的报告(质量和数量)?生成报告有多容易?能完美地使用第三方的报告工具吗?

(7)安全:学习管理系统如何支持下列的安全要求?如管理、教程与登录账户及防火墙的访问。

(8)容量:学习管理系统支持多少教程和学生?可以很容易地添加多种服务

器吗？

（9）连接性：支持什么样的带宽？支持什么样的数据库？可以输入和输出何类数据？学习管理系统支持一个分布式网络结构吗？

（10）内容支持：学习管理系统支持第三方的内容创作、新开发的教程产品以及备择的内容形式吗？如果支持，支持哪些？

（11）使教学适应于学生：学习管理系统有能力使教学适应于用户吗？

（12）标准与规格：学习管理系统遵照了学术、工业或联邦的标准了吗？

总　　结

随着数字时代新信息量的加速增长，有效教育与培训的回报正变得越来越丰厚（Beam，2000）。个体的职业发展如此，寻求竞争优势的商业组织同样如此，因为这些组织必须不断保持前沿地位以具有竞争力。在这种背景下，互联网使教育和培训发生了革命性变化，也改变了我们生活的其他许多方面（Beam，2000）。在线学习通过减少时间和培训费用，使商业组织更有效率；通过扩展雇员的知识基础而使其更有效力。但是，最重要的优点既不是费用也不是速度，而是在线学习提供的便利。在线学习使学生能获取数字式的信息储备（数据、语音、视频、动画等）并将其作为教程的一部分。

为与在线学习的孤立性相抗衡，最有效的在线学习计划包括如下一些重要问题：

教员的利用

这是成功在线学习的一个重要成分，因为有一名教员来"推"着学生达成教程的重大事件，这是一个重要的保护措施，可以确保学生不断进步，特别是考虑到在线教程的完全自由性。与传统的课堂培训不一样，教员的利用并不集中于课后几分钟内学生在其他学生面前提问，或者是另一个何时可以见到教员的固定时间表。运用在线学习，学生可以向教员发送个人电子邮件或者获取教程自动提供给学生的一系列经常间的问题。

做中学

通过提供在线测验、模拟练习与个人作业和反馈，"做中学"获得支持。通过测验和批改作业提供的在线反馈是在线学习过程的关键成分。许多在线学习的提倡者相信，一门在线教程至少应持续几周以便留出与学习相联系的供个人努力和思考的时间。

合 作

教员、学生、同事之间经常性的反应性的交流是在线学习的一项重要性能。许多在线教程支持小组会议和作业,通过电子邮件、私密的聊天室、公告板与主题讨论来加以促进。这种形式的会议当然比传统的集体会议更方便,特别是对那些喜欢匿名电子邮件或聊天室交流而不喜欢面对面地接触人来进行一对一的或群体性工作的人尤为方便。加上了可以横跨世界的个人同学网络这一功能,你就拥有了一个有力的学习工具(Beam,2000)。

通达全世界

互联网的速度和触及的范围及其持续更新内容的能力,提供了超级的获取知识来源的机会。互联网的触及潜力也十分重要。可以想见,在一个班级开始新的研究的那一天,世界上任何地方的学习活动,都可以成为教程的一部分。对教程内容及个体感兴趣的材料的深度,互联网正迅速开启着新的大门。这正像有了一个内容无限的教科书(Beam,2000)。

考虑到所有这些,国际数据公司(2002)所做的预计就毫不奇怪:通过技术传输的培训市场,仅在美国,到 2003 年时已超过 110 亿美元。在线教育与培训的革命通过给学生提供快速获取巨大的信息源而将扩展学生的学习潜能。

参考文献

Beam, P. (2002). Retrieved summer 2003 from: http://www. online-learning. com/papers/articlerev. html.

Bedinger, D. (2002). The evolving role of collaboration in eLearning. Retrieved summer 2003 from: http://www. collaborate. com/publication/newsletter/publications_newsletter_jan03. html#.

Bethoney, H. (1999). Retrieved summer 2003 from: http://techupdate. zdnet. com.

Brown, A. (1997). Designing for learning: What are the essential features of an effective online course? *Australian Journal of Educational Technology*, 13(2), 115 - 126.

Brooks, J. G., & Brooks, M. (1993). *In search of understanding: The case for constructivist classrooms*. Alexandria, VA: ASCD.

Burbules, N. C. , & Callister, T. A. (1996). Knowledge at the crossroads: Some alternative futures of hypertext learning environments. *Educational Theory*, 46, 23 - 50.

Butler, B. S. (1997). Using the World Wide Web to support classroom-based education: Conclusions from a multiple-case study. In B. H. Khan (Ed.), *Webbased instruction*. Englewood Cliffs, NJ: Educational Technology Publications.

Carliner, S. (1999). *An overview of on-line learning*. Amherst, Mass. : HRD Press.

Chandler, P. , & Sweller, J. (1991). Cognitive load theory and the format of instruction. *Cognition and Instruction*, 8(4), 293 - 332.

Clark, R. C. , & Mayer, R. E. (2002). *e-Learning and the science of instruction: Proven guidelines for consumers and designers of multimedia learning*. New York: John Wiley.

Collaborative Visualization Project (2004). Retrieved January 2004 from: http://www. co-i-l. com/coil/knowledge-garden/cop/definitions. shtml.

Cotrell, J. , & Eisenberg, M. B. (1997). Web design for information problem-solving: Maximizing value for users. *Computers in Libraries*, 17(5), 52 - 57.

Cornell, R. , & Martin, B. L. (1997). The role of motivation in Web-based instruction. In B. H. Khan (Ed.), *Web-based instruction*. Englewood Cliffs, NJ: Educational Technology Publications.

Debra, P. M. (1996). Hypermedia structures and systems. Web Course, Eidenhoven University of Technology. Retrieved May 2000 from: http://wwwis. win. tue. nl/2L670/ static.

Directory of Schools (2002). Retrieved summer 2003 from: http://www. directoryofschools. com.

Dodge, B. (1997). Webquests: A technique for Internet-based learning. *Distance Educator*, 1 (2), 10 - 13.

Duchastel, P. (1997). A motivational framework for Web-based instruction. In B. H. Khan (Ed.), *Web-based instruction*. Englewood Cliffs, NJ: Educational Technology Publications.

Duchastel, P. , & Turcotte, S. (1996). *On-line learning and teaching in an information-rich context*. Proceedings of the Ineti96 International Conference, Montreal, Canada.

Everhart, N. (1997). Web page evaluation: Views from the field. *Technology Connection*, 4 (3), 24 - 26.

Gallagher, S. , & Newman, A. (2002). Distance learning at the tipping point: Critical success factors to growing fully online distance-learning. Retrieved summer 2003 from: http://www. eduventures. com/research/industry_research_resources/distancelearning. cfm.

Global Reach (2003). Retrieved January 2004 from: http://www. glreach. com/globstats.

Golas, K. C. (2000). Guidelines for Designing Online Learning. Proceedings of the Interservice Industry Training and Education Systems Conference, Orlando, FL.

Goldberg, M. W. (1997). CALOS: First results from an experiment in computeraided learning. Proceedings of the ACM's 28th SIGCSE Technical Symposium on Computer Science Education. San Jose: California. February.

Hall, R. H. (1999). Instructional Web site design principles: A literature review and synthesis. *Virtual University Journal*, *2*(1).

Harasim, L. M. (1990). Online education: An environment for collaboration and intellectual amplification. In L. M. Harasim (Ed.), *Online education: Perspectives on a new environment* (pp. 39 – 64). New York: Praeger.

Hiltz, S. R. (1986, spring). The virtual classroom: Using computer mediated communication for university teaching. *Journal of Communication*, *36*(2), 95 – 104.

International Data Corporation (2002). Retrieved summer 2003 from: http://www. nua. ie/surveys.

Jonassen, D., Mayes, T., & McAleese, R. (1993). A manifesto for a constructivist approach to uses of technology in higher education. In T. Duffy, J. Lowyck, & D. Jonassen (Eds.), *Designing environments for constructivist learning* (pp. 231 – 247). Berlin Heidelberg: Springer-Verlag.

Jones, M. G., & Farquhar, J. D. (1997). User interface design for Web-based instruction. In B. H. Khan (Ed.), *Web-based instruction*. Englewood Cliffs, NJ: Educational Technology Publications.

Keller, J., & Burkman, E. (1993). Motivation principles. In M. Fleming & W. H. Levie (Eds.), *Instructional message design: Principles from the behavioral and cognitive sciences* (2nd ed., pp. 3 – 53). Englewood Cliffs, NJ: Educational Technology Publications.

Klemm, W. R. (1998). Eight ways to get students more engaged in online conferences. *T. H. E. Journal*, *26*(1), 62 – 64.

Large, A. (1996). Hypertext instructional programs and learner control: A research review. *Education for Information*, *14*, 96 – 106.

March, T. (1995, August). Working the Web for education. *Computer -Using Educators Newsletter*.

Masie, E. (2000). Roles and expectations for e-trainers. Retrieved summer 2003 from: http://www. masie. com.

MASIE Center (2001). Retrieved summer 2003 from: http://www. masie. com/masie/researchreports/ASTD_Exec_Summ. pdf.

McAlister, M. K., Rivera, J. C., & Hallam, J. C. (2001). Twelve important questions to answer before you offer a web based curriculum. *Online Journal of Distance Learning Administration*, Vol. IV, No. II.

McLellan, H. (1993). Evaluation in a situated learning environment. *Educational Technology*, *33*(3), 39 – 45.

Miller, S. (2000). Learning Styles Survey. Retrieved summer 2003 from: http://www. metamath. com/lsweb/fourls. htm.

Miller, R. (2003). Retrieved January 2004 from: http://mchnetlinkplus. ichp. edu/MediaStreaming/Default. htm.

National Research Council (1997). National science education standards. Washington, DC:

National Academy Press.

Nielson, J. (1997). Be succinct! (writing for the Web). Retrieved summer 2003 from: http://www.useit.com/alertbox/9703b.html.

Niemiec, R. P. , Sikorski, C. , & Walberg, H. J. (1996). Learner-control effects: A review of reviews and a meta-analysis. *Journal of Educational Computing Research* , *15* , 157 - 174.

Oliver, R. , Herrington, J. , & Omari, A. (1996). Creating effective instructional materials for the World Wide Web. Retrieved May 2000 from: http://elmo.scu.edu.au/sponsored/ausweb/ausweb96/educn/oliver/.

Online Pedagogy Report. University of Illinois (1999). Retrieved summer 2003 from: http://www.vpaa.uillinois.edu/tid/report/tid_report.html.

Penrod, J. I. (2003, March/April). Creating a realistic IT vision: The roles and responsibilities of a chief information officer. *The Technology Source*.

Rajamanickam, V. , & Nichani, M. (2003). Effective writing for online instruction. Retrieved summer 2003 from: http://www.elearningpost.com.

Ritchie, D. C. & Hoffman, B. (1996). Instruction and the Internet. Retrieved summer 2003 from: http://edweb.sdsu.edu/clrit/learningtree/DCD/WWWinstrdesign/instruction.html.

Rogers, E. M. , & Shoemaker, F. F. (1971). *Communication of innovations: A cross-cultural approach* (2nd ed.). New York: Macmillan.

Rossett, A. (2001). *Beyond the podium: Delivering training and performance*. New York: Jossey-Bass.

Shank, P. (2003). Retrieved summer 2003 from: http://www.macromedia.com/resources/elearning/article/itskills/.

Shotsberger, P. G. (1996). Instructional uses of the World Wide Web: Exemplars and precautions. *Educational Technology* , *36*(2), 47 - 50.

Siegel, M. A. , & Kirkley, S. (1997). Moving toward the digital learning environment: The future of Web-based instruction. In B. H. Khan (Ed.), *Web-based instruction*. Englewood Cliffs, NJ: Educational Technology Publications.

Thaiupathump, C. , Bourne, J. , & Campbell, J. O. (1999). Intelligent agents for online learning. *Journal of Asynchronous Learning Networks* , *3*(2), pp. 1 - 19.

User Interface Engineering (1998). Retrieved from: http://www.uiereports.com.

Vadlakunta, K. (2004). Retrieved January 2004 from: http://www.asp101.com/articles/kanna/clientscript/default.asp.

Warren, A. (2002). Retrieved summer 2003 from: http://www.clt.soton.ac.uk/LTDI/topics/mle.htm.

Young, M. F. (1993). Instructional design for situated learning. *Educational Technology Research and Development* , *41*(1), 43 - 58.

第十六章　教学评价

　　每个教学设计者都想知道他们的课题、教程或整个教学系统能否满足学校或雇员教育环境中学习的需要。这意味着他们至少希望知道,新设计的教程或教学系统在实现其学习目标的意义上是否运行良好,或许更为重要的是,他们很想知道,自己的产品对学习者随后的态度与行为表现以及对他们研究并工作于其中的组织的整体行为表现是否有积极效果。

　　教学评价与教育系统评价是两个相关但又不同的问题。教学评价关注学习者是否掌握了学习目标。它假设,如果学习者代表了适当的目标受众而且没有掌握目标,那么教学就存在问题。然后评价可以提供一些信息,帮助教师作出如下决策:是否或如何修改、重构或抛弃项目(如果问题太严重)。

　　学习是一件复杂的事情,因为除了教学质量外,它要受许多变量的影响。这在卡罗尔(Carroll,1963)的经典著作中已有描述。卡罗尔提出了一个"学校学习模式",该模式鉴别出如下变量:学习者的毅力、允许学习的时间(机会)、学习者的能力倾向(学科特异性)、学习者的理解能力(一般智力)及教学质量。这些变量中的每一个,或者影响某一特定学习者学习某一特定技能所需要的时间,或者影响学习者实际花费的时间。大多数教学设计模式都强调通过应用形成性评价来提高教学质量。但根据卡罗尔的模式,要评价教学,还必须考虑学习者的动机及其他环境变量,如花费所需要时间的机会。

　　这种对系统观点的关注反映在更宽广地看待人类工效发展(human performance development)的运动中,人类工效发展更多被称为人类工效技术,它出现在教学系统设计领域。教学或培训只是对人类工效发展的一种影响。正如卡罗尔(Carroll,1963)、吉尔伯特(Gilbert,1978)及其他人指出的,机会与动机同样影响行为表现(Keller,1999b)。此外,人类工效技术考虑到,除学习目标外,还存在一些结果,它们是教学系统成功的重要指标。学习目标本身不是目的，它们是达到目的的手段。例如，教学目的包括把知识迁移到应用情境并改善包括教学系统在内的全部教学系统（或超系统）的行为表现。例如，在九年级的数学课达到掌握水平并不被看作是最终成就；它要为其他教程的成就做准备，最终也是学校为人们的生存与生活中的成功做准备这一综合目的的一部分。超系统在学校的成功，部分是通过学生在学校中取得的成功的累积而得到测量的。在雇员教育环境中，支持教学系统的组织关注技能从教室到工作场所的迁移，关注教育与培训对提高公司全面业绩的益处。

一个教学产品或系统的效果如何，最好通过系统收集的证据来说明。收集、分析、解释这些证据的方法总称为评价方法，它是本章讨论的主题。顺便说明，不应因为本章在本书中被安置在最后一章而认为对教学评价的安排应放在最后一步。事实上正相反，评价的设计需要已在本书每一章中描述过的教学设计的原理。

五种教学系统评价

评价活动贯穿整个教学系统设计过程，包括实施与维护阶段。从全面的观点看，教学系统评价至少包括以下五种类型：

1. 教学材料评价。已证实一套新开发的教学材料能有效导致学生在学习目标上的成就吗？

2. 教学系统设计过程的质量评论。已经以满意的方式执行了教学系统设计过程吗？有没有可以改进过程的方式？

3. 学习者对教学的反应的测量。学习者认识到教学与传输环境的某些方面是有吸引力的和有效的吗？

4. 学习者在学习目标上的成就测量。在已确立的教程中学习者完满地达到了教程的学习目标吗？

5. 教学效果的估计。学习者将其知识技能迁移到合适的环境中并有助于组织成功地达到其目标吗？

这五类评价活动代表了不同的目的，并不构成一个模型或顺序。其中一些类型可以同时导出，第五类的某些方面甚至在任何材料开发之前就能设计。但前两类的实施通常是在教程开发过程中，其他三种则在其后。

大多数教学设计者最熟悉的评价类型是第一种"教学材料评价"与第四种"成就测量"。其原因是：（1）教学设计方面的教科书教授这些类型；（2）大多数教学设计者在教学开发并付诸全面实施后就不再涉入教学；（3）即使他们没有参与实施，第四种类型中用的测验通常是在开发期间准备的。但现在越来越要求教学设计者计划并实施所有的五种评价类型，或至少涉入其中。

评价类型与决策类型

不要将本书讨论的五类评价与"评价的水平"这一概念相混淆，后者与"形成性评价"、"总结性评价"这些概念一样，都是教育与培训评价中非常盛行的概念。"评价的水平"指评价培训的结果，通常用于雇员教育情境。在这一框架内，有四种典型的水平（Kirkptrick，1959）：

水平 1——学习者的反应；

水平 2——学习成就；

水平 3——学习的迁移；

水平 4——组织结果。

学习者的反应由学习事件之后实施的学习者态度问卷组成。它们可以在简单的有四个问题的调查和更长的问卷之间变化，前者调查学习者喜欢学习事件的程度以及学习事件被教授的程度，后者调查教师、材料、环境的吸引力、有效性与效率等详细的成分。水平 2 学习成就指测量学习者达到教学目标的程度如何。水平 3 学习的迁移检查学习者在工作中使用其新知识的程度。这一水平有些复杂，因为很难建立学习与工作表现之间的联系。例如，即使雇员学到了新的技能，他们也不可能在工作中使用，因为没有使用这些新技能的机会或没有得到相应的支持。相反，雇员会在工作中使用目标技能，即使他们在培训中没有学到这些技能。他们可能在返回工作后学到了这些技能。这样，在进行这种评价时，建立一条"证据链"很重要，这一"证据链"将教程结束后的行为表现与工作中的行为表现联系起来并解释对行为表现的其他影响。水平 4 组织结果考虑的是当教育计划很成功时，组织的行为表现是否有明显改善。这是对教育计划是否真正针对表现环境中的现实问题的一种测验。例如，雇员可能有效地使用其新技能，但如果这些技能与导致开发教育计划的现实问题无关，那么最初的问题仍旧存在,除非以其他方式加以解决。

几位学者在 20 世纪 50 年代(Hamblin,1974)及其之后提出了培训评价水平的概念,但最常引用的这一分类水平的版本是柯克帕特里克(Kirkpatrick,1959)划分的水平。他将这四种类型称为"水平 1、2、3、4",在教学系统设计领域,这些标签通常用做四种水平的简称。其他的学者介绍了相似的模型,如汉布林(Hamblin,1974)提出了一个五水平模型。前三个水平与前边介绍的模型如柯克帕特里克(Kirkpatrik,1959)的相同,但汉布林通过把柯克帕特里克的第 4 水平一分为二而得到了第五个水平,他把这两个水平分别叫做组织结果与成本收益。这种划分是基于所收集到的用于估计组织结果的资料的类型——以施测于主要管理人员和相关利益者的问卷的形式体现的知觉性信息;表现的资料,如产量的增加,或学校系统中标准成就测验上的成绩的提高;或成本收益分析,即将财政收益与开发实施解决方案的所有成本进行比较。汉布林的第 4 水平包括了在知觉性信息与表现的资料基础上对组织结果的估计,而第 5 水平包括成本收益分析。菲利普斯(Phillips,1991)重新介绍了这一区分。与之相对照的是,考夫曼与凯勒(Kaufman & Keller,1994)也介绍了评价的第 5 水平。他们不是将已有的水平细分并将其称为一种新的水平,而是从逻辑上把这一模型扩展到它的更高水平——社会结果。这可以检验组织的目的是否与社会价值观和期望一致,或者组织的成功若触犯了社会法律或期望是否最终会导致失败。很难确定一种特定的教育计划是否有这种高水平的影响,但是课程决策应当考虑未来的社会需要以及该系统应培养什么样的技能与态度。

另外两个非常盛行的概念"形成性评价"与"总结性评价",指的是做出的决策类型。形成性评价由一些反馈构成,这些反馈是就学习者改善其行为表现的方式而给学习者提供的,或者类似的,是就教学设计者如何改进其产品而给教学设计者提供的。正如第二章图 2-1 的反馈回路所示的,形成性评价为教学系统设计过程的任一给定阶段的修正与改善提供资料。在这一背景中,还不足以回答如下问题,即教学材料是否被很好地接受,是否有效。还需决定的是,材料为什么具有学习者和其他评价者所指出的结果。例如,学习者可能指出某段教学是乏味的,但是评价者的挑战在于找出这段教学为什么是乏味的,以便教学设计者知道哪些地方需要改进。一段教学乏味的原因很多,如过于抽象的语言、缺少相关的例子,或者只是因为它处在一系列教学阶段的最后,没有任何休息时间(休息时可采用交互学习策略)。

总结性评价支持对学习者的成就与教学有效性的判断。关于学习者的总结性判断是参照已确立的标准来决定他们是否达到了满意的水平。换句话说,这是些"及格、补习或不及格"之类的决策。关于教学的总结性决策包括根据学习者实际达到学习目标的程度决定是否继续提供某个教程,包括教程是否服务于它所确立的目标。如果学习者没有达到目标,而且如果教程中存在太多的问题而无法进行修改,那么总结性判断可能是取消这一项目。类似地,如果组织的工作表现要求或目的改变了,以致教程被认为不再与组织的目的有关,那么教程也将被取消。在积极的一面,某一成功教程的总结性评价能为教学系统设计的努力提供有价值的支持。

评价类型与决策类型有联系。一些教学设计者认为形成性评价相当于水平1"学习者的反应"与水平2"学习结果",而总结性评价更多地适应于水平3"迁移"与水平4"组织结果"。这在某种程度上是正确的,但每一种评价类型可用于任何一种决策类型,即使某种组合可能比其他组合更为常见。例如,IBM向其客户提供了一些教程,要求授课者在学生反应问卷上达到或超过给定的标准。如果没有,将对他们进行额外的培训或重新分配任教的教程。在佛罗里达州立大学,教务长查看学生的反应评价,对那些评价等级低于某一标准的教授,则要求他们参加一个教学改进工作坊并采取其他必要措施以提高他们的等级。这样,评价水平1在这两种情境中都用作总结性目的。同样地,评价水平3,即新获得的技能在工作中的应用,为如何改善以后要提供的教程提供形成性反馈。表16.1说明了经常出现和不常出现的组合。

表 16.1　评价水平与决策类型之间的关系

评 价 水 平	决　策　类　型	
	形成性	总结性
水平 1	X^1	X
水平 2	X	X
水平 3	x^2	X
水平 4	x	X

1 大写字母 X 表示经常性的关系。
2 小写字母 x 表示不大经常的关系。

虽然教学设计者关注所有四个水平的评价,但在考虑课程时更多地采用水平3和4,在设计材料时更多地采用水平1和2。本书集中讨论水平1和2,但水平3和4的重要性怎么强调也不过分。事实上,对评价水平 3 和 4,已有几部完整的著作出版 (Jackson,1989;Robinson & Robinson,1990),而且通常有一名专家主要负责完成它们。在随后对每一种评价的描述中,将对每种评价类型中出现的形成性与总结性决策的性质进行评论。

教学材料与活动的评价

收集一项教学计划有效性的证据是用来作出这样的决策,即在开发该计划时应如何修改它。换言之,在设计与开发期间收集与解释的证据是用来形成教学计划本身。如果通过评价发现一节课不可行或者新设计的课题不能实现其目标,那么这一信息就被用来修改这节课或替换课题的一部分以克服已发现的缺陷。在教学系统设计中,在评价教学材料与活动方面,传统上有四种评价活动类型: (1) 专家审查,(2) 开发试验,(3) 试点测验,(4) 现场试验。这些评价活动通常是形成性的。也就是说,每种活动的主要目的是识别出材料围绕目标的方式以及改善它们的方式。但也存在一些要作出总结性决策的场合,这些场合是在获得足够的专家评论时出现了问题或在产生高质量的教学材料时存在重大问题的情况下,是否要继续一项教学开发项目。

专家审查

教学材料评价的最初活动之一是专家审查,即一名学科专家对内容的准确性与完整性作出评价。一节课或一门教程的内容可通过如下三种方式中的一种而产生出来。第一种是教学设计者研究课或教程的主题,编辑来自参考资料、其他教科书或技术手册的信息,然后写出内容草稿。第二种是让参与项目的学科专家根据教学目标负责写出内容。第三种方式是学科专家和教学设计者合作收集内容信息并写出初稿。当教学设计者完全负责产生内容时,把所产生的内容让一名或数名学科专家审查一下十分重要。但即使学科专家参与创作内容,把所产生的材料让一名以上的学科专家审查一下也有好处。这是因为学科专家在指定内容的适当性与如何呈现内容上存在分歧。有时这种分歧纯粹是风格上的,这意味着学科专家在顺序、相对的侧重点、隐喻的适当性等方面有不同看法。在其他情况下,分歧将是实质性的。一名学科专家的错误或忽略的地方可能被另一名学科专家注意到了。在这两种情况下,让多名专家审查内容将会改善内容的准确性及其呈现方式。

专家审查通常要在教学材料的草稿或者至少部分内容完成之后尽快进行。这时可要求学科专家阅读教学材料并判断其内容的准确性。在这一审查过程中他们扮演的不是学习者的角色。如果发现大量问题，那么在进行下一步的材料评价活动之前将对材料进行修改。但专家的审查并不提供教学施于学习者的有效性的良好资料。进行专家审查的目的是在测试教学内容对学习者的教学有效性之前确保内容的准确、完整与相关。

在这一类别下发生的一个相关活动是利益相关者的审查。利益相关者可以是一名或数名负责批准项目及其经费的管理者，也可以是学科专家。一名或一群利益相关者在教学设计者的指导下，有时与学科专家一道，阅读材料以确定内容及整个教学策略是否是可接受的。这有时叫做初排（walk through）。

开发试验

第二种教学材料评价活动是开发试验，迪克与凯里（Dick & Carey，1996）称之为"一对一的评价"。将教学材料的一种原型进行一对一（一个评价者一次面对一个学习者）的尝试。迪克与凯里建议使用来自目标受众的三种学习者，即被教师确定为高能力者、中等能力者与低能力者。每类学习者将提供不同类型的信息，这些信息在考虑修改时可供利用。在开发试验过程中，如果教学内容是通过计算机屏幕呈现的，则在学生学习课或模块时，评价者就与学生坐在一起。一名教学设计者可以监控2～3名学习者，但关键因素是每名参与者要独立学习材料，而不管原型是自我指导的学习还是教师主导教程的一套材料。在检查过程中设计者也可与参与者交谈，但一般情况下最好不要打断参与者。如果参与者有所困惑并提出了具体的问题，设计者应给予必要的指导。这一方法的一种变式是要求参与者出声报告他在学习材料时的所思所想。这种即席产生的信息是有益见识的一种有价值的来源。

在开发试验期间，教学设计者要记录下参与者的表达、困难或评论。在参与者完成之后，教学设计者可与参与者会谈，询问如下一些事情：学习活动的内容与教学是否清楚，测验问题及其指导语是否清楚，预期学习结果的适当性如何。这种活动可为理清学习者对课的表达、结构与逻辑上的问题提供相当多的信息。在这些信息的基础上，可以对教学内容做出系统修改。

另一种修改教学的方式是确定在对学习者的分析上是否应做出改变。增加一种先决技能可能比修改课更可取。例如，一节数学课的设计者发现一名试验学生在一节涉及线性方程的问题解决的课上存在困难。看来学生缺少这节课的先决技能。对另一名试验学生的进一步测验发现了同样的问题。设计者必须考虑是否要对当前的课所需的数学技能进行补救，或者重新设计前一节课以便学生能获得所需的起点技能。

试点测验

第三种水平是试点测验，迪克与凯里（Dick & Carey，1996）称为"小组试验"，在这一水平，给代表目标群体的一小组学生呈现材料。试点测验是在实验室条件下进行的，在这种条件下，教学设计者与评价者要做更多的观察并实施不是正常传输环境一部分的评价工具。典型的是，这种试点测验始于对在教学期间要教的知识技能的前测，然后呈现教学，接着进行后测。此外，还采用一份态度问卷以测量学生对教学事件不同方面的态度，也会要求学生讨论教学、前测与后测。

在对前测与后测分数进行比较的基础上，从小组测验获得的信息开始回答有关学习的发生及其发生的量的问题。其他结果可提供教学呈现与问题清晰性的指标，这些信息将用来指导修改。

现场试验

最后一种材料评价活动是现场试验，在这一活动中，在开发试验与试点测验的基础上修改过的教学在更类似于正常传输环境的条件下呈现给一个完整的班级。在这一环境中，教学设计者与评价者的活动要尽可能地不引人注目，即使他们仍在进行多种验证活动。

教学计划在来自目标群体的适当样本中试用。对这一更大的群体进行前测与后测（在试点测验基础上修改过的），构成教学本身的呈现形式。对学习者与参与的教师实施态度调查。在这种尝试过程中，要观察材料及其指导语的呈现是否充分。此外，还要收集教师使用这些材料时的行为表现的质量和充分性方面的信息。

现场试验是为检验教学、教学使用的可行性与有效性而设计的一个关键测试。学生与教师的行为与态度产生了有价值的信息，这些信息使得对课与模块的修改与完善有可能接近尾声。考虑到有效性，在接近典型使用的条件下，这一代表性群体中的学生的测验分数和成绩上的进步无疑是至关重要的。

对证据的解释

这些通过观察记录、问卷、测验等方式收集到的各种证据，能应用到教学材料评价的各个阶段,以便得出一节课是否需要保持原样、如何修改或重新组织(这构成了形成性评价的反馈),或者是否放弃(这是总结性的判断)的结论。在做出这些决策时,要考虑可行性与有效性的问题。

例如,通过考虑教师或学生报告的在课的进行中碰到的困难,可以决定可行性问题。有效性问题在某种程度上判断起来更复杂。它部分依赖于观察者的报告,即观察者报告说材料不能按原先设想的方式使用,或者教师没有执行原先设想的程序。它也部分地依赖于这节课偶然建立起来的学生的态度,正如通过教师和学生对问卷的回答所揭示的那样。当然,在最大程度上,它依赖于测验所揭示的学生行为表现成功的程度。

验 证

在实践中,最常用的两种教学材料评价活动是专家审查与试点测验。因为试点测验与现场试验两种都要进行的费用是昂贵的,因而组织通常进行的是二者的混合。像现场试验一样,将教程呈现给一组实际的学习者,但要像试点测验一样比通常更关注内容、方法与结果的评价。奇怪的是,考虑到开发试验的好处,它们并没有像预期的那样经常使用。这方面的一个重要原则是,对有时间参与的人才能进行开发试验。即使试验受众与目标受众有些不同,你仍能从中学到许多关于材料清晰性与可行性的信息。

在这一背景中还要记住的一条重要原则是,教学材料评价的总目标是验证。在假定学习者具有适当的先决知识与技能并由一种"知晓"内容的需要所推动,假定教学像预先设计的那样有效地予以传输的情况下,验证的目的是确定教学将在教学目标上产生成功的成就。

评价教学系统设计过程

个体采用的教学系统设计过程可以有一些优越之处,但也有一些需要做出改进的地方。从全面质量管理的角度看,教学系统设计的实施与评价的原则是,对教学系统设计过程的正式评价有可能导致该过程效果与效率的不断改善。正如上一部分介绍的,教学系统设计过程通常包括与形成性评价反馈有关的评价反馈回路。将正式的过程评价活动包括进去并非很常见。这项工作已在某些公司的教学系统设计模型中实现了,如 IBM 的 SATE 模型(教育的系统取向)与花旗银行的教学系统设计过程模型。它至少反映在一本教科书中(Rothwell & Kazanas,1998),该书的作者在每一章末尾都有介绍质量判断的一部分,这一部分描述了教学系统设计过程的某一阶段。

有效的过程评价将要求教学设计者为每一阶段准备适应特定情境的评价标准。评价问题可以指过程本身实施的情况如何,也可以指该过程产出的产品质量。联邦航空管理局空军认证服务部资助的一项教学开发项目(Keller,2000)提供了一些问题实例,这些问题包括在需要分析阶段的过程中①。表中有两类问题。第一类指需要分析过程本身,第二类指该过程的结果。反应选择有"很好"、"满意"、"需修改",并留有"评论"的地方。

这类评价通常由项目组的成员非正式地完成,或者是教学设计者决定提出一个新的修改过的模型版本时完成。但通过评价、资料收集以及对要实施改进的地方进行讨论,这一正式的系统过程将会得到最佳的结果。

测量学习者的反应

有关学习者态度的问题在教程材料开发时可能已收集到了,但学习者反应问卷的最广泛使用是在教程完全实施的时候。评价学习者对某个教程的反应是一个有争议的问题。这些评价通常为雇员教育环境所接纳,即使它们可能被嘲笑为笑脸答卷并从未用于实际的形成性与总结性决策中。大学或学院经常要求运用它们而且有可能包括在教授的年度报告中,但因其信度与效度而受到教授们的严厉批评。它们通常没有用在从幼儿园到 12 年级的学校中,而且被大多数教师看作不过是受欢迎程度的一个指标。

当这些教师在生活的大多数方面接受消费者的质量判断的时候,他们为什么要拒绝把学生的看法作为其行为表现的有效指标? 这类评价的实际优点是什么?

学习者反应问卷对形成性与总结性目的有许多益处,虽然存在批评,但它们仍被广泛用于支持这两类决策。一般而言,有三种使用学习者反应问卷的方式。第一种是用于觉察问题。这些问卷倾向于很短,可能不多于四个有关教师与内容的问题。它们

---

① 需要分析过程评价的问题实例请参见 Keller, J. M. *Quality Review Guidelines for: Needs Assessment*, *Design, and Development.* Copyright © 2000 by FL: John Keller Associates.

并不为能导致具体教程修改的形成性反馈提供足够的信息,但它们确实指出了何时存在应彻底调查的问题。

第二种用途是形成性反馈。这些问卷更长,并有一些具体的问题能指出教程的哪一部分能从修改中获益。这些问题的实例是:"教师描述了每节课的目标吗?""课的内容与目标相匹配吗?""教师表现出对所教学科的热情了吗?"问题的类别通常包括教程设计(目标、内容、学习活动、测验、与个人工作的相关)、传输技术与环境因素。为能用作形成性反馈,评价必须尽可能早地做出以方便必要的修正。在佛罗里达州立大学教学开发服务中心,教师要求在第四周或第五周进行中期评价,以便找出可能存在的教学问题。这样能让教师有时间考虑学生并适当修改教程。

问卷的第三种用途是用于教程或教师可接受性的总结性决策。这种问卷可基于前面两种问卷中的任何一种,或者是它们中的一种变化形式,但它通常包括如下一些附加问题:你认为该教程是否值得花费时间和金钱来学习,是否与工作相关,是否值得向其他人推荐。关于教师,公司经常把学习者反应问卷结果作为培训者行为表现评价的一部分,而且教师与教授也越来越多地通过这种测量而得到评价。

关于效度,研究而不是个人观点已证实,学生确实倾向于有些客观地评价他们所修习的教程。莫里(Murray,1983)在54位大学教师的课堂安排了受过训练的观察者。6~8名观察者每人观察三段独立的、为时1小时的课堂教学片段并做记录。这样,在一个学期中每个教师要被观察18~24小时。在编辑观察者的记录时,莫里发现,被评价较高的教师与被评价较低的教师之间在若干教学维度上存在差异。他还发现观察者的结果与学生评价之间有正相关。但这方面的研究有许多不同的结果,而且在对教学有效性作出综合判断时最好将学生的评价与其他指标结合起来,而不要建立一个可接受性的更低的限制(Kulik,2001)。但有足够证据表明,水平1学习者评价过程可以一种提供有效和有用结果的方式设计并实施(Centra,1993)。

测量学习者的成就

在教学系统设计过程中,已准备了测验(见第十三章)并用来决定教学材料是否有效地为学习者达到学习目标做了准备。当学习者没有达到某一具体目标时,需要找出学生没有达标的原因并修改部分教程以使其更有效。这样,测验在这一情境中的主要用途是形成性评价,其目的是验证教学材料。

在某个教程开发完成之后,测验主要用于测量学习者的成就。它们成了总结性的而不是形成性的工具。其原因之一是在教程实施之后,几乎没有像开发阶段中那样多地控制谁参与教程。学习者选择一门教程可能是由于如下原因:日程安排上的方便,不能选择他们真正想参与的教程,或者他们的管理者或指导者指派他们修习某个教程,但不是因为他们具有适当的先决条件或"知晓"内容的需要。

作为评价学习者成就的总结性工具,测验有两种运用方式。一是对学习者成绩做出判断,二是测量教程的总体成功情况。学习者成绩通常是根据常模或标准参照来确定的。正如第十三章讨论的,形成性评价意味着某个学习者的成功是相对于其他学习者的成绩而言的。这是根据分布曲线评定等级的基础,即只有一定比例的学生能获得A,一定比例的学生获得B,等等。同样的实际成绩,如在某个测验上得的85分,如果在指定班级中的其他学习者的得分大都低于85,则可以获得A,如果指定班级中有大量的高分数,则只能获得B。在标准参照评定系统中,界定了每一种等级水平的标准,对获得具体等级的学习者的比例没有具体规定;如果他们达到了一定的等级,他们就得到了这一等级。

运用测验的另一种方式是确定某个教程是否满意地达到了其目标。如果班级平均分太低,就会进行额外的评价以确定教程的某些部分是否过时或没有正确地教授,或者是否招收了太多的不合格的学生。如果有证据表明现有教程存在缺陷,那么将不得不进行形成性评价以识别出应做出什么样的修改。如果招收了太多的不合格的学生,就只好做出如下决策:是在招生上更严格还是修改教程以使其更好地适应于所招收学生的水平。

教学计划的评价

本书介绍的第五类评价既关注教学系统又关注其他系统对培训结果的影响。评价方法可适用于课或教程,也适用于整个教学计划或教学系统。一项计划可能由几个教程和其他学习经验组成,如在职培训可被看作是有助于某个共同的目的,而且可持续数月或数年。它还可出现在这样的情境中,即最初的学习以及随后运用所习得的内容受卡罗尔(Carroll,1963)、吉尔伯特(Gilbert,1978)及其他人所描述的非教学因素如时间、机会与动机的影响。因此,为分离并估计某个教学系统的有效性,综合的评价必须考虑这些额外因素的影响。

这样,除了编制测验或其他类型的测量外,评价工作还需要细致的科学方法,以确保获得的证据真正令人信服。设计这些方法的著名模型的例子是斯克里文(Scriven,1967)、斯塔弗尔比姆(Stufflebeam,1974)、波帕姆(Popham,1975)、罗宾逊和罗宾逊(Robinson & Robinson,1990)、菲利普斯(Philips,1991)等人提出的模型。斯克里文、斯塔弗尔比姆与波帕姆的方法被归到计划评价(program evaluation)的一般标题之下,而且常用于学校系统环境中,但也用于雇员教育环境中。罗宾逊和罗宾逊以及菲利普斯的方法主要关注雇员教育环境,在这一环境中,在学习、成绩和成本收益之间倾向于有更直接的关系。

本书主要关注指导这种评价的原则,尤其是在学校学习环境中。这种总的看法可有助于引导人们走出在计划评价、教育评价与培训评价等主题下出版的方法与模型的迷津。由于这方面的材料多而且复杂,本章我们只讨论评价研究的逻辑,从已介绍的评价类型开始,以如何识别与控制教学系统评价中的各种因素以便得出有关教学结果的有效结论这一全面的观点作结。

评价研究中的变量

评价某一教学计划的研究意在得出这样的结论,即教学对通过设计教学以建立或改善的知识、技能、态度等学习结果产生的影响。所有这些性能不只受教学本身的影响,还受教育环境中的其他因素的影响。因此有必要控制或解释这些其他变量以便得出有关教学有效性的结论。从整体考虑,引入教学的教育环境包含下述几类变量。

结果变量

我们先列出教育评价情境中的结果变量、因变量或观测变量这些受到主要关注的变量。主要的结果测量是基于知识、技能与态度的,这些是教学的直接目标。但结果也可包括次级的教学效果,如将技能迁移到一项工作或后续教程中。影响教育结果的变量的类型及其各种来源见图16-1。

过程变量

在学习与表现环境中什么因素影响着教学系统的结果?结果可能受到实施教学的传输环境中的操作的影响。例如,预先设计的教学可能要求一种特殊类型与频率的

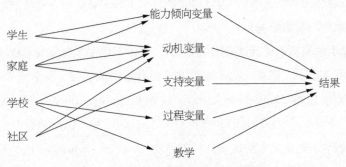

图 16 - 1 　影响某一教学计划结果的变量

教师提问；一种特殊的智慧技能顺序，在这种顺序中，学习一种技能之前要先掌握另一种技能；或者每节课中要包括特定类型的反馈（见第九章）。评价者必须确定这些事情是否已系统而一致地完成了。

我们不能简单地假定，这些由设计的教学确定的或设计者预期的过程变量肯定会以预期的方式出现。虽然设计者可能会为教师提供培训，为合适的教学传输提供指导，但事情仍然会而且也确实会发生偏差。教师在怎样教和教什么上有自己的观点，技术并不总是正确发挥作用，管理者可能没有提供合适的学习环境。例如，工作场所的管理者可能对开发自我指导的学习抱有积极反应，因为他们的雇员可以在工作不忙的时候边工作边学习，这样就省下了派遣员工参加培训班以及找人接手他们工作的费用。但是，正如在这一情境中工作的教学设计者所知道的，在实践中这些同样的管理者可能找不到时间来让员工"无所事事"地阅读或上网。因而编制过程变量的测量十分必要，当新设计的教学实体首次试用时尤为如此。

一般而言，过程变量是通过在教室或其他传输环境中的系统观察来测量的。在评价行为中这是观察者而不是教师的功能。观察者可能采用核查表、观察时间表或者访谈指导来帮助获得和记录观察结果。

支持变量

另外还有一类变量，它们部分出现在教学环境中，部分出现在被认为支持学习过程的其他情境中如学生的家庭和社区，必须将这类变量视为对教学计划的结果具有潜在影响。它们包括如下因素：（在教室里或学校图书馆中）呈现足够的材料，具有安静的学习场所，鼓励取得好成绩的课堂"氛围"，父母或指导者在强化学生对家庭作业或其他学习活动的积极态度中采取的做法,以及其他许多因素。这类变量的数目相当大,对它们的了解尚不充分,因而不可能根据其相对重要性作出可靠的区分。

支持变量的一般性质体现在它们对学习机会的影响中。例如,课堂上的材料可能为学习提供更多或更少的机会,这依赖于它们的质量和可利用性;学习者可能受同伴的消极影响;噪音、过热以及环境中的其他压力可能抑制注意力的集中等等。与过程变量相比,支持变量并不以同样方式直接影响学习过程。相反,它们倾向于在过程变量产生影响的时候,决定当时更一般的环境条件。例如,所设计的教学可能要求学生进行一个阶段的独立学习。在实际操作中,教师可以为学生的独立学习提供合适时间,以确保引起过程变量。但如下两种情况的结果有可能会产生差异:(1)一名学生在相对安静的场所不受干扰地学习;(2)一名学生必须在一个喧闹教室的角落里独立学习。这一比较描述了某个支持变量中的差异,评价者在估计教学结果的时候必须予以观察和考虑。

支持变量需要各种测量手段。父母在鼓励完成家庭作业中所做的工作可以用问卷来测量。与课题或教程相关的材料的可利用性可以通过计算书、小册子或其他参考文献的数量来测量。课堂氛围可以通过使用系统的观察时间表来探明。同一类型的其他测量,如学生人数或学生与教师的比例,在研究开始时就可以很容易地完成。针对大量支持变量中的任一种,有可能需要选择或开发最适于特定情境的测量技术。

能力倾向变量

在有可能决定学习结果的所有变量中,影响最大的可能是学生的能力倾向。这种能力倾向通常是用智力测验或学习能力倾向测验来测量的。研究发现,这种有时被称为晶体智力(Cattell,1963;Corno & Snow,1986)的智力,与学校中的学科成绩高度相关。不管通过改善教学方法、安排过程变量、确保学习得到最大可能的支持能达到什么效果,这一整套有利的情形都不如学生的学习能力倾向对学习结果的影响大。

无疑,学习的能力倾向部分取决于遗传和出生前后的环境影响,如营养、原有的学习以及学习的机会。显然,能力倾向是一个有多种决定因素的变量。但作为评价研究中的一个因素,能力倾向通常是一个输入变量(Astin & Panos,1971)。充当这种角色的能力倾向并不因评价而改变;它只能被测量而不能被操纵。已被证实多年的是(如Bloom,1976),由智力测验所得的学习的能力倾向,可以解释属于言语信息、智慧技能、认知策略等成就领域的学习结果的50%的变异。

由于学习的能力倾向对学习结果的实际与潜在的影响,在设计一个确定教学对学习结果有效性的研究时,评价者必须尽力控制这一影响。在评价研究中控制这一影响很重要,学习者的能力倾向应作为一种输入变量对待。如果给定的能力倾向类型与水平被定义为一种先决条件,评价者必须证实这一先决条件已得到满足。如果这一变量不能通过选择进行控制,那么研究者将不得不对它进行测量或估计,把它作为结果分析中的一个变量。

虽然通过智力测验分数通常可最方便地鉴别学习的能力倾向测量,但有时也采用其他测量方法。几种能力倾向测验的综合可被用来得出一个综合性的分数,并用于测量学习的能力倾向。(实际上,多数智力测验本身就是选取了几种不同能力倾向的分测验的综合。)另一种程序涉及使用被认为与智力分数高度相关的测量方法。早先的学校等级体现了这种高相关,特别是在阅读理解与数学这些学科上。能力倾向分数在确定学习者以便进行开发(形成性)试验上非常有用。正如前面介绍的,迪克和凯里(Dick & Carey, 1996)建议分别对高、中、低能力倾向的学习者进行试教。每一类学习者都将面对关于材料的不同信息。

动机变量

在整体重要性中仅次于能力倾向、有时对具体情境中学习与表现的影响超过能力倾向的是动机。这体现为学习者是否能学习还是学习者是否愿学习这一传统问题。当然在这两者之间存在相互作用,因为我们倾向于有更强的动机做我们擅长的事情,但相反的是,我们倾向于更擅长我们想做的事情。动机包括的因素如兴趣(好奇心、厌倦)、驱力(成就需要、安全需要)、期望(自我效能、乐观与悲观)、奖赏(外部强化)与认知评价(对结果的内部满足)。

此外,动机既具有情绪情感的一面,又具有认知的一面。像兴奋、害怕、愉悦与唤醒之类的情绪都对学生投入到学习经验中的努力有影响。而且认知成分,如他们对自己取得成功的能力的信念(自我效能)与他们对自己是否会受到公平的测验和奖励的知觉,都会影响学生尝试成功的意愿。

与学习者动机的一般概念有关的其他成分是社会的、文化的及其他环境的影响。教师的热情、父母与同伴的态度、学习者根据其文化背景接受教学过程与支持因素的程度、教学材料包括有足够的变化以吸引学习者兴趣的程度,在决定学习者是否被激发合适的学习动机方面都具有潜在的重要性。

有多种测量动机因素的方法,从具体动机变量(如控制点)的调查到广泛地测量学习者的学习态度。可以使用一个模型来帮助识别可能与某一给定情境有关的具体因素,这类模型如 ARCS 模型(Keller,1999a)、伍德考斯基(Wlodkowski,1999)的时间—连续体模型、布罗菲(Brophy,1998)的影响学习动机的因素目录,或者像自我效能(Bandura,1977)、好奇心(Berlyne,1965)或其他具体变量的模型。也可以选择检查体现在自我调节(Zimmerman,1989)与自我激励(McCombs,1984)等因素中动机因素的集合。一个人不了解学习者的动机特点,就无法充分理解教学计划的有效性,这是底线。

解释评价证据

我们已经指出,测量教学计划的结果——测量习得的智慧技能、认知策略、信息、态度与动作技能——除了受教学计划本身影响外,还受教育与应用情境中许多变量的影响。教学计划实施过程中的过程变量可能直接影响学习,并因此影响学习结果。学校或家庭中的支持变量决定学习的机会,并因此影响观察到的学习结果。学生的学习能力倾向极大地影响着评价研究中测得的结果。学习者学习与工作的动机同样是关键的因素。

如果要评价所设计教学的有效性,就必须对过程变量、支持变量、能力倾向变量施加某种控制,以确保揭示出教学的"纯效应"。这一部分就描述实施这种控制的程序。还必须指出的是,这里只能解释这些程序的基本逻辑。但这种逻辑在评价研究的设计中是十分重要的。

控制能力倾向的影响

根据是否达到学习目标来测量教学结果需要考虑能力倾向变量的影响。在这一问题的背景下,需要说明接受教学的学生的智力水平。这可以通过给出在标准智力测验上的平均分以及分数分布的离差(如标准差)的测量数据而很简单地做到这一点。但社会经济地位之类的相关测量经常被用于这一目的。例如,假设一所学校的学生平均达到了某一设计教程的 130 个目标中的 117 个,但在同一学区的另一所学校,学生的平均成绩是达到了 130 个目标中的 98 个。为什么在一种教学情境中教学的成功率接近 90％,而在另一种教学情境中就只有 75％呢？如果收集到的能力倾向资料显示,第一所学校学生的平均智商是 115,而第二所学校是 102,则可以将能力倾向看作是成绩差异的一种原因。如果这些学校中只有一所用于评价,那么评价者有可能得出教学有效性的极不正确的结论。通过把教学实体在几个不同的情境中进行尝试,而且要求每种情境中的学生有不同的学习能力倾向范围,就能最好地达到评价目的。情境的多样性可以是不同的学校、不同的教室或者不同的工作组。在每一种情境中,评价者应选取能代表目标学习者群体特征的能力差异的样本。

当评价者通过比较研究以决定一种教学计划是否优于另一种时,就不能简单地报告能力倾向变量的性质和数量。在这种情况下,所关心的问题是探明新教学计划与用于对照的教学计划之间是否存在差异。简单讲,要作一比较,要求证实两组学生的起点相同。当同一所学校的后继班级的学生来自同一社区,并用作对照组时,最有可能出现学生能力倾向等质的情况。当把一个新设计的教程引入某一个班级或学校,并且与前一年使用的不同教程作比较时,就属于这种情况。

可以采用建立初始能力倾向等质的其他方法。有时可能把学生随机分配到同一学校的不同班级中,半数接受新设计的教学,半数不接受这种教学。当使用这种设计时,必须作出明确的管理上的安排,保证分配的随机化——随机是不能假定的。另一种程序是选择一组学校,尽可能使它们的学生在能力倾向方面相“匹配”,然后在其中的半数学校中尝试新教学,并把所得到的结果与另一半未接受新教学的学校进行比较。所有这些方法在设计上都具有一定的复杂性,要做到有效对比,须作精心安排。

不管采取什么样的具体程序,应该清楚的是,在两组或多组学生之间进行教学有效性的有效比较,都需要确立初始的学生能力倾向等质。没有一种评价学习结果的研究不采用控制这一重要变量的方法而能提供教学有效性的有效证据。

控制支持变量的影响

对评价的许多目的而言,支持变量可作为输入变量来处理,并可以类似于控制学习能力倾向的方法来控制它。这样,当兴趣集中在完成目标时,对支持变量的测量可以与结果测量一起报告,以便于在解释结果时把它们考虑进去。在这里,一种有用的程序是在多个学校或工作场所尝试教学,这些学校或工作场所应在对材料、资源、教学风格与领导或管理风格的支持上表现出不同的类型或水平。

相似地,比较一种教学计划与另一种教学计划的有效性,需要展示出要比较其学习结果的班级、学校或工作组是等质的。假定获得的结果测量来源于同一学校的两组能力倾向等质的学生,在其中一组试行的是新设计的英语作文教程,另一组沿用与之不同的原有教程。进一步假定,尽管教学存在差异,但两种教程的目标大部分是相同的,并且结果的测量是基于这些共同的目标。结果发现一个班级的成绩平均显著高于另一个班级。表明新教学效果较好的证据要令人信服,必须先证实在支持变量上不存在差异。例如,在诸如图书馆、可利用材料的类型以及到互联网上进行调查的技术支持之类的资源上可能存在差异。另一种可能是两个班级的课堂氛围不同——其中一个班级可能比另一个班级更看重成绩。如果还涉及两名教师,则一名可能不受欢迎,另一名受欢迎。而且,学生的态度可能不同——其中的一个班可能比另一个班有更多的学生寻求学习的新机会。由于这类变量有很大的可能性影响结果,因而通过统计方法证实或考虑这些变量,使之在各组中保持等质十分必要。

控制过程变量的影响

在寻求与所陈述目标的完成有关的证据中,对过程变量的测量和控制尤为重要。很明显,一段教学效果的好坏取决于它所具体指明的操作如何被实施。例如,假设一个新的小学科学教程认为当进行练习册上的活动时,学生将主要以独立的方式活动,因为教学的目标之一是让学习者形成独立的问题解决能力。有些老师可能按照设计正确地实施了这一教学计划,但其他教师可能因各种原因而给学生提供了不同程度的帮助,这些原因从没有耐心到只是想提供帮助,特别是对那些要求帮助的学生。在这些案例中,过程变量明显不同,结果测量可能会表现出同样显著的差别。如果评价是形成性的,设计者可能将这种证据解释为:要实施这一教学计划或培训事件,需要对教师进行额外培训。如果进行的是总结性评价,那么从不同学生组中得出的结果就必须分别处理,以揭示过程变量的影响。

在比较研究中,过程变量同样很重要。正如对能力倾向变量或支持变量一样,要获得教学有效性的有效证据,必须以这种或那种方式控制过程变量。在过程变量方面也要保证各组是等质的,这可以通过随机化方法对它们直接施加控制,也可以采用统计方法。需要指出,过程变量比支持变量或能力倾向变量更容易受到控制。如果一个学校或一个班级在一个喧闹的环境中(一种支持变量)进行教学,则改变噪音水平的方法可能难以轻易找到。但如果形成性评价表明某些教师不能使用新教学计划所指明的操作方法(一种过程变量),这样的教师的教学也能够被接受,以便于在下一轮尝试开始时就具备一套良好的过程变量。

过程变量也可能产生未预料到的结果,因而需要类似的控制程序。学生对新设计的教学计划的积极态度可以由某一特定教师的榜样作用引起,这样就与另外一组同样接受新教学的学生缺少积极态度形成了对比。在这种情况下,在得出教学实体效果的结论之前,也有必要证实过程变量在两个组之间等质。

控制动机变量的影响

动机变量是输入变量,但它们会随教学进程而变,因而也应将其作为一种特殊类别的过程变量。ARCS模型(Keller,1999a)提供了一种控制动机影响的方便的方式。正如第六章所描述的,ARCS模型既包括理论基础上的动机因素的综合,又包括一个系统影响学生学习动机的设计过程。设计过程中的分析步骤有助于我们刻画学习者的动机。注意、自信、适切性与满意四种类别可使我们识别出动机的领域以便对学生的学习动机与行为动机进行测量。通过测量子类别(Keller,1999a)和具体变量所代表的特征,能够达到更高水平的精确度。例如,评价者可能不会去关注自信心这样的一般因素,而想测量自我效能感(Bandura,1977)或确定学习者是否会受无助感的不利影响(Seligman,1975)。所使用的精确度取决于一个人期望遇到的具体动机影响的程度以及提出的评价问题。

当准备一项教学结果的评价时,评价者在教学前与教学过程中测量动机条件并测量动机因素影响表现水平及组织结果水平的结果的程度是很重要的。前一种情境一般是指"学习的动机"(Brophy,1998),第二种情境指"工作的动机"(Keller,1999b)。即使教学系统评价的重点是教学,教学的结果,即知识的迁移与技能在随后工作情境中(或在工作中或在高一级的教程中)运用的证据,也取决于激发学生运用新知识与技能的程度。

动机的测量富有挑战性。它可以基于对学习的准备情况(学习者来上课并带着学习资料吗?)、坚持性、疲劳程度以及其他努力指标的观察。具体的方法包括观察量表、成绩资料与自陈测量。学习动机测量中的一个挑战是因学习环境的新颖性或要求特征而有可能存在干扰效应。如果学习者知道自己被人观察,或者如果他们接触了一种新的学习策略,他们有可能受情境的新颖性而非学习动机所推动。这与霍桑研究 (Roethlisberger & Dickson,1939)一致,该研究说明了工作环境中的这一现象。评价者必须开发出有可能区分这些影响的测量方法。这种技术之一是确保收集到的是足够长的一段时间内的信息。新颖效应通常在一段相对短的时间之后消退。

至于学习者在目标上的成绩,可以对学习者的动机进行前测,并在统计上使动机水平与成绩协变。而且,在一个班级中如果学习者具有明显不同的动机特征,那么我们就可以确定这些差异是否与成绩有关。

在比较研究中,检查对结果有不同影响的动机因素无疑是很重要的。例如,如果一组学习者把教程作为选修课,另一组学习者把教程作为必修课,或者如果一个班级主修某教程,另一班级则是作为通识教育来要求,那么两者的成绩会出现明显差异。还有一种情境需要考虑单一班级中的比较性差异。这种情境是班级中有小组,小组之间存在同样类型的动机差异,如有些学习者将教程作为选修,另一些则作为必修。

描绘出初始的动机性态度并在课上监控动机定向,可帮助评价者解释未预期的结果。如果上课期间在动机上有未预料到的变化,就可去调查并发现,在一节不同的课上布置的过多的家庭作业导致了被评价的课上出现了意料之外的高水平压力。这会导致学生成绩下降,而且原因只是学生降低了其努力程度。

在所有这些情境中,区分学习者的动机特征、教学材料的动机属性与环境的动机影响是有帮助的。通常不可能根据学习者的动机特征分派他们接受不同的教学计划,但正如前面所述,可以测量并估计出这些因素对结果的影响,可以预先评价教学材料的动机特征,也可以控制或观察环境成分来测量它们对学习者动机与成绩的影响。

通过随机化控制变量

在评价研究中,控制未知因素或不可控制的变量对学习的影响的最佳方法是确保其效应以随机方式出现。当以完全随机的方式把学生分配到控制组和实验组,或者把整个班级或学校随机分成控制组和实验组时,就属于这种情况。最简单的情形是,如果 A 组(实施新教学组)的结果与 B 组(沿用原教学组)结果相比较,并且从既定的总体中抽取的学生是被随机等额分配到两个组中的,就可以认为这种对结果的比较受到诸如能力倾向变量的相同影响(当然是在不可能对这一变量进行测量并系统地将学生分配到不同组的前提下)。同理,把各个班级、教师和学校随机分配到实验组和对照组,也是为了平衡过程变量和支持变量。

随机化的作用不仅在于能控制已识别出来但不能系统控制的具体变量,而且也能控制其他由于潜在影响尚不清楚而在测量中没有区分出来的变量。尽管随机化程序用于控制变量是理想的,但实际上安排起来有困难。学校传统上并不是从社区中随机招收学生,或把他们随机分配给各个班或教师。因此,通常必须如前面所描述的那样,对能力倾向、支持、动机和过程变量予以识别和测量。如有可能随机分配学生、教师或班级,评价研究就会达到一种很精确的程度,否则就做不到这一点。

评价研究实例

在任何评价研究中,不管是要作出形成性决策、总结性决策还是两种决策的组合,都应当仔细考虑和测量评价研究中的五种变量——能力倾向、支持、过程、动机与结果。很难找到系统地识别并说明所有这五种变量的研究。下面的例子就仔细地考虑了五种变量中的四种。该研究发表于 1968 年(Heflin & Scheier,1968),但是我们对它进行了假设性的扩展以便说明动机因素。这样它仍然是五种变量的优秀实例。

评价一个初级阅读教学计划

麦格劳-希尔(McGraw-Hill)的教育开发实验室与兰登书屋的 L·W·辛格公司,历经两年共同开发和评价了阅读准备和初级阅读方面的几组课(Heflin & Scheier,1968)。该教学系统被称作"听看学"。简言之,其教学材料包括:(1) 一套伴有声音的幻灯片,目的在于发展听力理解和口语叙述能力;(2) 一本眼手协调的练习册,旨在训练学生对字母和数字的识别和拼写能力;(3) 一套提供字母书写任务的幻灯片,配合练习册;(4) 用于训练凭肌肉运动知觉来识别字母的字母图表;(5) 图片顺序卡以及用于"听读"练习的其他卡片;(6) 一套彩色幻灯片,用于分析单词发音和在故事情境中呈现单词。

正如赫夫林和沙伊尔(Heflin & Scheier,1968)报告的,对该教学系统进行了系统的形成性评价,同时也获得了总结性评价的某些初步资料。表 16.2 总结了从该报告中抽取的某些研究要点。该表的目的在于说明如何处理和解释几类主要变量;当然,报告中涵盖的许多研究细节不能在这个狭小的表中罗列出来。

表 16.2　在初级阅读教学系统(听看学)的形成性和总结性
评价研究中测量的变量和对它们的解释*

变量的类型	测 量 方 法	解 释
能力倾向	初始阶段,采用社会经济地位,一种相关测量 第二年,采用 IQ 和阅读准备的标准化测验分数	形成性的:各个班级提供了从高到低的社会经济地位状况 总结性的:实验组与控制组社会经济地位等质,后来是能力倾向等质
支　持	1. 教师接受正规教育的水平 2. 教师在阅读方法上受教育的量 3. 教龄	形成性的:这些变量的变化范围在多数小学中具有典型性 总结性的:实验组和对照组在这些变量上合理地等质
过　程	1. 教师判断的课的适当性 2. 教师判断的计划成分的成功 3. 教师判断的单节课的优缺点	形成性的:适当性的判断用来检验可行性 总结性的:基于教师估计而获得学生学习有效性的间接指标
动　机	运用动机核查表评价材料 学习者动机性态度的前测与后测结果 教师对学习环境中积极与消极的动机影响的观察	形成性的:教师记下材料中缺少吸引力的地方、有趣的地方以及为增加吸引力而需要做的改动 总结性的:判断教学对学生的总的吸引力
结　果	大城市初级成就测验 1 单词知识的平均成绩: 听看学组——25.5 控制组——24.1 单词辨别的平均成绩: 听看学组——25.9 控制组——24.7 阅读平均数: 听看学组——27.3 控制组——25.2	总结性:标准化测验的成绩表明,实验组在阅读技能成分上的得分显著高于同质的控制组

* 本表中的信息与结果得到如下研究结果的支持: V. B. Heflin & E. Scheier. *The formative period of Listen Look Learn, a multi-media communication skill system.* Copyright © 1968 by Huntington, NY: Educational Development Laboratories.

　　该评价研究使用的一年级的班级来自分布在 11 个州的学校。由 40 个班级 917 名小学生组成的一组接受"听看学"系统提供的教学,由 42 个班级的 1 000 名小学生组成的一组作为控制组。控制组班级使用的是"基础阅读"教学系统。要求每个学区都提供作为实验组和对照组的班级,而且在教师和学生特征上要尽可能相同。

能力倾向变量

由于各校可利用的能力倾向分数不同,就不能采用能力倾向的初始测量,而代之以学生家庭的社会经济地位的信息,如表 16.2 所示。在研究的第二年,实施了能力倾向测量(大城市阅读准备测量和 Pintner 初级 IQ 测验),证实了学生的能力倾向分布范围较广,实验组和控制组是等质的。

出于形成性评价的目的,有必要知道选定的教学班级所涵盖的学生能力倾向的范围在整个国家的所有学校中具有代表性,因为这是所评价的系统预期要运用的情境。从报告(Heflin & Scheier,1968)中可以看出,参加研究的这些学校尽管不能代表美国的所有小学,但能够代表其中的大多数。例如,市中心的学校显然没有包括进去。尽管如此,该研究提供了合理而良好的证据,表明它代表广泛的学生能力倾向范围。此外,从报告的资料中可以清楚地看出,两组学生在能力倾向方面是等质的。

支持变量

学生家庭的社会经济地位分布范围提供了学习支持的额外指标,在假定学习发生于家庭环境这一前提下,它为研究展示了一种合适的变化范围。学习支持的其他证据是从教师特征的测量中推论出来的,如表 16.2 所示。这个推论是,如果这些教师的教育背景在一个典型的范围内变化,则他们能够提供的学习机会将会有所差异。实验组和控制组在这些变量上也展示了合理的等质程度。

该研究没能系统地获得学习支持的其他测量,它们可能与总结性评价有更大的关系。如"阅读材料的可利用性"、"鼓励独立阅读"及其他具有这种一般性质的变量,都属于这种类型。在"听看学"研究中,还获得了个别学生阅读书籍数量方面的不完整的证据:这一数字介于 0~132 之间(Heflin & Scheier,1968,p. 45)。

过程变量

如表 16.2 所示,问题各部分可行性的测量是通过要求教师判断材料是否适合学习较快、学习一般、学习较慢的三组学生而得出的。单节课的各种特征可能会有助于增强适当性,如对故事主题的熟悉程度或所用词汇的难度。根据教师的判断可得出一些关于可行性的结论,据此对计划中的许多部分作删除和修改。

教师的估计还形成了如下证据的基础:构成"听看学"计划的各种活动取得成功

的证据。当然,这些测量是有关过程变量的间接证据,并与如下指标形成对照:每个学生做了多少练习、做每个练习要用多少时间、对正确或不正确的反应提供了什么样的反馈以及同种性质的其他因素。该计划的材料并没有直接表明理想的过程变量是什么样的。因此,教师关于"课的效果如何"的报告,可能是该实例中能够获得的关于过程变量的良好指标。

动机变量

在该计划中,在采纳并实施材料之前要对材料进行初始评价,在这种评价中,要判断这些材料对目标受众的潜在动机吸引力。运用动机特征核查表,教师与其他读者会指出,有很多媒体和教学策略可有助于维持学生的兴趣,而且内容与受众的经验与兴趣有关。

收集教学前学习者动机特征的资料是不大可能的,但在各种环境中使用材料的教师和管理者能作出有关受众动机准备状态的判断。考虑到对发展阅读技能重要性的一般认识以及材料中社会与文化观点的多样性,可以断定,学习者的总体态度将是足够积极的。在计划实施期间和实施之后收集到的学生的反应一般是积极的。

一个积极的学习环境被建立起来以支持材料的使用。这包括用于改善教室环境的张贴画与图表。而且,要求教师记录未预料到的事件,这些事件可能或积极或消极地影响学生关于材料的动机。

在这些假设的例子中,介绍了如何估计和监控动机以便估计学习者的动机对学习成绩是否有消极的、中性的或积极的影响,指出可以运用多种测量这一点很重要。这些测量包括直接观察、对学生进行问卷调查、用核查表检查资料。

结果变量

该计划的学习结果是采用词汇知识、单词辨别和阅读的标准化测验(大城市初级成就测验1的若干部分)来测量的。从表16.2可以看出,实验组在这三种活动上的得分高于控制组,而且已证实两组学生在能力倾向变量和支持变量的操作上是合理等质的。对各对平均数差异的统计检验表明,这些差异在可接受的概率水平上是显著的。

应当指出的是,该研究的作者认为,研究中获得的学习结果的证据不过是"听看学"计划成功的初步标志。其后研究者又进一步研究,在总结性意义上评价了学习的结果(Brickner & Scheier,1968,1970;Kennard & Scheier,1971)。总之,这些研究得出的资料和结论表明,该计划所产生的早期阅读成绩的改善大大高于该计划意欲取代的其他教学计划(通常是基础阅读方法)。

从这些结果可以得出如下结论:这些材料在学习的迁移水平上是有效的,因为学习者能将其提高了的阅读技能应用于基于具体教室的阅读进步测量之外的情境。阅读的全面改善在提高学生的教育和成绩方面还有积极的组织结果。没有进行成本收益的研究以决定这些材料的开发和传输成本如何与财政估计或收益测量相联系。但根据知觉的与成绩的进步,可以得出该计划在结果基础上是合理的。

总　　结

教学材料、教程与课程的全面评价通常至少包括以下五个调查和反馈领域:

1. 对教学材料的评价;

2. 对教学系统设计过程的质量检查;

3. 测量学习者对教学的反应;

4. 测量学生在学习目标上的成绩;

5. 估计教学效果。

在所有这些情境中,要进行形成性评价以提供教学计划在吸引力、效率或效果上的缺陷的证据,以便能提供支持修改与改善的反馈。这一过程从观察者、教师与学生那里收集证据。

教学评价还可导致有关教学的可行性与可接受性的总结性决策。在上述任一领域的测量都可导致做出如下决策:是否继续开发或提供某个教学计划,或者当成绩不理想或不可能进行形成性工作来改善成绩时,是否中断指定教师的教学或传输系统。收集的主要证据是根据学生的成绩。正如第三章到第六章所描述的,要测量该教学计划旨在培养的学生性能类型。有关环境影响的其他证据类型,如展示表现的机会、教师或指导者的管理风格等,在那些对教育和培训评价提供全面指导的书中有介绍(如Popham,1975;Phillips,1991)。

评价可以针对单一的教学计划,也可以将某个完整的教学计划与另一个进行比较。这两类研究的目的都是为了识别需要改进的地方或对给定教学计划的价值做出总结性判断。但因比较研究的复杂性与高代价，所以经常将其主要用作总结性目的。这些研究的结果（如在国际比较教育研究中）可导致进一步调查研究某些方式，以改进原始研究中的一个或多个教学计划。在所有这些研究中，必须考虑一些类型的变量。教学计划的结果受一些变量的影响，为检验教学的效果，必须控制（或分析出）这些变量的影响。这些变量包括：

1. 能力倾向变量：反映学生的学习能力倾向；

2. 过程变量：来自学校或课堂中教学操作的方式；

3. 支持变量：影响学习机会的家庭、学校、工作场所与社区的条件；

4. 动机变量：学习者、材料与环境的特征，能影响学习者对教学计划的兴趣以及获得成功的信心与毅力。

评价研究使用各种方法控制这些有影响的变量以证实新设计的教学的效果。有时通过把学生、学校或社区随机分配到不同的教学组，可以使这些变量的影响相同。更为经常的是，必须使用统计方法以建立要比较的几个组之间的等质。如果要评价两种教程或教学计划哪一个更好，评价的逻辑要求对这些额外的变量施加控制。理想的条件是，除了教学计划本身外，其他各方面都相同。

参考文献

Astin, A. W. , & Panos, R. J. (1971). The evaluation of educational programs. In R. L. Thorndike (Ed.), *Educational measurement* (2nd ed.). Washington, DC: American Council on Education.

Bandura, A. (1977). Self-efficacy: Toward a unifying theory of behavioral change. *Psychological Review*, 84 , 191 - 215.

Berlyne, D. E. (1965). Motivational problems raised by exploratory and epistemic behavior. In S. Koch (Ed.), *Psychology: A study of a science* (Vol. 5). New York: McGraw-Hill.

Bloom, B. S. (1976). *Human characteristics and school learning*. New York: McGraw-Hill.

Brickner, A. , & Scheier, E. (1968). *Summative evaluation of Listen Look Learn*, *Cycles RAO, 1967 - 1968*. Huntington, NY: Educational Development Laboratories.

Brickner, A. , & Scheier, E. (1970). *Summative evaluation of Listen Look Learn 2nd year students*, *Cycles R - 70, 1968 - 1969*. Huntington, NY: Educational Development Laboratories.

Brophy, J. E. (1998). *Motivating students to learn*. New York: McGraw-Hill.

Carroll, J. B. (1963). A model of school learning. *Teachers College Record*, *64*, *723 – 733*.

Cattell, R. B. (1963). Theory of fluid and crystallized intelligence: A critical experiment. *Journal of Educational Psychology*, *54*, *1 – 22*.

Centra, J. A. (1993). *Reflective faculty evaluation: Enhancing teaching and determining faculty effectiveness*. San Francisco: Jossey-Bass.

Corno, L. , &. Snow, R. E. (1986). Adapting teaching to individual differences among learners. In M. C. Wittrock (Ed.), *Handbook of research on teaching* (3rd ed.). New York: Macmillan.

Dick, W. , &. Carey, L. (1996). *The systematic design of instruction* (4th ed.). New York: HarperCollins College Publishers.

Gilbert, T. F. (1978). *Human competence*. New York: McGraw-Hill.

Hamblin, A. C. (1974). *Evaluation and control of training*. London: McGraw-Hill.

Heflin, V. B. , &. Scheier, E. (1968). *The formative period of Listen Look Learn, and multi-media communication skills systems*. Huntington, NY: Educational Development Laboratories.

Jackson, T. (1989). *Evaluation: Relating training to business performance*. San Diego: Pfeiffer.

Kaufman, R. , &. Keller, J. M. (1994). Levels of evaluation: Beyond Kirkpatrick. *Human Resource Development Quarterly*, *5*, 371 – 380.

Keller, J. M. (1999a). Motivation in cyber learning environments. *International Journal of Educational Technology*, *1*(1), 7 – 30.

Keller, J. M. (1999b). Motivational Systems. In H. Stolovitch &. E. Keeps (Eds.), *Handbook of Human Performance Technology* (2nd ed.). San Francisco: Jossey Bass.

Keller, J. M. (2000). *Quality review guidelines for needs assessment, design, and development: Federal Aviation Administration, Air Certification Service, Washington, DC*. Tallahassee, FL: John Keller Associates.

Kennard, A. D. , &. Scheier, E. (1971). *An investigation to compare the effect of three different reading programs on first-grade students in Elk Grove Village, Illinois, 1969 – 1970*. Huntington, NY: Educational Development Laboratories.

Kirkpatrick, D. L. (1959). Techniques for evaluating training programs. *Journal of the American Society of Training Directors*, *13*, 3 – 9, 21 – 26.

Kulik, J. A. (2001). Student ratings: Validity, utility, and controversy. In M. Theall, P. C. Abrami, &. L. A. Mets (Eds.), *The student rating debate: Are they valid? How can we best use them?* San Francisco: Jossey-Bass.

McCombs, B. L. (1984). Processes and skills underlying intrinsic motivation to learn: Toward a definition of motivational skills training intervention. *Educational Psychologist*, *19*(4), 199 – 218.

Murray, H. G. (1983). Low inference classroom teaching behaviors and student ratings of college teaching effectiveness. *Journal of Educational Psychology*, *71*, 856 – 865.

Phillips, J. J. (1991). *Handbook of training evaluation and measurement tools* (2nd ed). Houston: Gulf Publishing.

Popham, W. J. (1975). *Educational evaluation.* Englewood Cliffs, NJ: Prentice-Hall.

Robinson, D. G. , & Robinson, J. C. (1990). *Training for impact: How to link training to business needs and measure the results.* San Francisco: Jossey-Bass.

Roethlisberger, F. , & Dickson, W. J. (1939). *Management and the worker.* Cambridge, MA: Harvard University Press.

Rothwell, W. J. , & Kazanas, H. C. (1998). *Mastering the instructional design process: A systematic approach* , 2nd ed. San Francisco: Jossey-Bass, Inc.

Scriven, M. (1967). The methodology of evaluation. In R. Tyier, R. M. Gagné, & M. Scriven, *Perspectives of curriculum evaluation* (AERA Monograph Series on Curriculum Evaluation, No. 1). Chicago: Rand McNally.

Seligman, M. E. (1975). *Helplessness.* San Francisco: Freeman.

Stufflebeam, D. L. (1974). Alternative approaches to educational evaluation: A self-study guide for educators. In W. J. Popham (Ed.), *Evaluation in education.* Berkeley, CA: McCutchan.

Wlodkowski, R. J. (1999). *Enhancing adult motivation to learn, Revised edition.* San Francisco: Jossey-Bass.

Zimmerman, B. J. (1989). A social cognitive view of self-regulated academic learning. *Journal of Educational Psychology, 81* , 329 - 339.

译后记

　　加涅等人的《教学设计原理》是教学设计领域的经典名著，该书自 1974 年第一版问世至今，已出版至第五版。皮连生教授是研究加涅学习与教学思想的权威，曾主持翻译了该书 1992 年的第四版。为保证翻译质量，第五版的翻译工作仍由皮连生教授组织和指导。各章翻译分工如下：前言、第十一章由王小明译，第一至十章、第十二至十四章、第十六章由陈保华、庞维国译，第十五章由汪亚利译。最后由皮连生、王小明逐章逐句校对并定稿。

　　由于译者水平有限，译文中的错误在所难免，敬请广大读者批评指正。

译　者

2007 年 1 月